上海漫畫

SHANGHAI SKETCH

秋冬之裝

澄子作

中華民國十七年十一月十日（星期六）
上海東山路A第一號
電話 六〇二一二號

第三十期

定價小洋一角

上海美華利大路廣告印刷公司代印

《银幕上的十个热女郎》(《良友画报》1934年1月号),把克莱拉宝、琼克劳馥等五位好莱坞女星与王人美、艾霞等五位中国女演员相提并论。

前页:《秋冬之装》,叶浅予作,《上海漫画》第三十期封面,一九二八年十一月十日。

后页：(上)《神女》，联华影业公司1934年出品，阮玲玉主演。女性的身体、面孔被与上海的灯火交错并置。

(下)1933年5月，女作家丁玲在上海被国民党特务秘密拘捕，《大美晚报》、《大公报》、《独立评论》、《良友画报》等报刊纷纷报道。

下：林主席、戴院長焦委員及院長葉楚傖、杜詩人在長安杜甫祠攝（宋香舟攝）

Mr. Lin Sen, chairman of the National Government, and Mr. Tai Chi-tao, president of the Examination Yuan, visiting the temple of poet Tu Fu in Changan, Shensi.

華清池上之戴傳賢院長及楊虎臣主席（宋香舟攝）（啣香煙者）

作家丁玲女士，於五月十四日突告失縱，或傳被捕遇害，紛疑不一。

Miss Ting Ling, noted nese woman writer, w whereabouts have bee known since May 14 whose exact fate still ins to be told

"性别视角下的中国文学与文化"丛书
乔以钢 主编

现代性的姿容
——性别视角下的上海都市文化

陈惠芬 等著

南开大学出版社

图书在版编目(CIP)数据

现代性的姿容：性别视角下的上海都市文化／陈惠芬等著．—天津：南开大学出版社，2013.9
（性别视角下的中国文学与文化丛书）
ISBN 978-7-310-04330-9

Ⅰ.①现… Ⅱ.①陈… Ⅲ.①性别－关系－城市文化－文化史－研究－上海市－近代 Ⅳ.①C913.14②K295.1

中国版本图书馆 CIP 数据核字(2013)第 233770 号

版权所有　侵权必究

南开大学出版社出版发行
出版人：孙克强
地址：天津市南开区卫津路 94 号　　邮政编码：300071
营销部电话：(022)23508339　23500755
营销部传真：(022)23508542　　邮购部电话：(022)23502200

*

天津市蓟县宏图印务有限公司印刷
全国各地新华书店经销

*

2013 年 9 月第 1 版　　2013 年 9 月第 1 次印刷
230×155 毫米　16 开本　32.625 印张　8 插页　421 千字
定价：65.00 元

如遇图书印装质量问题，请与本社营销部联系调换，电话：(022)23507125

教育部哲学社会科学研究重大课题攻关项目

总　序

乔以钢

这套丛书是教育部哲学社会科学研究重大攻关课题"性别视角下的中国文学与文化"的研究成果。

众所周知,性别与生俱来,但其之所以成为关系人类生存的根本性问题,浸润、影响于人类个体与群体的方方面面,则主要源于它同社会文化之间的密切关联。然而,由于种种原因,在很长的历史时期内,有关这方面的话题近乎讳莫如深。性别在人类物质生存和精神生活中产生的深刻影响被覆盖、被遮蔽。华夏文明演变进程中,两千多年的封建统治所形成的思想禁锢,更是使这种覆盖和遮蔽达到极致。其主要表现之一就在文学文化方面。正因为如此,从性别视角观照文学文化,具有重要的学术价值和实践意义。

一

20世纪下半叶以来,在世界范围内,性别问题逐渐成为文化研究的热点。国外不少学者结合女性主义理论、现代性社会理论以及后殖民主义理论等,对后工业社会的文学文化进行解读。1988年,E. Honing & G. Hershatter 编写了 *Personal Voices：Chinese Women in the 1980's* 一书,主题是20世纪80年代中国女性的成长。书中应用大量小说、报纸、杂志等材料,反映社会意识和大众文化生活。90年代,在女性文学文化研究方面颇有影响的两部著作——Dorothy Ko 的 *Teachers of the Inner Chambers：Women and Culture in Seventeenth-Century China* 和 Susan Mann 的 *Precious Records：Women in China's Long Eighteenth Century*[①],运用女性书写的材料,就明清时期的文学出版与女性主体、社会观念等方面的关系展开考察。其基本思路的共同点,一是重视从女性本身的作品出发探讨性别的历史,努力寻找女性自己的声音;二是以中国文化为中心,通过解读文本考察女性生存的多样性。

在国内,80年代以降,文学领域的性别研究稳步推进,相关成果进一步积累。其间,国外性别理论的译介起到重要的推动作用。近十多年来,女性译介者数量增加。不少人拥有在国内外不同文化背景和现实环境中求学或访学的经历,在切身体察中华文化传统和现实性别生存状况的同时,对世界范围内性别研究的趋势有了更多的了解。一些学人在有选择地译介国外相关成果时,融入了对本土性别问题的思考;既指出国外性别理论的积极意义,也就其自身存在的缺陷以及在本土实践中引发的困惑进行了反思。

更多的研究者在吸收借鉴国外研究成果的同时,结合本土实际,从性别角度出发,展开对中华民族文学文化传统和现实的探讨。这一探讨实际上涉及更为深邃的人类文明史。在研究过程中,人们尝试选取了多种路径。例如,将思想史、文化史与女性文学成长过程的探询紧密结合;在建构女性文学的历史叙述时,注意在开阔的视野中体认女性文学的现代传统;通过创作活动及文学文本的深入解读,生发出

---

① 两书的中译本2005年由江苏人民出版社出版,分别为:[美]高彦颐:《闺塾师:明末清初的才女文化》,李志生译;[美]曼素思:《缀珍录:18世纪及其前后的中国妇女》,定宜庄、颜宜葳译。

对具有一定代表性的文学文化现象的学术新见;如此等等。一些研究者深入分析中华民族悠久思想文化传统中所蕴涵的性别观念,开掘华夏文化传统有关性别问题的多样思考,对本土理论资源在性别诗学建设中的功能和意义给予了必要的重视。新启蒙主义、女权/女性主义理论以及马克思主义女性话语在中国女性文学批评实践中产生的影响,其间的复杂状况及其得失等问题,也受到研究者的自觉关注。

在具体研究中,近年来以下方面所取得的进展比较突出:结合历史和现实剖析性别化的民族、国家话语;揭示以往文学批评在对文化与历史的再现进行评论时所呈现的性别盲点;从性别角度对文学创作的主旨、形象、叙述方式以及语言等进行分析;对国内学界的性别研究实践进行理性审视等。有研究者指出,学术界在经历了"寻找"和"发现"女性创作主体的阶段、以女性的经验和语言为中心的文本分析阶段之后,正在进入多焦点的、强调性别平衡的学术观阶段[①]。这样的阶段意味着,研究者更倾向于以一种"涵盖的视野"考虑两性复杂的经验,认识这种经验是在社会性别与种族、族裔、阶级、性倾向、年龄等多重因素的相互作用中产生的,从而避免在性别问题的讨论中陷于狭隘和偏执。

毋庸讳言,迄今为止,有关方面的研究虽然取得了一定的成绩,但还存在许多不足。比如,多年来对性别与文学关联性探讨的重点主要是现当代女作家创作,特别是其中女性意识浓郁或持比较鲜明的女性立场的作家作品,而对古往今来更为广泛的富于性别文化意味的文学现象则缺乏系统深入的研究。又如,许多时候,研究者在进行性别分析的过程中,自觉不自觉地将男女两性想象为二元对立的本质化的群体,片面解读女性的社会历史处境,忽视了性别内部的差异以及各种

[①] 周颜玲:《有关妇女、性和社会性别的话语》,见王政、杜芳琴主编:《社会性别研究选译》,三联书店,1998年。

因素的相互缠绕,从而将原本复杂的问题大大简单化了,于是无论在学理上抑或实践上,其有效性都不免大打折扣。此外,相关文学批评在强调和突出"性别政治"的同时,对文学创作的艺术品性往往缺乏应有的审美观照,也是一个比较明显的弱点。

可以说,在整个文学领域,性别研究目前总体上仍处于初步发展阶段,性别视角在文艺学建设和性别文化构建方面的积极作用尚未得到充分的发挥,体系相对完整的性别诗学建构以及多种研究方法的有效整合还有待于艰苦的实践。正是基于这样的状况,本丛书希望在力所能及的范围内有所作为。

二

本丛书的总体目标是:在全面探讨古今文学领域性别因素的体现与影响的基础上,适当扩展至更为宽广的文化领域,揭示华夏文化与文学中关乎性别问题的优良传统以及在现代观念衡量下的缺陷,校正因性别偏见造成的史实偏离,克服因视角局限产生的视域盲点,并提出相关的理论原则与方法论方面的观点,以期在学术上将该领域的研究提高到一个新的水平,在实践上为当下我国的相关创作、欣赏、批评提供理论参考,从而促进理性的性别和谐观念在社会上的良性发展。

丛书本着尊重事实、不走偏锋、重视文化传统、体现时代精神的指导思想,主要围绕以下问题进行探询:

第一,从性别视角出发,审视中国古代文学及文化传统。中国传统的性别观念是一个复杂的系统,并非"男尊女卑"可以完全概括。在这一占主导地位的性别观念之外,无疑还有其他方面的影响值得关注。例如,周易的阴阳互转思维、道家的柔弱胜刚强观念、佛家的"不二"法门和民间的多元性别观等。而性别观念、性别意识在文学中的表现更是多样纷呈,有待开掘、梳理与评说。丛书结合具体考察对象对传统文学文化进行性别分析,意在为全面认识中华民族的文学文化传统打开新的思路。

第二,考察文学现代性生成过程中性别因素的多样表现,对各种文学文化现象进行性别分析。特定历史时期思想文化的转型和激变一定程度上带来社会性别观念的变化,这种变化对社会文化和文学创作产生了深刻影响,其间有着复杂的内在机制。为此,丛书深入探究现代女性写作的发生,考察现代文学的性别主体建构,剖析现代文学家庭书写的性别内涵以及国族话语与现代文学女性想象之间的深刻联系,藉以从性别角度加深对近代以来一百多年来文学文化转型、蜕变的动态进程的认识。

第三,对中国妇女/女性文学史书写进行反思。近百年来的妇女/女性文学史书写实践,是现代观念史和文化史的重要组成部分。丛书综合多种因素,分析性别观念、性别意识在选择标准、评价尺度以及具体论述等方面对妇女/女性文学史书写产生的影响,考其内涵,辨其得失,尝试探询未来包含"性别"与"超性别"视角的文学史书写形态之可能。

第四,在性别视野中对文学语言进行深入研究,探察文学文本呈现的特定语言形态与性别文化之间的有机联系,从语言这一重要方面深化对文学本体与性别之间关系的理解。

第五,考察性别研究的理论背景,剖析性别理论与其他当代理论思潮之间的复杂纠葛,阐明性别理论开放性、包容性、多元性的内在特质,把握其在当代文论中的历史维度。通过分析中西方理论视野和语境的差异,勾勒、描述中国本土的性别研究和理论批评视野,探讨现代性别理论的合理建构。

丛书借鉴了女性主义批评以及社会学、历史学、文化学、心理学等学科的理论方法。在此过程中,力求充分考虑到性别问题的本土特征及其复杂性,体现对当代问题的关注以及真诚的人文关怀,努力追求理论与文学文化实际相结合,文学文化实际与理论相融汇、相说明。

三

这套丛书的出版历经多年,是跨地区、跨高校的学术团队倾力合作的结果。

2006年春,"性别视角下的中国文学与文化"重大课题完成开题工作。按照有关要求,我们以南开大学的科研力量为基础,搭建了团结协作共同攻关的学术平台。其间,特别邀请了数位兄弟院校的学者主持部分子课题的研究。河南大学刘思谦教授、陕西师范大学屈雅君教授、上海社会科学院陈惠芬研究员、厦门大学林丹娅教授、北京语言大学李玲教授等知名学者,对这项事业给予了热情的支持。她们以自己多年从事本领域研究的丰厚积累投入工作,为项目的完成付出了辛勤的劳动。大家相互信赖,真诚合作,体现出深厚的情谊。各位学者的参与,对丰富课题的研究内容,保证丛书的学术质量,起到了重要作用。此外,部分子课题的研究吸收了若干位高校博士生参与。

而今丛书问世之际,我们希望这项研究在以下几方面有所建树:

一是通过去除历史文化中的遮蔽,更为全面、深入地认识民族文化传统和文学发展演变的方方面面,开掘中国文学的丰厚内涵。从性别视角进行审视,指的是在对文学、文化现象的学术观照中发现其中所表现或隐含的性别观念、性别意识,具体考察和分析这种观念、意识产生的影响。实际上,由于性别的对待是人类社会最基本的一对关系,每个人概莫能外,所以,人类的文学/文化活动不可避免地带有一定的性别立场和性别色彩,只是这种立场和色彩如果与居于社会主导地位的价值观念同一向度,往往就会隐涵而不彰。所谓去除历史文化的遮蔽,就是要尽量还原特定意义上的性别文化真相,通过"性别"这一认识人类生命活动的新维度,启发我们对人类文明进程的批判性反思,促进先进性别文化的建设。

二是通过对文学文化现象及文学文本进行分析,丰富文学批评的视角,推动文学理论特别是具有中国本土特色的性别诗学的建设,使文学批评的开展更趋多元。半个多世纪以来,女性主义的文学批评在世界范围内发展迅速,性别理论也在其推动下得到长足发展。近二十年来,国内的女性主义文学批评实践有了一定的积累,理论研究也初见成效,但受种种因素的制约,迄今还难以形成相对成熟的体系。在这样的背景下,我们力图通过这一系列性的研究,为建设具有民族特色的性别理论提供较为丰厚的材料资源,尽己所能推进本土性别诗学的建设。

三是为当代文艺创作、评论提供借鉴,促进先进性别观念的塑造和传播。毫无疑问,社会的精神文明建设离不开先进的性别理念。而事实上,传统性别观念根深蒂固,当代文艺创作中腐朽性别观念的影响大量存在。各类文艺作品在性别观念的塑造和传播方面所起的作用不容小觑。我们渴望通过自己的工作,促进学界对性别问题的关注和重视,为社会性别观念的更新发挥积极作用。

附带说明,本套丛书之外,还有一批同属于这一重大课题的学术成果,近年来陆续以论文的形式刊发在多种学术期刊上。其中《南开学报》自2006年以来设立的"性别视角下的中国文学与文化"专栏,集中刊载相关方面的研究论文,迄今已逾50篇。部分文章发表后被《新华文摘》《中国社会科学文摘》等刊物转载,产生了良好的社会反响。

我们深知,丛书的出版并不意味着研究工作的终结。"性别视角下的中国文学与文化"作为一个具有特定内涵和学术指向的研究命题,有待于在今后的实践中持续关注,深入思考。我们将为之付出不懈的努力。

目　录

引言　从"口红效应"说起 …………………………………… 1
导论　性别视角与上海都市文化研究 …………………………… 6

上篇　研究述评

一、"'妇女'为焦点的阅读"与"看现代中国"的方法 ……… 39
二、心态史视角下的性别与都市的构形 ………………………… 50
三、"印刷资本主义"、"技术化视觉话语"的差异与协商 ……… 60
四、作为文化生产力量和场域的"新女性" …………………… 75
　　（一）"粉面女郎"与"银幕艳史"：女性与早期中国电影 …… 75
　　（二）"写实主义"和"文化表演"：从话剧女演员到电影
　　　　　女演员 ……………………………………………………… 86
　　（三）民国女子戏剧：都市传奇与言情文化 ………………… 95
五、"公共生活领域"与消费的女性化发展 …………………… 100
　　（一）日常消费的"公共化"与"公/私"领域的重新划分 …… 100
　　（二）近代上海的百货公司与消费的女性化 ………………… 107
六、消费的性别化与民族国家想象 ……………………………… 118
　　（一）西方"消费女性化"的初始情境 ……………………… 118
　　（二）"摩登女郎"、男性形象变革与民族国家想象 ………… 124

下篇　个案分析

第一部分

"环球百货"、"摩登女郎"与上海外观现代性的生成 ………… 145

一、"环球百货":视觉政体和炫耀消费 …………… 146
二、女性的"合法"空间和"摩登女郎"的产生 ………… 150
三、时间、空间与性别:上海外观现代性的生成和紧张 …… 156

消费文化的勃兴与"新感觉派"的"摩登女郎"想象　165
一、现代消费娱乐空间里的摩登女郎:空间权力和性别权力的僭越挑战 …………… 167
二、物化的背后:摩登女郎的身份建立和"摩登性"的认同 …………… 175
三、谁是消费文化的新权威新偶像:摩登女性与男性精英的权力之争 …………… 181

1948年上海舞潮案与"社会学的想象力"及身体政治 …… 188
一、缘何"哀舞女"? …………… 188
二、上海舞潮案与"最初的现代场景" …………… 191
三、跳舞与吃饭 …………… 196
四、禁舞令与"身体的政治" …………… 201

第二部分

现代女性媒介视觉文化之始:《妇女时报》的封面女性形象 …… 206
一、《妇女时报》的办刊宗旨和栏目内容 …………… 208
二、《妇女时报》的新式仕女画封面 …………… 215
三、新式仕女画封面的意义:现代女性视觉文化之始 …… 223

望远镜与中国现代女性的世界观 …………… 230
一、女性与望远镜意象 …………… 232
二、男性与望远镜意象 …………… 240
三、现代女性世界观的变化 …………… 243
四、现代女性眺望:男性的想象与建构 …………… 246

焦虑中的性别与都市想象
　　——对《上海漫画》、《时代漫画》的一种解读 ········· 250
　　一、被忽略的特色和成因 ························· 253
　　二、女性身体的诱惑与现代都市想象 ············· 262
　　三、角色的倒置与"未来上海风光之狂测" ········· 273
　　四、现代的形式:"唯美—颓废"和立体主义等等的并用 ··· 282

都市语境下的女性写作 ································ 290
　　一、都市背景、文化资源和女性写作的兴起 ······· 291
　　二、女性写作与都市文学文化生产 ··············· 302
　　三、女性意识和都市意识的交织互渗 ············· 332

第三部分

阶级意识与性别呈述:也谈左翼电影的政治性 ············ 344
　　一、性别政治与左翼电影的政治性 ··············· 344
　　二、《神女》的阶级意识和性别呈述 ··············· 348
　　三、左翼电影性别呈述的多种倾向和复杂性 ······· 353

中国早期女电影人和中国电影的现代性 ················ 361
　　一、女电影演员的出现和中国电影艺术形态的成型 ··· 363
　　二、聚焦女演员:中国早期电影工业"明星制"的运作
　　　　策略 ·· 372
　　三、不甘受操控:早期女电影制片人的产生及意义 ····· 379

谁是"真正的新女性":《现代一女性》与《新女性》的比较
　　阅读 ·· 388
　　一、《现代一女性》的产生背景 ··················· 390
　　二、《时报》上的电影小说《现代一女性》 ········· 396
　　三、《新女性》的创见与"改写" ················· 407
　　四、厚"此"薄"彼"的背后:电影评论与"新女性"之争 ····· 411

《体育皇后》的都市、性别和阶级叙事 …………………… 420
 一、都市想象与新女体的塑造 ……………………………… 421
 二、阶级意识、外来资源和性别政治的协商 …………… 433
 三、《体育皇后》的历史文化意义 ………………………… 441

第四部分

女性形象与社会变迁 ………………………………………… 443
 一、政治与时尚：时代女性的双重敏感 ………………… 444
 二、消费、传媒、西方时尚和商业文明的全方位影响 …… 448
 三、"美"的等级和权力网络 ……………………………… 453

男性形象、气质与中国现代化 …………………………… 459
 一、剪辫：政治革命、文化革命、生活革命 …………… 460
 二、尚武：强弱即曲直 …………………………………… 469
 三、新生活运动：衣食住行与"国族复兴" ……………… 475
 四、余论："上海男人"与上海文化 ……………………… 481

参考文献 ……………………………………………………… 486
后记 …………………………………………………………… 501
各章作者说明及简介 ………………………………………… 503

引　言
从"口红效应"说起

现代性是"有性"的吗？性别怎样与消费、视觉、都市和大众文化等现代性事物相关？——说到"现代性的姿容"，难免令人联想到性别而发出以上疑问。上世纪八九十年代以来，许多论者为此进行了深入的探索，而为了理解的方便，我们不妨从晚近经济危机中一度流行（或被重提）的"口红效应"说起。

2008年3月，贝尔斯登被摩根大通以2.4亿美元低价收购，次贷危机的加剧首次震动华尔街。同年10月，危机已经扩散至整个欧洲，金融危机也转化为全球性的经济危机。[①] 正是在这样的背景下，"口红效应"被中国知名语言文字杂志《咬文嚼字》从上千个流行词中甄选出来，列为该年度的"十大流行语"之一。其释义说："在美国，每当经济不景气的时候，口红反而热卖，这就是'口红效应'——经济出现危机时，廉价的生活必需品不会受冲击，照样会有好市场。2008年，金融风暴袭遍全球，'口红效应'随之流行。"[②]

"口红效应"初显于上世纪30年代。1929年10月24日，史称"黑色星期四"，美国华尔街股市崩盘，引发经济大萧条。为抗击萧条，罗斯福总统出台了多项新政，其中包括资助好莱坞电影，希望借此鼓舞

---

① 据2008年12月16日《中国证券报》。
② 中新网，http://www.chinanews.com，2009年3月5日。

士气刺激经济。好莱坞女星应运而起,乘势走红,她们鲜亮的口红形象,带动了口红等女性消费品的整体销售,也令低迷的社会情绪为之一振。Elizabeth Arden①1939年的一则广告说:"擦上你的口红,提振我们的士气,对抗战争"。另一个成业更早的全球知名化妆品牌 Helena Rubinstein 也说:"一杯咖啡和口红,我就能面对世界"。

与"口红效应"登上中国《咬文嚼字》杂志的流行语榜单庶几同时,亚马逊网站上一本名为《打造好莱坞女星的化妆造型书——时尚教母Charla的美丽之道》的图书被称连续45周在榜也传达了类似的信息:②

● 《纽约时报》、亚马逊网站双料畅销图书,2008年亚马逊网站年度百大好书!

● 本书可大大提升你的面试成功率,让你永远年轻10岁,瘦上10斤,感觉好上百倍!

● 脱口秀女王奥普拉;奥斯卡、金球奖巨星茱莉亚·罗伯茨、哈利·贝瑞、泰瑞·海切尔、莎朗·斯通、黛米·摩尔;流行乐坛扛鼎唱将芭芭拉·史翠珊、麦当娜、珍妮·杰克逊;国际顶级名模伊丽莎白·赫莉、克里斯蒂·布林克利;艾美奖得主格伦·克洛斯、安妮·希奇等众多女星时尚美丽之道全揭秘!

好莱坞女星上世纪30年代发明的口红鲜亮的形象,在早期文化批评者的眼中乃是逃避主义的象征,是好莱坞在美国经济饱受萧条之苦时有意制造出来的虚假景象,罗兰·巴特曾称其为"神话学"的一种。但女性与社会经济、消费的关系并未因此终结,反之却愈来愈得

---

① 世界知名化妆品及香水公司,1910年出现于纽约第五大道。
② http://www.tushucheng.com/book/2614148.html

到现代经济发展(包括本次危机)的重视和证实。在中国,早在本轮全球性的经济危机发生之前,由中华全国妇联宣传部、中国消费者协会、中国妇女杂志社、康泰纳仕(中国)、欧莱雅(中国)、万事达卡等国际组织联合主办的"中国女性消费高层论坛"自2005年起已经连续举办多次。以"扩大内需中的女性消费"为主题的第五届论坛号召说,要进一步推动扩大女性消费的总量,拓展女性消费市场,在扩大消费、拉动内需、推动增长中充分发挥妇女的独特优势和作用。[1] 第六届论坛则以"美丽消费引领市场"为主题,[2]继续赋予女性扩大内需引领消费的使命。

本书的研究虽然集中于上世纪二三十年代上海都市化过程中性别与消费等大众文化的关系,却在这一背景下更多地获得了启迪。它有效地印证了女性主义所指出的现代性是"有性"的,其"姿容"很多时候是由性别/女性所表现的,"被女性的物质和想象的在场意义深远地标示出来"[3]。与传统女性主义强调女性在历史上的受压制地位或被局限于私人领域不同,晚近的女性主义质疑经典现代性理论对女性的漠视,她们将现代性概念和普通女性的经历结合起来讨论,尤其是在对19、20世纪以来西方女性与消费文化关系的考量中,明确了女性与现代社会的发展有着远较以往经典现代性理论所认为的广泛而深切的联系,进而强调在都市、消费、大众文化等现代性问题研究中性别视角介入的必要性。[4]

这一变化也影响到了上海文化研究。上世纪90年代以来,随着上海研究热的升温,性别与都市文化的关系也渐成关注的热点,或者

---

[1] 中华女性网,http://www.china-woman.com,2009年10月28日。
[2] 人民网,http://www.people.com.cn,2010年12月17日。
[3] 米卡·娜佳:《现代性拒不承认的:女性、城市和百货公司》,严蓓雯译,罗钢、王中忱主编:《消费文化读本》,中国社会科学出版社2003年版,第209页。
[4] 详见导论。

说在不断拓展的上海文化研究中,愈益明显地纳入了性别研究的视角。这不仅表现在一些女性学者的研究中,也体现在李欧梵等男性学者重绘上海文化地图的努力中。以李欧梵的说法,上海是中国现代化的摇篮,而上海的现代化则可以说是印刷文化的产物。现代上海的出版业和印刷技术在使知识阶层的启蒙活动获得用武之地的同时,也培养和满足了新的大众化的城市消费,从而使上海的现代化在一开始就具有了"大众面孔"或"日常生活模式"。而这一局面某种程度是由《良友》画报之类印刷媒介上的妇女形象所体现或造成的。这些新颖而"逼真"的女性形象不仅联系了大众对服饰、空间、核心家庭、健康和卫生,以及"两性关系的新变化"等有关现代城市生活的想象,而且它们本身就是为视觉娱乐服务的商业化印刷文化的产物。在李欧梵的解读中,妇女形象甚至和现代时间的启用有关,中国与西方"同时"观念的建立或"想象的社区"的形成,恰是由于美女月份牌广告的广泛使用。叶文心由此指出,把上海而不是北京看作新文化的诞生地,着眼于生活方式和妇女形象而不是着眼于观念和意识形态,李欧梵的《上海摩登》向传统的现代化理论发起了挑战。

事实上,向女性主义的借鉴,或在相关的研究中引入性别研究的视角/理论,是晚近西方/海外学界的普遍倾向。李欧梵之外,另有一些男性学者也在上海研究中程度不同地使用了性别研究的方法。当然,诸种原因,女性学者在这一方面的趋向尤为明显,她们对性别与上海都市文化关系的探讨也更为多样和深入。这一状况的形成,一方面标示了当代女性主义理论介入知识生产的强劲势头,其有别于传统学术的理论和方法已经成为当今学术发展的重要推力,另一方面则和上海城市/都市文化本身的复杂性和"有性化"相关。上海开埠后,其空间结构和社会场域即发生了深刻变化,与各种新构形、新景观的出现相伴随,女性也在时代一系列变动的影响下走出家门走上社会。尤其是在上世纪二三十年代上海急遽的都市化过程中,女性获得了更多介入都市空间/文化生产的机遇和可能。她们既是现代工商业、消费文化有力的支持者和参与者,也是演艺市场、电影等文化工业的生力军。作为新的社会文化力量,她们不仅在象征的层面上,也在现实的物质关系中有力地参与了上海都市文化的生产。反之,都市化、消费和大众文化的发展也进一步打破了性别的区隔,给予她们更多活动的空间。作为民族的主体,男性与包括消费文化在内的中国现代化的关系无疑同样深切。尤其是在历史"改元"或发生重大转折之际,男性形象和气质的变化事实上更具冲击力和示范意义,它不仅重构了符号象征系统,并且带来了社会经济、物质文化的大变动。[①]凡此,都为本书的研究提供了有力的支持。

  故而,本书的研究可以说既受到晚近女性主义、文化研究等理论的启发,也(或更)建立在上海城市历史、文化本身"有性化"的基础上。

[①] 详见本书导论部分、上篇(六)和末章。

导　论
性别视角与上海都市文化研究

一

上世纪八九十年代以来，与新文化史研究的兴起相伴随，女性主义、性别研究等以往不被重视而处于边缘位置的方法/理论日益作为知识生产的重要部分，介入到对社会历史和文化问题的解说中去。这一状况也明显地表现在上海文化研究中，不仅一些女性学者左手女性主义、性别研究和其他方法理论，右手现代上海的通俗文学、戏剧、电影和消费文化等等，发展出一种新的"看现代中国"的方法或有关"妇女与中国现代性"的论述，不少男性学者也以性别研究为借鉴或方法视角，在上海都市文化的研究中频频得手。[①] 有意思的是，作为一项结合了多种面向的跨媒介、跨学科议题，其讨论却首先是在文学研究领域引发的。这有赖于两个方面因素的促成。

早在上世纪80年代，上海一地即已发生了"重振海派雄风"的讨论，至90年代，随着社会转型的深入，尤其是浦东开发开放的进行，海内外学者加紧了"为海派正名"[②]的工作，力图为上海新一轮的"与国际接轨"提供历史资源。在这一过程中，海派文学中的女性形象或海派

[①] 详见本书上篇。
[②] 吴福辉：《为海派文学正名》，《都市漩流中的海派小说》导论部分，湖南教育出版社1995年出版。

作家对女性及上海都市文化的描写被重新提起并成为热议的话题,此其一。其二是,在上世纪八九十年代以来的学科重建和方法革新中,现代中国文学研究始终处在前沿位置,如果说国内学界相当时间里尚致力于突破意识形态的樊篱,那么海外学者则藉现代中国文学这一尚少为西方理论关注、征用的"生荒地",与彼时欧美学院里新潮理论的"你方唱罢我登场"及其"象征资本"的交易展开激烈的争逐。以王德威的说法,至上世纪90年代,西方的现代中国文学研究至少发生了以下三个方面可说重大的变化。第一,"理论热"成为治学的一大标记;其次,研究的对象远远超离了传统文学文本的定义,而成为包括文学、电影、流行歌曲、大众文化、城市研究等等在内的多元、跨界(跨科技)的操作演练;再者,对历史"大叙述"的重新审视,"永远历史化"或"重新的历史化"成为研究的新趋向。① 正是在这一背景下,性别与上海历史文化的关系等以往不被关注的问题变得引人瞩目起来。它们长期边缘/非主流的位置既使"重新的历史化"成为必要,也为后殖民、后现代、女性主义、文化研究等各种新潮理论的阐释运用提供了极大空间。

而从一个更为开阔的角度视之,上述种种,尤其是现代中国文学研究范围和方法的拓宽,也可以用晚近普遍的"文化转向"来表达,是近30年来海内外学界研究脉络变化的一个侧影。后冷战时代世界格局的新变化,全球化进程中环境、文化和种族冲突等问题的日益突出,促使人们将注意力从以往对政治军事等"宏大历史"的关注更多转向文化方面,"文化转向"于是成为学界的普遍走向。如我们所知,在文学研究领域,发生了明显的从文学批评向文化研究的转向,地理学领域则产生了文化地理学、人文地理学等新的交叉学科,传统历史学也在这一过程中受到了极大的撼动。传统历史学素以军事、政治史为

---

① 王德威:《海外中国现代文学研究的历史、现状与未来》,《当代作家评论》2006年第4期。

重,而至上世纪80年代,"新文化史"已然成为历史研究的最新方向,并影响到历史以外如文学研究等领域。新文化史研究师承后现代主义精神,认同边缘、拒斥中心,强调对以往不被重视的社会生活和大众文化等等的研究,而其对"文化"的理解也更为多面,既包括深层的社会心态和思想文化,也包括物质文化与表面(象)文化。

"文化转向"也影响到女性主义或性别研究的兴起,如有学者(女性主义地理学家)在世纪之交的洞察:"如果近来的地理学研究中,地方的概念变得更加微妙,那么,性别的定义也是如此。主要从强调男女在物质上的不平等,转移到对于性别定义里的语言、象征、再现和意义的新兴趣,以及主体性、认同和性别化的身体等问题的关切。"[①]换言之,文化转向背景下的女性主义不但要指出现实世界里的两性不平等,还要揭示造成这种不平等的语言和再现等象征秩序方面的问题,由此而改造男性中心的社会结构与文化。这也是女性主义介入知识生产的起始。传统的知识体系中并无性别研究的位置,仅有的一些性别定义也大都停留于生物学层面,而缺乏社会历史文化方面的考量。在这样的状况下,女性主义强调"女人不是天生的,而是生成的"(波伏娃),意在指出女性的性别角色、社会地位是一个包括了语言、符号、制度、心理认同等等在内的文化建构的过程,而不是生物学上的两性之分所决定的,便和传统的知识论产生了极大的分歧,并由此引发了对既有知识体系的挑战。

事实上,晚近女性主义对性别(gender)[②]的重新定义及其相关理论的构造,不仅标志了它"文化转向"的开始,展现了女性主义综合历史、地理、心理学和文学语言等既有学科资源所进行的有效改造,同

---

① 琳达·麦道威尔:《性别、认同与地方——女性主义地理学概说》,徐苔玲等译,台北群学出版有限公司2006年版,第9页。

② 上世纪70年代末,以英美为代表的西方女性主义在波伏娃"建构论"的影响下发展出了"社会性别"(gender)的概念,以此区别仅从生理意义上谈论两性的sex。

时,作为一种日益形成的新的分析方法和范畴,其触角也已然伸展到了当代学术的各个领域,对自由主义、政治经济学、医学史和科学史等学科都产生了重要影响。比如个性、人权、自由、平等,作为西方启蒙运动以来哲学社会科学中的重要概念,是自由主义理论的支柱。而女性主义则从性别的角度对罗尔斯《正义论》中自由主义理论的基本概念进行了重新检讨。她们指出,由于性别的盲点,经典自由主义的"人权"概念是值得怀疑的。自由主义坚持在私人空间和公共空间之间做严格的分野,强调国家和法律不可干预包括家庭在内的私人领域。但自由主义的这一界定引出了一个明显的问题,即家庭暴力是否应该被"看见"和阻止?如果夫妻之间的有关问题不能进入公共空间,那么有关个人权利和正义的概念就会在所谓私人领域中失效,这与自由主义所要求的社会正义是相矛盾的。因此,当代哲学和法律对自由、人权的解释必须纳入性别的视角和考量。[①]

在现代性问题的讨论中,女性主义也有效地挑战了经典的现代性理论,论证了历史上女性在现代性之"内"而不是之"外"。上世纪八九十年代,为了厘清19、20世纪之交西方主要城市在物质和社会文化方面的变化,西方学界发生了现代性问题的论争。其中,波特莱尔和本雅明等人对"短暂的无名的相遇和无目的的闲逛"的描述被认为是现代性的经典特征,同时这一"处处因匿名而狂喜"的"闲逛者"无疑是男性的,因为"闲逛"或"游荡"是男性的传统特权。甚至一些强调历史上女性被动地位的传统女性主义也认为,那些在拥挤的街道上自由行走的"闲逛之人"不可能是女性,现代性关注的是城市的公共领域,女性因长期生活在私人领域而无法与现代性结缘。后现代女性主义则认

[①] 参见刘禾:《女性主义与当代学术成果》,《中华读书报》,2002年11月14日。她主要介绍了玛莎·努斯鲍姆(Martha Nussbaum)的《性与社会正义》(*Sex and Social Justice*)。性别与医学史方面的重要成果可参见美国学者费侠莉教授(Charlotte Furth)的《繁盛之阴:中国医学史中的性(960—1665年)》,江苏人民出版社2006年出版。

为,现代性其实"是种建构出来的论述,像其他叙述话语一样,向我们提供了关于事件和过去的一个版本(version),这版本为了研究和强调,挑出某种现象,忽略其他的。因此……尽管此概念被广泛挪用,在认识论的术语中显出其丰富性,但它还是大体上没有表达出女性的经历体验"①。她们认为,无论是经典现代性论者,还是传统女性主义,都只关注了"早期现代性"时期,而忽视了现代性高度发展时期的社会舞台,即消费和大众文化蓬勃发展的19世纪晚期及20世纪初期,那时女性以象征和现实方式侵入的公共领域正快速增长,比如百货公司的出现便使西方女性不再需要男性的陪同而得以独自上街。"兹事体大",对女性突破传统束缚有着极为重要的意义。这个时期也是整个西方由"维多利亚的稳定世界和'文明'价值转向一个不确定的现代世界,从一个帝国世界转向一个后帝国世界,从一个建立在男女不平等的性别关系的社会转向一个女性获得平等的社会"②的时期,女性从而得以前所未有地参与到社会的公共活动和"爆炸性"发展的消费文化中去。她们在城市里谈钱论价,参与政治动荡,挑战正统观念,她们的"言行举止"毫无疑义地构成了现代性的一部分。

将大众文化蓬勃发展时期女性日益扩大的生活空间和消费活动纳入到现代性的范围,女性主义的这一举措不仅充分考虑到了19、20世纪之交的世界历史和普通女性的经历体验,挑战了本雅明等男性精英的现代性论述,更为重要的是,为揭示现代社会的交互关系和视觉变革提供了极富意义的启迪。后现代女性主义从消费社会的女性处境入手,所发现的却不仅是女性的遭际,也是现代城市形成中社会交互活动和视觉关系的变化。工业革命以来,包括女性在内的大量人群

---

① 米卡·娜佳:《现代性拒不承认的:女性、城市和百货公司》,严蓓雯译,罗钢、王中忱主编:《消费文化读本》,中国社会科学出版社2003年版,第178页。
② Steven Matthews. *Modernism*. Londen:Arnold,2004:3.

从乡村到都市,与陌生人频繁不断的接触遭遇,使视觉符号和外在表征有了新的意义,不仅成为脱离了传统的地理和血缘所属的都市人相互识别的依据,更是现代都市的经济活动和社会生活未可或缺的推手或运行方式。与市场那只"看不见的手"相对,它是现代性构成中极为重要或必需要"被看见的面孔";或者,它就是市场的一部分,又不仅如此或"简单如此"。和市场那只"看不见的手"一样,它对都市的面貌和现代性构成有着举足轻重的作用,而性别/女性,正是那"看得见的面孔"的组成部分或策略之一。

和女性主义、性别研究于上述领域的开拓相一致,在上海都市文化的研究中,性别视角的介入也富有成效。至少在以下几个方面重绘和深描了上海都市文化的地图,再现或凸显了性别与社会转型、文化重构的密切联系。

二

首先,女性主义或性别视角的介入深化了消费问题的探讨。和女性被排除在经典的现代性论述之外相同,曾几何时,消费没有历史,即不被作为研究的对象,上海的消费文化和现代性问题因而也得不到应有的讨论。但消费不仅是资本主义的根本问题,是"所有生产的唯一归宿和目的"(亚当·斯密),也相当程度上决定和影响着都市文化的面貌,故而,晚近的上海研究不能不将消费作为至关重要的一章。乐正的《近代上海人的心态》、忻平的《从上海发现历史》以及李长莉的《中国人的生活方式:从传统到现代》等等都曾深入探讨了炫耀性消费在近现代上海的发展,及其对社会生活和大众心态的影响。但这些研究大都没有谈到女性与百货公司在上海消费文化形成中的作用,或者说忽略了女性、上海百货公司与炫耀性消费的深刻关系。这一忽略不能不说是令人遗憾的。因为缺省了这一视角的讨论,上海炫耀性消费

现代性的姿容

南京路上和先施、永安鼎足而立的新新公司。

性别视角下的上海都市文化

的特征就得不到深入的探讨,其对城市空间、社会心理和阶层重组等问题的深刻影响也将被遮蔽。西方女性主义的相关研究则促进了这一问题的探讨。女性主义指出,产生于19世纪中期的百货公司在西方炫耀性消费的发展中有着十分关键的作用。为了利润的最大化,资本主义发展了百货公司这一"大胆的新形式"(左拉语)。其"大胆"之处乃是在于,除了集购物、娱乐、休闲于一体的商业体制等前所未有之举外,百货公司还开了西方女性无需男性陪伴而自由上街的先河。此举无论对百货公司本身的商业运行还是社会的其他变化而言,都是革命性的,具有潜在的"引爆"作用。它不仅为百货公司准备了源源不绝的顾客流,让女性得以去完成资本主义所指派于她们的替其"竞争成性的丈夫、父亲和儿子"去"兑现"他们少有时间去购买、享受的物品的任务,[①]而且引发了包括城市空间、视觉系统以及阶级和性别重组等等在内的一系列历史变化。它因此是"女性体验同时也被女性体验制造了现代性的一个原型之地"。[②]

　　现代上海同样如此。1917年,先施公司率先在南京路揭幕,翌年9月,永安公司也随之开张。1926年和1936年,又有两家名为"新新"和"大新"的巨型百货公司在上海南京路上闪亮登场。这些以经销"环球百货"著名的上海百货公司(俗称"四大公司"),横植了西方最新零售业的制度,同样提供了女性行走的自由,赋予以往被要求大门不出、二门不迈的传统良家妇女以走出家门、进入城市公共空间的合法性。上海女性进入社会公共空间虽然由来已久,而其合法性却一直有疑,直至先施等百货公司的出现,质疑声才逐渐平息。[③] 而先施、永安等百

---

　　① 琳达·麦道威尔:""资本主义社会中,女性的功能在于挪用并保存她竞争成性的丈夫、父亲和儿子少有时间去兑现或享受的价值与商品;她替他们的劳动提供了一剂解药和一个目的。"《性别、认同与地方》,台北群学出版有限公司2006年版,第219页。
　　② 米卡·娜佳:《现代性拒不承认的:女性、城市和百货公司》,《消费文化读本》,第181页。
　　③ 参见本书下篇《"环球百货"、"摩登女郎"与上海外观现代性的生成》。

13

现　代性的姿容

和男性一样自由行走的普通都市女性。

货公司在提供她们行走自由的同时,也赋予了她们促进消费的使命。尤其是它们有效地凭借其所经营的"环球百货"和所代表的流行标杆,形塑了一种踵事增华、引领风尚的"摩登女性",这就使上海的现代化获得了新的动因或"催化"力量。作为一种新的女性类型,"摩登女性"可以说某种程度上重新定义了性别,她们因百货公司的兴起而突破了传统对女性内向被动及囿于内室的要求。更为重要的是,她们和百货公司/"环球百货"的联手,有力地提升了"表面印象"在现代上海的重要性,从而将上海的炫耀性消费推向了一个新阶段,并有效地促进了社会的阶层流动和变化。

"表面印象"或"都市奇观"与炫耀性消费的关系是现代性理论的

重要命题。以波特莱尔的说法,现代性即是化妆,本雅明则在他的《拱廊街计划》中特别指出了五光十色的商品世界对现代人视觉的震惊,上世纪60年代后德波、鲍德里亚等有关"景观社会"的分析,也都进一步指出了都市奇观与炫耀消费之间的密切关系。但恰如女性主义所指出的,几乎所有这些理论家都倾向于低估都市奇观发展中性别关系的重要性。[1]晚近的研究中,由于女性主义和性别视角的介入,这一状况正在得到有力的改变,不少研究分析了广告媒介等表面文化中女性的地位和作用,凡此等等。而女性与百货公司关系的提出,则进一步"弥补"了这一缺陷。就现代上海而言,不仅以西方现代商业体制为支柱的"四大公司"堪称都市奇观的集大成者,其雄伟的空间建筑和万花筒般的商品世界所构成的"视觉政体"予大众的视觉以强烈的冲击,与四大公司相伴而生的"摩登女性"在都市奇观、社会表面文化的营造中同样厥功至伟。摩登女性不仅是百货公司等现代性事物的产物,标志了现代上海与世界"同步"的风尚流向和物质消费水平,她们的出现且表明了一种新的社会存在和运行方式在中国,尤其是上海这样的现代城市的出现。即个人的身份和发展机遇可以通过外表的修饰而获得,从而颠覆了传统的等级制度,帮助了人们的身份重建和社会的阶层流动。在传统的社会里,人们的身份地位是由血缘门第决定的,而在同一阶层里,女性的地位则通常要低于男性,但在现代上海,一系列的情况表明,原本居于卑位的女性却有可能藉自我包装/外观的改变而获得发展的机遇。[2]值得指出的是,这一变化的意义并非仅仅是为女性的社会"晋升"创造了条件,它事实上是现代上海"表面文化"的核心或炫耀性消费的本质。换言之,现代意义上的消费不仅仅是对物质的享

---

[1] 琳达·麦道威尔:《性别、认同与地方》,第217页。
[2] 当时很多的报刊杂志,包括漫画和文学作品,都直接报导或间接记录、描述了摩登女性在都市地位、机遇获得率的提高,以至引起社会男性的焦虑。详见本书下篇。

用,更是一种身份的象征或重建,摩登女性恰是以此实现了她们在都市的占位。上世纪30年代,面对上海快速的都市化,曾有人指出,"谁能说在把'大上海'建得更大时,百货大楼没有出它的一份力?"①而百货公司之所以能成为"大上海"的推力,除了它崭新的商业形态和"统销环球货"的能力外,另一重要原因即在于它和"摩登女性"的互为援手。如果缺乏后者的参与,百货公司的推力将大打折扣几乎是没有疑义的。而两者的联手不说其他(如由此带来的对社会经济、文化、阶层和性别重构等等的深刻影响),大量的女性往来于城市的街道和商店之间,成为都市潮起潮落人群的一部分,即此一端,已然构成空间/历史的极大变化。

女性、百货公司与现代上海或中国现代性的关系其实远为复杂。"线性时间进步观"通常被认为是鸦片战争以来的中国在现代性追求上的主要倾向,而世人对"线性时间"的认知则很大程度上有赖于女性和百货公司的"提示"。作为资本主义大胆的新形式,百货公司在中国现代化桥头堡的上海理所当然地成为了历史进步的代表。而与其相伴而生的摩登女性,她们的追新逐异虽然极大地挑战了社会成规,引发了各类批评,但因为其中所蕴含的时间意识,所谓"女人的衣服往常是和珠宝一般,没有年纪的,随时可以变卖,然而在民国的当铺里不复受欢迎了,因为过了时就一文不值",②也使其在当时的上海获得了相当的发展空间。如此,先施等百货公司与摩登女性的联手如果不是造成上海"线性时间进步"追求的唯一原因,那么在促使上海从一个"文物寂寂"的"蕞尔之地"一跃而为远东第一都市或世界级城市的过程

---

① 欧大卫:《上海百货公司有其特殊创业史》,转引自李欧梵:《上海摩登——一种新都市文化在中国 1930—1945》,北京大学出版社2001年出版,第18页。
② 张爱玲:《更衣记》。

中,也必定功莫大焉。①

　　值得指出的是,为上海的消费文化立下汗马功劳的不仅是女性,也是作为"民族主体"的男性。回首历史,我们或当承认,现代中国的消费革命某种程度是由男性形象的变革所引发的,而不仅仅是摩登女性的功劳;或者说男性形象的变革从一开始就参与到了中国消费文化的形成中。辛亥革命以"清除鞑虏"为首要目标,"剪辫易服"/男性形象的革命于是成为"兴民国"的当务之急或关键一章。1912年,成立未久的临时政府颁布了民国的第一个服饰法令,其中男子的礼服尤其是大礼服几乎照搬西洋服式,②透露出强烈的从服饰改革入手以适应世界潮流而加入"万国竞争之势"的诉求。但这一举措却直接冲击到了我国传统的纺织行业,并引发了一系列的危机和改变。"我国衣服向用丝绸,冠履亦皆用缎,倘改易西服,衣帽用呢,靴鞋用革,则中国不及外国呢革,势必购进外货,利源外溢。故必亿兆民用愈匮,国用愈困矣。"③以西式平顶硬草帽在中国的风靡为例,它原本是西方传教士等外籍人士的用品,也由他们引入并组织中国的贫苦妇女儿童制作,自用之外也少量出口;但在民国初期则成了市场的热销品,刚刚剪去发辫的中国男性纷纷以此来作为自己新形象或新身份的表征,从而使得小小草帽一度成为引发市场竞争的畅销产品。④ 这就再次说明了所谓性别(斯科特指出它/gender 牵涉到四个互相关联性的因素:象征符号、规范性概念、社会组织体制和主体身份认同⑤),其所联系的其实不

---

① 更多女性与上海百货公司关系的研究请参见连玲玲:《女性消费与消费女性》,拙文《"环球百货"、"摩登女郎"与上海外观现代性的生成》等。
② 见《服制》,《中华民国法令大全》,商务印书馆,民国四年[1915]印行。
③ 王东霞编著:《从长袍马褂到西装革履》,四川人民出版社 2002 年出版,第 91 页。
④ 见本书上篇(六)。与此类似的还有洋伞等用品的普及。
⑤ 斯科特指出,性别(gender)牵涉到四个互相关联性的因素:象征符号、规范性概念、社会组织体制和(主体身份)心理认同,《性别:历史分析一个有效范畴》,见李银河主编:《妇女:最漫长的革命》,中国妇女出版社 2007 年出版。

仅是女性或男性,也是社会的物质和象征关系,由此入手的分析因此能够更为深入地锲入到历史的肌理,呈现出事物更多的复杂性。且以此对中国男性形象的变革作进一步的分析探讨。

首先,性别视角对辛亥前后男性形象变革的重读不仅重现了中国现代意义上消费文化的初始场景(如硬顶草帽等所引发的商业竞争),还凸显出中国历史变动中某种不无鲜明的"性别特征"。性别,尤其是男性形象在有清一代以来的中国历史上并非仅仅是个人形象问题或出离于政治之外的,相反倒切切实实地就是政治/政权/历史变动的一部分,民初的"剪发辫"如此,清初的"薙头梳辫"或"留头不留发,留发不留头"同样如此。晚近中国的历史变动或政治革命大都要从"头"/男性形象的改变开始,这不能不说是令人瞩目或有"深意存焉"的。

其次,性别视角的介入帮助我们进一步思考、梳理中国现代消费的某种发展"逻辑"或线索。如上所举,中国男性在辛亥前后的"剪辫易服",不仅蕴含了强烈的政治意涵,而且带来了物质、符号的变动,引发了远为广泛的生活领域的革命。事实上为剪辫易服所影响的,不仅是草帽的生产和市场,而是更为广泛的社会物质经济。民初男性形象的变革对中国社会的影响可谓"牵一发而动全身";或者说,正应了米尔斯的"社会学的想象力"。吉登斯曾以咖啡为例来诠释米尔斯的这一论述:咖啡是一种对大脑有刺激作用的饮品,但它不只是一种提神的东西;人们喝了一杯咖啡,事情却不是"喝"这个行为这么简单,而是身不由己地卷入某种关系之中,引发数千里外的人持续不断的种植、运作和交易……所以,饮用一杯咖啡的行为可以推定过去社会和经济发展的全过程。[①] 民初中国男性形象的变革同样呈现了此类"社会学的想象力":

"剪辫易服"颠覆了中国男性的传统形象,西式的礼帽、洋伞、手

---

① 安东尼·吉登斯:《社会学》,赵旭东等译,北京大学出版社2003年出版,第3～4页。

杖、皮鞋、眼镜、衬衫、纽扣、手表……凡此等等的物品从而成为与其（西式服装）相配的必需品，或他们身份的组成之一，呢绒、皮革等材料则变得需要大量进口和生产；既然西化的男性形象代表了中国男性形象的新正统，有着政令上的支持，那么女性服饰的趋向洋化，以及大众的日常生活喜用洋货也势所难免了；洋货的畅销风行不仅使得外商更多地漂洋过海为利而来，也刺激了中国制造商的出现，民族工业乘势而起，市场进一步扩大。第一次世界大战期间，上海一地的中国工厂已近百家，它们所生产的一些产品在刚开始时还被认为是奢侈品，不久就成为人们生活的必需品。茅盾写于上世纪30年代初的《子夜》中立志民族工业的吴荪甫也说道："他们将他们的灯泡、热水瓶、阳伞、肥皂、橡胶套鞋，走遍了全中国的穷乡僻壤！"由服饰而食品而用具，人们的吃、穿、用、住都日渐变得必须依赖市场的供应，无论洋货还是国货。生活领域的"公共化"于焉成型——以李长莉的说法便是"市场化、社会化、大众化的'公共生活领域'的逐步生长形成"，其主要表现为传统分散的小农生活方式日渐向近代工商业为主导的生活方式演变，城市的休闲娱乐方式等等也由家庭而趋于商业化与公共化，社会生活空间从封闭自足的城乡一体结构渐渐转变为部分商业化及城市生活公共化、开放化的城乡二元结构。[①] 而生活方式的变化之所以值得关注，在于它不仅是社会日常运行的基础，还是新的社会结构、价值理念或观念变化的温床，即社会转型的必要前提。

无疑，在中国"公共生活领域"或消费主义的生长形成中，帝国主义的扩张和中国市场大门的被打开是一个更为基本而重要的情境。许多研究指出，自19世纪中叶起，西方资本主义即以各种方式进入中国，从而使进入到20世纪初的中国在与其频繁的交集中初现了近代工商业社会的某些特征。男性形象的变革则是这一变化中一个意味

[①] 详见本书上篇第五部分。

深长并给中国的社会历史带来深远影响的"原点"。藉政治改革的契机和力量,辛亥之际男性形象的变革由此及彼势如破竹,其对中国历史文化、物质经济的影响无论如何估计都不为高。套用吉登斯的说法,中国男性换了新衣,情况却不是每天早上起来"伸手穿衣"或"换"这个动作这么简单,它不是男性们简单的改头换面,而是一场"从头到脚"的革命和引起一系列社会反应的变故。以往的研究较为注意中国女性形象的变迁及其对社会经济文化的影响,以上情况则告诉我们,在历史的"改元"之际,男性形象的革命事实上更具冲击力和示范意义。

吊诡的是,女性形象的变化虽然也是现代中国历史运动的一部分,其合法性却远较男性形象的变革来得不易。如果说,曾几何时西化的男性形象如鲁迅笔下的"假洋鬼子"是令人鄙弃或"骇怪"的对象,男性形象革命之初也曾发生过"剪辫不易服"或"剪辫缓易服"的呼吁和抗拒,那么在上世纪30年代的上海,以叶文心的说法,"西装革履,戴着西洋帽,手持西洋杖,不但不再是使人感到骇怪讥讽的对象,反而成为那个年代上海社会精英的一种必然形象"。[①]而与此同时,女性形象的西化、所谓的"摩登女性"却日益成为社会焦虑的对象,虽然她们某种程度表征了"日新又新"的时代价值,却始终处于褒贬不一的处境。尤其是在上世纪30年代的国货运动中,"摩登女性"受到了严厉的谴责,被认为除了她们的肉体是从母胎带来的国货外,其余周身戴的、穿的、用的、敷的,无一不是外国货,因而多少有着"卖国的嫌疑",而在稍后的新生活运动中,她们的"衣短袖长"且成了国家监控的对象。1934年6月,江西省政府根据蒋介石的手令率先出台了《取缔妇女奇装异服办法》,其中包括:旗袍最长须离脚背一寸;衣领最高须离

---

① 叶文心:《从都市"奇观"到"辉煌"景象 1843—1945年的上海文化史》,《文汇报》,2006年6月12日。

颚骨一寸半；袖长最短须齐肘关节；旗袍左右开叉不得过膝盖以上三寸；腰身不得绷紧贴体，须稍宽松等等，并标明"妇女衣着装束不遵守本办法者，由岗警加以干涉，如有反抗者，得拘局惩处"。①一派"悠悠万事，唯此为大"的架势。而在民国初年的服饰法令中，我们知道，还几乎没有女性的什么事。与男性大礼服、小礼服、常服等一整套的规定相比，只简单规定了民国女性的礼服为"长与膝齐"的中式绣衣加褶裥裙。② 简言之，在中国现代化的进程中，男子的西式形象不仅一开始即在政令上被确定下来，在文化上也日渐获得了合法性，女性的形象或服饰问题却日益成为焦虑的起源和管控对象。这一状况是怎样造成的，又蕴含了何种信息？

借鉴性别分析的方法，我们可以说这正是后发现代化国家在投身世界潮流时主体"不明"或所陷困境的表征。在现代中国男性精英的意识里，民族主体的性别始终是男性的，"改元易服"/象征系统的革命因而也是从男性形象的变革开始并"隆重其事"。现代以来，中国女性形象的变化虽然风起云涌，尤其是风气初开之际晚清上海妓女领导的女装革命可谓锋头十足，并广泛影响到普通的良家妇女，所谓"女衣悉听娼妓翻新，大家亦随之"，③她们的服饰问题却并不在民国初年的象征系统中显得有多么紧要。然而形势的发展却让女性的形象/服饰问题"后来居上"，出人意料地与国族兴亡扯上了关系。1934年的"妇女国货年"和新生活运动中摩登女性之所以倍受指摘，乃是在当政者和民族主义情绪强烈的大众看来，她们的奇装异服除了"有伤风化"之外，还严重地影响到了"国格"。说来也是，现代上海一方面是前所未有的快速发展，与此同时，比比皆是的异国情调和风物，分裂的一市三

---

① 《赣省府订定取缔妇女奇装异服办法》，《中央日报》，1934年6月9日。
② 见《服制》，《中华民国法令大全》商务印书馆，民国四年[1915]印行。
③ 《上海新報》，1869年6月24日。

政的空间格局则无时不刻不在凸现、提醒着中国主权的缺损和屈辱,穿行其间"效尤"西方时尚的摩登女性仿佛"点睛之笔",尤其令人触目。更有研究者指出,在成立未久的南京政权的眼里,上海租界恰似一个代表了外来威胁的桀骜不驯的女人,"摩登女性"则是它的对称(应)物,①对前者的敌忾必然连带了对后者的惩处;或者说对摩登女性的污名正是国族焦虑的表征和一个必然的"转移"。

情况其实远为复杂,除了国族政治的原因外,对摩登女性的焦虑也是因为,上世纪20年代以来,随着中国市场化程度的提高,民族工业和列强的商战已经全方位展开,或者说正达到一个白热化的高潮。于此之时,造成"漏卮"或"利源外流"的已不仅仅是男性的"改易西服、衣帽用呢",而是更为广泛的由女性主导的大众日常生活用品市场。上世纪30年代世界性的经济危机更加剧了这一中外冲突。为了转嫁危机,欧美和日本等国向中国大量倾销产品,与中国的民族工业抢夺市场,给后者造成极大压力。有意味的是,在性别政治和国族政治的双重影响下,摩登女性在被当作焦虑"缘起"的同时,也被作为问题的"解决",她们一方面受到社会的公诉②,被指认为犯有奢侈、懒惰、卖国等多宗罪,另一方面则被赋予振兴国货的重任。在1934年的"妇女国货年"中,妇女被和国货问题直接联系起来,主导者们相信,只要女性能够拒斥洋货改用国货,中国的民族工业就能够在与列强的商战中取胜。这就再一次启发我们思索民初男性形象革命的意义:一方面它确立了男性形象的"新正统";与此同时,也促进了市场的开发,拉开了中外商战的序幕,从而使得现代中国的消费不仅仅是个人的问题,还事关"家国大义"。妇女国货年的提出,无非是这一逻辑的延伸或两面性

---

① 孙绍谊:《想象的城市——文学、电影和视觉上海(1927—1937)》,复旦大学出版社2009年出版。
② 黄嘉音:《向社会公诉上海女郎》,《时代漫画》,1934年2月20日。

的产物。

问题在于,中国民族工业的困厄并不能由女性而化解和拯救,当政者对西化/洋货的抵制事实上也始终处于象征/替代的层面,虽然发动了一系列国货运动,以及对摩登女性的挞伐,却难以/无法通过主权的行使(如自主关税)真正在商战中对列强作出有效的抵抗。这一状况告诉我们,一方面,传统的性别政治/男尊女卑、女性祸水论等等,在现代中国依然有着强大的市场或势力,民族国家的困境和社会男性的焦虑经常试图通过对女性的贬斥来"化解",一方面则再一次提示了现代中国作为后发现代化国家的处境,或证实了本质主义的男女二分并不可靠。以后现代女性主义的说法,性别并不是刻板固定的,而是可以变化流动的,因具体的情境而定。在权力的谱系中,所谓"女性",指称的其实并不是生理意义上的女性,而是权力的等级,它可以是女性人物,也可以是男性人物或其他事物,只要它们占据的是"次等"的女性化的处境或位置。[①] 现代中国虽然自视其主体是男性的,有关自我主体的想象也一直是男性化[②]的,然而它在全球资本主义体系中所处的其实是被剥削、被歧视的女性化地位,这既构成了它屈辱的背景,也激起了它不绝如缕的反抗和富有性别特色的化解方式。上世纪30年代"摩登女性"所受到的指摘,只有放到这一背景下才能为我们更多地理解。作为一种新的社会性别群体,她们的性别身份不仅是在与中国男性的关系中,也是在与社群的集体身份或城市历史、包括列强与中国的关系中形成的。

---

① 参见周蕾:《妇女与中国现代性:中西方之间阅读笔记》,麦田出版社1995年出版,第一、二章。
② "中西联姻"是代表性的想象,如王韬19世纪60年代写作的一些小说中多次出现"中男西女""一男多女"的说法,梁启超的《论中国学术思想变迁之大势》中也以联姻来隐喻中西的交融:"二十世纪则两文明结婚之时代也,吾欲我同胞张灯置酒,迓轮俟门,三揖三让,以行亲迎之大典,彼西方美人必能为我家有宁馨儿,以亢我宗。"只有胡适的"睡美人"之说为例外。

三

性别视角也有效地解释了现代上海大众文化的生产和特性。大众文化不同于传统的经典文化或精英文化,它以现代工业社会的发展为背景,是伴随着技术革命尤其是传播技术的革命而产生的一种新型文化。在西方,它是现代工业和市场经济充分发展后的产物,一方面,现代印刷和摄影等"机械复制"技术促使了新的文化产品的出现和批量生产的可能,让成千上万的人们得以享受新技术的成果,与此同时,工业化带来的大众消费能力的提高也使他们能够晋身为文化市场的主顾。而在现代上海,其形成则还有赖于两个因素的直接促成。

一是从传统科举制度转身而来的男性知识者或新兴职业文化人的介入,正是他们一手缔造了上海都会语境下的大众出版文化。19、20世纪之交,由开埠而走向现代的上海工业化尚显不足,但在现代性的追求和想象方面却一点不输西方,或者说因之而更加强烈。以李欧梵的说法,中国的现代性在20世纪初期,是一种知识性的理论附加以及在其影响下产生的对于民族国家的想象,然后演变成对于都市文化和现代生活的想象,印刷文化在其中扮演了重要角色。[1] 在中国"三千年未有之变局"之际,一批新兴的职业作家、报刊文人或小说家、编辑与出版商因科举制度的废除而崛起,他们麇集上海,以启蒙为契机或志向,通过办报、创作小说、翻译、出版书籍等方式,向大众介绍新知,表达对新世界的想象,并满足大众新的文化需要,同时也在日渐形成的上海文化市场中寻得生存之道,重建个人身份。然而,如果说女性从来就存在于小说家的文学想象中,她们的悲欢喜乐构成了明清以来中国通俗言情小说的主线,那么将女性的形象直接作为画报等出版物

---

[1] 汪晖、李欧梵:《什么是文化研究?》,《读书》,1994年第8期。

的要件则是现代印刷出版文化的发明。这便引出了促成现代上海大众文化市场的第二个要素:女性的介入。

纵观上世纪二三十年代多若过江之鲫的出版物,女性形象就算不是唯一夺人眼目的焦点,那么也是重要的组成部分。从画报上的封面女郎到月份牌广告,女性形象作为现代上海大众出版文化的主角乃是不争的事实。李欧梵认为,就《良友》画报上的女性形象来说,她们未必指称了男性的目光,倒可能代表了某种正在形成的新的公众语言,如对现代生活方式的描画和想象,尤其是她们中不少是有名有姓的真实人物,因此更具社会文化的影响。考虑到中国文化固有的对"女德"的要求,李欧梵的这一观察值得注意;而问题也正是在这里产生了:传统的中国文化中,良家女性的抛头露面是被禁止的,那么画报上的女性为何因其身份的真实性而更具影响力?原因无它,这一变化说明的其实乃是,与时代的变迁相一致,女性正在成为现代中国社会和文化场域的重要力量;唯其重要和不可或缺,"真实"的才更受欢迎和具有影响力。上海都市化进程中女性成为社会瞩目的中心,画报等大众传媒功不可没,然而究其根本,20世纪初期中国社会本身的情状和背后一系列历史的运动,才真正是女性崛起的动因或为她们的"崭露头角"做了充分的准备。现代以来,中国妇女的解放运动不仅和大范围的社会改革或现代化的进程息息相关,其本身也常是历史变革的动因或推手。除了晚清的开女学、放缠足和五四新文化运动倡导的"娜拉的出走",社会经济的变化、百货公司的兴起也为普通女性的走出家门提供了条件和契机。大众传媒/文化工业在上世纪30年代的迅猛发展则将女性进一步推向了都市化的前沿。前者强大的渲染、传播功能屡屡成功地将现代女性拱成万众瞩目的"明星"或摩登的"代表",而如果我们对现代以来中国社会的转型女性的崛起有更多的了解,那么将不难理解,女性在现代都市日益增多的空间占位或由女性解放运动与消费发展共同促进、积累增长起来的强大的社会影响力,才是她们为大众文化青睐的真正原因；或者说要"忽视"也难。《良友》画报等现代上海的印刷文化如此，电影之类的文化工业更是如此。

　　上世纪的头十年，电影开始传入中国。然而如果说现代上海的大众出版文化主要是由昔日的士大夫阶层或男性知识者推动的，女性在其中大都充当了想象的能指，那么中国/上海电影业的发展则更多地有赖于女性的介入。凭借着电影这一新兴技术，现代中国的女性更为实际地参与了都市充满"声光化电"的文化生产。作为一门崭新的文化产业，电影虽然依然为男性所主导，然而银幕对女性的依赖，以及女演员在明星制度下逐渐积累起来的主动性则得到了比在印刷文化中更大程度的释放。中国电影的发展充分显现了上海都市语境和文化生产中性别的意义，尤其是在中国电影的早期，女性演员的加入，几乎就是电影在中国能否推衍、发展的关键。于此之前，"性别反串"是中国表演艺术的正宗，虽然这一程式并不仅见于中国传统舞台，也是世界上不少国家和地区的表演传统，在这一表演程式中女性也可以反串男性而不仅是男扮女装，但在中国，自清朝乾隆时期禁绝女演员在北京城里出没以来，很长一段时间里，"全男班"/男性反串扮演女性成为唯一的表演程式。这种状况一直沿续到清末的新剧中。虽然辛亥后女演员开始复出舞台，而在辛亥前后风行一时的新剧中，旧瓶装新酒、男性反串女角依然是主要的表演方式，男性演员们穿着时装演时事，却依然沿用了以兰花指等等指称女性的表演方式。[1] 男扮女装也是中国电影的初始情景；然而，电影特写技术发明了，男性粗大的喉结在电影特写镜头下变得"真相毕露"无以逃遁，令观者不再能够"以假为真"。[2] 男扮女装因之不再可能；而女性形象对银幕却是"必须"的。

---

[1] 周慧玲的《表演中国：女明星 表演文化 视觉政治 1910—1945》(台北麦田出版社2004年出版)对此有详尽梳理。

[2] 见郑正秋：《新剧家不能演影戏吗？》，《明星特刊》4期，1925年9月。

那么,问题将何以解决?

值此中国电影发展的"空白"一刻,在现代中国的都会生活中日益获得影响力的女性再一次被启用或发现了。一方面,王汉伦等早期女演员勇敢地以一双放大脚登上了银幕;与此同时,她们摩登的打扮和职业追求则被作为时代价值的标杆和说服观众的筹码而渲染推介。正是在这一举措下,困境中的中国电影有效地破解了"寻找新女体"的难题。不仅如此,变化中的中国电影且由此发展起了以现代中国最显成长性的新女性为"社会新鲜人"、新鲜事之代言者的叙事方法。① 中国电影在上世纪二三十年代的飞速发展是和女性演员的加盟及她们出色的表现密切相关的,在中国电影科技的发展中,她们也贡献良多。② 作为现代中国文化生产的重要力量,女性演员对中国电影工业或都市文化的贡献是无可否认和值得铭记的,然而,她们的贡献、作为通常被省略了,其原因,除了传统研究的性别盲视外,中国早期电影本身长期以来在主流研究中所处的次等地位也连带地使女性演员的贡献多有遮蔽。

许久以来,海内外学界有关中国现代文化的研究中,五四新文学或白话文运动曾是唯一的制高点,电影则被置于次一等的位置。因电影相较于五四白话文,不仅技术来源是纯西方的,内容上也常常和鸳鸯蝴蝶派等"封建"旧文艺粘连不清:"鸳鸯蝴蝶派,文明戏,电影,孳生地都在上海,鸳鸯蝴蝶派和文明戏一样,集海派作风之大成,是同气连枝的兄弟行",而"电影正当童年,天真未凿,先天不足,后天失调,自然容易和鸳鸯蝴蝶派、文明戏合流",③这一描述的意味不言而喻。直至上世纪 90 年代,一些西方学者对中国上世纪 30 年代电影的看法也依

---

① 见周慧玲:《表演中国:女明星 表演文化 视觉政治 1910—1945》。
② 见张真:《〈银幕艳史〉——女明星作为中国早期电影文化的现代性体现》,《上海大学学报》,2006 年第 1 期。
③ 柯灵:《柯灵电影文存》,中国电影出版社 1992 年出版,第 289 页。

然禁锢于五四文学的标准。①有鉴于此,晚近的一些女性主义电影学者致力于发掘女性与20世纪初至30年代的中国电影的关系,在她们看来,把女性的地位与电影的发展放在中国20世纪初期的历史景观中来考察,不仅将重现女性与中国电影的关系及贡献,还可以挑战那种仅仅视五四白话文运动为中国文化现代性起源的观点。②

  晚近的女性主义学者着重讨论了女性和中国电影现代性及社会公共空间的关系。她们认为,早期的中国电影之所以能够在世界无声电影中跻身于最为成熟和激动人心的作品之列,除了呈述主题、场景安排、叙事形式等等所显示出来的现代品格外,还在于女性形象和现代性问题结成了深刻的"表里"关系。现代中国的社会矛盾通常透过女性的形象而演绎,"妇女既是都市现代性的寓言,也是它的转喻(metonymies)。她们体现了城市的诱惑、不稳定、匿名及晦暗不明"。③ 更为重要的是,电影作为一种新媒体,同时也是新的公共领域,它能够有效地唤起观众即时的感官和情感反应,并在公共场所为他人、包括陌生人所认同,从而帮助人们去思考他们的生活和处境。这就使得一种不同于哈贝马斯(文字和理性化)的公共领域的另一种公共性得以形成。而这样一种"感人"的效应,很多时刻是由女性演员给出的,比如观众常常会为剧中人物一掬同情之泪,同时对于观看者来说,这些令他/她们为之动容的银幕形象,时常"既不是通奸之妇也不是自我牺牲的母亲,而是以容貌和演技而驰名的阮玲玉"④或其他为观众所喜爱的女演员本身,是后者的一颦一笑激起了观众对角色的认同或理解。换言之,是女演员的个人魅力、演技及银幕角色间的"主体间性",共同

---

  ① 见米莲姆·汉森:《堕落女性,冉升明星,新的视野:试论作为白话现代主义的上海无声电影》,《当代电影》,2004年第1期。
  ② 张真:《〈银幕艳史〉——女明星作为中国早期电影文化的现代性体现》。
  ③ 米莲姆·汉森:《堕落女性,冉升明星,新的视野:试论作为白话现代主义的上海无声电影》,《当代电影》,2004年第1期。
  ④ 同上。

促成了电影这一新的公共领域的形成。

　　事实上,电影女演员与公众/社会公共空间的关系远超影院空间,在20世纪上半叶上海一系列的变迁或社会剧码中,她们都未曾缺席。除了她们的银幕形象是人们瞩目的对象外,其个人生活也成为大众的言说中心,常常一剧上映,人们所关心的不仅是剧中人的命运故事,还津津乐道于女演员的银幕形象与其个人生活间的关系,甚至她们日常生活中的衣着打扮、爱恨情仇,私生活的种种本身即是各路舆论或人们茶余饭后的重要谈资。这一状况的发生,固然和好莱坞明星制的影响有关,而究其根本,则和上海城市的历史进程有着更为密切的联系。将演员的银幕形象和个人身世联系起来,通过所谓的"度身定作"等等,有意混淆角色和演员本尊的关系,以引发观众更多的好奇心和观看热情,是明星制的诀窍之一,中国早期电影的明星制度虽然不及好莱坞成熟,但也不乏尝试且不无成效。然而与其说是明星制将早期中国的女电影演员置于了社会舆论的中心,一切皆是明星制"惹的祸",毋宁说现代上海本身的境况才是明星制得以形成、运作的土壤和动力。上海作为中国最早现代化的城市,新旧文化的冲突和协商势所难免。一方面,它充满了对线性时间的追求,认为新的就是好的,"摩登即等于新",同时又因现实和历史的各种原因、包括旧文化的掣肘而对社会的变迁心生疑虑。而电影女演员无论其在银幕上所扮演的常常正是"摩登"的"社会新鲜人",还是她们本身即是社会新鲜人之一(从职业取向到生活方式),都使她们极易成为现代上海中西文化和新旧文化冲突/协商的焦点。要言之,上海的现代化进程除了物质的变革外,尚需要文化方面的协商或辩论,女性与都市空间的关系是其中一个突出的问题,上述"妇女国货年"和新生活运动对摩登女性的批判其实也与此有关,电影女演员的处境则为这一论辩提供了"合适"的场域。

　　纵观上世纪二三十年代以上海的电影杂志、大小报刊以及街谈巷议为代表的各路舆论,其所围绕着电影女明星而展开的各类言说,细节和语调或有不同,对象和剧情也变幻莫测,并充满了对女性的"不敬",其核心却是堪为重要的女性在都会空间的位置问题:什么样的空间占位、举手投足是社会所允许、期望、同时符合现代女性本身的身心解放的?这是现代上海才有的问题,也是中国全面的现代化必将遭遇的问题或题中应有之义。上海特有的条件使得中国经历了一系列历史洗礼的现代女性最早大量地出现于都市的空间,她们的出现一方面为中国的现代化、尤其是新兴的消费文化和电影等文化工业带来了新的动力,代表了现代化进程中女性的新形象,一方面则极大地冲击了传统秩序,引发了广泛的社会反响。以周慧玲的研究,当代表演理论中的"表演"概念在跨学科研究的影响下已经大为扩大,研究的范围也从传统的剧场论述转而向包括各类舆论在内的社会其他领域推进,表现出明显的和社会学、人类学相结合的趋势。如此,发生于上世纪二三十年代的中国,以报刊杂志等大众传媒为载体,围绕着电影女演员幕前幕后的活动而产生的诸种史述、舆论、流言,完全可以联结了各种社会力量的"文化表演"而视之。[1] 然而如果说"表演即协商"或协商的一种,以及如洪深所指出的"表演的工具是身体",[2]那么自殷明珠[3]等早期电影女演员现身银幕的那一刻起,一种新的身体意识与传统规则以及正在形成中的都市空间的协商关系已然发生。这也从一个方面解释了她们的出现为何从一开始即引起了瞩目,并一发不可收,电影女演员的"现身说法"对长期为性别反串表演传统浸淫的大众无疑是一种视觉的震惊。

令人鼓舞的是,大众仿佛也很快默许了她们去冲破陈规,实践、创

---

[1] 周慧玲:《表演中国:女明星 表演文化 视觉政治 1910—1945》,导论部分。
[2] 洪深:《电影戏剧表演术》,第一章。
[3] 中国最早的故事片之一《海誓》(1921)的女主角饰演者。

性别视角下的上海都市文化

造新的肢体和表演语言,人们蜂拥而入影院,有时只为一睹女演员的新作派——原因在于中国电影尚处于需要实验的开创阶段,而社会大众则竭力要从电影里获得现代生活的新知识,包括由女演员的举手投足所呈现出来的新文明礼仪。[1] 在那个除旧布新的时刻,女性,尤其是电影女演员,被有意无意地当作了社会改革的实验品。但女性在都市空间的位置并没有因此牢固,与社会各种力量的"协商"也并未就此而止。比如,与《三个摩登女性》、《新女性》[2]等影片的上演相伴随,"谁是真正的新女性"或"什么才是真正的'摩登'和'摩登女性'"的论争几乎贯穿了整个上世纪30年代,且大大溢出电影的范围。此类话题或许不是其时上海唯一值得谈论的问题,却突出地表征了上海现代化进程中所遭遇的困扰,联结了远为复杂的社会历史。恰如在上世纪30年代的内忧外患中,"浸淫于民族意识中的上海人,在吸收西方文明时,比先前多了一重负疚感",[3]对"新女性"的焦虑难免不是此类"负疚感"的一个表现。

然而之所以要以"新女性"或"摩登女性"来说事,除了她们无论在外表装扮上还是行为举止上都和西方有着千丝万缕的联系,传统的性别政治也将女性作为文化的载体和象征,现实社会的矛盾通常通过她们的形象而表达;有意味的还在于,如前面已经说到的,在时代的变迁中,尤其是在上海急剧的都市化和现代消费文化的形成中,摩登女性乃是具有影响力的人群,"这种主要以都市和国际化为导向的现象使一种与消费紧密相连的女性形象具有了生命力",[4]电影女演员则被认为是摩登中的摩登,是其时最有锋头的摩登女性。这就进一步呈现了

---

[1] 殷明珠便有"F.F女士"(foreign fashion)之称,反映了大众对"外国时尚"的热情。
[2] 分别由蔡楚生、田汉导演,阮玲玉主演。
[3] 熊月之:《历史上的上海形象散论》,《史林》,1996年第3期。
[4] 葛凯著:《制造中国:消费文化与民族国家的创建》,黄振萍译,北京大学出版社2007年出版,第291页。

上海都市文化的特色,突出了性别在其中的作用和地位:即以在时代变迁中日益增长了影响力的女性为中心的表演和评说(从演艺市场到各类社会舆论),正是上海文化生产的特性或重要场域。虽然消费和大众文化在提供都市女性新空间的同时也带给了她们负面的影响,如电影女演员等职业女性极易遭受到流言的侵袭,但女性和性别的话题毕竟由此进入了公共空间。

就此而言,上世纪二三十年代围绕着电影女演员而形成的众声喧哗,除了势所难免地触及了女性的空间位置和主体性这一核心问题外,还于无意中拓展了都市的公共空间,突破了前面所提及的传统现代性理论的樊篱:现代性关心的是城市的公共空间而不是私人空间。在消费和大众文化蓬勃发展的上海,现代女性的生活空间显然已经/确也不是"私领域"可以简单限定,她们的一举手一投足都可能是对传统的挑战,围绕着她们的各种言说也未尝不是另一种关于女性和都市关系的公共讨论。上世纪30年代中期各种力量参与其中的有关"阮玲玉之死"的众声喧哗可以说是这一讨论的代表。1935年初,联华影业公司摄制了以1934年2月自杀的明星女作家艾霞为原型的《新女性》。影片上映后很快轰动了上海和全国影坛,阮玲玉饰演的女主角韦明感人至深。但影片涉及新闻记者的部分(艾霞之死,一些小报记者不负责的报道难辞其咎,《新女性》对此进行了呈现),记者公会认为有侮辱的成分,要求联华公司删剪。在此过程中,一些小报记者再次大写诽谤文章,攻击《新女性》的编导和演员。谣言和诽谤很快集中到了阮玲玉身上。1935年3月8号,不堪重负的阮玲玉留下"人言可畏"的遗言服药自杀了。消息传出后,整个上海乃至全国都为之震惊。海内外急电交驰,所致唁诔哀挽之辞不可胜数。上海市民奔走相告,咨嗟叹惜,相率赴吊,十多万人到万国殡仪馆瞻仰她的遗容,三十多万人自发为她沿路送葬。一些报刊刊载了阮的遗言,发表了对她艺术成就的评价和哀悼同情,也有舆论强调阮入戏太深,因主演《新女性》中自

性别视角下的上海都市文化

杀身亡的女主角韦明太深情而致同样结局。两个月后,鲁迅以赵令仪的笔名写下了《论人言可畏》,参与到这场根本上有关女性与都市关系而不仅是私人生活的讨论中。文章指出:"'人言可畏'是电影明星阮玲玉自杀之后,发见于她的遗书中的话。这轰动一时的事件,经过了一通空论,已经渐渐冷落了,只要《玲玉香消记》一停演,就如去年的艾霞自杀事件一样,完全烟消火灭。她们的死,不过像在无边的人海里添了几粒盐,虽然使扯淡的嘴巴们觉得有些味道,但不久也还是淡,淡,淡。现在的报章……对强者它是弱者,但对更弱者它却还是强者,所以有时虽然吞声忍气,有时仍可以耀武扬威。于是阮玲玉之流,就成了发扬余威的好材料了,因为她颇有名,却无力。小市民总爱听人们的丑闻,尤其是有些熟识的人的丑闻。"[①]阮玲玉死后,当初一些热衷于编排流言的小报记者掉过笔来赞扬她是以死抗争旧社会的新女性,谣言的始作俑者也遭到了舆论一定的批评。[②] 国民党元老吴稚晖有感于此,特别撰文指出:"听说有位影星阮玲玉为婚姻问题服毒自杀,轰动一时,我觉得她的死,有文学意味:社会上生前指摘,死后同情,矛盾得很。"而这种矛盾,除了小报文人见风使舵的习性使然外,也未尝不可说是社会舆论、大众对女性与都市关系的重新认识,或对以往偏见的一个不自觉的"纠正"。阮玲玉并不是现代上海职业女性或女演员中以死抗争的第一个(前有艾霞),也不是最后一个(后有英茵),但围绕着她生命的消逝而引发的轩然大波却毫无疑问地是有关女性在都市中的位置和主体、人格等问题的一次重要讨论和协商。更为重要的是,虽然社会大众往往"人云亦云",但相关议题在反复的"拉锯"后,文化协商的结果/一些新的思想观念,如对女性的职业问题、婚姻问题和个人生活及在都市空间中应有地位的认知认同,却得以就此进入到市

---

① 鲁迅:《论人言可畏·且介亭杂文二集》。
② 参见刘宪阁:《小报与阮玲玉之死》,《东方早报·上海书评》,2012 年 7 月 8 日。

民的生活意识和城市认同中,成为上海现代性的基础部分和日常形态。这也就是为什么上海社会环境复杂,不利因素种种,却依然比中国的其他地方更多地容纳了现代职业女性,是工厂女工、女佣、商店女店员、戏剧女演员和电影女演员等各路现代女性的聚集地,她们在这里获得了机遇,经受了风雨,也较在乡村更多地感受到了呼吸的自由和自主的可能。

结　语

女性主义指出,我们或许可以从两种视角来看待性别,"不是视其为象征建构,就是当作一种社会关系",而"这两个面向——做为一组物质社会关系,以及做为象征意义的性别——不能真的区分开来"①。上海都市文化的发展证实了女性主义的这一论述。现代以来,中国女性在一系列历史变动的影响下,广泛地走出家门走向社会,作为一种新的社会和文化力量,她们的影响遍及现实的物质关系和象征层面;或者说,她们从一开始就介入到了现代中国的历史和媒体的变革中,构成了现代性的"内在"部分。在现代上海,藉天时地利之便,她们不仅身体力行地参与了都市文化的生产,大规模地介入到现代消费和大众文化的发展中,在见证了资本主义象征经济形成的同时,她们的形象、行为举止和日益增长的影响力也成为社会文化想象/协商的来源与动力。此外,由于性别建构与公私两分的关系十分密切,大量的女性行走于街道,出入公共场所,活动于银幕上下,参与消费活动,不仅促使了社会有关女性与都市空间位置的新的认知,也重新划分了都市的公私空间。凡此种种,无不(或再一次地)印证了女性主义所指出的,"现代性作为一种叙述和体验,更大程度上是被女性的物质和想象

---

① 琳达·麦道威尔:《性别、认同与地方》,序言部分第10页。

的在场意义深远地标示出来,而不是经典描述所承认的那样。"①更不要说,由于上海历史的特殊性,民族主义和殖民主义在现代上海复杂的空间结构里反复多重的纠葛与较量,使女性/消费的关系还和国族问题等等深深地联结在一起,形成了中国现代性问题的另一层重要关目。与女性往往成为人们追寻现代性的途径或试金石相一致,中国男性在时代变迁、现代化进程中所遭遇的挑战及形象变革也是前所未有的。

概言之,上海都市文化的历史充分显现了性别的意义,无论是在印刷文化、电影等现代媒介的兴起、发展还是消费方式的变化方面,性别/女性都是最为积极重要的力量之一。将性别纳入到上海都市文化的研究中来,能够更为深切地呈现它复杂多样的面貌(尤其是以往不为关注的面向),以及变化的趋向、脉络,加深对上海社会转型的认识、理解,提供人们新的"看现代中国"的方法和视角。晚近以来这一方向的研究已经积累了相当的成果,本书的上篇将对相关研究作进一步的述评和梳理,海外学者在其中占了不少篇幅。这一方面是由于这些研究大都具有开创性的意义,其筚路蓝缕的工作奠定了研究基础,也提供了进一步讨论的空间;此外也是因为,这些研究同时呈示了晚近西方学界学术演变的脉络、路径,交叠了多种研究的方法。女性主义和性别研究之外,后殖民、视觉分析、新文化史研究也是重要的立场、方法或倾向。本书在对其中的重要观点作出述评的同时,也努力呈现其背后的理论与方法,并指出相关研究间的对话或"互文"关系。本书的下篇是本书作者所做的一些个案研究。第一部分探讨女性与上海消费文化及大众运动的关系,第二部分讨论女性和漫画、报刊、文学等印刷文化的关系,第三部分是女性与电影文化的研究,第四部分则是男

---

① 米卡·娜佳:《现代性拒不承认的:女性、城市和百货公司》,严蓓雯译,罗钢、王中忱主编:《消费文化读本》,第209页。

性气质、女性形象与社会变迁或中国现代化进程相伴随的历史追溯。这些研究受到了已有研究成果的启发影响,同时不乏进一步的讨论和置疑。吉登斯指出,一般把性别研究看做是整个社会学的一个特殊领域,他的《社会学》也用专门的一章探讨了对这一问题的思考和研究,"然而,性别关系问题对于社会学分析来说是如此根本,以至于不能够将其简单地归并成为社会学的一个分支学科"。[①] 斯科特等女性主义历史学家则乐观而务实地指出,将性别纳入研究范围,不仅会增加新的研究主题,而且将重新评价现存学术研究的标准和前提,最终重新定义或拓宽有关历史的传统观念。[②] 性别与上海都市文化的关系同样如此。

---

① 安东尼·吉登斯:《社会学》,赵旭东等译,北京大学出版社2003年出版,第5页。
② 琼·斯科特:《性别:历史分析中一个有效范畴》。

上篇
研究述评

一、"'妇女'为焦点的阅读"与"看现代中国"的方法

上世纪90年代以来的上海文化研究中,周蕾的《妇女与中国现代性:东西方之间阅读笔记》或许称不上是最具代表性的著作,除了《鸳鸯蝴蝶派——通俗文学的一种解读》一章专门论述了上海都市文化中的通俗文学,此著还包括了对五四文学和贝托鲁奇的《末代皇帝》等等的讨论。但它在晚近的相关研究中最先鲜明地以"妇女与中国现代性"为题,把历来处于边缘地位的"妇女"和事关重大的"中国现代性"问题以一种"直截了当"的方式连接起来。此著1990年由明尼苏达州大学出版社出版,其简体中文版虽然迟至2008年才由上海三联书店印行,但1995年麦田出版的繁体中文版早已通过各种途径传入大陆。以周蕾的自述,麦田版的中文翻译工作本身便是"在北京筹备、计划、开始,大部分也是在北京(小部分在香港)进行和完成"的。[①] 周蕾此著不仅受到女性文学批评界的追捧,并和中国日渐急切、剧烈的社会变迁相交接。上世纪八九十年代,中国在一系列的变故后开始了"以经济建设为中心"的社会转型,在此"改革开放"的大背景下,"东方和西方"、"自我与他者"、"民族性与现代化"等问题也再一次凸显于历史的前台,或被学界即时地提炼为重要的理论问题。周蕾独辟蹊径的对中国现代性问题的思考和辨析,无疑为其时正在兴起的这一讨论或实践提供了理论的想象力及方法论方面的借鉴。事实上她的这一研究也

---

① 周蕾:《妇女与中国现代性:东西方之间阅读笔记》,中文版序言,麦田出版社1995年出版。

为日渐兴盛的上海研究所借鉴,不仅她对鸳鸯蝴蝶派"女性化"问题的论述可以说开了性别与上海都市文化研究的先河,更为重要的是,她贯穿全书的"以妇女为语码"的分析方法或"以妇女为焦点的阅读"同时发展起了一种"看"包括现代上海在内的中国现代性的方法。就此而言,周蕾此著在上海文化的研究方面又称得上是一部具有"发生学"意义或启示性的著述。

当然周蕾此著对中国现代性或上海文化研究的贡献与其说是史实方面的,不如说更是方法论方面的。她在此著中将自己的目标设定为既要批判西方理论的霸权,又要批评中国研究领域里固有的方法。全书包括了对"鸳鸯蝴蝶派"文学的重新解读,以及五四以来的现代中国文学的叙事结构、细节描写、情感表达等诸方面的讨论。但正如上面我们已经说到的,此书并不是对现代中国文学或上海都市文化的概括性研究,虽然在对"鸳蝶派"文学的分析中,她同时论及了上海都会文化的生动情景,其中包括了人口的增长变化、商业的扩张和都市"自由"的氛围,以及报刊杂志等文化生产机制的兴起和形成,诸如此类,是周蕾评析"鸳蝶派"小说的重要前提,却不是她的目的所在。她所着意的是由这些问题、方面所反映或折射出来的现代中国的主体性问题。周蕾以为,由于"19世纪和20世纪的中国历史充满着中西方之间破坏性的交往",现代中国已然是一个西方化的主体,但这一事实却被西方世界和主流的中国研究界长期漠视。之所以如此,是和它们异时主义地将中国看成一个与西方"不同时"的女性化的空间或在权力结构上将女性定位于次等位置的做法有关的,同时也是传统研究中性别研究视角缺乏的必然结果的。[①] 这样一种对"妇女与中国现代性"问题的认知,在周蕾此著中首先表现在她对贝托鲁奇的《末代皇帝》及种族

---

① 见《妇女与中国现代性:东西方之间阅读笔记》绪言部分,台北麦田出版有限公司1995年出版。

性别视角下的上海都市文化

观众的分析中。似乎周蕾是被贝托鲁奇的《末代皇帝》吸引了视线,她要讨论的其实却是中国现代性问题。

周蕾以为,贝托鲁奇的这部拍摄于上世纪 80 年代下半期——中国此时正在发生着重大的历史变革——的影片,不仅将对中国的"兴趣"或有关的"时间"牢牢地锁定于前现代,并以其特有的影像力量把中国充分地"女性化"了。影片一方面大量拍摄、捕捉了故宫的金碧辉煌和富有中国情调的细节,从繁琐的宫廷礼仪和大量珍贵的藏品,到"疯癫"的后宫与穿行其间的太监等等,形构出一个可供观看的"女性化"的空间;与此同时,即便是贵为"天子"的皇帝本身,无论是他三岁时被动地开始的宫廷生活,还是之后作为伪满洲国的傀儡与新生政权的阶下囚,及其被改造成普通公民的过程,也充满了"女性"的被动被看的特质。这一境况的出现清晰地说明了在异时主义的逻辑下,非西方的文化如何可以被以电影的方式将其"作为女性化的奇观而'制造'出来"。①

吊诡的是,《末代皇帝》将中国"女性化"的做法并没有引起中国观众的反感,相反却得到了不少观看者的首肯,原因在于,以周蕾的分析,种族观众正如女性观众那样,可以通过"幻想"等心理活动的方式而消解这种被"女性化"/"次等性"的"不快",因为观影活动中的快感或幻觉,"无论怎样地'被动',无论怎样意识形态上的——总是具有应答和主动性的'表演'的一面"。② 而中国观众对影片不无"认同"性的反应,除了是对"历史活动"的意识,即对百多年中国所遭受的种种帝国主义侵略的记忆之外,起作用的还有"与痛苦的历史意识相重叠的……另一种同样强烈的感情"③,周蕾认为,那是和西方的主体性同样

---

① 周蕾:《妇女与中国现代性:东西方之间阅读笔记》,第 41 页。
② 同上,第 53 页。
③ 同上,第 57 页。

41

复杂的包含了"怀旧"、"物恋"等等在内的心理能力。通过对《末代皇帝》及其中国观众的分析,周蕾论证了现代中国已然是一个西方化的主体:这个主体既有着"被看"、被凌辱的历史,同时也有着颠覆既有观念、历史成见而"主动应答和表演"的一面与能力。而这一结论是和她所使用的女性主义的分析方法有关的,具体地说来,乃是她对女性观众和种族观众的复杂分析及理论转换的结果。简言之,在周蕾的视野里,"女性化"既是西方世界贬低、看待中国的方法,同时也是处于劣势地位的人们的一个有效的反抗位置。

应当说在周蕾之前,或女性主义批评兴起之前,在有关中国文学和文化的分析中,并非没有人注意到女性人物或角色的问题,但恰如周蕾所指出的,却只是包含在一些"更大"的标题如历史、社会、传统等名目之下,而极少将阐释的焦点直接转向女性,周蕾此著则采取了与既有研究不同的"以'妇女'为焦点的阅读法"。这不仅表现在她对《末代皇帝》及其中国观众的分析中,也鲜明地落实于对"鸳蝶派"文学及五四以来的现代中国文学的某种评价体系的再评价中。周蕾以为,如果说以往众说纷纭的"鸳蝶派"研究有什么共同点的话,那就是对妇女的忽视,当然,这并不表示这些批评家没有注意到鸳蝴派故事中妇女角色的存在,"而是妇女问题没有成为爆发出另一种阅读方式的出口点"[①];而一旦阐释的焦点转向女人,人们对社会历史包括作品本身的看法就有可能产生不同于传统看法的变化。事实上"鸳蝶派"文学的特质——周蕾以为——它的都市性、跟文化生产机构的紧密关系,对西方所抱的含糊不清的保守态度——都并不是简单地"反映"现实,而是某种"充满矛盾的历史状况的本质"的表现。而"最有趣的莫过于这些特质经常是感性地和说教地通过反映社会变迁轨迹的'妇女'折射

---

① 周蕾:《妇女与中国现代性:东西方之间阅读笔记》,第102页。

出来的"。①一方面这些作品充分体现了"以妇女为叙述枢纽"的写作策略,同时,"妇女"或"女性化"的问题也鲜明地表现在它与五四新文学的关系中。由于"鸳蝶派"文学与作为主流的五四新文学所主张的写实主义、宏大主题以及语言习惯有着明显的裂痕或格格不入,它们连同它的作者在文学史上的地位通常也处于次等、边缘的"妇女"地位,虽然这些"鸳蝶派"小说的作者全部都是男性。有趣的是,如果说在《末代皇帝》的例子中,与女性观众相类的种族观众成功地完成了对"被看"命运的突围,那么,五四文学的宏大主题与"鸳蝶派"等通俗文学所擅长的细节描写之间,在人们的阅读中亦时常发生着戏剧性的变化:"前者企图置后者于其股掌之下,却往往出其不意地给后者取代"。②主流文学史的评价体系因此而在不意间遭到了挑战。

周蕾此著援引了大量西方理论,"对现有批评典范的反驳,对女性主义、心理分析、后殖民批判,以及广义左翼思潮的兼容并蓄,在在树立一种不同以往的论述风格。"③藉此方式,她也将妇女与中国现代性问题有效地联系起来,"中国妇女也就是中国饱受创伤的自我意识的替身"④,其中既包括了现代中国屈辱的"被女性化"的经历,也包括了诸多与西方不无"同时性"的经历和经验。确然,要分析像中国这样自19世纪起即与西方世界发生着无以计数的物质和武力交接的国度的现代性问题,没有女性主义、后殖民等理论的介入是难以实现的。然而如果说后殖民批判是周蕾此著的基本立场,其对西方世界由贝托鲁奇的《末代皇帝》(也包括克莉丝特娃的《中国妇女》)所泄漏出来的异时主义的指摘,展现了后殖民理论的批判锋芒,那么女性主义同样

---

① 周蕾:《妇女与中国现代性:东西方之间阅读笔记》,第84页。
② 同上,第169页。
③ 王德威:《海外中国现代文学研究的历史、现状与未来》,《当代作家评论》,2006年第4期。
④ 周蕾:《妇女与中国现代性》,第321页。

承担了方法论的功能，或者说在此著中她不仅以后殖民、女性主义为基本的立场与基点，且成功地示范了一种以女性为中心的与后殖民等理论密切结合的分析方法及有效性，所谓"贯穿我的阅读过程的，一直是'妇女'这个语码"[①]。

"妇女"作为一种分析的方法，在周蕾此著中是由以下几个层面组成的。首先，"妇女"在其中占据的是一个文化再现的位置，而不仅仅是某一具体的性别角色；其次，它是一种与权力运作密切有关的差异政治，既是等级的象征，同时包含了颠覆的动力。恰如她对史考特的引述："性别除了是'以两性之间可见的差异为基础的社会关系'的组成元素外，还是'指向权力关系的一种首要方式'。性别可以发挥结构分析工具的功能，即结构分析中的差异项目可以用性别来界定"，但"更重要的是，对性别的关注提醒我们注意纯粹结构性的东西是如何表现'权力关系'的意义的。因此，把视线集中在'妇女'上，我们是以突出男女对立关系中处于劣势的女性存在的方式，呈现所谓结构性、系统性差异的政治意义。作为一种形式分析的方法，'妇女'涉及的不仅是性别问题，而且还是发生在文化阅读中的充满权力色彩的等级化和边缘化过程"[②]。也即是说，所谓"妇女"，指称的其实是社会与文化的等级，它可以是女性人物，也可以是男性人物或其他事物。比如在对《末代皇帝》的分析中，她便深刻而不无创意地指出，叙事性电影中作为"奇观"的其实不非得是个女性，影像的"女性化"特质也可以由一个如末代皇帝溥仪那样的男性人物来承当，"这样一来，作为范畴的'女性本质'便可以得到解放"，去容纳相关或现实或虚构的角色/事物，只要这个角色/它"在主导的象征秩序中占据的是消极被动的位

---

① 周蕾：《妇女与中国现代性》，第321页。
② 同上，第105页。

置"。① 这便大大扩展了"女性本质"或"女性化"的阐释力,既开启了一种观看像《末代皇帝》这样以男性为主角的电影的新方法,也为理解"鸳蝶派"小说的文学史地位提供了新的思路。

但这尚非周蕾所指出的"差异政治"的全部意义。"差异政治"或"妇女"作为一种分析的方法,在周蕾此著中的意义,除了是对以性别为表征的权力关系的揭示外,同时还意味着一种"女性化"的文化颠覆方法,即赋历来在权力等级中处于卑位的"女性"以特殊的力量,一个因"差异"而可能的颠覆位置。而这一阐释的依据则和女性主义电影理论家莫尔维的启示有关。在她看来,莫尔维的电影理论最重要的其实不是在于提出了"男性凝视"和"女性被看"的概念,"而是在于这种直截了当和赤裸裸的划分提供了一种观念上的可能性","否定或颠覆主导编码和常规的作法可以陷入二元对立的思想僵化,或者它也可以作为跳板,成为检验惯用语的方法,成为能够发展自己意指空间的未成形的语言"。② 周蕾的目标正是如此,或也可以说,她对《末代皇帝》的种族观众和"鸳蝶派"小说的分析,已然某种程度地成功实现了这一点。

周蕾此著写于冷战结束的初期,追溯、质疑东西方之间的权力关系,恢复中国与西方的"同时"地位是她的一个重要的写作目标。然而,如果说在这一目标下,通过女性主义和后殖民理论的联盟,她把传统两性关系中的权力结构有效地翻版、引伸到了东西方之间,提供了思考中国现代性或"看"现代中国的新方法,讨论了由"鸳鸯蝴蝶派"而引发的"文学史的权力"等一系列有关"重写文学史"的关键问题或中国现代性的特殊表现,并构成了她此著最为重要的理论贡献,那么它的一个主要的问题则是:现代中国是否已然是一个西化的主体,或者

---

① 周蕾:《妇女与中国现代性》,第46页。
② 同上,第45页。

"西方化"可以一言以蔽之?《妇女与中国现代性》从揭示《末代皇帝》"女性化"的影像方式开始,继而分析了现代中国文学中包括"鸳蝶派"小说和五四作家的心理、细节描写等问题,她以四种身体动作:观看、分离、切断与哭泣来分析概括现代中国由视觉影像、文学历史、叙事结构和情感接受所呈现出来的"已然西化"的"主体性"。但相比于她对中国观众或现代中国作家西化主体的分析,令人印象深刻的西化性无疑还是周蕾本身。如她所说,她的西化主体不仅表现在论述的主题中,也体现在她的论述方法上,"我的'讲述'同时也是一种'展示'"①,她对西方理论的熟练运用,毋庸置疑地破解了西方的异时主义,展现出一名像她那样的女性的中国学者不逊西方的思维能力。但这个"西化主体"在何种程度上是可以代表中国的?在谈到自己的主体形成时,周蕾曾追溯了14岁起即接受系统的西方教育的经历,以及对各种西方理论的谙熟,而如果更多的中国观众/大众与周蕾的经历正大相径庭,那么他/她们西化的主体性又得自何处?或者说其中的"西化"成分和周蕾"已经全然欧化和美国化"②的主体又有什么区别?现代中国的主体性是否就是"西化的主体"因而是值得讨论的,或者说需要更多历史的支持。尽管如此,周蕾此著的创新意义已是不容置疑。其所开创的"从'女性'看现代中国"的方法,对上世纪90年代以来海内外学界不断深入的女性与中国现代性问题的讨论,其影响显然不可小觑,有目共睹。且举一例:

上世纪80年代中期,严家炎先生发起了对中国现代文学各流派的开拓性研究,从故纸堆里发掘出了活跃和形成于30年代的新感觉派,吴福辉的《都市漩流中的海派小说》随之将其作为海派文学的主要

---

① 周蕾:《妇女与中国现代性》,第10页。
② 周蕾:《妇女与中国现代性:东西方之间的阅读政治》,上海三联出版社2008年出版,第10页。

代表,对它的主要形态、价值特点作出了令人耳目一新的考察。李今的《海派小说与现代都市文化》则在上述研究的基础上再开新花,对新感觉派身上两种颓废观(唯美派颓废观和马克思主义颓废观)并置的追溯探讨,是李今此著的重要发现和精彩段落,而她对新感觉派的分析显然借鉴了周蕾所示范的"以妇女为语码"的批评方法,她指出,作为一种注重感觉、强调"现代美"的新流派,他们也一直在摩登女性身上堆积着"jazz,机械,速度,都市文化,美国味,时代美……",充满性的诱惑力和物质性的"现代尤物"因而成为新感觉派的标志或特产。然而如果说李今不过小试了一下"从女性看现代中国的方法",那么在姚玳玫的《想象女性:海派小说(1892—1949)的叙事》中,一以贯之的则可以说正是"以'妇女'为焦点的阅读"的策略,并由此提出对中国现代性问题的新看法。

《想象女性》以为,绵延20世纪上半期的海派小说,就其形象和叙事而言,可以说是"女性"的叙事。此一时期的中国文学中显然没有哪一类的创作如海派小说那样,对"女性"付诸如此之多的热情与篇幅。更为重要的是,这种有关女性的叙述是以上海城市的纷繁莫测为背景的。作家们根据这一背景所提供的文化逻辑想象和演绎女性,而海派小说最有创意和深意的文学想象即体现在它的女性想象方面,抽离了女性形象,前者将不复成立。基于这一基本的观察,《想象女性》对自《海上花列传》以来的20世纪上半叶的海派小说的女性想象进行了细致的解读。作者指出,海派小说从问世之日起就显现出它以"女性形象"重构中国的特点,以《海上花列传》为例,作为清末言情小说之大宗,它虽然仍以男女情事为主线,却和同时期的仿"红"小说拉开了距离,不仅以"妓女"取代"佳人",且将女性人物的活动空间从家庭引向社会公共的娱乐场所,塑造了一批欢场型的女性公众人物,而"女性形象的公共化转型预示着一个大规模的商业时代的即将到来"。① 从《海上花列传》公共—日常空间中的妓女形象,到"鸳鸯蝴蝶派"笔下唯情论的女性形象,和张资平"性爱小说"中的欲望型的女性形象,再到唯美—颓废的"颓加荡"女性与"新感觉派"笔下的"摩登女性",以及张爱玲等为代表的新市民小说中的世俗型女性,姚玳玫认为,海派小说的女性形象虽然几经变化,作者的手法也各不相同,却始终致力于确立或呈现一种不同于传统文化谱系的女性形象,体现了海派作家们对现代性的追求或现代生活方式的构想。

《想象女性》和周蕾的《妇女与中国现代性》的尖锐的批判锋芒有所不同,它且明确说明,不拟从现行的女性主义研究的历史结论出发,将海派的女性叙事简单地认定为一种男性中心的叙事。但从它将海派小说视为一种既远离五四新文学的主流意识形态,又有着和五四新文学同样的现代性质的话语形态来看,则令我们不难看到其与周蕾"女性化/边缘化"理论的"相承"或"互文"关系。《想象女性》指出,海派小说的叙事立场和运作方式明显地背离了文学作为"经国之大事,不朽之盛事"的固有轨道,这固然一方面是受制于上海商业化的都市环境和多元文化,同时也未免不是作家的有意选择,其被普遍认定并为主流的文学史所诟病的重利的商业性、趋俗的民间性,以及热衷于技法翻新的先锋面貌的背后,实含有作家们主动有意地重构中国城市人生故事的策略意图。"某种意义上说,'五四'新文化与海派文化是通过两条不同的构建途径,从两个侧面,同时向中国的现代化的目标推进的。如果说,'民族/国家'论说是基于对一个新民族、新国家的呼唤,想象并创造一个新中国,那么(海派有关)生活方式叙述,则是基于对新生活的虚拟","也就是说,'现代性'于海派文化,不是以建立一个

---

① 姚玳玫:《想象女性:海派小说(1892—1949)的叙事》,中国社会科学出版社 2004 年出版,第9页。

性别视角下的上海都市文化

新型的民族国家为目标,而是以建立一套新的生活方式为标志",[1]其意义恰如吉登斯的"生活政治"理论。虽然姚玳玫的这一类比不为一些研究者所认同,批评者以为海派小说对生活方式的构想与吉登斯的"生活政治"尚不是一回事,[2]但她赋海派小说的女性叙事以参与中国现代性建构之意义的立论却无可动摇。尤其值得称道的是,她将这一结论充分融化、落实在叙事学的分析中,而避免了简单的观念抒发,同时这一基于新视角的研究,也使人们醒悟到:恰如晚近的海派文学研究所显示的,很多领域也都成果颇丰而仍有不少待覆之地,性别视角的介入则有助于研究的深入。

---

[1] 姚玳玫:《想象女性:海派小说(1892—1949)的叙事》,中国社会科学出版社2004年出版,第295页。

[2] 单世联:《想象的自由与限制》,《读书》,2005年7月。

二、心态史视角下的性别与都市的构形

　　受到周蕾《妇女与中国现代性》启示的其实不止于女性学者,张英进的《中国现代文学与电影中的城市:空间、时间与性别构形》不仅将性别作为全书的分析方法之一,还曾具体引述了周蕾的一些观点进行分析。当然,女性主义和中国现代性问题的探讨并不是周蕾的专利,而是学界共同的关注点,然而由于主观立场和兴趣所在的不同,其进入的路径和论述重点也各有侧重。如果说《想象女性》主要从叙事学的角度来考量海派小说如何以女性想象而参与现代文化的建构,那么张英进此著则引入了心态史的视角。

　　以张英进的自述,当他20世纪90年代初在斯坦福大学开始这一研究时,中国现代文学中的城市形象尚属冷门,此书的英文版出版三年后,才有其他相关著作相继问世。但此书值得重视的不仅是它的一鞭先着,也是它探索、凸显中国城市形象的方式。顾名思义,此书以中国现代文学和电影中的相关作品为分析对象,探索由此呈现出来的北京、上海等中国城市的形象,其中包含了空间、时间和性别的构形。也即是说,此书所谓的中国现代文学和电影中的城市形象是由其中有关空间、时间及性别的构形所决定和呈现的。就此而言,"构形"即形象。但此书所谓的形象/构形却不仅是指对城市表象的描写,如某些风景或男女人物,还包含了表象背后的心理结构。作者指出,"在本书中,'构形'(configurations)一词包含两个层面的意思。(1)在明显的文本层次,它指文学与电影中的城市形象。(2)在更深的思想层次,它指以文本书写城市的过程中运用的认知、感觉、观念工具。"换言之,此书

不仅要呈现现代中国文学和电影中有关城市表象的书写,更要考量其背后的心理结构,探索人们的认知方式、情感意志和思想观念如何影响了对城市的书写。这就使此书比一般的形象探讨更深一层或"更胜一筹",它所要呈现的其实不仅是中国现代文学和电影中的城市形象,也是具有某种"构形"或普遍性的更深层次的社会心理。

这一追求和心态史研究的方法有关。在张英进此书的中文版序言中,他明确说到此书的理论借鉴是以社会学中的城市心态和都市体验为框架,在他稍后有关民国时期的电影和印刷文化的研究中,也说到了其所着意的是探索银幕和印刷物背后的隐藏层面——在这一层面里,政治观念、大众意识和私人幻象交汇成一个不易察觉而相对稳定的结构。他并引心态史家勒戈夫(Jacques Le Goff)对"心态"(mentality)的定义来进一步说明这一研究的特点。勒戈夫认为,心态本身就是一种结构,是一种超历史的东西,但个体并不一定意识到这种结构,因为它显示了他们思想中非个体的内容,而为了剖析这一结构,首先必须分辨和搜寻它包括"考古层"在内的各种碎片,然后分析"心理组织系统"是如何使之成为艺术品或"系列化"的文献。而他所引的夏提亚(Roger Chartier)对文化史研究的论述则进一步帮助我们了解他在此书中的研究路径和方法:"文化史的目标是对社会再现主题及构型(configuration)的理解,这种构型和主题使社会人在交际过程中把他们的立场和兴趣无意识地显露出来,这些构型和主题也描述了当时社会人所理解的或所希望见到的一种社会",因此,"文化史必须是对再现过程的分析";其次,"它必须被理解为是为意义构建过程的研究"。[①] 也即是说,为了获得对社会再现主题和意义构建过程的把握,研究者必须有能力去发现和概括出某些构形。

---

① 转引自张英进:《民国时期的上海电影与城市文化》,《二十一世纪》60期,2000年8月号。

就此而言,此书的研究端的令人鼓舞。有关中国现代城市的研究相当时间里近于空白,更不要说对再现主题、构形的发现了。此书却藉中国现代文学和电影中的相关文本,从空间、时间和性别构形的角度,对以北京和上海为代表的中国的城市形象和再现主题作出了概括,并力图进一步向人们呈现在中国都会,尤其是以上海为代表的现代都市的兴起中,社会在心理层面发生的变化,探索不同空间中的人们是如何感知他们生活于其中的城市的。此书认为,北京和上海的城市形象分别与空间和时间有着某种对应。空间的概念主导了有关北京的叙事,书写者专注于古都北京有着稳固的文化意蕴的建筑和人际关系的描写,城市的构形可以说是空间的,而稳固的空间结构在带来安定、闲适感的同时,也造成了闭塞、滞后的忧虑。上海则受到时间意识的深刻影响,不仅情感、人际关系是流动的,城市的形象也光怪陆离、瞬息万变,只有物质和肉欲的追求是永恒的。与此相关,如果说北京城市的构形/体貌如温柔体贴的女人,给人安全、满足的感觉,那么现代中国文学和电影中的上海则如变化万端的女人,令人难以捉摸和把握。

城市的形象被从对空间和时间感受的角度来讨论,并以不同性格的女性而比喻,这一取向突出地呈现了心态史注重"感觉"的特征。但心态史作为年鉴学派整体史学观的一部分,不仅关注人的心理感受,同时强调心态与现实政治、经济和大众的物质生活等等的关系,就其本身的发展来说,也是在政治史、军事史和经济史的研究之后出现的。以勒戈夫的说法,心态史最吸引人的地方就在于它的模糊性,传统史学研究中难以阐明而置之不顾的资料,如账簿、记事之类,对心态史而言都不无意义,更不要说诗歌、小说了。但这一研究其实是比传统的历史研究要求更高、难度更大的,它除了需要研究者高度的敏感之外,还需要具备强大的分辨、归置能力,如此才能让"考古层的碎片"转化为"系列性的文献"——而这样做的前提之一乃是对现实历史有足够

性别视角下的上海都市文化

深广的了解和把握。因而对社会心态的研究不能是孤立的文本研究,而必然同时要有对现实政治、历史文化等方面的分析。此书却某种程度有意地固守"文本主义"的方法,作者声明在解读相关的文学和电影文本时,将不会将其与当时的社会现实相比较,评论哪个更"真实",因为所"偏重的是以文本为基础的方法",也即是说,不拟引入文本之外的现实的都市场域的讨论。作者引用了布兰查的文本与城市关系的论说来证明这一方法的可行性,"文本通过其形形色色的形象、外形,不是表明什么创造了城市,而是表明城市使什么成为可能",而布兰查的另一个论述:"城市存在于街道上,是通过路人的眼睛和手势来观察和体验到的",则被作者修正成了"城市存在于其'文本'中,文本涵盖了心理体验、历史、文化价值"。但正如有论者所指出的:假如我们对相关的历史环境、都市场域、社会的政治、经济和人际关系等等,没有清楚的历史知识的理解,如何可以仅凭一些本文本身,清楚地探讨人们是如何想象都市的体貌构形的,以及某个都市像某种女人,且还要说,这一探索触及了更深一层的都市意识或社会心态,提供了透视现代中国文化想象的一条脉络?[①]

而从女性主义或性别研究的角度,我紧跟着要问的是,如果性别的构形在现代中国文学和电影中突出地表现为对一些情色关系的想象,如作者所总结的,"本书强调存在一种典型的性别构成:城市被看成一个戴面具的(因而不可知的)女人,她肉感的身体展现在观察者的偷窥之下,而她的秘密需要用谨慎的叙述来加以探索。这个有性别的城市形象,引发了城市叙述中一个反复出现的模式:来自外省的一个年轻男子,被光怪陆离的城市生活引诱,在城市冒险中轮番体验快感与绝望",那么,这一"构形"的基础是什么,在现代中国,是什么样的现实的变化和历史因由促使了这一想象方式的产生?对这一构形的探

---

① 郑培凯:《都市的体貌如女人一般难以索解》,《近代中国妇女史》,第5期。

索,除了文本的分析外,是否还需同时引入现实关系的讨论;还是一切尽在文本中,"偷窥"、情色想象之类的蠡测,已经足以解释一切?

　　此书将上海的构形概括为时间的,在上海研究尚是空白、冷门的年代显然不无新意,尤其是用来和北京作比较,端的对比鲜明,特征立现,却不尽准确。上海不仅是时间的,也是空间的。上海开埠后,对生活其间的传统中国人来说,震惊最大的莫过于空间的变化,十里洋场的光怪陆离、各种新事物的横空出世,很长一段时间来吸引和困扰着人们的认知,引发了各种心理的创伤和变化。事实上,现代中国的文学和电影中并不缺乏对现代上海的空间、场域变化的描写,本书也从一开始就指出了虽然《海上花》所呈现的还是一个封闭的传统空间,而租界已是难以抹去的背景,自《市声》开始,空间变得不稳定,到了《子夜》和新感觉派,外滩、南京路上的"光、热、能",闪烁的霓虹和汽车、咖啡馆及舞厅等等构成上海标志性的意象,同时呈现出空间转换的急遽化或"暂时化"的特征。随着场域的变化,人们的心理结构和行为准则也在重建,而在对金钱和性的追求中,人们愈益感受到了命运的飘忽不定,"随波逐流"遂成为生存的唯一选择,时间也因此浮现出来成为上海的城市构形。在这一概括中,空间变化对时间意识的影响得到了有力的讨论,但现代上海的空间变化与性别构形的关系则被简化了,此书的一些论述因而有了进一步讨论的必要。

　　和上述的城市如不可知的女人,诱使男性不断地前来冒险、体验和绝望的构形及叙述模式相一致,此书进而指出(并用相当的篇幅来阐明):"妖姬"/以无婚姻状态的女性及舞女为代表的"另类"现代女性,构成了现代中国一个重要的文化生产场域。在这个场域里,性别成了城市叙述中最富吸引力同时也是最棘手的问题,无论是新感觉派小说家还是左翼的电影人,都忙于书写、捕捉着同一个(类)女人,而这个女人最大的特点便是"逃逸"或"缺席"的,她们一方面对男性有着巨大的诱惑性,同时却稍纵即逝,随时"开缺",并不奉陪到底,即不为男

性别视角下的上海都市文化

性所掌控。作者认为,现代中国文学和电影中的这种"女性的缺席",是一个超出意识形态和政治分歧的一种具有共同性的书写策略,不同的是,如果说前者带着一些受虐的快感被这些逃逸的女性弄得精疲力竭,那么后者却力图使她们成为与左翼政治相一致的"男性化的女人"。

作者首先以卡尔维诺《看不见的城市》对卓贝地城的描述来说明这一策略背后的意义:各国人都有一个共同的梦想。他们看见一个女人在夜晚奔跑着,穿越一个陌生的城市,人们看到了她的后背,她的长发……他们想追到她,却没有一个人能追到。梦醒之后,他们开始寻找那座城市而未能成功,他们于是决定建造一座像梦中那样的城市,以便重新来捕捉那个从男性梦中逃跑的女人。显然,在作者看来,现代中国文学和电影中的这一书写策略和卓贝地城的形成同出一源。人们反复地书写女性的缺席、逃逸,是因为目标越不可及,男性的欲望越火热,书写城市的热情也越高。作者并进一步引德·劳蕾提丝的"城市是一个讲述男性欲望的文本,它上演着女性的缺席,并把女人创造为文本,作为纯粹的再现"来为他的论述佐证。女性作为男性欲望的象征和社会文化的再现,是和女性在现实中、历史上成为男性统治的对象、欲望客体相关联的。由于女性在父权社会里处于了从属的地位,因而她们不仅在现实的社会关系中是男性欲望的对象,在文化象征的层面,也成为后者各类欲望的代表。这种文化运作久而久之,且成了男性某种固置的心态结构,以本书的说法,"就性别来说,男性的想象(不论其为诗意的,还是性的)都不是'靠自身而存在',相反,它是一个靠本质上的'他者'而存在,那就是那个女性化的人物,她必须回应男性的注视,才能完成'诗的过程'"[①]。

[①] 张英进:《中国现代文学与电影中的城市:空间、时间与性别构形》,江苏人民出版社2007年出版,第181页。

作者力图从男性的情色想象和女性的再现功能来解释现代中国文学中"女性的缺席"问题。但如果"女性的缺席"仅仅是或主要表现了男性某种永不餍足的原始欲望和创造动力,那么这一具有"原型"意味的构形,除了张恨水的一些作品外,为什么没有成为北京叙事中的"问题"?如张英进所观察到的,北京叙事中即便是接受过新式教育的女性也常常被无望地束缚于内室,如《老张的哲学》(老舍)和《隔绝》、《隔绝之后》(冯沅君)中的女主角,要么难逃做姨太太的命运,要么在被幽囚的内室愤而致死。上海叙事中的女性却大都出离于传统的空间之外。不仅新感觉派笔下的"妖姬"行动自由,她们不是在舞场、百货公司、咖啡馆,就是在街上、汽车里或公园野外,男性也常常是在上述场合和她们邂逅相遇又失之交臂,张恨水的一些作品,包括本书未及提到的《平沪通车》同样如此。正是在北平开往上海的铁路线/火车上,男主角被"独自旅行"的美丽女郎洗劫一空,而待男主角发现时,女郎已经逃之夭夭。显然,现代中国文学和电影中的"妖姬"/"逃逸的女人"是和现代中国/上海的空间结构、场域变化密切相关的。

上海自开埠以来,其空间结构和社会场域即发生了深刻变化,尤其是太平天国战事造成的华洋杂居、五方杂处,使上海在19世纪末已然有了现代都会的雏形。而随着现代都会里各种新构形新景观的出现,以往被要求大门不出二门不迈的女性也开始出现于都市的公共空间,19世纪八九十年代的《申报》和作为其副刊的《点石斋画报》都曾大量记录、描绘了女性出入于茶馆、戏苑或当街梳妆的"奇观"。进入20世纪以后,不仅废缠足开女学进一步推行,女性的婚姻、贞操和职业问题也在五四新文化运动中被深入讨论,这一切都为女性更为广泛地进入社会空间提供了思想和物质(身体)的条件。至20世纪的二三十年代,由于现代工商业的发展和推动,女性获得了更多介入社会空间的可能。以经销"环球百货"著称的先施、永安等四大公司在南京路上的

性别视角下的上海都市文化

出现,其所允诺的"随意浏览"给女性带来的行走的合法性,[①]以及电影等新兴文化工业的形成,女明星、女歌星等等的出现,都使女性更多地出现于人们的视野中。概言之,如果说场域的变化突出地呈现了上海从传统的"蕞尔之地"向现代都市的转型,那么女性则是其中"内嵌性"的部分和重要的变化力量。在迅速扩张的上海都市空间,她们不仅具有极高的能见度,且在职业市场占有了一席之地,上海是工厂女工、女佣、家庭主妇、商店女店员、女电话接线员、女电影演员和知识女性等各类现代女性的聚集地。大量的女性往来于工厂、商店和街道之间,构成了都市潮起潮落的人群的一部分——仅此一端,已对中国的社会结构、城市构形和人们的视知觉造成了极大影响。而这一影响了城市构形、改变了中国社会结构的20世纪重大的历史性变化,其对社会心态的影响却没有被此著充分地意识和考量。

换言之,现代中国文学中之所以存在着如张英进所指出的那样一种典型的构形,即城市被看作一个性别化的有待探索的女人,盖在于在上海急遽的发展中,城市的构形本身已然是性别化的,大量的女性活动其中,从根本上影响了城市的构形或面貌。而由于数千年来内室是女性唯一合法的活动空间,她们在都市的浮出从而和都市的兴起一样,超出了人们既有的知识范围而需要被重新认识。尤其是对社会男性来说,女性在现代社会的崛起,已不是传统的两性关系可以规范,而此种变化却是受到日渐发展的都市支持和"怂恿"的,这便引发了他们不小的挫伤感。正是在这一意义上,性别在现代中国的城市叙述中成了"问题":一方面女性在都市的自由出没更多地激起了男性作为知识和视觉主体的窥探欲望,在不断地探索、读解"谜一般"的城市/女性的过程中考察智力、体验愉悦;一方面又因为女性的今不同昔、不可掌控和随时的"逃逸"而不由自主地感受到了主体的危机。

---

① 参见本书下篇《"环球百货"、"摩登女郎"与上海外观现代性的生成》。

现代性的姿容

在此书的最后一章,作者讨论了一些女性作家笔下的城市书写,而丁玲以上海和北京等城市为背景的《梦珂》、《莎菲女士的日记》等早期作品却不在其列。施蛰存先生晚年对丁玲早年的"傲气"则有过极富意味的回忆。① 那么,如果将丁玲纳入考察的范围,并结合她五四后即辗转上海、南京和北京等地,还曾尝试做电影演员的经历,来对她的早期作品进行读解,对"女性的缺席"或"城市如不可知的女性诱使男性不断地前来冒险"这一现代中国文学的"典型"的性别构成,又将产生何种"增量"和"变量"?

《中国现代文学与电影中的城市:空间、时间与性别构形》不是一部面面俱到地分析作家作品的著作,也不是从宏观层面叙述现代中国的城市文化史,这是作者是从一开始就说明和设定的。他的兴趣和目标是探索现代中国的作家和人们是如何想象城市的,发现那些看似破碎、无关联的文本背后的心态构形,其阅读方式是体验式的,其分析也不无引人入胜之处,这使它呈现出一种不同以往教条式或刻板分析的新的研究风貌。问题在于,如果不考量本文之外的历史变化对社会心态的影响,不关注20世纪中国女性与社会生活的关系——女性广泛地出现于社会的公共空间,从家庭走向社会,事实上不仅是发生于上海的变化,它根本上是20世纪中国最为重大而富有历史性的变化,是现代中国一系列历史事件/事变的结果,上海不过因其特殊的天时地利而集中地上演了这一变化——又如何能够清晰地说明本书所指出的"性别的概念因此从根本上影响了城市的构形"?② 而造成这一缺憾

---

① 以施先生的说法,丁玲的"傲气"大约有两个方面:第一是作为女大学生的傲气,在一九二三年,大学兼收女生,还是一种新事物,北京大学早已向女生开放,上海却还没有几个大学男女兼收,而丁玲其时已由瞿秋白的介绍而入了上海大学。另外一方面,则是因为她"自负是一个彻底解放了的女青年","对我们这些上海青年是瞧不起的","可能她在一九二八——一九三一年间,还有这种'傲气',不过当时我们已彼此过从较密,她也有点收敛或隐匿吧"。见《丁玲的"傲气"》,《新民晚报》1986年9月3日。

② 张英进:《中国现代文学与电影中的城市:空间、时间与性别构形》,第3页。

性别视角下的上海都市文化

的,除了其无意识中的男性立场——虽然对性别研究饶有兴趣,其视角却仍未免仍是男性中心的,或者说其性别观念还在女性主义所批评的"经典男性现代性论述"的范围,即"妓女和女艺人被描绘成城市风景图中的典型女性角色",[①]而忽视普通女性——之外,在研究方法上,和其所固守的"文本主义"也是密切有关的。心态史强调对心态、感觉等等的研究,以避免或补足只注重英雄人物和宏大历史的缺憾,却不等于可以忽视重大的历史事件对社会心理、心态的影响。就此而言,"文本主义"既帮助了张英进对变动时代社会心理的探析和"见微知著",又阻碍了他更为有力地理解、解释社会心态变动的深广动因。

---

① 参见米卡·娜佳:《现代性拒不承认的:女性、城市和百货公司》,《消费文化读本》,第170页。

三、"印刷资本主义"、"技术化视觉话语"的差异与协商

晚近(近 20 年来)的上海都市文化研究中,李欧梵的《上海摩登——一种新都市文化在中国 1930—1945》无疑是最具影响力的著述之一。和以上"文本主义"的研究不同,李欧梵的《上海摩登》从一开始就将视角扩展到文本以外,在文本细读的同时,更多地考量了文本产生的背景,或者说,构成其分析对象/"文本"的本身便包括了文学以外的材料,如外滩的高楼建筑,南京路上的百货公司,洋溢着都会气息的电影院、咖啡馆、舞厅、公园和跑马场等等,以及更为复杂的与经济物质变迁相关的现代生活方式。作者力图以理论的想象力和史料的新的结合,重绘上海的文化地图,阐释一种"新都会文化"在中国/上海生成的动力和过程。在他看来,在 20 世纪 30 年代,上海租界的现代生活设施已经和世界上最先进的都市同步了,银行、电话、电灯、西式街道、汽车……种种现代性事物自 19 世纪中叶以来都已先后传入,而"城市文化本身就是生产和消费过程的产物。在上海,这个过程同时还包括社会经济制度,以及因新的公共构造所产生的文化活动和表达方式的扩展,还有城市文化生产和消费空间的增长"[①]。而在这一切的"增长"中,李欧梵尤其"青睐"印刷资本主义,强调它在中国现代化过程中的作用和地位,他以安德森的"想象性社区"理论为据,指出在现

[①] 李欧梵:《上海摩登——一种新都市文化在中国 1930—1945》,北京大学出版社 2001 年出版,第 7 页。

性别视角下的上海都市文化

代上海,作为民族国家雏形的"想象性社区"之所以可能,出版文化扮演了重要角色。尤为重要的是,上海的这些大众出版业既是商业投资,同时以引进"新知"——西方现代性"文本"为资源,有力地沟通了商业和启蒙。

《上海摩登》以相当的篇幅分析了现代上海印刷文化的生产和消费状况,以它的说法,上海开埠以来,其现代化至少是在两个层面进行的:一方面,一批新兴的职业作家、编辑、出版商以及翻译家藉印刷资本主义之力,通过办报、出版书籍等方式,大力介绍各种新的知识,描绘新的学科分类和知识谱系,商务印书馆是其中的佼佼者。无论是其雄心勃勃的文库、教科书工程还是门类繁多的杂志系统,都共同地具有某种使大众"当知世界大势,适应现在时势",并能够"切于人生实用"的倾向。① 于知识阶层而言,这一倾向源于他们在现代中西文化碰撞中所感受到的刺激和奋起改变的激情,力图以"新知"开启民智,改造大众;而另一方面,对传统中国的社会大众来说,这一举措最为直接的影响则是帮助了地域的开放,促使了他们对西方物质文明的接受。人们因阅读"新知"而知晓了"天朝"之外世界的存在,渐渐免除了对外来的"奇技淫巧"的"骇怪"恐惧,从而使得轮船、火车、留声机、电影、电报、霓虹灯……以往闻所未闻的"声、光、电、化"等西方物质文明,在现代上海都无不为大众所"初则惊,继则异,再继则羡、后继则效"。② 而这一切都从时间和空间上具体地改变了人们的日常生活。

不仅如此,印刷资本主义的运作本身亦造成了一种新的大众文化,小说、画报、广告之类的印刷文化,在传递"新知"、展现西方物质文明的同时,并进一步激起了人们对于现代生活方式或城市浮华的想象。《上海摩登》细读了《良友》画报的这类话语,认为它从封面女郎开

---

① 转引自《上海摩登》第 53 页。
② 语出唐振常先生的《市民意识与上海社会》。

始,到内页中的女性形象,以及各类图文安排,逐一呈现了城市生活的某种"表面"印象,或有关新生活方式的想象。其逻辑大致表现为:那些身着各种服饰的女性,集古典美、西方美于一身,表现出明显的衣着"考究"的意识;继而将此类意识推衍到家具和居室装潢等等,发展出了一套有关都会生活的装饰话语;同时,这些"穿着美丽的女性"还重新描绘或区分了都市的公私空间,她们的服饰在随着空间(卧室、客厅、舞厅、电影院及百货公司)改变的同时也重构了空间。而女性形象与画报上各类有关卫生、健康、文明、进步的"新知",以及食品、药品、香烟等广告的配合或"文本间性",则庶几呈现了其时人们所能想象的都会生活的"样貌"。由于《良友》画报上公开展示的女性形象大多是真人照片,形象逼真,故具有很强的感召力。

如果我们对李欧梵的上述分析略作"概括",或对他"印刷文化与现代性建构"的思考有足够的认知,那么不难体会,印刷文化是他力图重绘的上海文化地图的主轴,他并由此发现或寻找到了上海城市现代化的"基本模式"或关键所在:即知识分子的启蒙活动如何与印刷资本主义相结合,进而影响了大众/市民对新生活方式的追求和现代转化。在李欧梵看来,如果说上海是中国现代化的摇篮,那么其现代化则是印刷文化的产物。上海的出版业和印刷技术在成为知识阶层启蒙活动的用武之地的同时,也培养和满足了新的城市消费,其中既包括了物质的消费,也呈现为以女性为载体的想象活动的兴起,从而使上海的现代化在一开始就具有了急遽推进的"日常生活模式"或"大众面孔",并呈现出种种不无"表面"的浮华想象。但"'现代性'既是概念也是想象,既是核心也是表面",[①]李欧梵认为,表面或许不能进入深层思维,却能召唤出一种集体想象,印刷文化对上海现代性的建构很大程度正是通过想象活动而实现的,它所带来的不仅是大众的认知变化,

---

① 《上海摩登》,第71页。

也是社会物质生活的改变或现代转型。作为一部具有新的研究范型的著作,《上海摩登》因而在中国现代性思考方面作出了独特的贡献。

首先,如叶文心所指出的,它把上海而不是北京看作新文化的诞生地,着眼于印刷文化的蓬勃和大众生活方式的变化,而不是个别思想精英的宏伟论述,这一举动或论述策略向传统的现代化理论发起了有力的挑战。[1] 它意在表明,中国的现代化,尤其是在上海这样的口岸城市,所谓现代化及其动力,并不是少数政治精英的宣传鼓动,它毋宁是更为现实和有力量的千百万人物质生活的转变,而出版文化在其中起到了毋庸置疑的推动或催化作用,正是它奠定了"想象性社区"的基础,让"新知"衍化为大众方兴未艾的对新生活的追求和实践。这就与以往视精英阶层或政治变革为中国现代化的主要标志或推动者的立论拉开了距离。

其次,《上海摩登》积极肯定妇女形象在印刷文化或现代性想象方面的作用。除了上面说到的对《良友》画报的分析,它还指出月份牌广告如何与知识精英一起共同表征了上海在"抽象"时间上的变革,以及这一时间意识对"民族性"想象的贡献:

> 中国的现代性,我在别处谈过,是和一种新的时间和历史的直线演进意识紧密相关的,这种意识本身来自中国人对社会达尔文进化概念的接受,而进化论则是世纪之交时,承严复和梁启超的翻译在中国流行起来的……不过,一直要到一八九九年,自梁启超声言他的旅美日记里采用西历时,"时间意识"才真正发生转换……到二〇年代,如果不是更早的话,商业月份牌已经成了上海烟业公司和都会日常生活装备的流行的广告媒介。

---

[1] 叶文心:《城市国家与中国现代化(1900—1950)》,http://www.confucius2000.com/poetry/csgjyzgxdh.htm。

中国的民族性正是在这样一个"合时"的背景下被"想象"的。班尼狄克·安德森……令我们相信,一个"民族"在成为一个政治现实之前,首先是一个"被想象的社区"。这个新"社区"本身即基于"同时"这个概念,并"藉时间上的巧合来标记,由钟表和日历来度量"。①

对千百年来以农时节气为历法的传统中国来说,和西方"同时"意识的产生无疑是其现代转型的重要方面(想想周蕾对西方"异时主义"的激烈批判,"同时"观念对中国现代性问题的"紧要"便不言而喻了!)。李欧梵的创意之处在于,他将这一变迁与月份牌广告联系起来,视月份牌美女广告与精英阶级的时间意识"如出一辙"、不谋而合。但在女性学者张小虹看来,《上海摩登》此一有关"合时"的论述虽然力图汇合精英文化和女性文化,却无意中凸显了其中所隐含的性别差异和文化阶位的纠葛:男性精英知识分子的时间意识来自社会达尔文进化论概念的启蒙,是"形而上"的,而月份牌美女形象所表征的时间意识则与大众的日常生活起居或女人的时装及商品形象相交织,是"形而下"的。② 更关键的是,论者以为,李欧梵这段文字中最后提到的以时尚美女为主要载体的月份牌,并不能总结其有关中国现代性即线性时间观的论述,反倒是开启了一种颠覆前述线性时间意识的可能,因为女性的时装(时尚)常常是"周而复始"或"循环往复"的,张爱玲爱穿老祖母的古董衣,又古又摩登地炫奇斗异最好地说明了这一点。可以补充的是,旗袍在30年代"时短时长"同样如此。30年代初,旗袍的长度沿袭着20年代末下摆至膝的情形,1931年起,下降开始了,1934年前后,旗袍变得空前绝后的长,摩登女性们无不衣边扫地,而自1935

---

① 李欧梵:《上海摩登:一种新都会文化在中国1930—1945》,第53~55页。
② 张小虹:《两种衣架子:上海时尚与张爱玲》,见《当代中国女性文学文化批评文选》,广西师范大学出版社2007年版。

年,旗袍的下摆开始上升,一年年、一寸寸地又回到了30年代初的长度。因而,"商业月份牌结合西历与时装美女的视角呈现,不正是在西历所标示的'线性时间进步观'中带入时尚'循环时间复古观'的吊诡吗?"[1]

但这与其说这是女性学者以其所熟悉的"时尚之道"击破了《上海摩登》的"汇合"两种文化的努力,不如说这一"裂隙"正是其"印刷资本主义"论述或分析框架题中本有的。虽然它视野开放地将现代化视作大众的事业,但这一框架却在根本上认为现代上海市民的新生活方式是由知识阶层或其所主导的印刷文化推动的,在中国频遭变故之际,知识阶层竭力向大众传播新的思想文化,而包括妇女在内的普通市民有兴趣的往往是物质层面,她/他们对现代化的理解因而是肤浅不深刻的。也就是说,在知识阶层及大众、妇女与中国现代化的关系中,李欧梵其实始终认为知识者的作用是主要的,而妇女和大众不过是"新知"的接受者或"被带动"的一方,且不无"误读"。这就使他虽然看到了女性在印刷文化中的"浮出"及其积极意义,却未能进一步去分析作为一个现实的社会群体的女性在更为广泛的都市文化、媒介变迁中的处境、力量和地位。比如,对在电影这一新媒体的发展中有着至关重要作用的女性演员,她们与现代上海的关系,及对中国电影现代性的贡献,《上海摩登》几乎没有论及,虽然它借助布儒娜等女性电影学者的研究成果,准确地指出,对现代上海的男男女女来说,去电影院已经"成了一种新的社会仪式",[2]并对电影画报、"鸳蝶派"的电影说明文字和影院装潢等等作了多方面的研究。这一"缺失"的意味,及其与"印刷资本主义"分析框架的关系,我们稍后再论。可以确定的是,一旦将

---

[1] 张小虹:《两种衣架子:上海时尚与张爱玲》,见《当代中国女性文学文化批评文选》,广西师范大学出版社2007年版。

[2] 李欧梵:《上海摩登》第133页。

分析的重心从"印刷资本主义"转向电影所代表的"技术化视觉性话语",如周蕾、汉森等女性学者所做的那样,女性在上海都市文化中的地位便有所不同了,中国现代性的发展也难免另有一番景象或面貌。

和李欧梵认为上海的现代化是印刷文化的产物不同,周蕾的《视觉性、现代性以及原初的激情》不无意味地重述了鲁迅所遭遇的"幻灯片事件"。在她看来,这一事件不单纯是造成鲁迅弃医从文的起因,更毋宁是一出以视觉性为基石的有关中国现代性的初生戏剧。在幻灯片事件中,鲁迅所受到的震惊其实不仅是中国"看客"面对同胞被异族杀戮时的麻木,还是一种不同于文字的新话语特有的穿透力。她把鲁迅和"幻灯片"的故事放在一个古老的、以文字为中心的文化和民族如何进入20世纪或正处于行进的十字路口的背景下加以考察,即随着一种技术化的视觉话语的出现——它初现于卢米埃兄弟将电影带到世界上来的一刻——中国如何不可避免地被卷入这一话语中去,既难免"被震惊"的命运,又努力因应这一时代的变化。

事实上,这不仅是鲁迅或20世纪初中国的困扰,电影作为全球媒体运动的最新发展,自产生以来,便促使人们不断地去思考视觉性与现代性的关系。本雅明等现代性论者以为,现代性与媒体技术、艺术观念的变化密切相关,电影、视觉影像所带给人们的震惊,就其本质而言,是和都市人在现代生活中的"困惑"相契合的。而在晚近对东方主义的批判中,萨义德等后殖民理论家则认为,西方视觉文化的发达是和西方世界对非西方世界剥夺性的"注视"一脉相承的。周蕾的贡献或独特性在于,她不仅指出非西方世界同样有着视觉性的需要和能力,而且揭示出电影这一技术化话语如何藉包括女性在内的"原初的激情"而兴起,并促使文学等传统媒介的改变:

> 确实,"现代性"的降临伴随着这样一个根本问题:怎样对待"民众"?如果文学符号的中心化地位被视觉符号日益

显著的无所不在所动摇与驱除,如果阅读与写作被电影媒体的来临去中心化,那么文学符号也同样被民主化地动摇与驱除了,亦即从精英阶级生活纪录代言者演变为民众生活纪录的代言者。①

电影媒体昭示了一种新的传播形式,其直接和有效性远胜于以往以文字为中心的描写,大众因此可以跃过文字的障碍而直接面对影像镜头,艺术和大众前所未有地接近了;反之,大众对视觉符号、电影媒体的欢迎,也使传统由精英掌控的文学不再能够满足于孤芳自赏,而必须走向民主化。周蕾认为,这一过程既包含了将文学符号去中心化,又意味着将民众引入文学——即她所称的"原初的激情"为结构。而所谓"原初",某种程度乃是"摄取"的结果,恰如西方现代主义或其指涉系统曾大量"摄取"或"盗用"了非西方世界的疆域或人民生活中"原初化"的一面,以实现自身的"现代化"(如毕加索、塞尚、高更等"返朴归真"的现代主义艺术),"'第三世界'同样有一种相似的原初化运动:这里所抓取的原始材料乃是社会上受压迫的阶级——特别是女性——她们变成了一种新文化学的首要组成部分。说中国现代文学正是通过对原初的摄取——隶属群体、女性以及孩童——转向'现代'并不过分。因此,我们所需要的是再一次将文学史的传统写法颠倒过来:并不是中国现代知识分子受'启蒙'后选择以关注受压迫阶级来革新其写作,而是受过教育的知识分子像世界上其他地方的精英一样在弱势群体中发现了令人迷恋的源泉,它能够帮助知识分子在主题和形式上激活、复兴其文化生产,使之现代化。"②

无疑,周蕾的这一论点是她将东西方之间的权力关系和两性间的

---

① 周蕾:《原初的激情:视觉、性欲、民族志与中国当代电影》,台北远流出版公司 2001 年版,第 39 页。
② 同上,第 41 页。

不平等关系再一次结合或转换的例证,有着鲜明的女性主义与后殖民主义联盟的意味,也和她一贯坚持和宣称的,把视线集中在"妇女"身上,"是以突出男女对立关系中处于劣势的女性存在的方式呈现结构性、系统性差异的政治意义"相一致。易言之,如果说上世纪八九十年代以来,女性与中国现代性的关系始终是各种新理论新方法一试身手的场域,那么,周蕾的这一论述正和李欧梵的"印刷资本主义"论述形成了某种"互文"关系,或者说再一次显示出性别差异与文化阶位的"纠葛"。作为一个熟稔后殖民、性别分析等理论的女性学者,周蕾强调是女性促使了中国现代性的发生,是"原初"/大众和妇女成就了男性精英的启蒙事业,促使了中国文学的现代转型,而不是如李欧梵所以为的那样,妇女和大众的现代化,乃是男性精英的启蒙活动带动的结果。现代中国文学如此,早期中国电影更是如此。电影对传统文化主题和形式(如旧文学对精英阶层"高雅"生活的倾心)的颠覆的冲动,或其对大众"看见自己被看见"要求的满足,都使它比现代中国文学更为鲜明地体现了"原初的激情"或女性"在场"的重要。

历史的"细节"也告诉我们,中国电影的成型,很大程度上有赖于女性的出场。早在1925年,中国早期电影人郑正秋在他的一篇名为《新剧家不能演影戏吗?》[①]的文章里便曾指出,女性演员的出现,对中国电影的发展或表演艺术及技术革新有着直接的影响。中国电影的初创时期,其制作除了搬演如《定军山》这样的传统戏剧之外,也一如既往地秉承了中国历史悠久的男扮女装的表演传统。其时许多影片中的女性角色都由当时新剧、文明戏中的男性演员来反串。然而电影特写镜头的发明,却使这样的状况不再可能。那些反串女角的男演员的胡碴与喉结,在特写镜头下变得无可遁形,银幕上的性别反串就此终结,而中国电影同时面临了寻找"新女体"的迫切任务。在这一当

---

① 郑正秋:《新剧家不能演影戏吗?》,《明星特刊》4期,1925年9月。

性别视角下的上海都市文化

口,第一代中国女电影演员冲破家庭的阻挠,以伴随了一双半缠之足的真实的女性身躯现身银幕,就成了中国电影发展史上具有关键意义或开创性的一幕。

当然,"原初"/女性对中国电影的影响不仅如此,周蕾对《神女》一片的分析,有力地说明了"原初激情"/女性与电影所代表的技术化视觉话语的结合,如何使现代中国获得了以往从未有过的"新的语言"和"新的形式",可以让人们有效地去观测、讨论阶级、性别、城市、空间和金钱、物恋等重要的现代性问题。"神女"是妓女的婉转说法,影片讲述了一个以出卖自己的身体供养孩子上学而不果,终至囹圄的城市底层女性的故事。但《神女》"真正出类拔萃的不仅仅是对妓女的运用,而更在于它创制了一种新的语言,将社会压迫的历史内容和电影媒体所特有的创新性形式因素结合在一起。"[①]《神女》的风格堪称简约,却发展起了一种整体性的社会批判的眼光,形成了"具有原型效果的对宏大社会问题的鲜明描绘",究其根本,在于影片不仅将视线转向了"原初"/神女或妓女,"而且用只有视觉性新技术才可能的原初的方式",[②]通过对妓女身体和城市关系的考察,将马克思和弗洛伊德意义上的"时代迷恋"(商品交换、异化劳动、性的欲望和压抑)直观地"呈现"或"转喻"出来。相较于李欧梵对印刷文化与电影的关系如电影海报、鸳蝴派的说明文字等等的看重,周蕾显然更愿意强调银幕本身所具的穿透力和"寓言"性,"电影意象以其赤裸而沉默的方式,以其缺乏(需要诠释)和完满(具有自身的全部意义)并存的寓言表象允许起源和原初主义矛盾(缠绕现代性的根本迷恋)远比文字更恰当地展示

[①] 周蕾:《原初的激情:视觉、性欲、民族志与中国当代电影》,台北远流出版公司2001年版,第45~46页。

[②] 同上,第46~47页。

出来。"①

  现代传播理论认为,媒介即文化,信息传播技术决定文化的模式,每一种新媒介技术的出现都会对原有的媒介造成冲击,并培养起新的文化形态和模式。印刷文化和电影因而往往也是度量中国现代性发展或上海都市文化的有效尺度。但恰如后现代主义所以为的,现代性在某种程度上是种建构出来的东西,突出什么,忽略什么,除了研究对象本身的限定外,还有赖于研究者的主观状况,周蕾、李欧梵对"原初"、技术化视觉和印刷文化的"各有所爱"正是如此。而在造成其"分殊"的诸种因素中,性别差异(或立场)乃是关键性的部分。它不仅影响了两者对女性与中国现代性关系的理解,也在相当程度上决定了她/他们对中国现代性"基石"或进路的认知。

  虽然李欧梵认为,不同于小报文化,《良友》画报塑造了新的女性形象,代表了某种正在形成中的与日常现代性有关的公众话语,而不一定是男性的观赏物,但现代上海的印刷文化与男性知识者有着更多、更直接的联系则是确凿无疑的。恰如他所指出的,印刷文化在上海的兴起,男性的知识者和出版人功莫大焉。上海集中了中国最大多数的报纸和出版社,出版了大量的书籍和报刊杂志。其中不乏关于女性的出版物,而即便如此,执掌者也大都是男性,只有少部分的妇女报刊是由女性执掌的。原因在于,以布迪厄"资本、场域、惯习"的理论分析之,男性知识者在上海出版文化的发展中显然有着比女性更多的社会文化资本。布迪厄指出,资本是场域竞争的重要资源,它可以使行动者在相关的场域中获得相应的利益。资本的几种类型如经济资本(财富、产权)、文化资本(文凭、知识)、社会资本(社会关系、信任)、符号资本(荣誉、声望),既各有边界又可以互相转化。一个人拥有的经

---

① 周蕾:《原初的激情:视觉、性欲、民族志与中国当代电影》,台北远流出版公司2001年版,第42页。

济资本越多,就越能获取较多的文化资本,文化资本则会带来相应的社会资本和符号资本,进而实现新一轮的资本增殖。资本同时还是"惯习"的养成者,不同阶层、群体、个人的"惯习"(审美习性、秉性倾向等等)是由其所能获得的资本并通过一定的历炼而养成的;"惯习"同样参与了场域的竞争。在上海,如果说科举制度的废除使男性知识者一度丧失了安身立命的处所,那么他们在向印刷文化求生存时却并非无所依凭。且不说他们所拥有的社会、经济资本远较女性为丰厚,其所具的文化资本,男性精英的各类"惯习"或知识优势,已使他们在新的场域里一鞭先着。现代上海的印刷文化中文字无疑还是主要的部分,而文字是男性知识者的"天然"特权,虽然图像和女性形象日益成为出版文化的重要部分,但那些画报、月份牌上的女性形象,如李欧梵同时指出的,不仅是某些广告的载体,它们本身便是商业化的印刷文化产品,是由男性的知识者、出版人主导的,虽然它们可能同时代表了某种新的话语,而无可否认的是,其形象本身在这里并不占有主动的面向。

相较之下,在电影这一新的领域里,虽然各类资本仍然更多地掌握在社会男性手里,而电影以技术化的视觉话语为主导的"本质"特性,却使女性有可能获得较在印刷文化中更多的主动性。王汉伦、杨耐梅等早期中国电影女演员"演而优则导"或自任制片人的经历很好地说明了这一点。[①] 在以下的分析中,我们还将看到女演员们的积极投入和银幕实践如何促使早期中国电影成为世界电影史上令人瞩目的部分。显然,周蕾对技术性视觉话语的重视是和她对大众、女性/"原初激情"的观照、注重相一致的。但从以上李欧梵对《良友》画报的分析来看,似乎我们也不能说他对女性于都市文化生产的意义完全盲视。问题在于,恰如有论者所指出的,李欧梵等男性研究者注意到了

---

① 详见下章及下篇第三部分。

女性在现代上海都市文化中的突显地位,但他们大都是从男性文化的视角来谈论,更多关注其在象征秩序中的意义,而不是作为一种现实力量的女性及其能动性。[1] 但性别不仅是象征层面的,同时是一种现实的关系和力量。在现代上海,急遽的都市化和发达的商品经济,不仅造成了大量代表了新的象征话语的女性形象,也带动了更多现实关系中的女性投入到电影媒体、表演文化之类的都市文化的生产中去,从哪一层面视察女性的社会文化力量或意义,端赖于研究者多方面的需要和考量。

就《上海摩登》而言,印刷资本主义的分析框架显然相当程度影响了李欧梵的观察角度。循印刷文化的分析路径,注意力必然更多放在画报之类象征层面上的女性形象,在上海电影文化的分析中,也难免仍以印刷文化的思路为主导,当然《上海摩登》对电影生产本身也不是一无关照,如其对《马路天使》等剧的摄影镜头以及男性导演如何因应观众的要求而对影片作出调适的研究,却独独缺少了对女性演员及其银幕实践的讨论。[2] 这一"省略"因此不能不说本身即是富有"意义"的。其实,《上海摩登》选择印刷文化为上海现代性的"温床"或进路,认为它孕育或推进了上海的现代化,便已经显示了作者的性别立场和文化阶位。虽然他也曾表示要在文字和电影视觉间建立起联系,而在实际的论述中,他显然更注重印刷文字的作用。如果说在中国现代化的初期,印刷资本主义确然扮演了重要的角色,那么中国电影在30年代的迅速发展,则将上海的都市文化推向一个新的阶段。但在李欧梵的上海文化地图里,却是现代出版文化"直接冲击(了)另一种也许是

---

[1] 姜进:《娱乐大众:民国上海女性文化解读》,上海辞书出版社2010年出版,第4页。
[2] 在谈到《神女》时,作者强调,《神女》作为一部真正的巨作,"不光是因为里面阮玲玉的表演出色,更是因为导演自始至终使影片处于一种抒情的氛围里"。《上海摩登》,第129～130页。

更流行的媒介:现代中国电影"①。且不说这一论断在何种程度是成立的,它的一个直接后果便是,把中国电影的发生和发展置于男性主导的出版文化的背景、脉络甚或"卵翼"之下,女性演员的被略而不谈从而便是理所当然了。

值得注意的是,如果说李欧梵的"印刷资本主义"论述无意中曝露了他作为男性知识者的文化立场或"惯习"——这从《上海摩登》对新感觉派等文学文本堪称精彩的分析中可以进一步清晰地看出,其"对文学的习惯性激赏意味着文字与视觉呈述之间的相互交融以及该交融所承担的权力问题,如果不是被全部压抑下去,就是被忽略了"②;那么,周蕾对女性与电影、现代性关系的探究则显示了一种有意识的挑战姿态。周蕾强调,应当或可以"将思考文化生产'进化'的习惯方式颠倒过来——比如,这一思考坚持认为因为文学先于电影而存在,受年代学延续性的支配,该思考通常认为用更早的话语模式为标准来衡量后来出现的事物才可被接受,而不是反过来。我认为恰恰相反,在20世纪,正是由新媒体所带来的视觉性力量促使作家改变对文学本身的思考。③

上世纪八九十年代以来,中国现代性问题或上海研究在国内外学界渐成热点,在文化研究领域,重精英文化而轻大众和女性却仍是难去的沉疴,或鲜有从性别角度来读解海派或上海都市文化。直到强调"位置下移"的新文化史研究的兴起,女性和大众才更多地乘势而起。周蕾对原初、视觉性,以及中国现代性"基石"和文学史写作颠覆性的读解,或许不是这类书写的始作俑者,却是重要的具有挑战性的篇章。而李欧梵把上海而不是北京看作新文化的诞生地,着眼于都会出版文

---

① 李欧梵:《上海摩登》,第 96 页。
② 周蕾:《原初的激情》,第 25 页。
③ 同上,第 35～36 页。这一论点事实上已经多少为李欧梵等学者所吸收认同,后者对新感觉派的分析便多处指证了电影的影响。

73

化而不是个别精英的宏大叙述,认为在现代中国,作为民族国家雏形的"想象性社区"之所以可能,不光是梁启超这样的精英分子在"三千年未遇之变局"之际倡言了新的概念和价值,更为重要的是大众出版业的影响,其中包括了画报上的女性形象所呈现的新的公众话语,同样是新文化史脉络下"去精英化"的有力实践。然而他重男性主导的印刷文化的分析思路,使之有意无意地忽略了作为一种现实的文化生产力量的女性在电影这一新媒体中的能动性,却表明新文化史的研究方法虽然有力地冲击了传统的主流话语,却没有"一劳永逸"地或从根本上解决"文化等级"的问题,而有待于女性主义、性别研究的积极介入。

四、作为文化生产力量和场域的"新女性"

(一)"粉面女郎"与"银幕艳史":女性与早期中国电影

从李欧梵对《良友》画报上女性形象的解读,到周蕾"原初的激情"理论的提出,虽然两者的着眼点不同,而女性对现代中国或上海文化生产场域变化的重要性已毋庸置疑。尤其是女电影演员们为代表的"新女性",她们在现代中国都市文化、现代性发展中的经历遭受和作用地位引起愈来愈多的关注。1995年和1997年,意大利波德诺尼(Pordenone)的世界无声电影节上集中放映了约30部早期中国电影,进一步激发了人们对中国电影和女性演员的关注热情,米莲姆·布拉图·汉森的《堕落女性,冉升明星,新的视野:试论作为白话现代主义的上海无声电影》某种程度即是这一"激发"的产物。汉森充分肯定李欧梵对上海电影文化所作的研究,认为它将电影置入一系列广泛的媒体和话语中,从而使人们"有可能将电影的现代主义美学特征与电影以外的白话现代主义的诸多形式联系起来",然而,她的视野却更多集中于中国电影中的女性形象和女性演员。汉森认为默片时代的上海电影已然表现出其成熟性,其中既包括了呈述主题、场景安排和叙事形式方面的特点,也体现在演员的表演活动、角色塑造以及观众的认同反应和接受视野上;而这一切都离不了女性的介入。汉森认为,正是这些层面的表现和交互作用,使早期上海电影得以跻身于世界无声电影中最富成就、最为激动人心的作品之列。

早期上海电影的一个基本"程式"是以"城市与乡村的对立"这一

特定的两极关系为矛盾的起点和叙事结构,并因此而在相关的评述中饱受各种理论的批评。汉森却认为,对于一个在1910年至1930年间人口增长了三倍、同时作为一个在不平等条约下被迫开放的半殖民地的口岸城市来说,这种对立并不令人惊讶。上海电影正是通过城市与乡村的对立形势再现了传统和现代价值观及生活方式的冲突,并使之富于现代性质。尤为醒目的是,在这些影片中,社会矛盾通常透过女性来表现,女性形象和中国的现代性问题发生了联动。"如同其他国家的无声电影一样(俄国、斯堪的那维亚、德国、法国),现代性的矛盾透过女性的形象得到演绎","妇女既是都市现代性的寓言,也是它的转喻(metonymies)。她们体现了城市的诱惑、不稳定、匿名及晦暗不明,这些特征时常通过将女性的面孔、身体与上海的灯火交错并置",[①]从而使之鲜明地成为社会不公的象征或焦点。

　　女性被作为社会矛盾或现代性危机的隐喻,应当说在现代中国并不仅仅是发生于电影中的事,也是五四以来的现代文学的重要特征,事实上汉森也是在与五四文学的比较中提出这一点的。长期以来,在中国主流的电影史叙述中,早期电影通常被认为是与五四精神无关的,因而处于次一等的地位。而上世纪90年代,一些西方学者对中国电影的看法也依然禁锢于五四文学的标准,认为30年代的中国电影虽然表现了对社会不公的抨击,其情节剧的模式却使它丧失了五四社会分析所有的多样复杂性和细腻之处。[②]如此,汉森等女性学者对中国电影和女性关系的强调就别有一种意义和迫切性:"把中国早期电影文化和女性的地位放在中国20世纪初期的历史景观中,可以挑战迄今关于中国文化现代性的观点,一种习惯将中国文化现代性的起源和

---

① 米莲姆·汉森:《堕落女性,冉升明星,新的视野:试论作为白话现代主义的上海无声电影》,《当代电影》,2004年第1期。
② 见米莲姆·汉森:《堕落女性,冉升明星,新的视野:试论作为白话现代主义的上海无声电影》。

五四运动以及白话文运动联系起来的观点。"[1]

正是在这个意义上,汉森把她的白话现代主义[2]理论运用到中国电影的分析中,或者说她视中国早期电影为一种与五四文学文化相关或同样具备现代性质的白话现代主义,并延用"感知反应场"这一概念来解释:"我铸造感知反应场这一概念来论述一种话语形式,个人体验得到表达,并在公共场所为他人,包括陌生人所认同,这个公共空间不只限于书面媒体,而更通过视听的媒体得以流传,牵涉到感官的即时性和情感的直接效应。"在汉森看来,这正形成了与哈贝马斯以文字为主的、理性化的公共领域不同的另一种公共性。上海电影之所以富有影响力,在于它们"允许观众在散场后能够想象他们自己的生存、表演和社会策略,从而使他们在极端不平等的时空和社会条件的缝隙中的生活富有意义",[3]而这一切和女性演员的银幕实践及其与观众的互动活动不能分开。

和周蕾相同,汉森强调电影与女性的关系或对女性的"依赖",不同的是,汉森有保留地接续了周蕾"中国式人性"的话题。如前所说,周蕾以为,和西方现代主义艺术通过对非西方"原初"情欲的探索来表现他们所认为的普世的基本人性相一致,现代中国的男性精英也以同样的方式书写关于女人和隶属群体的故事,从而使得其对"原初"/女性的描写成了指向被有意识种族化、国族化的人性道义的方式。[4]汉森则辨析道,由于电影话语本身的多元异质性和技术、体制等因素的掣肘,这一倾向在电影这一媒介中事实上有着更为复杂的表现,"电影的

---

[1] 张真:《〈银幕艳史〉——女明星作为中国早期电影文化的现代性体现》,《上海大学学报》,2006年第1期。
[2] 详见米莲姆·汉森:《堕落女性,冉升明星,新的视野:试论作为白话现代主义的上海无声电影》。
[3] 米莲姆·汉森:《堕落女性,冉升明星,新的视野:试论作为白话现代主义的上海无声电影》。
[4] 周蕾:《原初的激情》,第41~42页。

意义不仅仅由导演的本意及作为基础的社会、男权的话语决定,它还受到其他声音的积极影响,比如表演方式及明星制度下逐渐积累的女演员的能动性,不管它有多么不稳定;这两者又都取决于观众接受和演绎的过程,而大众观众中的女性成员又占据前所未有的数量",因此,汉森认为,"女性形象尽管很可能成为男性现代主义的投射和充满偏见的特权恋物,她们同时也是富于最大含混性和可变性的场所"[①]。简言之,在电影这一新的文化形式中,女性有可能获得相当的能动性,而男性中心主义则多少被打破了。

汉森对中国早期电影中的"粉面女郎"及银幕角色和女演员本人间的"文本间性"的分析进一步证实了她所指出的电影领域中女性所具有的能动性。她指出,默片时代的中国电影大多有着一个在影片中承担关键性转义修辞的角色,即以艳丽的妆面吸引视线的"粉面女郎"。这一形象在早期中国电影中几成俗套,却同时滋生了令人惊异的嬗变和再创造,"粉面女郎"不仅转喻性地标志了女性在现代社会中的自我商品化或自甘沉沦,而且成为表演(讲述或诉求)的策略。比如在《天明》中,当女主角脱离妓院自行生路后,虽然仍操皮肉生涯,却将赚来的钱用于救济流落的乡民,而无论何时,她都装扮时髦。她还学会了运用福特—泰勒式的效率(汉森认为这来自她对美式风格的借鉴和模仿):当她在夜总会里与四位男客同席时,她同时用眼神和姿态分别与他们暗中调情,成功地掌控着局面;当因藏匿以革命军身份归来的未婚夫而被捕之时,她也运用了同样的伎俩。临刑之前,她依然不忘自己的容貌,掏出镜子涂抹口红,字幕上则出现了她高呼的口号:"革命是打不完的,一个倒了,一个又来!"

如果我们不避"误读"或作进一步"延伸"的话,那么可以说,女主

[①] 米莲姆·汉森:《堕落女性,冉升明星,新的视野:试论作为白话现代主义的上海无声电影》。

性别视角下的上海都市文化

角的这一系列行为正是女性主义"装扮"理论的一个绝好注释:"在里维耶的分析中,'常规的'女性特质就是一种装扮","女性气质能够作为一个面具而被采用被穿戴,这既是为了掩盖所拥有的男性特质,也是为了转移如果被发现拥有男性特质时可能遭到的报复"。[1]《天明》的女主角一方面行走于乡民之间,救济贫穷,同时时刻不忘粉面妆扮。常常,她的妆面愈是女性化,其行为则愈是具有对现存秩序的嘲弄和挑战性。影片所渲染的其超常发挥的周旋和成功掌控多个男性的"女性魅力"同样如此。凡此种种,其有效和有意味处正是藉所含有的视觉快感,提供了一系列欲望的中转,从而促使观众在与都会时尚认同的同时,也能够顺畅地接受影片所包含的社会政治涵义或"转喻性"。不仅如此,在汉森看来,有意味的还在于,对观众来说,这些感人的银幕形象,事实上她们常常"既不是通奸之妇也不是自我牺牲的母亲,而是以容貌和演技而驰名的阮玲玉"。同样,给《天明》带来感召力的亦不仅是角色的粉面,也是她某些时刻动人的微笑让人"瞬间"记起了光彩照人的女演员黎莉莉本身。换言之,女演员的主动性不仅体现在她们的表演艺术中,也通过她们的个人形象和魅力而实现。其中自然少不了女性观众的参与和推波助澜,而藉明星制和女性观众的广泛认可,女性在电影这一新媒体中显然比在其他领域更容易积累起包括声誉、能见度等等在内的社会、文化和符号资本。

米莲姆·汉森是美国上世纪末以来电影研究领域中十分活跃的"感官文化派"的主帅人物。该理论与心理分析-符号学、形式主义-认知学等经典电影理论封闭式的研究模式不同,它强调一种开放的、以"集体感官机制"为支撑的社会"共鸣"或公共视野,"电影不仅是技术和工业资本主义现代化的一部分和鼓吹者,它更是唯一最富有包容

---

[1] 玛丽·安·多恩:《装扮问题再探讨:进一步思考女性观众》,范倍译,转引自 Mtime.com。

力的公共视野(public horizon)"。在这一视野里,新的公共大众既能够为社会所看见,同时也能够看见他人和为自己所看见,推己及人而情动于衷,进而与社会、他人发生一系列的认知、共鸣或拒斥、协商。经典好莱坞电影如此——汉森以为,其成功的跨国传播与其说是因为它有效地调动了形式主义认知学所看重的"生物学的硬结线",或意识形态批评所强调的全球通用的叙事模式,毋宁说更是因为它表述、传播了一种特定的历史体验,并将这种体验带入到公共的视觉领域;早期中国电影同样如此,女演员们多变的"主体间性"①——既是嬉笑怒骂的剧中人物,又是时髦文化的代表,时而是以容貌和演技驰名的演员本身,如果它不是中国电影"公共性"的唯一表达,那么也是重要的途径。而像《天明》这样的影片之所以取得了成功,乃是因为其为多元异质的公共大众提供了一个感知反应场,他们既得以据此而体验上海这一独特的半殖民地国际性大都市的现代性,又不无自我反思的可能。尤其是其中无论在数量和能见度上都令人难以忽视的女性观众,在急遽的都市化过程或危机重重的社会变迁中,她们毋庸置疑地对自我性别和阶级关系的变动有着异乎寻常的关注,《天明》则为她们提供了一个合适的反应和思考的场域。

不仅如此,女性观众与"粉面女郎"的"相看两不厌"且标示了现代中国视觉经验的某种历史性的变化——如所周知,在鲁迅留日期间所遭遇的"幻灯片事件"中,现实中的中国看客与影像世界中被行刑的中国人同样麻木,令他感受到了深刻的震惊,而在《天明》中,无论是女主角临刑前的表现还是所激起的观众反应,都更多地表达了觉醒和反抗的意味。"这一行刑镜头也可被视为对另一死刑镜头"(即"幻灯片事

---

① 汉森在文中并未直接使用"主体间性"一词,但从她对女演员个人魅力和银幕角色多方面关系的论述考量来看,可以认为包括了"主体间性"的意味。

件")的一个不无意味的"回答"。① 意义其实远不止此,如果说鲁迅痛苦的观影经验和他弃医从文的选择象征了一代五四知识精英文学革命的动因和实践,那么,到了20世纪的二三十年代,中国文化的现代化方式已然超越了文学和精英现代主义的视野,而结合了多种媒体,以大众的规模对现代化进程做出回应,女性与电影的"共谋"是其中最为重要和动人的一幕。

相较于汉森对"粉面女郎"的"主体间性"或"含混、可变"性的发掘,张真的《〈银幕艳史〉——女明星作为中国早期电影文化的现代性体现》更多检视了女性和电影科技之间的关系,把一代女影星的经历和中国电影科技及文化的发展直接联系起来,强调女明星的身体、经历是中国20世纪早期现代性的体现。《银幕艳史》是明星公司拍摄的一部具有自指性的纪录剧情片,虽然如今仅存部分残片,张真却从中发现了20世纪早期上海电影的活力,或电影这一新兴媒介在社会变迁中的能动性。影片以一个妓女出身的女演员历尽挫折而于中国电影的重要一刻重归片场为契机,直观巧妙地讲述/呈现了中国电影包括技术层面在内的发展历史。张真以为,《艳史》所采用的含有中国传统密码的"绮艳"的讲述方式或"史学模式",正恰提供了一个女性参与中国电影发展的绝佳注解。影片拍摄的1931年及其前后,不仅发生了"九一八"、"一·二八"这样震惊中外的事件,就电影业本身来说,也是躁动多变之时。在上海,除了"复兴国片"运动的如火如荼外,更为重要的是世界有声电影的诞生,给中国电影的发展带来了新的机遇或竞争危机。那"一刻"因而也是中国电影迫切地希望在银幕上"回望"/看见自己,并对未来作出"展望"的一刻。《艳史》虽然尚未步入有声之门,而其后台纪实和剧情片交杂的风格,将第一代女明星的经历和中

---

① 米莲姆·汉森:《堕落女性,冉升明星,新的视野:试论作为白话现代主义的上海无声电影》。

国默片时代的"电光石炽"所能达到的豪华场面/"拍摄内部"的巧妙结合,却不无精彩地呈现了中国电影的这一"集体无意识"。

张真未及提到的是,《艳史》拍摄之时,也是世界资本主义遭遇到有史以来的第一次重大挫伤的一刻,好莱坞电影却在此一挫伤中一枝独秀,奠定了它的产业地位。它所打造的银幕上的那些华丽时髦、传奇"另类"的女性形象成了抑郁萧条的时代氛围里唯一光鲜亮丽的倩影,好莱坞先进的电影技术和赫赫声名因而也成为中国电影人追寻、膜拜的对象。1933年的《现代电影》上曾刊载了《新银星》杂志创办人陈炳洪《我从好莱坞回来》的系列报导,作者细叙了自己在1932年至1933年间走访好莱坞的经历,其中包括对好莱坞的一些主要片场的拍戏程序、片场设施、灯光系统、音效管理的见闻。① 虽然此时距《艳史》的问世已经两年,却透露出对"拍摄内幕"/电影技术"本质"的探究,正是那一时期中国电影人的孜孜以求。事实上就在《艳史》拍摄的同年,明星公司也曾委派留美戏剧专家洪琛专门到好莱坞进行实地考察,并花费巨资订购了它的全套有声电影设备。② 而早在1928年,刘呐鸥也曾提出,"中国电影如不对声片努力,终不能赶上时势地进步的大道上,更不能打倒外片的侵入"。③ 毋庸置疑,这一切都构成了《艳史》产生的背景。

影片后台剧情片加个人生活史的结构,恰切地再现了电影"摄影棚既是科技的梦幻乐园,又是日常世界的临描摹本"的双重性。事实上它也是拍摄此片的明星公司的自画像和30年代中国电影业的譬

---

① 陈炳洪:《我从好莱坞回来》,《现代电影》1卷1~6期(1933年3月~8月),转引自周慧玲:《表演中国:女明星 表演文化 视觉政治 1910-1945》,台北麦田出版社2004年出版,第174页。

② 赵乐山:《上海电影录音技术发展史稿》,《上海电影史料》第7期,上海市广播电影电视局史志办1995年出版,第204页。

③ 刘呐鸥:《影戏和演剧》,《无轨电车》5期(1928年11月10日),转引自周慧玲:《表演中国:女明星 表演文化 视觉政治 1910-1945》,第169页。

喻。《艳史》汇聚了明星公司为代表的处于历史升华期的中国电影的制作和接受,其中不仅有电影拍摄制作现场的再现模拟,还在片中引入了观众的接受环境,如商店、舞厅,影迷们的逛街、购物和明星崇拜等城市经历与景观。而这一切皆是由女主角的故事所串连的。片中由宣景琳扮演的女主角王凤珍的经历与演员本身有着明显的自涉性,她出身"下贱",电影改变了她的处境,成名后的她一度息影,又因"情场失意"而重返片场。而她重返片场时所看到的新摄影棚简直就是一个无所不能地模拟现实的魔幻作坊,令她大为震惊,几乎忘却了个人的不快,张真精辟地写道,这一刻,"女演员和她不忠情人的情事已转变为女性和电影科技之间的罗曼史"①。换言之,女演员重返片场所寓意的不仅是其个人生活的重新开始,也是中国电影业的又一次巨变。1925年,明星公司的第一个玻璃摄影棚建成时,宣景琳曾在其中扮演了一个小角色,之后的三年间,她扮演了乡下姑娘、寡妇、舞女以及女阿飞等多种角色。而她在30年代藉《银幕艳史》重返银幕时,明星公司正值它继武侠系列片《火烧红莲寺》在商业上获得巨大成功后进行大规模的扩建和现代化,《艳史》正是它的一个集中展示或提供了它实现"展露欲"的机会。

不过几年的功夫,中国电影技术的现代化已然令人"瞠目结舌",而无论是宣景琳还是王凤珍都没有被新片场的巨大规模和新式仪器所吓倒,相反,片场成了她们争取个人独立的大背景。张真指出,和弗朗兹·朗的《大都会》对女性和现代科技幻灭性的看法不同,《银幕艳史》里的科技因为情节的喜剧性而焕发出轻松幽默的气息,表现出中国电影对女性与科技的积极联想。事实上就中国早期电影来说,女演员们不仅是电影科技发展的见证人,也是这一革新或变化的有力的参

---

① 张真:《〈银幕艳史〉———女明星作为中国早期电影文化的现代性体现》,《上海大学学报》,2006年第1期。

与者和推动者。1929年,第一部美国有声片在上海上映,中国电影业紧随着进行了试验,明星公司首当其冲,和上海百代音像公司合作用蜡盘制作了中国第一部有声影片《歌女红牡丹》,中国电影从此开始有了声音,却还只是部分性的。而拍摄有声片面临的不仅是器材问题,还有演员的语言能力。由于其时当局要求有声片使用以北京方言为基础的国语,许多非北方籍的演员因此而面临了新的挑战。在此"无声向有声"的变化、过渡之际,早期的中国女演员们,不但继续在默片中扮演角色,且勇于尝试新的要求。有人认为阮玲玉的早夭也和她所面临的语言困境有关,但更多的女演员则闯过了这一关,宣景琳便通过自我学习和改造而成功地出现在中国第一部采取变密式录音法的有声电影里。往事如烟,而可以肯定的是,中国有声电影的发展如果没有女演员的参与是不可想象的。更有甚者,一些早期女电影演员且不满足囿于演员的角色地位,像王汉伦、杨耐梅等早期女演员都曾由演而导或既演又导,并创办自己的电影公司,亲自制作影片。其实,在西方电影工业的初期,女性原本占有主导地位,无论电影导演还是编剧,乃至制片人,都有女性担任。① 中国同样如此,但她们的经历和光彩却长久以来不被提起。张真对中国电影历史中这一章节的重述因而不仅具有"补遗拾缺"的意义,同时也有力地说明了中国女性和电影这一前所未有地改变了人们感知结构的新媒介/高科技的关系,远比人们想象的要紧密和重要。她们不仅是默片和有声时代的银幕主角,也是电影科技发展的关键,以及中国电影制作的先驱。在中国的电影历史中,"就如在国外相同历史中,女性绝不仅仅是苍白的形象或者被消极地再现,而是历史的施事者和缔造者"②。

---

① 如玛丽·碧克馥,美国默片时代富有盛名的女演员,1928年的奥斯卡最佳女主角得主,同时也是"联艺"影业公司的创立成员之一和制片人。
② 张真:《银幕艳史》。

性别视角下的上海都市文化

另有意味的是,张真将早期女演员参与中国电影的经历和胡适把自己于五四时期创作的白话新诗比作缠足妇女的"放大脚"相提并论。如前所述,中国电影曾经历了"男扮女装"再难为继而必须"寻找新女体"的一幕。在那个"断裂"的时刻,正是王汉伦这样的第一代电影女演员,不畏传统的束缚,以一双不无痛楚的放大脚挺身而出,长期以来其意义少有人论说。张真则借胡适的自我"回顾"进行了阐发。在《尝试集》的第四版序言里,胡适曾这样说道:"现在回顾过去五年来写的诗,感觉就像放了脚的女子回头看她不断变化的鞋样。虽然每年都在放大,每个鞋样却都染上了缠足时期的血腥味道……。"[1]张真敏锐地意识到这一比喻所具的现代性体验,进而以女性的立场重述了这一比喻。在她看来,胡适用传统女性的裹脚和放脚来比喻五四白话文的产生,既体现了中国男性中的知识精英透过认同现代化以前的女性身体,来理解现代化过程中的创痛的认知方法,也说明了现代化不仅是观念问题,也是"切身"的感受,是有关身体体验的历史。而如果说胡适的白话诗学对性别化身体的运用尚是象征性的,那么王汉伦等早期中国女演员以一双印染了血迹的真实的"放大脚"走上银幕的感人经历,则别有一种历史索引的意义和"肉身"的在场感。

"感官文化派"强调电影的公共视野和集体感官体验,因此,汉森和张真在论述女性演员"混杂、多变"的"主体间性"及与电影技术密切关系的同时,也将她们和现代都市的公共领域积极联系起来。然而恰如有论者所指出的,感官文化派对中国早期电影的研究尚需和历史的具体性有更多的勾连,如果说之前的心理分析理论将电影视为一部意识形态的机器,包括新形式主义对"生理硬件线路"的猜测,在本质上都是朝向简化或单一化的,汉森对中国早期电影的公共性和"粉面女郎"的阐释又因其过分的灵活而略显模糊笼统。汉森乐观地认为,

---

[1] 胡适:《尝试集》第4版前言,转引自张真:《银幕艳史》。

上海电影唤起了观众对自我生存境况的想象和应对策略的思考,但谁在剧院观看、想象,以及这些观看如何作用于他们的想象活动,并影响到他们的生存,诸如此类,在汉森那里都尚是语焉不详。[①]这和她对中国早期电影文化及历史的有限了解是有关的。[②] 同样,张真从性别的角度检视身体和电影科技之间的关系,指出女明星的身体是中国20世纪早期白话现代性的体现,但女性演员与社会文化间更为复杂或更大范围的协商关系却尚少讨论。与此相对,周慧玲的《表演中国:女明星、表演文化、视觉政治(1910—1945)》则从"社会文化表演"的角度,提供了女性与中国早期电影及上海都市文化关系的另一重参照。

(二)"写实主义"和"文化表演":从话剧女演员到电影女演员

《表演中国》发掘、网罗了大量第一手的蕴藏于中国20世纪上半期的报刊、杂志以及其他历史文献中的"电影轶事",由作者写于上世纪90年代至新世纪初的一些专题研究集结而成,其史料之丰富和爬梳之细致,在相类研究不断问世的今天依然值得称道。更为重要的是,作者从表演文化理论入手,视女性与中国早期电影的关系为折射了国人的政治期待和转型社会的心理躁动,以及电影人的技巧摸索和商业操作等多重因素在内的有关中国现代性的"文化表演",并从中提炼出"人生如戏"的现代想象或"写实主义"的美学原则为这一历史文化的主线,从而为人们探知那一时代的中国,尤其是在上海这样的现代都会里,围绕女明星和电影而进行的"文化表演"如何作用于人们对

---

① 张英进:《阅读早期电影理论:集体感官机制与白话现代主义》,《当代电影》,2005年第1期。

② 关于这一点,汉森自己其实有十分坦诚的表达,她认为对于中国早期电影的研究可以从主题关注、场景安排和视觉风格、叙事的形式策略,包括表演、角色塑造、观众对角色认同等等的模式进入,同时指出,这是一个相当长的订单,而她既不是中国电影史或上海现代性研究专家,也无法读讲中文。她的论述只是基于其1995年和1997年在意大利波德诺尼(Pordenone)世界无声电影节上观摩到的大约30部中国电影。

"现代生活的拟想"提供了门径或有利的入口。

《表演中国》以中国早期电影女演员的表演以及大众的观影活动为主要的研究对象,却将视线推到了中国现代表演的起始——新剧和五四话剧,以至更为遥远的历史。话剧女演员的崛起尤其构成了作者检视电影女明星在上世纪二三十年代的中国所受到的各种待遇的重要前提。这不仅是在于,话剧和电影的女演员们共享了某些历史条件,同时也是因为,正是在五四话剧的兴起中,"写实主义"的美学原则开始在中国的表演舞台上得到有力的确立。换言之,"写实主义"如果不是五四后中国现代表演艺术唯一的"美学原则",那么也是重要的开启者和主导者。某种程度上,正是对写实主义的追求,使五四一代的话剧工作者痛下决心推行"男扮男,女扮女"的男女同台合演。五四初期,易卜生笔下的娜拉和胡适的《终身大事》牵动了不少青年男女的心,但最早扮演《终身大事》中女主角田亚梅的,却是一位男性!娜拉在中国舞台上的出现同样如此。而这不过是传统表演中"性别反串"的一个自然延续。性别反串并不仅见于中国传统舞台,也是世界上不同国家的表演传统,女性也可反串男性而不仅是男扮女装,但在中国,自清朝乾隆时期禁绝女演员在北京城里出没以来,"全男班"／男性反串扮演女性成为唯一的表演程式,性别反串的含义明显狭窄了。这种状况一直沿续到清末的新剧中。直到五四后期,在诸种因素的影响下,话剧在中国的舞台上才摆脱了新剧的影响,真正实现了男女同台演出。其中当然不免于女性解放思想的影响,而更为内在的则是话剧这一表演形式本身的要求。中国传统戏剧中,所谓"女性"(旦角),乃是一套由服饰、身段等各种符号所组成的表演程式,这也是性别反串之所以可能的前提,而另有"来路"的话剧显然与此格格不入。问题是,一旦这样的程式被抛弃,话剧舞台上的"女性"如何可能?周慧玲认为,女演员在话剧舞台的出现,一个直接的原因其实乃是为了解决话剧表演本身的问题,如果男扮女装不能满足话剧对写实的要求,同时又造成了舞台上"女性"的缺失,那么让女性自己在舞台上"现身说法",就成为正当和必需的选择。

中国早期电影女演员经历了与话剧女演员几乎相同的历史情境。如前所说,电影女演员的出现,也和电影这一新形式本身的要求有关。在中国电影的初创时期,男扮女装也曾是主要的表演方式,1913年,香港民新电影场的创办人黎民伟自编自导了《庄子试妻》,并在其中亲自饰演庄妻一角,而在特写摄影法(1918年)发明以后,此种方式已经不再可行。值得指出的是,现代中国这一由五四话剧和电影所推动的"女扮女、男扮男"的表演方式,一方面和西方写实主义的美学原则密切有关,同时却并非是对西方写实主义戏剧的"忠实"贯彻:"以写实的布景,一致的人物性格,平淡的语言,表现现代生活中平凡琐碎的问题"。周慧玲以为,"'写实主义'对五四时期的中国剧作家而言,更像是一种对新的生活方式之开创与实验;'写实'其实是一个让他们透过对西方生活方式的模仿,来摆脱颠覆中国传统的秩序,使中国也能够纳入现代化潮流中的一种手段,或是藉口。"[①]五四话剧所倡导的写实主义,因此并非只是一种美学风格,更是社会改革的策略和手段。这使得这一原则或风格的践行,与其说是艺术反映生活,毋宁说是"艺术创造生活"来得更为恰当。其表现之一便是舞台上的表演通常比现实世界中的事物激进和前卫。如所周知,在所谓的五四新文化运动中,是舞台上搬演的易卜生的《玩偶之家》和胡适的《终身大事》等等鼓动了现实中的女性走出家门,而不是先有这一历史变动的大潮然后才有反映这一变动的戏剧出现。早期中国电影同样如此。而这样一种对"写实主义"美学的独特认知和演绎一旦确立,便在不意中对现代中国电影和女性演员以至社会文化带来前所未有的深刻而复杂的影响,且

[①] 周慧玲:《表演中国:女明星、表演文化、视觉政治(1910—1945)》,台北麦田出版社2004年出版,第272页。

性别视角下的上海都市文化

历久而弥深。

首先,周慧玲以为,它使得中国早期电影(尤其是爱情电影)并非是现实生活的反映,而犹若一种生活礼仪的媒介,透过电影这一崭新的媒介,使得现代(欧化)的生活礼仪得以被重复排演和播放。恰如郑正秋的《中国影戏的取材问题》在谈到上世纪 20 年代的中国电影时所指出的:

> 大凡一本戏要是没有女人的关系,就难得看客的欢迎,所以中国影戏界的取材,倒十有八九是取材爱情的。不过取材爱情,又没有外国的来得容易,因为中国男女有别,别得太厉害了,所以表演爱情的热烈,往往流入欧化。①

周慧玲以为,郑正秋从中国"男女有别"的传统入手谈论中国电影的取材问题,特别有趣。他让我们知道,中国早期电影虽然热衷于爱情题材,但由于中国的男女有别"别"得太厉害了,所以有关爱情的题材以至表演不能不向欧美电影去寻找。纵观历史,早期中国电影的男女演员们也似乎正是"透过搬演爱情题材",来"演练新的、欧化的两性关系,而他们的观众可能也在欣赏的过程中,默许中国电影演员模仿练习这种新的肢体关系,甚至起而模仿演员所模仿的欧式现代生活"②。银幕表演因而变得不仅是戏剧表演,同时具有生活示范的性质,并在反复的演练中"随风潜入夜"地进入普通市民的日常生活中,成为他/她们正在形成的现代生活习惯(或布迪厄意义上的"惯习")的一部分。而演员和观众之所以同心协力互为援手地致力于此类模仿,其热情和动力正是源自五四后的中国对写实主义的独特接受。李欧

---

① 郑正秋:《中国影戏的取材问题》,《明星特刊·小朋友号》2 期,1925 年 6 月。转引自周慧玲:《表演中国》,第 58~59 页。
② 周慧玲:《表演中国》,第 59 页。

89

梵在谈到《良友》画报上的女性形象时曾指出,因其不少是真实的人物而颇具感召力——果如此,电影比画报更为真切而富"运动性"的"栩栩如生",使我们更有理由相信,早期中国电影一些对现代生活的"拟想"和示范决非空谈,而是可以落实到具体的日常生活中的。

其次,因为写实主义被赋予独特的理解,电影成为学习和演练新生活方式的途径,女性演员幕前幕后的活动也在这一过程中被视如一体或等量齐观,从而使得电影和女性演员的关系演变为/生发出波及全社会的文化表演,或有关"公与私"、"女性与社会"的文化协商。事实上当电影被作为现代生活方式的礼仪而探索、演练之时,新的身体观即已在女性演员和中国的观影大众之间展开协商。如前所说,特写镜头的发明使得银幕上的性别反串"无疾而终",与此同时,"电影技巧的发展,让中国表演者认知并发展出不同于舞台的表演系统和语汇",[1]其中之一便是对真实的"新女体"的寻找和塑造。这也从一个方面解释了在中国电影的发展中,女性演员的出现缘何成了社会的视觉中心:相较于传统性别反串的"男扮女装",真实女性(体)在银幕上的出现已然昭示了一种新的身体意识。而在"写实主义"或"银幕即现实"的认知引导下,她们的银幕形象通常被看作是其亲身经历或社会身份的翻版,其日常活动则被认作为角色/剧中人物言行举止的延伸,于是,她们的私生活和银幕形象一样成了社会大众的关注对象。那一时期也是在好莱坞的影响下,中国的明星制度逐渐形成的时期,上述《银幕艳史》中女演员与角色的自我指涉多少透露了这一消息,但和汉森强调明星制度下女演员的包容度或能动性不同,周慧玲更为留意的是现代中国这一由话剧、电影所推动的表演革命/"女扮女"或 女性的"现身说法",在变迁社会的文化领域里的复杂反应。她以为,其时女演员的戏剧角色和个人生活、社会身份的纠缠,幕前幕后的混淆,不仅

---

[1] 周慧玲:《表演中国》,第58页。

深深困扰了那些在银幕上扮演"新女性"或"摩登女性"的女演员们,更引发了一场场现代中国由影迷杂志、小报、广告和左翼影评等各种社会力量共同出演且旷日持久的"文化表演"。人们一方面关注剧中人物的命运和演员的表演,同时津津乐道于女演员的银幕形象、角色与个人生活间的关系;而如此这般的"众声喧哗",本身已是一种饶有意味的"表演"活动。

以周慧玲的说法,当代表演理论中的"表演"概念在跨学科研究的影响下已经大为扩大,研究范围也从传统的剧场论述有系统地向社会的其他领域推进,尤其是在和社会学、人类学的结合中,激荡出了一种"戏剧人类学",其核心是借用戏剧结构而发展出"社会剧"的概念,并将演员自我与角色间的关系及戏剧活动作为一种社会仪式而进行分析。据此,她将上世纪二三十年代的中国,围绕着电影女演员幕前幕后的活动所产生的一系列的流言、舆论、史述,视作具有社会仪式性的"文化表演"。这一表演活动在1935年的"阮玲玉传奇"中可说达到了高潮——这里且让我们将视线稍稍拉回到此前所评述过的汉森有关中国早期女演员的论述。汉森在《冉升明星》一文中肯定阮玲玉等人多元的"主体间性",认为后者令观众着迷的不仅是她所扮演的银幕上的角色,也是她出色的演技和容貌,女演员的这种主体间性提供了多元的公共视野的可能,能够使观众在观影以后去想象、思考他/她们自己的生活。而在周慧玲看来,发生于上世纪30年代中期有关"阮玲玉传奇"的论述,看似一连串巧合与炒作,其实背后的论述操作更为错综复杂。阮玲玉在银幕表演上早熟的写实成就超越了观众的认知,令后者陷入混淆,分不清她个人生活与银幕角色的区别,她在《新女性》中扮演自杀的韦明,而在影片上映后亦如角色那样选择自杀之路,加深了观众对流言、行销、角色之间的混淆。① 换言之,阮的自杀/传奇被炒

---

① 周慧玲:《表演中国》,第105页。

得纷纷扬扬,除了文化市场乃至各种政治力量的角逐交汇外,中国早期电影的主创者和观影大众对"写实主义"的特殊理解也是动因或作用力之一,如当时就曾有舆论认为,阮玲玉之选择自杀是因为她常扮演悲剧人物,无形中改变了她的性情,汉森提出的女演员所具的"含混性、可变度"或"主体间性"因此值得进一步思考,因其对观众、包括演员自身的影响其实是复杂的。

借助当代表演理论的成果,和作为一个表演工作者的实际经验,周慧玲一方面将中国的电影文化视为一场牵动了各种社会力量的声势浩大的文化表演,一方面则细致地辨析出其中"写实主义"的作用:对"写实"的独特接受如何铸就了人们银幕上下的混淆。但这一辨析却不仅是为了重现中国电影复杂的历史轨迹,或总结出某种具有普遍性的美学原则,而是或更是为了深入具体地探讨中国现代化的过程中,西方的现代化如何通过新的媒介与"美学"原则进入大众的日常细节和思想意识中,以及电影/女性在这一过程中的贡献。《表演中国》对中国式的写实表演和女演员出现的历史场景有着深刻的体认,她认为自新剧的穿着时装演时事以来,出于对"艺术创造生活"的认知和企盼,现代中国的表演场域里就不断上演着虚拟情节与现实处境的交织与互涉,这种"虚实不分"的状况既加强了艺术"干预"生活的力量,同时因为女性的加入而变得愈加复杂。她以为,中国早期电影中的女明星现象,固然受到好莱坞明星制度的影响,但20世纪中国本身的处境才真正为现代女演员的头角峥嵘作了充分的准备。五四以来,中国的妇女解放运动不仅和大范围的社会改革密切相关,还和电影等新兴表演媒体密切结合,二三十年代之交,在现代商业主义的推动下,银幕上的"新女性"被进一步变装打造成"摩登女郎",成为中国现代都会里最为夺人眼目的景观之一。但中国女性在现代都会的位置却并不因此得以奠定或牢固。一方面,她们拜电影这一现代技术所赐,得以现身银幕,摸索现代表演的技巧,搬演物质文化的场景,示范新的生活礼仪;另一方面,由于历史的负累和过渡时期的纠葛,又不得不与观影大众和包括角色人物在内的各种社会力量进行一场(或多场)有关中国现代女性与都会公共空间位置的"文化协商"。流言也罢,"虚实不分"也好,有关女演员幕前幕后的论说,其实是文化协商的一部分。人们接受她们学习、演练欧化的肢体语言,并日久生情、"移花接木"为自己的日常细节,却同时疑惑她们以及作为一个群体的女性,在现代都市里究竟可以占据怎样的空间位置。这是"众声喧哗"或"流言不绝"的渊源所在。

显然,在《表演中国》的视野里,现代中国的都会文化和现代性是和女性在其中的位置以及社会如何看待、论述女性密切相关的。在中国这样一个曾经男女有别"别得厉害"的国度,女性某种程度上成了人们追寻现代性的途径,那些银幕上或性感或革命的女性形象,呈现的其实正是中国人寻找现代女国民的正确形象或现代化的坎坷历程。现代中国最为重大的变化之一便是大量的女性从家庭走向了社会,从私人空间转向都市的公共空间,并成为其中重要的组成部分。这既是主张"强种保国"、勿做"食利者"的男性精英于启蒙之初所呼唤的,又是他们所没有料想到的,尤其是男性为主体的社会大众,对女性一反传统的"公私、内外、等级"规则在现代都市的乘势而起,完全没有思想准备,而不免反应激烈,其表现之一便是"议论纷纷",以重新规范、"协商"女性在现代都市的合法性或"可能度"。故而,如果我们要了解这种文化协商的复杂性,便不能只局限于女演员在专业领域内的表现,而必须要注意到她们如何以银幕角色及个人生活与所处的时代互动。周慧玲深刻且不无"世故"地指出,对20世纪上半叶横空出世的中国女影星来说,她们所面临的最为关键复杂的问题,不仅是抛头露面带来的压力,虽然对第一代女演员来说,她们或许要为此而付出与家庭决裂的代价;也不仅是她们在尝试这一新媒体时一无依凭,全靠自己的细心揣摩、大胆尝试;更在于如何在自我、角色、社会身份以及时代价值的变动和交错处自处,"是以,一个演员在交错互动的身份扮演过程中寻找到的自处之道,不仅决定一名演员被铭记书写于历史中的内在动力,更可以印证时代价值与个人价值彼此互塑的过程"。[1] 一部中国早期电影史因而也便是社会以女性为"焦点"的视觉政治的角力,形象地呈现出电影这一强调"写实"的新兴媒体,如何与该时期的社会文化互相凝望和模塑,其中不可避免地包含了阶级和性别规范的重塑,以及两性在都市公共空间位置的分配与协商。

然而,现代中国这种由特写镜头的发明而起的视觉政治,或藉电影而展开的"文化协商",无论是对于女性身体的观看,对她们作为戏剧角色和社会人的关注、期待与评说,却都与观(论)者对"写实"的独特接受有关,普通的观影大众如此,专业评论者同样如此。如我们所知,左翼影评在关注影片的阶级意识的同时,常常也将女演员的表演是否真实、生活态度是否"正确"作为评论的标准。如他们对《新女性》中女主角自杀行径的批判,其实也间接地批判了角色所影射的真实人物。就此而言,如果说汉森的"白话现代主义"或"感官反应场"提供了解读早期中国电影中的"粉面女郎"如何作用于观众感官和情感反应的重要方法,那么《表演中国》对中国早期电影文化中"写实主义"的阐发,则为我们理解、辨析女性与都市空间、中国现代性的关系贡献了"美学"和"心理"的线索,有效地回应着"谁在观看"和"如何想象"之类的问题。藉《表演中国》对"写实主义"与早期中国电影的梳理,我们亦得以更多了解现代上海在向都市化发展过程中所曾发生的"文化协商"的面向和"密码"。

---

[1] 周慧玲:《表演中国》,第133页。

(三) 民国女子戏剧:都市传奇与言情文化

事实上对"写实"的另类接受和演绎不仅是中国早期电影和话剧的主要特征,也是中国其他与现代都市的发展相伴而生的演艺文化(如通俗言情剧)的共同趋向。以姜进在《娱悦大众:民国上海女性文化解读》中的说法,"民国上海的通俗文化中充满了对于情爱、金钱和女人的描写,言情体裁统治着通俗文学和娱悦演艺市场。"[1]言情文化在民国上海的公众文化空间中表现出极其旺盛的生命力,无论是在军阀统治时期,还是五四新文化运动中,或抗战时期和内战时期,言情文化都长盛不衰,而所以如此,姜进认为是和现代都市的发展以及上海追求现代性的城市精神有关的。言情文化中大量包含的对转型社会中阶级、性别、情爱、家庭关系以及金钱、犯罪、暴力等问题的关注和迷惑,映现的正是现代都市社会形成中普通市民的心路历程。她还通过对民国上海两部流行的言情作品的解读,展示了通俗文化作品是如何帮助城市现代化过程中的观众"在虚拟的真实中思考、实验和体验新型的性别与情爱关系的"[2]。也就是说,民国上海的言情文化中虽然充满了虚拟以至"传奇"的成分——民国上海的言情剧通常也是超情感剧,夸张的语言和激烈的道德立场,以及充满戏剧性的结局共同造就了传奇的效果——同时却是以"写实"的形态出现的,令人"信之不疑"。姜进将言情作品的这种特性和精英文化进行比较,她认为,对变化中的两性关系的思考也是精英文化的重要方面,如鲁迅的《伤逝》和根据易卜生《玩偶之家》改编的众多版本的话剧,但它们过多的说教成分使之在普通民众中的影响可说有限,作为女性解放偶像的娜拉对民

---

[1] 姜进:《娱悦大众:民国上海女性文化解读》,上海辞书出版社2010年出版,序言部分第1页。

[2] 同上,第2页。

国上海中产家庭的女性来说其实不无隔阂,相反,言情作品大都故事生动、若有其事,有着令人折服的"虚拟的真实",从而比精英文化更贴近普通人的心理。

　　站在比较文化的角度,姜进进一步指出言情文化在民国上海的盛行并不是一个孤立的案例,近代西方社会在工业化的过程中也曾出现过相似的文化现象。她引文化史家毕克伟对西方超情感剧的论述来说明其产生的背景和内涵:"超情感剧所代表的是一种把黑暗与光明、拯救与遭谴'高度戏剧化'的美学风格。超情感剧首先产生于革命后的法兰西舞台","虽然超情感剧是一种独特的现代体裁,它在一开始时的政治倾向却是保守的。超情感剧的观众包涵所有社会阶级中对社会的现代转型感到威胁和困惑的人们。这一新的强有力的表达方式对19后期的欧洲小说有着巨大的影响,并为20世纪影视创作者所继承和运用"[①]。20世纪早期,这种流行于工业化国家的通俗文化,如(尤其是)小说,已然通过在大阪大批量地生产的日译本而传入了中国上海。此一过程固然证明了工业化和通俗文化的关系,但以姜进的考察,在中国,言情文化的兴起与其说与工业化有关,不如说与都市化及商业化的进程有着更为密切的关系,可说是市民文化的表征。且不说《金瓶梅》、"三言二拍"等言情小说与明清时期江南地区繁盛的商业发展明显有关,唐传奇的发生又何尝不是表征了当年长安作为国际都市的地位。易言之,言情文化在中国有着源远流长的历史,工业化条件下空前规模的城市化和商业化则促进了它的现代发展。唯其如此,民国上海的言情文化既和西方通俗文化、超情感剧血脉相通,共同地折射了对工业化、社会转型的复杂反应,同时,在"对社会的转型感到威

[①] 姜进:《娱悦大众:民国上海女性文化解读》,上海辞书出版社2010年出版,正文部分第3页。

性别视角下的上海都市文化

胁和困惑"的同时,也对"现代化"这一来自西方的事物充满了新奇以至兴奋感,并通过"爱情"这一传统主题或书写体裁而更多地表达出其中的矛盾与暧昧。民国时期的上海,是一个以惊人速度扩张的移民城市,在这里,传统正在遭受前所未有的冲击,新的道德、秩序和人际关系都有待建立,"而有关爱情、婚姻、两性关系的道德、意识形态和行为准则的变化是每个新都市人必须面对的、最有切身感受和最为关怀的问题。人们由此产生的困惑、恐惧、夹杂着兴奋和向往构成了一种巨大的社会心理能量,在言情文艺中得到了宣泄",而"正是通过言情文艺,生活在这样一个工业化初期的大都市中的新移民找到了一个渺小个体与一个翻天覆地的社会转型之间的关系"。[1]

如此,姜进不仅为民国言情文化寻找到了历史和社会心理的渊源,并勾勒出它的基本特征。然而《娱悦大众:民国上海女性文化解读》之值得重视的,不仅是它指出了言情文化在现代上海的"主流"地位,是一个跨国界、跨文化的社会文化现象,也不仅是它循心态史的研究路径将其视作中国现代化进程中的民众心理的反映,《娱悦大众》更有意味和值得称道的是它将焦点集中在了女子文明戏、越剧、沪剧等这样一些几乎完全由女性所主导和创造的都市言情文艺/文化上,调查分析这些言情文化的女性生产和消费者是如何推动了言情剧在上海的产生,言情剧的繁荣又如何帮助界定了上海都市文化现代性的相关特征,同时也使她们得以重新界定自己的社会地位和身份认同。[2]而这一选择既出自作者对上海移民社会的认知和文化娱乐的关切,同时也是其对新文化史研究中"下移"倾向的契合与追求。从上海社会

---

[1] 姜进:《娱悦大众:民国上海女性文化解读》,上海辞书出版社2010年出版,序言部分第6页。

[2] 同上,第4页。

移民性的角度看,如姜进所指出的,民国时期流转于上海的越、沪、淮等小剧种原本发源于上海近边江浙沪一带的农村,是随着现代工业化过程中的大量移民进入上海的,这些有着浓郁的方言并以小生和花旦的对手戏为主要表现形式的地方剧种,不仅吸引着一大批来自四面八方乡音未改的移民人群,慰藉着他/她们的乡愁,而且在上海与各种现代艺术、外来文化风云际会,发展成具有代表性的演艺剧种。而从新文化史研究的角度看,大众文化研究虽然已然取代了以往对精英文化或宏大历史的重视而博得更多关注,话剧、电影等现代文化由于与西方的密切关系,也由于研究者的习惯、兴趣爱好,往往在这一研究中占据了突出的位置,而像越剧、沪剧、淮剧这样出身于本土地方剧的大众文艺,尤其是这些剧种吸引的大多是中下层的妇女,从而遭致了有意无意的轻视,《娱悦大众》则把上述剧种所形构的言情文艺、大众文化作为研究的重点,把目光进一步下移到以女性为主体的中下阶层,无疑为新文化史研究的"下移"趋向建立了新的标杆。

事实上《娱悦大众》将女性和地方剧种为主体的演艺文化纳入到研究的范畴,不仅对上海都市文化或新文化史的研究是一种拓展,更为重要的是,通过对这些在上海的舞台上各领风骚的女性为主体的剧种或言情文艺的研究,使人们得以更多地把握到中国现代化的脉动,感受到更为丰富深层的历史信息。恰如作者所指出的,首先,从民初的女子文明戏到旦角女演员先后在越、沪、淮等剧种中成为台柱,再到全女班越剧的盛行,标志的正是中国女子社会地位和角色身份的变化。其次,女性戏剧观众的大量出现,不仅同样表明了她们主体位置的变化,而且指示出女性对都市文化发展的影响力或主导性。"女性走出家庭,走上社会是一个立体的社会运动,不仅表现在女性争取投票权、受教育和工作等公民权利,也表现在女性之进入剧院成为文化产品的消费者。女性的兴趣和品味通过她们的钱包影响了演艺文化的生产,导致了言情剧和演艺文化的女性化"。[①] 由于越、沪、淮等言情文艺的观众主要由女性构成,这种女性的推动力在其中表现得尤为分明。问题的重要性还在于,由于经济和文化构成等原因,民国上海对言情戏剧感兴趣的女性观众的数量绝不小于以读写为基础的小说读者以及电影观众,因而,要讨论研究中国现代性或都市文化的经验,她们的介入和感受显然不能付诸阙如。

[①] 姜进:《娱悦大众:民国上海女性文化解读》,上海辞书出版社 2010 年出版,序言部分第 7 页。

五、"公共生活领域"与消费的女性化发展

(一) 日常消费的"公共化"与"公/私"领域的重新划分

与以上有着明确性别意识的研究不同,李长莉的《中国人的生活方式:从传统到现代》[①]并不是一部以性别视角探讨中国现代性问题的著作,但她对生活方式变革的研究却为我们探讨、理解如上问题(尤其是女性和现代消费文化的关系)拓宽了道路。顾名思义,本书的研究重心是中国在从传统到现代转型中日常生活方式的变迁。而生活方式之所以值得重视和研究,乃是在于生活方式是社会生活的主要载体,它既受到物质、技术变化和价值观念、社会制度的影响,反之也是推动、引发这一系列变化的深层动因之一。马克思便曾指出:"现代历史著述方面的一切真正进步,都是当历史学家从政治形式的外表深入到社会生活深处时才取得的。"[②]生活方式联结着人类历史的演变,尤其是在一个转型社会里,生活方式的变异既是题中必有之义,也是考量历史变动的程度和方向的重要途径。近年来,随着史学领域里新文化史研究的兴起,有关生活方式的研究如城市生活史、社会风化史等等层出不穷,李长莉此著最为值得瞩目的方面乃提出了"公共生活领域"的概念,她还以这一概念对中国近现代以来的社会转型和生活方式的变迁作出了新的解释。

---

① 李长莉:《中国人的生活方式:从传统到现代》,四川人民出版社 2008 年出版,以下简称《中国人的生活方式》。

② 中共中央马克思恩格斯列宁斯大林著作编译局译:《马克思恩格斯全集》第 12 卷,人民出版社 1962 年版,第 450 页。

性别视角下的上海都市文化

《中国人的生活方式》认为,近代中国人生活方式的演变是与中国社会所发生的近代化的变动相伴随的。而后者很大程度是西方势力入侵的结果,自19世纪中叶起,西方资本主义即以各种方式进入中国,尤其是在大量的通商贸易中,与中国社会发生了多种因素的交汇互动,从而使中国初现了近代工商业社会的某些特征。在此后的百年里,中国社会历经艰难走上了一条具有自身特色的近代化道路,中国传统的生活方式也随之发生巨大变化,开始了由传统分散的小农生活方式向近代工商业为主导的生活方式的演变,其主要标志便是"市场化、社会化、大众化的'公共生活领域'的逐步生长形成"[1],即:生活空间由封闭自足的城乡一体结构转变为部分商业化及城市生活公共化、开放化的城乡二元结构。在上海等现代城市,以城市居民主导的生活日用日益由手工自给而趋于工商业化和市场化;交通通信则由自然力而初步机械化;服饰由自给与等级制而趋向市场化、多元化与自由化;城市休闲娱乐方式由家庭而趋于商业化与公共化;文化生活由封闭单一而趋于市场化、大众化、世俗化与多样化,初步形成了跨地域、跨阶层的社会公共文化空间。凡此种种,虽然表现形式和进展程度不一,却共同标志和促进了社会主导性的生活方式的近代转型。而传统中国在生活方式上的这种近代演变,不仅是历史变动中的社会生态如城市化、商业化、对外通商等等日渐发展的结果,还是新的社会结构、价值理念或观念变化的温床,因而,"中国人生活方式的这种近代化演变,既是中国社会近代化变革在民众生活层面的反映,也是社会转型的一种必要前提"[2]。

据李长莉的自述,"公共生活领域"这一概念借鉴了哈贝马斯"公

---

[1] 李长莉:《中国人的生活方式:从传统到现代》,四川人民出版社2008年出版,引言部分第7页。
[2] 同上。

共领域"和"市民社会"理论的某些元素,但与前者不同,"公共生活领域"主要侧重于人们的生活方式与社会现代化的关系。虽然作者的这一表述尚缺少一个更为清晰的界定或理论概括,但从她已有的论述来看,我们不难体会,所谓"公共生活领域",其所指涉的不仅关乎大众以物质为基础的日常生活领域,还和社会的生态变化、制度革新、结构转型和文化重建密切有关,"一个社会中人们的生活方式,是决定其社会制度与价值观念的基础"。①《中国人的生活方式》尤其注重社会生态、生活方式和社会观念之间的互动关系。因为在现代中国,正是社会生态的变化首先导致了生活方式的变化,而生活方式的变化不可避免地又将引发相应的观念变化,进而对社会的制度改革、结构变化产生或隐或显、或直接或间接的影响。因而《中国人的生活方式》不仅对生活方式变革的进程和社会文化意义细加分析,更从宏观上对生活方式的主体——社会生态变化下的社会阶层关系作出把握。比如作者指出,通商城市所具有的新结构和新功能,有力地打破了中国延续千百年的以农业为基础、农村为主导的城乡一体的传统格局,从而使得中国的土地上出现了与传统城市迥然不同的城市面貌和生活空间。首先,城市的经济生态发生了明显的变化,工商业一举成为强大的经济形态,城市的工商阶层和从业群体不断扩大;其次,城市的政治生态发生了明显变化,产生了新的政治和社会资源,形成了主导城市及整个社会政治生活的政、军、绅等社会精英阶层。再则,城市的文化生态发生了变化,产生了新的社会文化资源,大量的知识阶层集聚城市,在城市里的生存方式也发生了变化。显然,《中国人的生活方式》充分意识到了人口、人群的聚集和流动对城市生态的影响,但其"严密"的论述中却疏漏、忽视了女性由家庭到社会、从私人领域走向公共空间这一 20 世

---

① 李长莉:《中国人的生活方式:从传统到现代》,四川人民出版社 2008 年出版,引言部分第 2 页。

纪中国最为重要的社会生态的变化。事实上女性大量地进入社会空间,不仅是和工商阶层的扩大、精英和知识阶层的集聚都市同样重要的历史事变,也是近代中国"公共生活领域"得以形成的条件或后果之一。省略了这一角度,"公共生活领域"的概念将不能成立或不够完整。"公共生活领域"的概念是相对于传统封闭的小农生活方式而言的,而无论是在前者还是后者中,女性都是重要的构成之一。

西方女性主义曾从性别角度追溯"公/私"之分的由来,她们指出,现代社会里都市空间被划分为家庭和支薪工作两个世界,即与女性相关的私人领域和男性主导的公共世界,这一区分在西方是伴随着工业资本主义的兴起而产生的。大工业机器生产和资本主义体系下的支薪工作不仅视女性的在家劳动为无价值的,还将她们的活动领域定义为"私人性"的。由于资本主义的发展,原本在家庭中即可进行或作为家庭延伸的劳作被限制了,酿酒业是个典型的例子。这是女性喜欢并擅长的领域,但是到了17世纪末,西方的酿酒业已不再对女性开放,女性如果愿意的话,还可以在家里替自家酿酒,但那不过是私人活动。女性主义援引恩格斯有关19世纪工业资本主义里家庭和私有制财产角色的论述,指出区分工厂和办公室的生产性工作,与女人在家中的再生产劳动,正是资本主义运作中的重要一环。[①] 虽然这一分析意在指出女性是如何被从城市空间、社会的公共领域"物质性"地排除出去的,并力图让现代世界的变化和分类(公与私)得到解释,但在晚近后现代主义的视野里,早期女性主义的这一"经典"论述却遭到了挑战和质疑,或出现了新的女性与公共空间/领域划分的解释。

以上述传统女性主义的说法,在资本主义的发展中,女性由于被排除在支薪劳动之外,从而被归入私人领域而失去了和公共领域的联

[①] 琳达·麦道威尔:《性别、认同与地方——女性主义地理学概说》,徐苔玲、王志弘译,台北群学出版有限公司2006年出版,第110页。

系以及体验现代性的可能。但在后现代女性主义看来,虽然将工作领域与家庭生活完全区隔开来(历史上在英美中产阶级家庭里曾经十分流行,女性并因此被要求或被包装成"屋里的天使"),但女性事实上并没有出离在资本主义的"公领域"之外,也并没有被排除在现代性体验之外,相反,由于她们实际所处的"介于公私之间"的位置和身份,或资本主义运行本身的需要,女性其实极其重要地参与了资本主义的"公领域"和现代性体验的形成,其重要性和"特殊"的表现甚至可以被解释成现代性构成的典型要素。

例如,在现代资本主义制度下,家庭不再是生产的单位,而日益成为消费的单位,原先自给自足的小农或前现代家庭开始成为市场的对象或一部分,有效地容纳、消耗了资本主义工业体系生产的大量商品。其中的许多物品如食品酒类和服装包括肥皂之类的洗涤用品,先前都是由个别女性自家产制的,现在却变成由市场供给,人们开始过着一种"公共"或"不独立"的生活,家庭的日常生活变得必须有赖于市场的供给才能进行。这样,纯粹的"私领域"事实上已经不复可能,而由于资本主义和传统社会一样,视家庭为女性的领地,女性从而得以顺理成章地成为已然变得"公共"的家庭消费这一与资本主义的生产体系密切相关领域的当然主导者。也就是说,虽然她们在家庭内的活动被排除在支薪工作之外,却掌握着家庭的消费大权,和市场有着密切的联系。再者,更为重要的是,与以往囿于室内的家务活动不同,"购物"开始成为她们的生活内容之一,这使她们和社会的"公共生活领域"有了更为直接的接触。

女性开始因购物的需要或以购物的名义走出家庭;与此同时,有关女性和城市危险性的舆论也开始出现。有论者指出,19世纪的城市话语中,女性的行动是受到特别关注的,而那些对女性活动的"恰当范围"的强调,其实透露出越来越多的女性已经活跃在家庭范围之外,而不是证明她们的行为受到了多么有力的限制。而这一切无疑是和以

性别视角下的上海都市文化

下事实有关的,"即主要是女人在购物,消费的现代形式是在早期的社会习俗和分界看起来快速消解的时期内巩固的"①。西方资本主义在改变大众日常生活的物质来源或方式的同时,显然也有力地冲击了传统有关男女行为规范的习俗。

这种状况在百货公司出现以后变得愈加鲜明而突出。百货公司是19世纪晚期消费文化的集中表现,它的产生乃是一系列历史变革的结果。罗斯在新版的左拉《妇女乐园》的序言(1982)中曾经详细说明了市政的建设和玻璃、钢铁等技术的变革,如何让巴黎在世界百货公司的发展上拔得头筹。而在一切的因素中,资本主义发展的内在需要乃是最为核心的,"有效的零售业是现代资本主义绝对整体化的一面,没有足够的市场,包括购物的市场,货品的制造就不再会有利可图"②。为了维持资本主义体系持续有效的运作和实现利润的最大化,百货公司这一左拉所称的"妇女乐园"于是挟城市化过程中人口流动的不断增长和对物质/身份的双重需要而快速崛起;那么,在所谓的"妇女乐园"里,女性事实上扮演了何种角色?有人曾这样论述女性对百货公司的贡献:

> 两个重要的变化影响了当前花钱的诱惑。一个变化是同一个屋顶下就积聚了所有品种的商品——服装、女帽、杂货、家具,事实上是所有生活必需品。几乎伦敦所有的商店都成了巨型商场。越来越多的人到伦敦来购物,她们喜欢在能集中力量、减少疲劳的地方买东西。另一个变化是如今大量的女性被雇佣。女性手脚比男性灵活得多,她们也更易理

---

① 米卡·娜佳:《现代性拒不承认的:女性、城市和百货公司》,严蓓雯译,罗钢、王中忱主编:《消费文化读本》,中国社会科学出版社2003年版,第194页。
② 米卡·娜佳:《现代性拒不承认的:女性、城市和百货公司》,《消费文化读本》第192页。

解其他女人要买些什么东西。她们能看穿女性顾客在面对着那么多色彩、那么多可供选择的装饰品时带有绝望的苦恼,也能洞悉时尚能持续多久,以及一个女人的钱包有多厚。[①]

左拉亦曾将百货公司形容为"历史前进的新动力"和"资本主义大胆的新形式",而借用李长莉的说法,我们可以说百货公司乃是资本主义产生以来所营造的"公共生活领域"的集大成者。事实上,产生于19世纪中期的百货公司不仅是商品的密集地,更是集购物、休闲、娱乐于一体的视觉政体,或现代都市极为重要的观览文化。许多研究表明,和百货公司一起快速成长的还有电影文化,女性常常将去电影院和购物结合在一起,广告、时尚杂志等大众传媒也和百货公司互为援手,有着极为密切的联系。百货公司对人们的生活方式、意识观念,以至阶级和性别关系重构的意义也是不能忽视的。《生活方式》颇具创意地提出了"公共生活领域"的概念,在分析近代中国人生活方式时也考量了包括衣食住行在内的多方面的变化,以及外来资本主义的影响,以作者的说法,近代中国生活方式变迁的机制动因首先来自于西方势力的侵入,开口通商所导致的以通商城市为中心的社会生态变化,伴随着殖民性商业贸易的发展,近代工商业元素渐次输入和成长,通商城市的商民率先采用了新的生活方式,遗憾的是却没有提及百货公司这一资本主义的重要形式在近代中国的引入和发展轨迹,以及对人们的生活方式、观念意识的影响。早在1854年,上海就有了第一间外商开办的百货商店,至20世纪的二三十年代,随着由华商创立的以经销"环球百货"著名的先施、永安、新新、大新等四大公司在上海南京路的先后出现,以及更早时候已经形成的福利、惠罗等外商百货公司,百货

[①] 米卡·娜佳:《现代性拒不承认的:女性、城市和百货公司》,《消费文化读本》第188页。

公司事实上已是上海消费文化的重要景观和引领者,逛百货公司也已然成为上海市民的生活方式之一,而对于外地游客来说,以李欧梵的说法,"在南京路的百货公司里购买现代的奢侈品是必要而令人神往的仪式"。① 在《中国人的生活方式》的结语部分,李长莉分析了近代中国生活方式转变和崇洋意识的关系,但如果不考量先施、永安等百货公司对人们的生活方式和社会意识的影响,有关现代中国人崇洋心理和消费文化形成的分析是难以深透的。连玲玲有关近代上海百货公司的研究则"补足"了这一缺憾。

(二)近代上海的百货公司与消费的女性化

在《从零售革命到消费革命》一文里,连玲玲不仅对近代上海百货公司的发展进行了细致的梳理描述,还进一步探讨了其中所蕴含的社会文化意义,思考百货公司为主体的零售革命如何重新形塑了近代上海的消费文化和社会空间。换言之,在连玲玲看来,先施、永安以及外商经营的惠罗等近代上海百货公司,其所采用的舒适开放的购物空间、醒目密集的媒体广告,科技化和节庆化,以及贴心的免费服务等等,不仅是商业活动的巨大突破,有力地促进了中国的零售业由传统向现代的转化,也影响到了人们的消费活动和城市文化,所呈现的与其说是单纯的经营方法上的"零售革命",毋宁说是一场连接了更为广泛的社会空间和生活的"消费革命"更来得恰切。

以连玲玲的分析,近代上海的百货公司至少在以下三个方面重新定义了国人的消费活动。首先是消费空间的改变。百货公司最为明显的特色是"大"而"多",偌大(几千平米)的商场里不仅商品的种类繁多,顾客和职员的数量也前所未有的密集,逛百货公司就像置身于巨型的商品市集。它允许顾客自由参观,没有非买不可的压力,它同时也是结合了餐饮、旅馆、游乐场和电影院等等的复合式消费空间,城市

---

① 李欧梵:《上海摩登——一种新都市文化在中国 1930—1945》,第 21 页。

的消费活动因此被更多地带动起来。其次是消费内容和对象的改变。在上海的百货公司里,人们不仅可以购买到各式新商品,还能享受到前所未有的"感官消费",它邀请顾客"看"橱窗和各种表演、"听"电台广播、"搭乘"电动扶梯,通过对与人们身体本能直接相关的视觉、听觉和触觉的刺激而唤起对商品的欲望。有意味的是,这种对人们感官经验的调动因为与代表了现代科技的声光化电的关系,而被进一步赋予现代性追求的积极意义。第三是消费性质的改变。人们去百货公司不仅是为了购买商品或满足实用需求,同时也是为了追求个人的快乐。之所以如此,不仅是因为四大公司在创立之初便设立了不少娱乐项目,娱乐空间和购物空间一样是顾客们的重要去处;同时也是因为购物活动本身也被形塑成了娱乐活动,"看"或"逛"的兴奋感已然带来了身心的愉悦。这也解释了百货公司为什么要在商品的销售活动中"额外"地制造各种"感官消费"的场景。"消费的娱乐化,相当程度上改变了人与物的关系……物品不仅反映出消费者的品味,也是身份地位的象征,表达其独特的阶级、性别、族群等认同"。[1] 即购物活动和商品的某些特质被用来传达消费者的意识形态,情绪宣泄、个性表达从而开始成为消费的核心。

事实上,恰如前面已经说到的,百货公司和性别重塑之间的关系是晚近西方女性主义和消费文化研究的重要关目,许多研究指出,百货公司所开创的大众消费文化给女性重新定义了性别,在为女性开拓出一个和男性相似的个性表达的空间的同时,也带来了新的如被物化或心理诱惑(偷窃癖[2])的问题。连玲玲的贡献在于,她以对永安公司

---

[1] 连玲玲:《从零售革命到消费革命》,《历史研究》,2008年第5期。
[2] 参见米卡·娜佳:《现代性拒不承认的:女性、城市和百货公司》,她分析了中产阶级妇女在百货公司的"偷窃冲动"。

性别视角下的上海都市文化

等企业文化和现代职业妇女的深度了解[①]而为这一研究注入了扎实的本土经验,某种程度丰富、挑战了相关的西方理论。在《女性消费与消费女性——以近代上海百货公司为中心》[②]一文中,连玲玲深入探讨了性别与消费的关系。这一关系虽然是晚近学界研究的重点,成果颇丰,但在连玲玲看来却依然留下了重要的空缺:首先,消费是如何被性别化的?尤其在中国,女性是如何与消费接上关系的?

如果说在西方,女性被和消费联系起来是和资本主义的支薪劳动/非支薪劳动的划分有关的,那么在中国,连玲玲指出,其源头则可以追溯到梁启超的"生利分利"说。在民族危亡的大情势下,梁启超等人力图分析中国积贫积弱的原因,他以"生利分利"来评估民众对国势的影响。在他的分析中,女性是被归于"分利"一方的,她们端坐家中不事劳动,从而造成了国家物质的匮乏。虽然这一理论并不尽符合事实,迄今而止,已有很多研究证明历史上女性对家庭以及通过家庭与社会的联系而于国家经济产生过积极贡献,但"分利说"在现代中国却开了将女性视作消费者的先河。尽管从积极的方面去理解,梁启超的这一观念意在鼓励中国妇女有所执业而自养,却成了时人和后人批评女性惯于奢侈消费的理论基础。"分利说"提出之时,正是上海开埠后外货大量进入中国和社会日渐失序之时。在此一变故下,人们的消费观念也开始发生历史性的变化,从传统的"崇俭论"一变而为以奢侈为荣,其中,女性消费的发展尤其引起了人们的瞩目,引来了大量的批评和道德担忧。连玲玲未及谈到的是,晚清妓女对消费的积极参与,她们突破等级规定的"敢为消费先",尤其是其对洋货无所顾忌的使用,

---

[①] 连玲玲自述其研究有两个不同但相关的方向,其一是妇女史,其二是城市文化史。其博士论文为《寻找"新女性":上海的职业妇女 1912—1945》,硕士论文则以上海永安公司的企业文化为考察对象。

[②] 连玲玲:《女性消费与消费女性——以近代上海百货公司为中心》,《从城市看中国的现代性》,台北:"中研院"近史所,2010 年 3 月。

显然也是消费被女性化和道德批评的原因之一。晚清妓女在近代上海的消费革命中,如果不是始作俑者,那么也是奢侈之风有力的推广者;而她们特殊的身份地位决定了其行为多半不具文化的合法性,虽然早在19世纪八九十年代,普通妇女的衣饰跟随着她们的变化而翻新①已成风气,但直至20世纪30年代的国货运动中,仍有人将使用洋货与妓女联系起来,认为好使用外国物品的人与妓女无异。② 这便使问题变得更加复杂起来,女性与消费的关系被进一步"搅混"或"污名"了。

"分利说"之外,连玲玲指出,民国以来出现的两种女性典型,也使女性和消费者的形象密切勾连。一是家庭主妇。开埠后日渐强烈的西风东渐,尤其是20世纪二三十年代经济和都市化的发展,使得中国(尤其是上海这样的城市里)出现了一种既不同于传统女性也不同于五四女性的城市妇女的新典范,那便是以西方家政学为指导,以治理现代小家庭为人生目标/职责的家庭主妇。这些人中不少是知识妇女,她们在向西方学习(如留学)的过程中接触或直接学习了西方的家政学,并以此为改造国家的入手点。究其原因,在于和"分利说"一脉相承,"女性与家庭"在现代中国的启蒙活动中一直居于"关键"的位置,人们,尤其是男性精英们普遍相信,女性的身体和家庭治理能力的提高是中国现代化的"首善"之途。与此同时,如《妇女杂志》之类自创刊起即以塑造现代妇女为主旨的"新知"也大力宣扬这一理想女性的形象和职责,并致力于相关知识的普及,于是更多的女性被吸引到这一现代化的路径或目标里。曾几何时,社会(尤其是中产阶级男性)对理想女性的要求也变得与家政管理直接相关。比如,上世纪30年代

---

① 《女衣悉听娼妓翻新,大家亦随之》,《上海新报》,1869年6月24日。
② 参见葛凯:《制造中国:消费文化与民族国家的创建》,北京大学出版社2007年出版,第303~304页。

一些"企业型小家庭"(即视家庭为需要管理的企业)的倡导者们最多要求于女性的,便是她们在家政管理上能够"理性地运用时间与金钱"。[1] 简言之,现代家庭主妇的角色其实负载了深刻的家国大义,她们以主政家庭的日常生活为职责,以家事"牵动"国事,而家庭的日常生活因包含着大量的消费活动,连带着她们也被授予了消费者的定位。其二则是所谓的"摩登女子",她们装束时髦,作风洋派,消费奢华,情欲高涨,其时中国的社会舆论、报刊杂志和电影中充满了这类女性的形象以及对她们的谴责或"追风"。她们其实是20世纪上半叶全球性的现象,纽约、柏林、东京、孟买等世界各大城市都曾出现过这类形象,其广泛的蔓延则与资本主义的全球扩张有关,当欧美国家藉广告上的摩登女性向世界推展其产品之时,此类女性形象也随之变得风靡起来,上海自也未能例外。

然而,从实践的角度看,女性这一角色定位的真正确立,很大程度上还有赖于百货公司的养育。和西方一样,先施等近代上海百货公司的兴起,为女性创造了一个"正当化"的公共空间,或者说为她们被派定的作为消费者的角色提供了充分的践履空间。四大公司等上海百货公司在世界百货公司史上虽是后起者,然而它们在现代商业模式的打造上并不输于它的先行者,相反却有更为不俗的表现和成绩。它们不仅成功地对空间进行了性别化的设计,打造出与女性无缝接合的友好环境,还举办多种活动,以娱乐化和节庆化的方式进一步吸引消费者。如果说西方百货公司的娱乐化节庆化通常会突出异国情调,那么连玲玲的研究则告诉我们,近代上海的百货公司一方面同样宣扬异国情调(所谓"环球百货"以及西方的新设备),同时更多地利用了女性/"摩登女郎"的资源。这两者其实不能分开,摩登女郎们不仅所使用的

---

[1] 沙培德:《中国妇女史新解》,转引自连玲玲:《四十年来家国:评介 Chinese Visions of Family and State, 1915—1953》,《近代中国妇女史年刊》第十三期(2005.12)。

物品是"环球"/富有"异国情调"的,其本身即是一"舶来品",能够更多激起人们的想象和欲望。

　　1896年,美国纽约的一家百货公司开张,为了招徕顾客,将一只活生生的大象放在"动物部"展示,另一家公司也将一群吐信的蜥蜴放在陈列柜里供人观赏。而巴黎 Bon Marché 百货公司行销活动的连环广告中便设置了这样的场景:印度苏丹国王的三位王子爱上了同一名女子,三位王子各展所能,分别以"世界上最新最有用的惊奇"来获取芳心。大王子展示了魔毯,二王子带来了能医百病的苹果,三王子献上的乃是望远镜。换言之,在西方百货公司的视觉盛宴里,不仅包括了各式新奇时髦的现代科技产品,也包括了来自边陲或传统落后地区的物品,要的是那种"物以稀为贵"的效果。有研究者指出,这种对各路奇观的展示在根本上是和西方帝国的殖民政治相勾连的。这种众星拱月、"万物来朝"的方式,凸显和强化了中心/边缘、进步/落后、现代/传统的帝国意识。[①]　相较之下,上海百货公司所宣扬的异国情调却要明确简单得多,四大公司所谓的"环球百货"无疑是以欧美的新奇产品为主体的,女性则是展示这类异国情调的最好载体。以连玲玲的研究,时装表演是近代上海的百货公司商品展示活动中最为常用也最具人气的展示方式。1930年3月,先施公司为了推广英国的进口绸布,连续一周在商场五楼举行时装表演,延请中外名媛登台展示。永安公司也在同一时期举办"新妆大展览",邀请名媛们前来表演化妆术。而1933年国货公司的"时装展览会",因邀请了胡蝶、艾霞、徐来等十来位电影演员担纲表演,更是盛况空前,吸引了大量的女性消费者。自此,时装表演成为上海百货公司重要的年度活动,尤以永安公司1936年的夏令时装表演会规模为最大,其影响甚至扩大到了海外,永安的香港公司也开始学上海公司举办起时装表演会等等。

[①]　见张小虹:《在百货公司遇见狼》,台北联合文学2002年出版,第160~165页。

性别视角下的上海都市文化

　　上海百货公司消费女性化的运用可说是全方位的。1939年,永安公司仿照欧美各大百货公司的做法,创办了公司刊物《永安月刊》,以各种图文的方式向女性或隐或显地传授消费知识,并藉此而构造企业的自我形象。《永安月刊》以家庭主妇为目标对象,刊载了不少家庭婚姻、女性美的讯息广告和经营之道,以使她们对百货公司为中心的消费文化有更多理念层面的认同和内在契合。此外,百货公司还为女性提供了雇佣机会或职业途径。1930年起,上海各大百货公司开始正式有规模地启用女店员,其时,世界性的经济危机和经济萧条正在蔓延,上海百货业同样面临了普遍的市场萎缩的局面,为应对困局,它们纷纷祭出减价销售的方法,而市场一旦共同地采取了这一方法,其效应便自然递减了。正是在这种情况下,先施等百货公司开始有规模地雇佣女店员。然而,以连玲玲的研究,百货公司于此时雇佣女店员,并非是如一般所以为的,可以较便宜的女性劳动力取代男性劳动力,也不是前面提到的西方相关研究所以为的,女性店员更能洞悉一个女人的钱包有多厚,能够更好地服务于同性顾客;而是为了吸引买家提高人气。先施等百货公司对女性店员的受教育程度有着相当的要求,和男店员一样,她们一般须具备中学程度,要会珠算,还要一定的外语能力,如果条件符合,一般情况下她们也能获得和男性店员同样的待遇。但她们同时还在年龄、相貌上被有所要求。所以,上海百货公司之启用女店员,以及对她们学历、相貌等方面的要求,既是出于专业技能的考量,同时也和危机时代下的社会阶层或性别政治有关。不同于传统商店的买主,连玲玲指出,百货公司的顾客主要是城市中产阶级,年轻的具有中学程度的女店员因其"知书达礼"的气质和在现代消费环境下容易被塑造成精于装饰的摩登女子形象,从而对城市男性的中产阶级产生较大的吸引力。正是在这一背景和考量下,女性店员"脱颖而出"。

　　比如,永安公司有名的"康克令小姐"便是为了以男性使用为多的

现代性的姿容

康克令派金笔的促销而设置的。其声名远播,甚至吸引了远在汉口的名记者徐铸成。他 1936 年到达上海时,适逢旧钢笔用坏,不买别的牌子,特地跑到永安公司,花四元袁大头,从康克令小姐手上买了一支康克令笔。53 年后,他回忆说:"这位小姐的风采,果然明眸皓齿,不负众望。"①新感觉派画家郭建英的一幅题为《看看而已(某公司所见)》的漫画也形象地记录了当时不少的男性顾客,藉百货公司提供的随意浏览之便,将百货公司视为都市的风景线之一,往其中一睹女性店员"佳人风采"的情景;或者说不无"幽默"地呈现了四大公司雇用女性店员的"奥妙":画面上一个女店员手持商品含笑于一侧,一个西装革履的男士则一边手插裤袋在商场里蹓跶,一边用余光扫视女售货员。而这一"偷窥"却是"合法"的,因为既然百货公司允许"随意浏览",那么可看的当然不仅是物,也包括人。而这一"以色诱人"的策略其实不仅体现在女店员身上,男店员也时而被赋予同样的期望,据连玲玲的研究,上海百货公司里专售女性用品的"女色部"也常常安排年青俊美的男性店员,以吸引女性顾客前去购物。上海百货公司性别化策略运用的"全面"和成熟亦由此可见一斑。

《看看而已(某公司所见)》,作者郭建英。

从"零售革命"到"消费革命",以及"女性消费"和"消费女性"的辨析,连玲玲可说为我们勾勒了一幅具有中国特色和历史底蕴的消费、

---

① 《徐铸成回忆录》,三联书店 1998 年出版,第 89 页。

性别视角下的上海都市文化

性别与百货公司的关系图。在近代上海,百货公司的出现一方面让女性可以合法地走出家门,从事购物、娱乐、社交等活动,消费者的角色和消费知识的获得也使她们在家庭资源的分配管理上拥有更大的自主性,然而在资本的运作下,尤其是它的营销策略的实行,百货公司在呈现左拉所谓的"妇女乐园"的一面的同时,也是社会消费女性的场域。常常,男性顾客涌入百货公司,只是为了一睹柜台小姐的风采,虽然男性店员也时有成为被看对象的时刻,但正如女性主义所指出的,"在一个由性的不平衡所安排的世界中,观看的快感在主动的/男性和被动的/女性之间发生分裂",[1]男性总是拥有比女性更多的观看的主动性。连玲玲对上海百货公司的发展或运作策略等等的细致分析无疑有效地帮助了我们进一步认知女性与消费的复杂关系。值得补充的是,连玲玲以为,两类女性/以小家庭治理为主要目标的城市家庭主妇和摩登女性对女性被定义为消费者关系甚大;而两者其实不能截然分开。摩登女性其实常常也是职业妇女。原因在于,一方面,摩登的消费须要有相当的经济能力,职业女性无疑更有可能具备这类可以自由支配的收入来源;同时,在性别化商业体制或男性社会"看和被看"的原则下,职业女性通常也被要求以摩登的面貌出现,如女性店员常常被要求"衣服穿得好看点"。近代中国的摩登女子与职业女性间的某种重合是毋庸置疑的,许地山先生的《民国一世——三十年来我国礼俗之变迁底简略回观》便曾指出,"民国十四五年以后,在上海以伴舞及演电影底职业妇女掌握了女子时髦装束底威权"。[2] 不仅如此,事实上,在近代上海的消费环境下,所谓的"现代家庭主妇",也与"摩登女性"有着种种纠缠。

---

[1] 劳拉·莫尔维:《视觉快感与叙事性电影》,周传基译,《外国电影理论文选》,上海文艺出版社1995年出版,第267页。

[2] 陈平原主编:《许地山散文》,浙江文艺出版社2007年出版,第287页。

现代性的姿容

由于现代上海"摩登"即代表了"新",代表了与现时代的"贴合",如有人在上世纪30年代所谈到的,"不知是哪一位会翻花样的文人把英文'现代'一词,译其音为'摩登',批发到中国各界的市场上,不料很快的身影吠和,竟蔚成了'时代的狂飙'!于是我们都有了眼福,去领教:摩登大衣、摩登鞋袜、摩登木器、摩登商店……一言以蔽之,有物皆'摩',无事不'登'!"①对摩登的追求因而并不限于职业女性,更多的女性包括中产阶层的家庭主妇也加入了"摩登女郎"的行列。从《良友》画报的封面女郎来看,便既有社会名媛也有电影明星,有摩登小姐,也有摩登太太。

事实上,在上世纪30年代,最有"锋头"的"摩登女郎"除了电影明星等等以外,很多时候是由已婚的年轻主妇担任的,或者说是以她们为广大而坚实的基础的。曾经以女学生为标举的月份牌广告也是在这个时候把其中的主角换成了太太的形象。这一方面是因为,上海作为移民城市,社会的家庭结构中虽然仍不乏几代同堂的,但相当一部分已是由夫妇和孩子组成的"现代核心家庭",出于生活成本的考虑,有的甚至将孩子也送回老家抚养,这些"核心/摩登家庭"的女主人于是在家事上完全可能"自作主张",并有时间紧跟潮流,学习各种消费知识;另一方面也是因为,四大公司所引领的消费文化从一开始就"瞄准"了这些中产阶级的良家/家庭妇女,因为她们显然更具消费的实力,在为她们提供"合法"空间的同时也把她们塑造成了消费的"主体"或"主导者"。更为重要的是,在摩登之风劲吹的上世纪30年代或"线性时间进步观"的影响下,个人装扮的摩登与否,不仅是"爱美之心人皆有之"的问题,更是个人身份的象征。"现代小家庭"的主持者、所谓的家庭主妇一旦"大权"在握,免不了首先要在个人的装扮上作文章,

---

① 转引自忻平:《从上海发现历史:现代化进程中的上海人及其社会生活》,上海人民出版社1996年版,第360页。

以各种时髦的装束重造自己并表明自己的与时俱进。加上炫耀性消费的影响,如凡伯伦在他的《有闲阶级论》中所指出的,富裕的上层阶级通常要通过对物品的超出实用和生存所必需的奢侈和铺张,来向他人炫耀和展示自己的财力和地位。这种对个人财产的夸耀常常波及到他们的妻子,很多时候正是由她们来充当丈夫"炫耀性消费"的工具。现代上海小家庭的主妇们,于是在处理日常家务的同时,也肩负了打造人见人羡的"摩登"家庭的重任。她们在家庭和日常消费中向"摩登大衣、摩登鞋袜、摩登木器"的追求/看齐就势在必然了。因而,在现代上海,所谓"摩登女郎"与其说是仅止于一个特定阶级的群体,毋宁说是一种"超阶层"、"跨职业"的社会性别类型。"摩登女子"/职业女性和家庭主妇,她们间行为开放的尺度或有所不同,但在对摩登的追求上,其追新逐异、踵事增华的倾向和对时尚口味、消费知识的把握其实是声气相求和相通的。她们互为交叉,具体而微地指涉了近代上海消费发展与阶层构成的复杂性。

六、消费的性别化与民族国家想象

（一）西方"消费女性化"的初始情境

情况其实远为复杂，女性既是消费者又是被消费者的事实不仅是近代上海百货公司应对经济萧条的策略，更不仅是男性社会里"看和被看"原则所使然，娜佳的《现代性拒不承认的：女性、城市和百货公司》认为，消费比解放或实现梦想甚至得到政治权利意味更深，它是现代西方经济生活的绝对中心，是社会和文化的反射，然而相当时间里，它的意义却被遮蔽忽视了，消费被认为是私人性的或和现代性无关的事物；与此同时，女性则因与消费的密切关系而被轻视与诋毁，或成为备受道德批评的消费的代名词。经典的现代性理论为什么会视消费为"女性"和消极的？娜佳指出，这一论述的初始语境一直以来没有得到深刻有力的讨论，而一旦把它放到女性参政运动和"福特主义"的产生等20世纪重大的历史运动中去看待，其中的原因就不难理解了。

以《现代性拒不承认的：女性、城市和百货公司》的说法，如果说资本主义本身的逻辑和性别政治的关系是女性被派定为消费者的主要原因，那么除了这种被动的位置以外，20世纪以来西方女性在公共领域活动的增多、对社会权利的争取和要求，也是她们在消费活动中日渐夺人眼目的原因。比如英国百货公司的发展便曾与女性参政运动的高潮若合符节。1908年，大约50万人聚集在海德公园参加或支持妇女争取投票权的运动，游行者所穿的那些富有标志性的白、绿和紫色的服装，正是由一些百货公司供给的。他们敏锐地意识到，女性的经济独立"是此文明步伐(……政治自由后)的下一步",[①]女性的自由独立与百货公司的商业成功之间,并没有利益上的矛盾,相反倒是合拍的。也即是说,百货公司商们十分清楚女性在争取自由解放的过程中必然包含了经济的要求,一旦她们获得政治权利,对经济与消费自主的要求也将大大提高,从而给百货零售业带来源源不断的商机和利润。因而,不仅有英国百货公司为女性的游行活动提供服装,美国的沃纳梅克百货公司甚至允许所有的女性员工在工作时间参加到妇女参政运动的游行队伍中去。为了他们自己来日的前(钱)途,精明的百货公司商们愿意为她们今天的行动"埋单"。

另一个异曲同工的例子是著名的"点燃美国"事件。1929年的复活节(3月31号),纽约第五大道上出现了抽烟女性的游行队伍。次日,大部分的报纸以显著的版面报道了这一活动。两栏宽的照片显示出穿着皮毛大衣的优雅淑女正手举"自由的火炬"——香烟,成群结对地沿着宽广的大道游行,并不时有人加入进来。一篇报道写道:"正当穿着深灰色订制服装,举止引人注意的费灵胡森女士推开圣派崔克教堂前面拥挤的人潮,加入游行阵容时,杭特小姐与其他六位参与者正在吞云吐雾,以代表女性解放。她们就这样沿着第五大街走着,并发表了下列声明:希望我们今天的活动开展了一个未来,也希望这些……自由火炬,能够击碎关于女子不可吸烟的性别歧视的禁忌。"[②] 稍后的几天里,波士顿、底特律和旧金山等城市也发生了类似的妇女活动。一周后,百老汇剧场发生了一场骚动,妇女进入到了以前只对男性开放的吸烟室。这就是美国有"公关之父"之称的伯奈斯为开创香烟的女性市场而策划的著名案例。

---

① 米卡·娜佳:《现代性拒不承认的:女性、城市和百货公司》,《消费文化读本》第191~192页。

② 转引自赖瑞·泰伊:《公关之父伯奈斯:影响民意的人》,刘体中译,海南出版社2003年版,第42页。

据伯奈斯办公室后来流传出来的文件,这场游行策划的中心是要制造一个"妇女首度在街上公开抽烟的故事"。早在1928年,美国幸运牌香烟的老板就曾满怀向往地说,如果能打开女性这个市场,那就赚翻了。伯奈斯帮助他成功地实现了这一点,前者自诩有关妇女吸烟的禁忌"一夜之间就被一个公开行动打破了",但有学者却不同意妇女吸烟的禁忌是由伯奈斯的公关案打破。他们指出,妇女在公共场所吸烟这一情况,早在"点燃美国"的街头活动之前已经出现。在于一次大战带来的包括女性活动范围在内的社会变迁,使得香烟对许多妇女而言,已经是平等自由的象征,当伯奈斯在第五大道上策划复活节的活动时,女性吸烟"那已经是旧东西了"。战争和变化的社会生活,事实上已经引发了女性吸烟这一变故的发生。大战期间,许多女性接替了男性的工作岗位,一些女性还到海外参战服务,已然在反抗着女性不得抽烟的传统。在大学里,女性吸烟的禁忌也遭到了挑战,1923年至1929年间,女性的香烟消耗量几乎增加了一倍。凡此种种,当然和资本的力量有莫大的关系,某种程度来说,正是资本这只看不见的手和它对利润最大化的追求,使女性吸烟成为潮流,伯奈斯的公关案不过起了"催化"的作用。但从一次大战和战后女性吸烟者的人数增多来看,可以说明,女性对公共事务的参与,其"公民权"的实现,必将提高她们消费的权利,包括去消费、享受以往被界定为只能由男性消费的事物。[①] 值得注意的是,资本对女性消费权利的鼓吹和利用常常是假"平等自由"之名而行的,换言之,女性所要求的其实不仅是吸烟的权利,还是更为广阔的和男性一样的现身公共领域、参与公共事务的权利,一种包括选举权、教育权和工作权等等在内的广泛的社会权利,这便使传统男性中心的社会对女性的消费活动另外怀有了恐惧。

女性参政运动如火如荼之时,也是福特主义日渐形成之时。这使

[①] 见赖瑞·泰伊:《公关之父伯奈斯:影响民意的人》,刘体中译,海南出版社2003年出版。

性别视角下的上海都市文化

女性"挪用"并保存她们"竞争成性的丈夫、父亲和儿子"少有时间去兑现或享受的价值与商品、替"他们的劳动"或整个资本主义的生产提供一剂"解药"有了更多的必要和可能,同时也进一步复杂化了两性与消费的关系。以罗钢在《消费的斯芬克斯之谜》中的说法,消费社会始于1913年福特汽车公司设在密西根德尔朋的生产流水线隆隆驶下第一辆汽车之时,"福特主义"使资本主义的生产进入了新的规模化、标准化的阶段,并使大众消费得以兴起。福特式的资本主义不仅改造了劳动过程,也改造了劳动力再生产的过程,其中"泰勒主义"即由工人出身的工程师泰勒发明的新的生产管理方式,使工人"哪怕在最小的细节上也被迫从属于生产过程",这种装配流水线式的精细管理方式极大地提高了生产的效率,保证了利润的最大化并有可能"让利"给生产第一线的工人,使他们的工资有所增长,从而有能力去支付汽车等等商品的费用。"在历史上,福特主义第一次创造了一种工人阶级的消费模式",[①]而这种消费模式的建立是以他们像装配流水线上一个"零件"那样枯燥、被监禁式地工作为代价的。所以娜佳的《现代性拒不承认的》认为,对女性消费者的诋毁也和福特主义的产生有关,工人阶级"这种不断增长的消费能力,某种程度是工场之单调和监禁的补偿",但"这种补偿又被男性和女性工作经历之间的矛盾暗中削减了,因为精确地说,在那时,男性在他们受雇佣的工作岗位上受到很多限制,女性却不是"。[②]诸种原因,女性在资本主义体系中被分派为消费者的角色,这一角色虽然也需耗费心力,但她们可以自由支配时间的"逍遥自在",却使受限于泰勒式程序控制的男性"深为嫉妒"。而仅此一点,已足以使两性与消费的关系变得大为不同——且不说资本主义的发展已经如其所愿地创造了一种"公共性"的生活方式,每个家庭的日常生

---

① 罗钢:《消费的斯芬克斯之谜》,《消费文化读本》序言。
② 米卡·娜佳:《现代性拒不承认的:女性、城市和百货公司》,《消费文化读本》第194页。

121

活消费都必须和市场、购物等事物发生关系,女性在家庭中的"话语权"因此大大加重了;加上之后妇女也大量进入劳动力市场,在消费活动中变得更富实力和自主,父权和夫权于是在不知不觉中走向式微……这些都使女性和消费的关系在传统男性社会的心理上投下阴影,视消费为负面的而难有正面评价和认可的机会。

不仅如此,消费还常常被传统男性社会认作是和"女性"一样贪得无厌或吞噬一切的,与浪费、奢侈难分难解,所谓"女性化"因此乃是"去理性"、"情绪化"的别名。更进一步地——

> 男性对吞噬一切的女性化的恐惧……投射到对城市大众的恐惧中,大众的确代表了对布尔乔亚理性秩序的威胁……在自由主义式微的时代,对大众的恐惧总是某种对女性的恐惧,对脱离控制的本性的恐惧,对无意识、性欲和在大众中稳固的布尔乔亚自我和身份的失落的恐惧。[1]

《现代性拒不承认的》认为,男性精英的文化传统对女性和消费的贬低恐惧,究其根本,乃是和对大众的恐惧联系在一起的。资本主义的大工业生产,百货公司,福特主义等等的产生、发展,在追求利润最大化的同时也造成了"奢靡的民主化"。而大众消费的兴起既是资本主义本身的逻辑需要,同时也是对维多利亚时期等级化的社会秩序或早期资本主义"理性"原则的公然冲击。如果说大众的消费欲望曾经像他们的社会地位一样,长久以来被压抑在了等级制度的低层,那么,现在则拜资本主义的发展所赐获得了空前的解放,大众众多的人数强大的消费能力,以及他们曾被压抑的欲望"本能"或"报复性"地对"补偿"的要求,无不使传统秩序感受到了莫大的震惊和担忧。而出于上述我们已知的某种逻辑,传统对大众的恐惧于是首先或"顺理成章"地

---

[1] 米卡·娜佳:《现代性拒不承认的:女性、城市和百货公司》,《消费文化读本》第198页。

性别视角下的上海都市文化

表现/转化为对女性的恐惧。左拉的《妇女乐园》等都曾指出或暗示女性在不断扩张的城市街道上的出现所具有的潜在的逾越面：她们不需要男性的陪同就可以自由地出入街道商店，大量的普通女性合法化地成为了"都市的漫游女"，而这是以往只有妓女、女艺人一类的"公共女人"才可能有的行为，她们的自由行走将传统的男女两分或社会秩序从根本上打破了。她们且对物质抱有"贪得无厌"或"喜新厌旧"的热情，这不啻是给大众的"反复无常"提供了基础。

然而如果说"零售业的现代资本主义方式和女性消费者之间的矛盾联盟，导致了不断增长的、令人烦扰的社会分界的瓦解"，[①]那么，20世纪以来女性解放运动的兴起进一步引发了精英文化对女性以及大众消费者的焦虑。娜佳以为，前者对后者的贬低，事实上还和"令人生畏"的历史运动的影响有关。如前面说到的英国女性在争取投票权运动中所表现出来的力量，法国女性主义在法国大革命中高涨的热情以及一战的创伤。娜佳总结说，传统理论对消费的"漠视"或矛盾态度不仅和社会变迁中日渐明显的父权、夫权的式微等等有关，此外，这段时期的社会还被一战创伤性的丧失人性的大屠杀所深深影响。一方面，在战争中，女性挑战传统女性气质和习俗限制的步伐大大推进，数以万计的女性走出家门，接替了男性因战争而留下的岗位；一方面，人口统计所显示出来的战争所造成的性别失衡——女性远多于男性——则加剧了男性将为女性所取代的忧虑。于是，对"多余"的女性的恐惧成为其时社会普遍的恐惧，而所谓"'多余'的女性——在大众想象中即是那些'新女性'：不受传统约束的女子、享乐主义者、女性主义者、工人和参与投票者——可以被当成是男性气质危机的证明，是男人害怕被减少、被吞没、被消灭的恐惧的证明"，而这样一些恐惧也被本雅明等左翼男性或清晰或隐晦地表达出来。与此同时，世界范围的女性

---

① 米卡·娜佳：《现代性拒不承认的：女性、城市和百货公司》，《消费文化读本》第199页。

解放运动,如德国社会主义女性主义所主导的魏玛性革命运动却正蒸蒸日上,蓬勃发展,"在这样一个语境中,发现这段时期文化批评著作中充满着对女性的矛盾心理",即对大众文化和女性消费的暧昧认知"是并不让人惊讶的"。①

(二)"摩登女郎"、男性形象变革与民族国家想象

西方资本主义发展中"消费女性化"的形成为我们反观和辨识现代上海的消费文化提供了借镜。然而,如果说在西方的消费历史中,对消费和作为其代理人的女性的"拒斥"是和福特主义、女性参政运动的崛起、一战的创伤等等相勾连的,社会和文化的转型,女性藉消费和战争的崛起,传统的式微,这些兴起于19世纪晚期、在20世纪早期以更为复杂和强劲的势头呈现的历史变故,也可以"一言以蔽之"为西方消费资本主义的兴起中两性关系的变化和矛盾(或社会矛盾透过两性关系而表现)。毋庸置疑,西方资本主义在重构社会阶级的同时,也重塑了两性的关系与性别,西方社会对女性和消费的拒斥亦因此主要表现为对传统男性地位、气质的失落或被"吞噬"的恐惧;那么,在现代中国,情况则要复杂得多。除了其中难免的"两性之争"外,常常,女性和消费的问题还被提到了国家危亡的高度,上世纪30年代早期的"妇女国货年"运动即是其中一例。

1934年元旦,上海组织了一场声势浩大的汽车游行活动。活动由上海市商会、上海市地方协会、中国国货产销合作协会、中华妇女节制会、家庭日新会等6个团体组织发起,目标是针对当时中国市场上洋货当道的状况而倡导国货,并为当年的"妇女国货年"开幕。美亚织绸厂、华生电器厂、五洲大药房、中华法琅厂、冠生园食品公司、中国化学工业社等40多家中国企业和市场经销商,为此组织了50辆彩车。

---

① 米卡·娜佳:《现代性拒不承认的:女性、城市和百货公司》,《消费文化读本》第208页。

性别视角下的上海都市文化

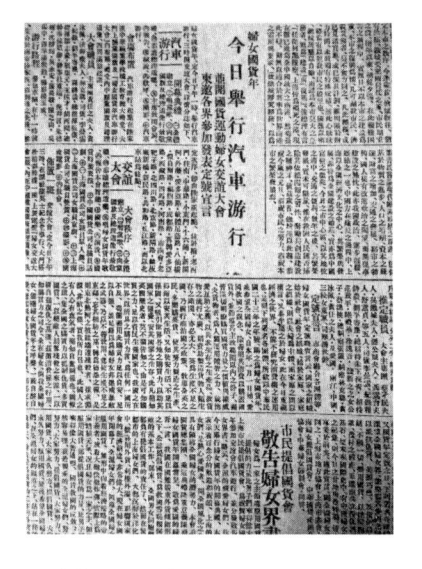

《申报》1934年1月1日。

其中南洋兄弟烟草厂的彩车是一辆外形以长城为装饰的卡车,上海国货公司和中国国货公司则布置了两辆形似坦克的彩车,意指必须建立像长城一样的防御外货倾销的国货体系,或者像坦克一样与外货"对决"。游行的路线经过了上海大部分地区,吸引了沿途大量的民众,但所谓"妇女国货年"的提出与其说是国货运动的深入发展,不如说恰是运动进入瓶颈的表征。1933年,由上海市地方协会等团体的倡议,该年已开展了"国货年"运动,而年终运动的倡导者总结成效时却发现"国货年"其实是失败了,"平心而论,没有多大成效"。因此,有人提出"与其劝男子们提倡国货,不如让女子们乐用国货","让娘们也来干一干"。①

事实上,女性与消费或女性与国货及民族主义的关系早在"妇女

---

① 张健:《1934年妇女国货年》,转引自潘君祥编《中国近代国货运动》,中国文史出版社1996年出版,第437页。

国货年"开展之前已然"剪不断、理还乱"。葛凯的《制造中国：消费文化与民族国家的创建》用专门一章讨论了这一问题。他认为，至少有三方面的原因使得有必要把妇女与消费的问题单独设为一章：

其一是，现代中国以抵抗外货（以后发展成自主制造产品）为核心的国货运动，它的一个主要目标是使所有中国人的消费行为民族主义化，妇女自然不能例外；不仅如此，正如"妇女国货年"所表明的，"民族主义消费的支持者们懂得妇女所扮演的两种角色传统上主宰了家庭消费。首先，妇女是代表她们家庭的主要消费者；其次，她们抚养孩子的职责意味着她们处于向孩子灌输民族主义消费习惯的最好位置"，而这两个原因也促使了国货运动"聚焦于妇女的第三个原因"——"1930年代……一种新式女性形象——摩登女郎——出现了。"[1]这一新形象因其紧随国际化的消费潮流而在现代中国尤其是上海这样的通商城市里极具影响力，而它对洋货的追捧与国货运动的要求正相对立，消除这类形象的吸引力于是成为国货运动的目标之一。这也解释了"妇女国货年"运动中，为什么自始至终充满了对摩登女性的批判、攻击，甚或运动首先是从"讨檄"摩登女性开始的，[2]与此相关，政府和国货运动的主导者亦开始把以往不受约束的个人购买决定转变为大众的公共监督。换言之，所谓"妇女国货年"，乃是通过否认公共和私人领域的区别来实行其目标的，妇女的购买、消费活动被认为不仅仅是私人的选择，更关系到民族国家的存亡问题。运动的主持者相信，只要妇女学会了民族主义消费，中国就能够在与列强的商战中生存下来。

在"女性消费群体的民族主义化"一章里，葛凯深入探究了这一民

---

[1] 葛凯：《制造中国：消费文化与民族国家的创建》，黄振萍译，北京大学出版社2007年出版，第291页。

[2] 如1934年2月20日的《时代漫画》上黄嘉音的《向社会公诉上海女郎》，列数摩登女性好事打扮等多宗罪。

族主义的追求对妇女来说究竟意味着什么。葛凯发现,在"妇女国货年"里,女性对国货运动的责任和作用不仅被提到了前所未有的高度,所谓"国家兴亡,匹夫匹妇均有责任。妇女救国的武器,就是一颗服用国货的决心",还从细节上加以指导。如前面已经说到的,其时,执掌着家庭消费大权的中产家庭的主妇其实也是社会的"摩登"大军之一,她们不仅在个人装扮上向流行的摩登看齐,且在家用安排上也往往更青睐洋货。于是,在寄希望于"娘们"的国货运动中,与此相对的新的理想女性的模式被建构出来,甚至出笼了"新妇德"。比如运动的倡导者提出,女性在节庆活动时应当检查人们的"礼尚往来",看互相交换的节日礼物是否属于国货,作为妻子的妇女还应监控其丈夫的消费。一篇文章为妻子们提出了三种引导丈夫正确消费的办法:"(1)如果你丈夫带回一些外国货,拒绝使用它们;(2)如果你丈夫带回一些外国货,一个合格的妻子将会说:'这些东西并不坏。但不幸的是,钱资助了外国人的侵略。'(3)当你的丈夫正考虑买东西时,鼓励他去买国货并告诉他买国货的好处。或者劝说他不要以外国货为有面子。"[①]《制造中国》列举了大量的例子来说明国货运动对妇女的要求和期望,可以补充的是,这种视妇女为使用国货的"关键"或"主导者"观念也投射到了香烟广告,或者说很好地解释了香烟广告中的某种中西"分殊"。

上述"点燃美国"一案中,幸运牌香烟的推销活动还曾打算设立一幅由女性模特儿向男性递送该牌子香烟的广告牌,但遭到了策展人之一/心理学家的反对。理由是,"香烟被视为男子生殖器的象征意义,所以应该是由男人递烟给女子,每个正常的男人和女人都能认同这样的讯息"而不是相反,[②]这一广告案于是被否弃了。而在中国,类似的构想却通行无阻。南洋兄弟烟草公司旗下的白金龙香烟广告中,便曾

---

① 葛凯:《制造中国》,第309页。
② 赖瑞·泰伊:《公关之父伯奈斯:影响民意的人》,第57页。

频频出现女性向男性递送香烟的画面,却没有引起国人的异议。这固然一方面是因为在中国传统的两性话语中,为男性端茶送水是女性的天职,当然也包括递烟;而另一方面,也是因为这一画面突显了那种视女性为国货运动之"关键"的理念(是妻子决定了丈夫抽洋烟还是国烟),符合运动所提出的妻子要为家庭、丈夫"正确的消费"负责的要求。

遗憾的是,"妇女国货年"降大任于妇女,收效却依然有限,据统计,社会上尤其是上海一地妇女使用外货的情况依然居高不下,她们并未因为"妇女国货年"的开展而改变以往的消费习惯。原因在于,能够行之有效地去除外货主导局面的当是国家,而当时中国在诸如关税自主等方面主权的缺失,使之几无作为;与此同时,洋货在价格、机械化生产的同一性和货品质量方面的明显优势,以及舶来品与"时尚"/现代观念之间的强大关联也在有力地刺激了人们对洋货的需求,妇女的"好用洋货"不过是这一系列因素的反应。但"妇女国货年"某种意义上又可以说是有所成就的,葛凯认为,它使民族主义如果不是充分自觉地、那么也以"不可拒斥"之势进入了现代中国新生的消费文化的方方面面。吊诡的是,这同样有赖于"摩登女性"这一性别群体。

现代中国的民族主义和消费文化的整合是一个复杂的过程,它与其说是被正面倡导出来的,不如说是在对"摩登女性"的声讨中确立的。事实上所谓的"妇女国货年"运动中,对摩登女性的"公诉"正是一

性别视角下的上海都市文化

个重要的组成部分或特色之一,通过对她们的批判,人们辩证了"摩登"与"爱国"的关系,重新定义了"什么是真正的摩登"("只有使用国货的人才配摩登之名")。虽然在都市具体的日常消费中,妇女国货年的开展状况不过是"论者自论,穿者自穿",但通过这一舆论攻势,爱国/不爱国、正当/不正当的界线被划定出来。葛凯指出,"'摩登妇女'的形象对运动促进民族主义消费的努力很重要,对国家再度控制妇女行为的意图也很关键",因为这些形象同时包含着深刻的种族、阶级以及性别的意义,对"摩登女性"的批判有利于当政者行使它的统治权力,或重新整合社会的"方略"、目标。摩登女性"盲目崇洋媚外的倾向显示出她们对自己种族的背叛","她们铺张奢侈的消费破坏了约定俗成的习俗……从而对其社会阶级造成了危险"。① 这也解释了"摩登女性"何以在稍后的新生活运动中成了首要的冲击对象。1934年6月,江西省政府奉蒋介石的手令,首先颁布了《取缔妇女奇装异服办法》,规定了"旗袍最长须离脚背一寸"②等等女性着装的细则,之后各省市纷纷效仿,南京政府也于稍后出台了正式的法令,对摩登妇女服饰的规训俨然成为重整社会、阶级、以及解救国家危亡的首要途径。

但在孙绍谊的《时装上海:性别政治与身体权力》看来,此举更有意味的是所透露出来的国家政权的危难处境。对在20世纪20年代末象征性地统一了中国并定都南京的蒋介石政权来说,其威胁主要来自两个方面。首先,上海被分成三块独立的行政区域,蒋政府无法在公共租界和法租界实施管理权,这一事实对民国主权的"统一性"构成了直接的挑战,其次,上海地界上各种势力和"颓废"风尚的盛行,也从方方面面挑战了国民政府的权威。"从这一层面看,半殖民地的上海在国民政府眼中很像一个桀骜不驯的女人。正如上海的主权必须通

---

① 葛凯:《制造中国》,第300页。
② 《赣省府订定取缔妇女奇装异服办法》,《中央日报》,1934年6月9日。

过废除治外法权重新掌控一样,上海女人及其'奇装异服'也必须被规顺到它所设定和掌控的范围。"①就此而言,对"摩登女性"衣着的指摘不仅事关中国在与列强商战中的胜败,也直接影响或象征了当政者的统治权威。

　　《制造中国》对中国现代性/民族主义消费的研究受到了海内外学者的好评,论者以为,作者第一次将中国的民族主义与消费主义联系起来,凸显了两者之间的历史纽带。葛凯认为,以为消费主义是"西方"独有的现象,是一个错误;然而问题不仅在于中国有没有消费主义,强调"上海世界主义"的论者(如李欧梵的《上海摩登》)也大都承认现代中国消费主义的存在。关键在于如何寻找出中国不同于西方的消费主义的路径和特色,葛凯无疑较好地做到了这一点。他的研究表明,20世纪初期中国正在兴起的消费文化是与民族主义相伴随的,它既界定了近代中国的民族主义,又帮助传播了这种民族主义,而把中国看作是有着自己的"国货"的"民族国家"这样一个概念的形成,反过来又影响了中国消费主义的内涵和形态。评论者对葛凯独到的问题意识和研究路径——其中包括了生动的历史论述、文化符号学和大量丰富翔实的资料——给予了高度的评价,却少有提到他对性别研究的重视及在其中的作用。② 其实,性别视角就算不是葛凯此项研究的主要方法和目标,也是他对中国的民族主义和消费主义进行深度透视,并得以"纽结"起两者的重要"中介"。这不仅表现为他对上述的"女性群体消费的民族化"问题的解读,也不仅表现在他对国货运动的两个重要原型——"叛国的、奢侈的女性消费者"和"爱国的男性生产者"的深描或"传记"——在《制造中国》的最后一章,葛凯以生动的笔触和翔

---

　　① 见孙绍谊:《想象的城市——文学、电影和视觉上海(1927—1937)》,复旦大学出版社2009年出版,第145页。
　　② 夏松涛:《消费与民族主义的深度透视》,《二十一世纪》,2009年12月号。

性别视角下的上海都市文化

实的史料记叙了几位男性民族主义企业家对国货运动的贡献;更为重要或有意味的是,《制造中国》从一开始就将性别的视角引入了研究,它对中国民族主义和消费主义历史纽带的发现正是从"男人形象的民族化"开始的。

帝国主义的扩张和中国市场大门的被打开无疑是中国式消费主义发生的最为基本的情境。面对五口通商后大量进入的西方物质,中国的消费者在最初的"骇怪"之后很快变得对这些外来事物饶有兴趣并起而效尤。中国民族资本和西方世界之间激烈的"商战"也从此而起并逐浪而高,葛凯则同时注意到了民初男性形象革命在其中的作用。他指出,近代中国的国货运动,作为一种将物质文化加以民族化的经济社会运动,某种程度正是"以创造、宣传并强化男人外表的新正统为开端"[①]的。他以草帽为例,分析了男性形象革命如何促使或联结了中国消费主义的初始场景和市场化进展:西式平顶的硬草帽在中国最早是由居住于福建的外国人所引入,以中国的廉价劳动力(妇女儿童)制成,初供传教士所用,19世纪60年代后期开始出口,但在"剪发辫、兴民国"以后,这一以往专供"外用"的物品却成了中国男人的日常用品,所有阶层的男性都乐于以此为新身份的象征。以至区区草帽一时间成为整个东亚地区竞争最为激烈的商品,日本伺机向中国大量输入,但很快,日本进口的廉价草帽成为中国抗议者共同抵制的商品,构成了中外"商战"的一次"短兵相接"。

然而,如果说"剪发辫"这一举措曾在中国男性的身体和心理上引起极大的震惊和挫伤,并引发了相关的经济竞争,那么对中国的物质文化、经济发展影响更大,比男子剪辫这一举动更"牵一发动而全身"的则是易服。鲁迅曾形象地描述过辛亥前后国人在服装(身份)上的焦虑:

---

① 葛凯:《制造中国》,第73页。

现代性的姿容

> 满清末年,带些革命色彩的英雄不但恨辫子,也恨马褂和袍子,因为这是满洲服……
>
> 然而革命之后,採用的却是洋装,这是因为大家要维新,要便捷,要腰骨笔挺。少年英俊之徒,不但自己必洋装,还厌恶别人穿袍子。那时通说竟有人去问樊山老人,问他为什么要穿满洲的衣服。樊山回问道:"你穿的是哪里的服饰呢?"少年答道:"我穿的是外国服。"樊山道:"我穿的也是外国服。"①

虽然这里问/答者所谓的"外国"所指不同,樊山老人的论辩却巧妙而犀利地点出了其时社会普遍的易服倾向或对西式服装的追求。1912年,成立不久的民国政府颁发了第一个服饰法令,对民国男女的正式礼服做出规定。在这份服制中,最为令人瞩目的方面乃是以西洋服饰为男子的礼服,尤其是男子的大礼服,几乎照搬西洋服式。燕尾服为基础的上衣,加以黑色的硬礼帽,衣领为活动的折角硬领,配以黑色的圆腿西裤,完全是英国绅士式的。② 其中毋容置疑地包含了力图改变中国几千年来宽衣博带的传统,以西式简洁合体的服饰适应世界潮流以利于"万国竞争之势"的诉求。但以西式服装为男性新形象的基础却直接冲击到我国传统的丝绸行业或经济命脉,"我国衣服向用丝绸,冠履亦皆用缎,倘改易西服,衣帽用呢,靴鞋用革,则中国不及外国呢革,势必购进外货,利源外溢。故必亿兆民用愈匾,国用愈困矣。"③ 1941年,许地山先生的《民国一世》中也总结说,"讲到衣服的改变,如大礼服,小礼服之类,也许是因为当时当局诸公都抱'文明先重

---

① 鲁迅:《洋服的没落·花边文学》。
② 《服制》,《民国法令大全》(商务印书馆),转引自袁仄、区伟文:《服饰与社会变迁——读民国初年的服制法令》,《二十一世纪》,1994年10月号。
③ 王东霞:《从长袍马褂到西装革履》,四川人民出版社2002年出版,第91页。

外表'底见解,没想到我们的纺织工业会因此而吃大亏。我们底布匹底宽度是不宜于裁西装底,结果非要买入人家多量的洋材料不可。"① 于是在变易激烈进行之际,也出现了"剪辫不易服"或"剪辫缓易服"的呼声。作为一种折衷的方式,民初的服饰法令中虽然大礼服是纯然西式的,常礼服则同时有中西两式,"西式礼服以呢羽等材料为之,自大总统以至平民其式样一律。中式礼服以丝缎等材料为之,蓝色袍对襟褂,于彼此听人自择。"尽管如此,中国男性形象的大变革仍是前所未有和令人震惊的,葛凯指出,曾有西方观察家这样记叙道:

> 既然中国正在进行现代化,在引进西方政治制度的同时,西方习俗也会随同进入,这也许并不是奇怪的事情。因此,一份提交并通过的议案规定了政府官员穿着的服装种类——西装、晨礼服、非正式的无尾晚礼服和燕尾服,笔挺的衬衫、衣领、领带、丝绸帽子、圆顶硬礼帽和鞋子,提供了所有这些服饰的式样。国会形象的变革是令人吃惊的。②

不无意味或同样令人"吃惊"的是,到了"南京十年"即上世纪30年代,人们对男性形象"新正统"的"吃惊"已经转向了对女性形象的焦虑;而在民国初年的服饰法令中,还几乎没有她们的什么事。《服制》列出了女性的条例,却是寥寥无几,草草带过。③ 而到了上世纪30年代,在如上所说的妇女国货年和新生活运动中,不仅她们的"衣短袖长"成为国家的监控对象,"摩登女性"们还被和"叛国"联系起来。

性别关系是社会变革的必然部分,这一"变故"因此可说标志了社

---

① 许地山:《民国一世》,《许地山散文》,浙江文艺出版社2007年版,第287页。
② 转引自葛凯:《制造中国》,第109页。
③ 主要规定了女性的礼服为"长与膝齐"的中式绣衣加裙裥裙。旗袍作为女性的礼服,乃是在南京政府成立后。1929年,南京国民政府制定了新的《服制条例》,规定女子礼服为袄裙和旗袍两种。

现代性的姿容

会意识的某种倒退或性别政治的新动向。葛凯以为,上世纪30年代"妇女国货年"前后社会对"摩登女郎"的广泛指摘是与对五四激进主义的清算反拨有关的。妇女问题历来是中国民族主义话语的一部分,但把妇女角色和地位的改革作为建设民族国家的前提,对男性精英来说却是一柄双刃剑。废缠足、开女学有力地实现了男性改革家对"救亡"的要求或想象,却也同时催生了更为激进的对女性问题的思考和未来之蓝图的构想(如五四时期有关贞操、职业、废除家庭等等的讨论),提供了女性自由行走、"自作主张"的可能。事实也是,在20世纪30年代频频发生的有关妇女问题的论辩中,无论人们如何界定什么是"真正的摩登",极力将"理想女性"和"摩登女性"区分开来,都无法改变被视为有"叛国嫌疑"的"摩登女性"是从开女学和五四新文化运动对父权制度的激烈批判中走来这一事实。国货运动将摩登女性作为主要的批判贬低对象,在葛凯看来,正是妇女解放运动中的激进(自主)部分和国家利益支持者之间的关系紧张到了顶点的象征。他以为,如果说在上世纪20年代,人们不惜用"革命"的手段去有意识地重新塑造中国的性别秩序,那么30年代国货年运动中对传统性别规范的重

民国几位总统的西式形象:孙中山、黎元洪、徐世昌。

性别视角下的上海都市文化

西式装扮的孙中山和民国临时政府官员。

申和强化,则表明"政治家们因试图建立广泛的男性支配而牺牲这些最初的成就是多么地迅速和容易"。①

葛凯敏锐地洞察了性别政治在国货运动中的深刻影响,但除了性别政治的作用外,根本上来说,国货运动从最初的对男性易服所将造成的"利源外流"的担忧,发展成对"摩登女性"的控诉,或将国货运动的成败归结于女性,这一变化是和资本主义的全球扩张而中国处于竞争的不利地位有关的。自五口通商以来,中国已经无可避免地被卷入了世界资本主义体系,至上世纪30年代,影响中国"利源外流"的事实上已不仅是男性的服装,日益"洋化"的也不仅是女性的服饰或奢侈品(虽然很多时候它们被首先拿来说事),对一个大门已然打开的传统大国来说,以李长莉的说法便是,正在或已然发生着一场生活方式的变革,"市场化、社会化、大众化的'公共生活领域'的逐步生长形成",城

---

① 葛凯:《制造中国》,第294页。

市居民主导的生活日用开始由手工自给而趋于工商业化和市场化,洋货则在其中占据了极大比例。以纽扣等小商品为例,许地山的《近三百年来的中国女装》等文曾细致地指出,近时服装与古时不同的地方最显著的是用纽扣代替带子。明末,偶有女人中衣间用扣底,一入清朝,纽扣便成为衣服必要的东西。他以为这原因还不能十分明了,或与武士的盔甲有关——从前武士的中衣(盔甲)是用"蜈蚣纽"的,由第一个纽襻穿入第二个纽襻,这样可以穿到二三十个,到末扣上一个纽——武士先用开了,渐次普及一般的衣服,"又因为与西洋诸国交通,外国底纽扣,在最初的时候便当做奢侈品输进来"。[1] 而"单说是输入纽扣一样,若是翻翻民国元年以后海关底黄皮书,就知道那数字在历年底增加是很可怕的了。其他如硬领、领带、小梳子、小镜子等等文明底零件更可想而知了。"[2] 葛凯的研究也指出,纽扣曾是抵货运动(早期的国货运动以抵制外货为主)的重要项目,直到20世纪30年代,中国国内的制造商才有足够的竞争力使纽扣的进口量削减下来。[3]

换言之,在20世纪二三十年代的中国,日常生活已经变得"公共化",尤其是在都市,单个小农式自给自足的生活方式已经难于立足,除了大量进口的洋货外,民族工业也急起直追地生产着西式的物品,第一次世界大战前后,民族工业便经历了一个迅速崛起的过程。《制造中国》引证的1935年江苏省的一份经济指南中,"工业部分"的纺织品子目录下,便有轧棉、纺纱和织布、制丝和纺丝、针织、皮革等项,食品方面则有面粉、大米和榨油,另外还有化学制品、医药制品和加工食品等等的分类,"这些产业提供了许多消费类产品,这些产品开始被认为是奢侈品,但是后来已成为人们的生活必需品:香烟;帽子;纽扣;雨

---

[1] 许地山:《近三百年来底中国女装》,《大公报》,1935年5~8月。
[2] 许地山:《民国一世》,《许地山散文》,第287页。
[3] 葛凯:《制造中国》,第59页。

伞;眼镜;梳洗用品如肥皂、香水、牙刷和梳子;家庭用品如冰块、火柴、保温瓶、电灯泡和毛巾。"①

然而,中国作为一个后发现代化国家在技术、制度等方面的不利,以及与列强间不平等的竞争(如关税制度),则使它的民族工业处在了十分不利的位置,进而引发了人们对洋货广泛地占有中国市场的焦虑。概言之,五口通商以来,"商战"已然成为中国与列强交手的主要方式,商战的内容和范围则几乎包括了日常生活的所有用品。尤其是20世纪30年代世界经济危机的发生,日本和西方列国扩大了对中国市场的倾销,从而使得其时的中国,无论外来资本还是本土民族工商业的发展,都迫切地需要一大批具有都市"韵味"的女性来作为它的社会基础,或者说加剧了对她们的争夺。因为"摩登女性"们能够"作主"的显然不仅是自己的衣饰打扮,如其时有人所指出的,她们还"掌握了全家的经济大权,支配了全家的衣食杂物,举凡一切衣服器具,完全要听命于妇女的金口玉言之下。"②而在其时的社会氛围下,在"健康、卫生、文明、进步"等观念的指导和"性价比"的驱动下,不少女性消费者在个人装扮和家庭的日常用品上喜用洋货也确是不争的事实。这一状况且不仅发生于城市,也影响到广袤的乡村,"这种极端用洋货的风气,由国外传入租界,由租界蔓延都市,由都市浸淫乡村内地"。③ 以至"内地及劳动的妇女,(也)为都市妇女之马首是瞻,竞相效模"。④

这一状况形象地说明,在上世纪30年代,中国市场上"利源外流"的已不仅仅是许地山先生所例举的因为改易西服,中国布匹的宽度不够,不得不买入大量的洋衣料,而是更为广泛的——从都市到乡

---

① 葛凯:《制造中国》,第47页。
② 《今年的妇女》,《申报》1934年1月1日。转引自王强:《"摩登"与"爱国"》,《江西社会科学》,2007年第6期。
③ 《妇女国货年的棒喝》,《申报》1934年1月1日。转引处同上。
④ 《妇女国货年征文摘录》,《国货月刊》第4期。

村——由女性主导的大众日用品市场。而这一结果和辛亥之际的"改元易服"/"男性形象的新正统"并不能分开,或者说正是它的一个"逻辑的发展"或演变。"男性形象的新正统"不仅允许和鼓励中国男性用来自西方的物品重建他们的身份形象,也促使了洋货在中国的流行。虽然上海市民对外来物质从一开始就采取了"初则惊,继则羡,后继则效"的态度,但他们很多时候被视作失去了"根底"的中国人,"男性形象的新正统"则给他们提供了合法的西方化或"崇洋"理由。大量的西式物品涌入中国或被就地生产出来,从衣服鞋帽到日常用品,生活日益变得"公共化"和"西方化",市场进一步打开,在这一过程中,民族工业获得了机遇也受到了挑战。而随着中外商战的加剧和激烈程度的递升,在性别政治的引导下,社会很容易地就把挫伤和焦虑转移到作为日常生活品市场主导者的"摩登女性"身上,虽然它并不能从根本上改变中国民族工业的弱势地位。

葛凯对中国男性形象"新正统"的考察有力地说明了性别在现代中国物质文化和社会意识变迁中的重要性,他对现代中国消费文化与民族主义的历史纽结因而有了更为透彻的解读。然而,某种思维习惯,使他的研究更倾向于强调中国消费文化中国家力量、公权力对私权力的控制、影响,而忽视、忽略现代中国私权力的生产和可能有的空间。《制造中国》的相关论述因而有了进一步讨论的必要。

在指出消费主义非西方"独有"的同时,葛凯亦强调了中国的消费主义和西方的"不同":有关消费主义的历史或经济的研究中,一般都会习惯性地强调市场在赋予个人自主权利方面所扮演的角色,然而,"在中国,消费主义甚至不主要是和个人自由、自我表达和愉悦情感相关,如果研究中国消费主义的学者得出这样的结论,那他们就大错特错了"。因为中国的消费主义是"强调个人消费行为的民族内涵",[①]与

---

① 葛凯:《制造中国》,第13页。

此相关,新生活运动且试图控制民众的身体和生活,使"军事化深入到家庭",①而国货运动的真正意义则是在于,它使得"替代选择越来越不可即",并被用来颠覆那种"买卖货物而得利应该是'私人事情'的概念"。② 应当说葛凯充分观察、考量到了中国消费文化中所具有的民族主义特征,然而国货运动在上世纪30年代的不断"升级"——从1933年的"国货年"到1934年的"妇女国货年"再到1935年的"学生国货年",却表明中国的消费文化事实上不完全是民族主义的。或者说国货年运动之需要"深入"展开,除了中国市场上外货过于泛滥之外,也在于为数不少的民众,尤以摩登女性和青年学生为代表,她/他们在消费问题上并不以民族工业的发展和市场份额为首要的考量,而是更多地听命于个人消费的需要,如有人批评的"都市中的妇女,矜持着青春,尽情地享乐,娇艳其服着,尽浮荡之能事,一天到晚坐汽车,看电影,跳舞"。③ 1933年,国民政府的教育部对上海6所大学进行了视察,结果发现"风尚多趋奢侈,女生更见浮华","目下社会中繁华奢侈的,无过于学生……更无过于大学中之女生",她们"受教育程度越高,需用奢侈品越多……"④诸如此类,与西方消费主义所着重的市场对个人自由、愉悦性享受的承诺并无本质性的差别。

另外值得提到的是,1935年,正当新生活运动的"取缔妇女奇装异服"闹得沸沸扬扬之时,7月出版的《独立评论》上刊登了女作家陈衡哲的《复古与独裁势力下妇女的立场》,严正指出女子的私人生活,如衣服鞋袜,身体发肤之类,要"坚决的拒绝任何外来权力的干涉"。⑤胡适在早些时候也评论道:"我们不能滥用权力,武断的提出标准来说:妇

---

① 葛凯:《制造中国》,第295页。
② 同上,第22页。
③ 导溱:《摩登妇女,觉悟吧!》,《申报》1934年8月2日。
④ 天然:《大学生与女学生之服饰》,《申报》1934年1月1日。
⑤ 《独立评论》,第159号(1935年7月14日)。

女解放,只许到放脚剪发为止,更不得烫发,不得短袖,不得穿丝袜,不得跳舞,不得涂脂抹粉",政府"可以用税则禁止外国奢侈品和化装品的大量输入,但政府无论如何圣明,终是不配做文化的裁判官"。① 更有意味的是,新生活运动中的这出"新更衣记"虽然出台了一系列具体的操作律令,甚至授权岗警干涉("不遵守本办法者,由岗警加以干涉,如有反抗者,得拘局惩处"),一些地方还出现了"摩登破坏团",社会上"摩登女性"却并未就此消失,相反,似乎还是禁令愈强,逾越的欲望也愈强。因为"时装对女性来说解放的意义远甚于约束与限制"。②

因此,把中国的消费文化归结为民族主义的,或仅仅关注其中民族主义的一面(而忽视消费主义自身的逻辑及对民族主义的借助利用),一味强调公领域对私领域的"递夺",将会忽略许多其他重要的面向,或在无意中无视现代中国"私领域"的生长及与"公领域"之间复杂的对话和"协商",以及"公/私"间可能的交集(如"国家强盛"、"个人自由"和"小家庭幸福"等等,在中国的现代性话语中并不是完全不能相通的),进而影响到对现代中国历史的理解。换言之,20世纪中国的消费文化,尤其是在像上海这样的通商城市,其所具有的消费形态必定不仅仅是民族主义的,而有着更多复杂的面向,其中包括李欧梵所谓的"世界主义"或长久以来为人诟病的"崇洋文化",以及新感觉派所谙熟的"颓废主义",凡此等等,既是对民族主义的消解,也是"民族主义消费"和"国货年运动"得以成立和推进的前提(因为有这么多和民族主义格格不入的东西,所以才需要以"运动"的方式加以规训重整)。此外我们显然也不应忘却五四以来个性主义的发展对中国社会变迁的深切影响,恰如葛凯之前所认为的,国货运动对"摩登女郎"的指摘

---

① 胡适:《试评所谓"中国本位的文化建设"》,《大公报·星期论文》,1935年3月31日。
② 孙绍谊:《想象的城市——文学、电影和视觉上海(1927—1937)》,第153页。

是与对五四激进主义的反拨有关的——这一观察某种程度正构成了对他的"中国的消费主义和个人自由、自我情感的表达无关"论述的一个反驳或自我"纠错"。一如"摩登女郎"不仅是消费资本主义时代的产物,在现代中国,它还是一系列历史事变(其中包括五四新文化提倡的个性自由)的结果,中国的消费文化因而除了民族主义的"品性"之外,毫无疑问地还有着诸多其他的面向和"质地"。而对于《制造中国》这样一部资料广博、视野宽阔的著述来说,作者得出中国的消费主义与个人自由无关的结论,不能不说是和西方世界某种根深蒂固的对中国的刻板印象有关的。

下篇
个案分析

第一部分

"环球百货"、"摩登女郎"与上海外观现代性的生成

"线性时间进步观"通常被认为是鸦片战争以来的中国在现代性追求上的主要倾向,而世人对"线性时间"的认知、信仰包括"迷茫"很大程度是和视觉的震惊交织在一起的。本雅明曾以电影为例指出了机械复制时代的艺术给世界所带来的"震惊",而在其后的"拱廊街计划"中,他则将造成现代人视觉震惊的根源推到了商品世界,尤其是它的展示和消费活动。德波、鲍德里亚等有关"景观社会"的分析,也都进一步指出了都市奇观与炫耀消费之间的密切联系。晚近的女性主义则提出了女性与百货公司的关系问题。她们认为,上述男性理论家的论述虽然富有洞见,但大都忽略了女性在都市奇观和炫耀消费中的作用。她们指出,产生于19世纪中期的百货公司不仅汇聚了大量的商品,而且使女性第一次可以不需要男性的陪同而自由地往来于街道商店,它因此可以被解读成"女性体验同时也被女性体验制造了现代

性的一个原型之地",①这一切在现代上海同样有着鲜明的表现。20世纪10～30年代,上海出现了以经销"环球百货"著名的先施、永安等四大公司及其与此相关的"摩登女郎",本文以此为线索,探讨现代上海炫耀性消费的发展和外观现代性的生成,及其与"线性时间进步观"的关系。

一、"环球百货":视觉政体和炫耀消费

近代以来,上海的消费文化日趋繁盛,一首流行于晚清的竹枝词这样说道:"申江自是繁华地,岁岁更张岁岁新,解取及时行乐意,千金一刻莫因循。"②尤其是在有"销金窟"之称的福州路上,茶园酒楼戏苑鳞次栉比,生面独开。但上海的消费文化或商业形态进一步向"制度性"的以视觉为主导的炫耀性消费的发展,端赖于先施、永安等公司的创立。③第一次世界大战期间,祖籍广东的澳洲华侨马应彪、郭乐等人乘着西方各国忙于战事无暇中国市场的开拓,先后回国在上海南京路、近浙江路一带投资创立大型百货公司。1917年10月,马应彪的先施公司首先揭幕,翌年9月,郭乐的永安公司也随之开张。这两家百货公司在南京路上的出现,不仅开了华人经营"环球百货"的先河,且将上海的炫耀性消费推向了一个新的阶段。1926年和1936年,又有两家名为"新新"和"大新"的巨型百货公司在南京路上闪亮登场,与先施、永安比肩而立,遥望相对。加上外商经营的百货公司,如成立于1913年的惠罗公司等等,上海形成了各大百货公司争奇斗艳的局面。

历史和文化评论家罗斯在谈到西方百货公司的兴起时指出,技术

---

① 米卡·娜佳:《现代性拒不承认的:女性、城市和百货公司》,严蓓雯译,罗钢、王中忱主编:《消费文化读本》,中国社会科学出版社2003年版,第181页。
② 袁祖志:《续沪北竹枝词》,兼顾炳权编:《上海洋场竹枝词》,上海书店出版社1996年版,第12页。
③ 上海有百货公司并非自先施、永安起,上世纪初,南京路近外滩一带已有福利、汇司等数家外商经营的百货公司,但这些外商百货公司创立的初衷并不是为中国人服务,很少有中国人前去购物。

的发展和城市的某些变革,为当年巴黎在世界百货公司发展上的领导地位铺平了道路。郝斯曼男爵主持的市政工程改变了城市的街道,宽阔的林荫大道"切过巴黎的心脏",新修的路面和人行道让行人可以方便地行走和闲逛,并暂停脚步凝视商店的橱窗,玻璃和铸铁技术的发展使大片橱窗得以镶嵌在商店的正面,电气化则提升了隐藏于橱窗背后的奇观与戏剧性。①这也是先施、永安等公司出现的背景和呈现出的新气象。19世纪50年代,上海出现了地处外滩河南路、南京路附近,第一个由英国商人修建的同时兼作公园的跑马场,直径八百码,由于场地过小,骑手们经常把马骑到外边的泥石路上来,人们便把这些路称作"马路"。而至20世纪初,随着地价暴涨,跑马场几迁其址,南京路也由东向西发展成了上海首屈一指的大马路,路面宽阔且定时洒扫。上海第一条有轨电车线路也于1908年建成通车,日后先施、永安之所以选址于南京路西段,临近的浙江路上有电车通往北火车站,能带来大量客流也是原因之一。道路交通的现代化为先施等公司的出现准备了条件,而现代商业模式的引入则从根本上改变了中国传统商业的形态。四大公司除了商场外,还设有酒家、旅馆、茶室、咖啡厅、游乐场和影剧院等等,1928年来到上海的斯诺曾记叙道:"永安游乐场里同时演出十多台戏",②人们原本是来购物的,结果却进了一个吃喝玩乐无所不能的场所。新新公司里的"玻璃电台"(用玻璃围绕起来的播音室)和大新公司的"自动扶梯"更是充分展现了电气化所导演的"戏剧性"。而从消费与视觉性关系的角度看,先施等公司最具"划时代"意义的变革或创举,乃是在于建立了一种与传统商业截然不同的以"不二价"/"明码标价"为支柱的"视觉政体",从而把商品的"可视性"

---

① 见琳达·麦道威尔:《性别、认同与地方——女性主义地理学概说》,徐苔玲等译,台北群学出版有限公司2006年版,第218页。
② 《斯诺文集》第1卷,新华出版社,1984年版,第18页。

和"炫耀感"抬升到了令人"瞠目"的程度。

以最先开张的先施、永安为例。在"统销环球货、始创不二价"的经销方针下,先施在开张之日即已采购、经销各类商品逾万种,并以一种前所未有的方式陈列出来。偌大的、近万平方米的商场内成千上万的商品被以明码标价的方式分门别类地陈列于"一目了然"的玻璃柜或展示架中;永安在同样规模和方式的展示外另开了上海大橱窗陈列的先河,在底层朝南京路的一面设了10个由进口大玻璃制成的嵌入式橱窗。[①] 此后,各大公司纷纷效仿,大橱窗陈列遂成为上海标志性的街景和大商场的惯例。这样一些如今已经司空见惯的展示方式,在现代上海的空间建构和消费发展中却未可小觑,不仅一举颠覆了传统的商业形态,且对社会心理造成了深刻的影响。它一方面将各类商品"完美无缺"地呈现于人们的眼前,仿佛"触手可及",让商品的诱惑力和炫耀性令人"瞠目"地呈现出来;一方面则将人们与所观看到的商品有效地隔离开来,原先可与卖家讨价还价的主动的言辞往返也被迫转化为"沉默"的观看,从而使人们"视"有余而"取"不足,进而萌生"必欲取之而后快"的愿望。以本雅明在"拱廊街计划"中的分析,这样一种"可望而不可即"的展示方式正是"商品拜物教"得以实现的机制之一,无数的"商品挂着,无拘无束地像最狂野的梦中意象那样呈现出来",[②] 有效地唤起了人们的视觉感受和对商品的欲望。

如果考虑到上海开埠后对"洋货"等外来奇观曾经不无"骇怪",那么,这一方式对上海炫耀性消费发展的影响就更值得注意了。由于上海的开埠伴随了坚船利炮的先导,其后大量涌入的新奇物品/"洋货"在中国的历史上却闻所未闻,世人于是在"奇技淫巧"[③]的鄙夷之外也

[①] 上海社会科学院经济研究所编著:《上海永安公司的成立、发展和改造》,上海人民出版社1981出版。

[②] 转引自周宪、许钧主编:《现代性的碎片》,商务印书馆2003年版,第322~323页。

[③] 《书经·泰誓》下:郊社不修,宗庙不享,作奇技淫巧,以悦妇人。

不无"骇怪"或更多了一份焦虑。《官场现形记》第四十六回中,当派了九省钦差的童子良被上司问及将以何种方式出行时,他便碰头奏道:"臣是天朝的大臣,应该按照国家的制度办事。什么火车、轮船,走的虽快,总不外乎奇技淫巧。"晚清妓女却"横竖"不管,成了洋货的率先使用者,清光绪中叶以后,她们中的好修饰者戴眼镜、佩"小表"的已相当普遍,制衣用洋纱、呢绒、毛葛、哔叽更是普通平常,丝袜、洋伞、香水、围巾等装饰品也如影随形。① 而惟其如此,洋货使用的"合法性"更成了问题。19 世纪 90 年代前后,社会上"靓妆倩服效妓家"已成"习俗",人们对于外来的"新奇"事物也已不再一味鄙夷,但"洋货"在文化上的合法性却并没有真正解决,"假洋鬼子"的遭人鄙夷便是一个显明的例证。先施"始创"的"不二价"则将人们的"骇怪"有效地化解于对"科学"和"诚信"的信仰中。所谓"明码标价",即一切商品都首先是"看得见"的,而不是如传统商业那样越是贵重的物品越是深藏不露;不仅如此,它还同时意味着所有的成本和利润都经过了科学精确的核算,从而具有足够的诚信或合理性,无需讨价还价。先施的店名也是取自世界上第一家百货公司 Bon Marché 表示经营信条的"Sincere"(诚信)的译音。如此,通过对"科学"和"诚信"的强调,洋货的"他者性"便被大大"降低"了,或者说已被成功地"去魅"。与此同时,先施、永安还对"洋货"进行了重新的命名,以更为正面或貌似中性而具有阐释力的"环球百货"取代不无暧昧的"洋货"。原因无它,只因以"线性时间进步"的观念来看,不仅"科学管理"下的"诚信"是"时间进步"的象征或体现,来自环球/欧美为代表的物品本身即意味了先进和文明。

这便解释了四大公司的"环球百货"在 20 世纪的二三十年代为什么成了人们追逐的对象。来自"环球"的品牌,时新的款式和"科学"的定价,使购买者顿时产生了"合潮流"/"有身份"的感觉。四大公司还

---

① 参见《上海通史·晚清社会》,上海人民出版社 1991 年版。

纷纷发明了向富裕有"信誉"的顾客发放可以赊账的购物折子和用汽车接送它的特选顾客等方法,进一步宣示了"环球百货"及其使用者的"非同凡响"。在这样的策略引导下,不仅上层阶级惟先施、永安等公司的"环球百货"为"尚",一般大众也紧随其后,成了它们忠实的"拥趸",其逻辑恰如凡勃伦的《有闲阶级论》所说:"上层阶级所树立的荣誉准则,很少阻力地扩大了它的强制性的影响作用,通过社会结构一直贯穿到最下阶层。结果是,每个阶级的成员总是把他们上一阶级流行的生活方式作为他们礼仪上的典型,并全力争取达到这个理想的标准"。[①]

二、女性的"合法"空间和"摩登女郎"的产生

四大公司的视觉政体和"环球百货"无疑在上海炫耀性消费的发展中起到了至关重要的作用,而海派小说家如下的描写则告诉我们,普通都市女性同样在这一过程中做出了举足轻重的贡献。或者说,正是由于她们的加入,"环球百货"才得以广为传播,四大公司才成为上海最具人气的消费空间:

> 侬个个啥辰光买格?……"是公司里买的"。那回答在不熟悉这种情形的人听来也许会以为它是一句隐语……而那问者却不会不熟悉这种情形的,因此她一听就知道那所被说到的公司就是三公司之一——她们把先施、永安和新新合称为三公司……只要是说是从公司购的,就知道它有公司的货品地位。

小说名曰《三公司》,[②]发表于20世纪30年代初期,因其时大新公司尚没有开张,故称"三公司"。而早在19世纪末,上海女性"冲出闺阁"介入公共空间和消费的愿望已经十分强烈,《吴友如画宝》中一幅

[①] 凡伯伦:《有闲阶级论》,蔡受百译,商务印书馆2002年版,第64页。
[②] 作者林微音,见余之等主编:《旧上海风情录》(下),文汇出版社1998年出版。

性别视角下的上海都市文化

数名闺阁女子手持望远镜遥望租界的情景便生动地传达了这一信息。①上海女性的"不安于室"其实要更早于此。1872年的《申报》记载说:"上海地方妇女蹀躞街头者不知凡几,途间或遇相识之人,欢然道故,寒暄笑语,视为故然。若行所无事者,甚至茶轩酒肆杯酒谈心,握手无罚,目贻不禁。……此风日盛一日,莫能禁止。"②上海知县的一则告示也称:"上海一区,戏馆林立,每当白日西坠,红灯夕张,鬓影钗光,衣香人语,沓来纷至,座上客常满,红粉居多。"③然而,1878年中国驻英使臣郭嵩焘携如夫人大宴西客一事,却在《申报》上引发了男女礼防的大争论④。民国的建立和五四新文化运动的发生则为女性参与各种社会活动提供了更多的可能,但1924年的北京戏园里仍是男女分座的,某晚瞿秋白请刚从沪到京的丁玲看陈德霖出演的京剧,丁玲因哀伤挚友王剑虹(瞿秋白第一任妻子)的早逝无心看戏,写了一个字条请茶房递过去便不辞而别了。⑤

女性之所以被排除在社会的公共空间之外,或被区隔开来,以女性主义的看法,在于历史上女性的活动通常被限定于家庭这一私人领域,源远流长的父权制剥夺了女性自由行动的权利;与此同时,男性所代表的"公共性"却不是一个包容的概念,毋宁是一种"排斥"。某些个人或群体之所以被排斥在公共空间之外,理由或者是他(她)们的行为将或已经妨碍到公共利益;或者反过来,恰是为了保护他(她)们免受公共场所的骚乱与不安。女性长期以来被界定为后者,却又悖论性地被视作"公共性"的潜在破坏者。这种既视女性为需要保护的对象又视女性为秩序的威胁者的看法,在转型时期的社会表现得尤为分明,

---

① 《视远惟明》,周慕桥(1868—1922)绘。
② 《申报》,1872年6月4日。
③ 《邑尊据禀严禁妇女入馆看戏告示》,《申报》,1874年1月7日。
④ 其中一篇以《论礼别男女》为题的文章认为:"礼之所以别男女也,泰西人未尝泥之,而能合礼之本;中人则无不知之,而徒存礼之末。"《申报》,1878年8月9日。
⑤ 王增如、刘向东著:《丁玲年谱长编》(上),天津人民出版社2006年版,第28页。

她们的"越界"/对男性主导的公共空间的涉足通常会引起社会明显的不安。事实上在现代都市形成之前，或百货公司出现之前，无论西方还是东方，能在城市中自由移动的"公共女人"大都是妓女。《浮生六记》中，芸娘虽然在丈夫的掩护下偷着出门和其"私游"了一回，却不能不顾虑到"为人识出既不便，堂上闻之又不可"。晚清上海虽然一般普通女性的行为准则也已有所松动，但转型时期的混杂却引发了人们更多的对于"危险的女性"或"女性的危险"的担忧。普通的良家妇女如何"安全/合法"地置身于公共空间，仍然是个问题。

先施、永安的出现则为破除这一"僵局"提供了条件。它们的宽畅明亮和"明码标价"等等的经营方式，无不表明这是一个"童叟无欺"（当然也包括妇女在内）的"安全"同时也是充分"合法化"的空间，普通女性在其中的活动并不会有伤大雅，和她们作为家庭事务主持者的身份也并不相悖，相反倒更有助于这一角色的实现。1935年10月《良友》画报上曾刊出了一组图文并茂的"小家庭学"，其中"购物"被作为一项重要的家政事务而单独列出，可见随着先施等公司的盛行，"到百

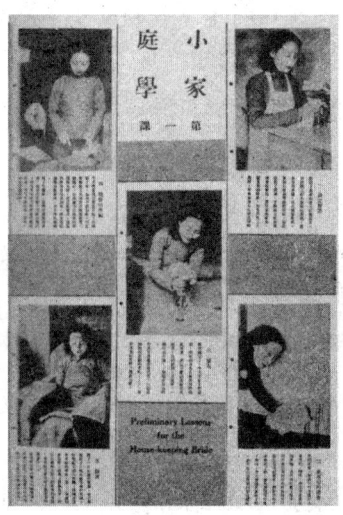

《小家庭学》，《良友》画报1935年10月。

货公司去购物"已不仅是女性的"合法"权利而成了"天职"。事实上,早在这之前,大量的都市女性已经往来于街道和"公司"之间,并构成了四大公司本身的景观之一。1928年《上海漫画》上叶浅予的一幅题为《秋冬之装》①的漫画几乎"纪实"地描绘了这一状况:秋冬之际,忙着换季(装)的都市女性摩肩接踵地在"公司"的楼道里上上下下,忙得不亦乐乎。而这一景况的出现和百货公司所允诺的"随意浏览"其实有更大的关联:

《秋冬之装》,作者叶浅予。

头一遭,过路行人可以不负购买义务地随意进入店家。商品轮替频繁,价格涨幅不大;大量而频繁的轮替,为那些实际上是大量生产而货源充足的商品,创造出供给匮乏的假象。②

一般认为,19世纪中期诞生于巴黎的 Bon Marché 是"随意浏览"的始作俑者,先施等公司显然仿效了这一方式。可以"只看不买",这大大增加了人们在其间的逗留时间,本雅明认为,购物活动中这种由随意的"闲逛"而引发的人际间的"摩擦"与"交流",能够于无意间将消费的场所演变为社会空间,徜徉于百货公司的普通都市女性似乎也正

---

① 叶浅予作,《上海漫画》第30期,1928年11月10日。
② 琳达·麦道威尔著:《性别、认同与地方——女性主义地理学概说》,第161页。

是在这一过程中感受到了"跻身"于"公共"的"自豪":周边无数的人、不断涌动的人流和自己处身于同一个空间中,做着同样的事,以安德森的说法,某种"休戚与共"感便产生出来了。而以左拉在《妇女乐园》中的描述,"随意浏览"与其说是为了公共空间的营造,不如说是出于商业的需要,就其实质而言,乃是一种针对女性而设计的性别化的商业体制,根本上是为了"诱惑"女性而促使交易的成功:

> 女人乃是交易之中心。她们要被引诱、诱导与迷惑。她们被特价商品吸引,被标价的纯粹数字所震慑。最初她们以家庭主妇的身份被诉求征服,接着被新潮的喜好牵着走……①。

事实上,四大公司在提供女性"合法"空间的同时,也赋予了她们"促进"消费的使命,恰如女性主义所指出的,"资本主义社会中,女性的功能在于挪用并保存她竞争成性的丈夫、父亲和儿子少有时间去兑现或享受的价值与商品;她替他们的劳动提供了一剂解药和一个目的"。② 女性在百货公司的"浏览"因而并非总是"随意"的,也决非"轻松"的,她们随时留意、搜集着各种商品的资讯,努力在"尺短寸长"中把握流行的兴衰和消长。而为了更好地实现这一知识生产,时尚刊物和上述的"小家庭学"等等也被进一步地创造出来,成为现代女性的"必修"课程。以某种乐观的看法,女性在这一过程中改变了以往的"内囿"和"被动",她们通过逛百货公司而发现了"让人激动"的生活,获得了和男性同样的个性表达的机会。而在现代上海,四大公司及其所允诺的"随意浏览"的一个明显的结果则是促使了"摩登女郎"的产

---

① 转引自张小虹:《在百货公司遇见狼》,台北联合文学出版有限公司2002年版,第167页。

② 《性别、认同与地方》,第219页。

性别视角下的上海都市文化

生。1934年《申报》上的一篇文章这样描绘现代中国的都会女性：

> 现代中国的摩登姑娘，太太们，哪一个不是成了洋货商店的好主顾，从头发丝尖儿起，至高跟皮鞋底的最末一英寸止，差不多除了她们固有的中华血统的皮肉之外，全都装饰着舶来的服用品。①

无疑，四大公司为"摩登姑娘、太太们"的出现提供了物质基础和流行的标杆。如果说明码标价和随意浏览构成了四大公司"视觉政体"的核心，那么它们也同时造就了一种踵事增华的新的女性形象和气质。早在1928年，《华北捷报》上已有关于"中国的奇装异服的轻浮女子"的报道，她们"穿着半洋化，短发……短裙……脂粉脸"，②而到了20世纪30年代，描眉，画眼，烫发，抹口红，身穿改良旗袍或其他各式时装，足蹬丝袜和高跟鞋，则构成了"摩登姑娘、太太们"的"经典"形象。"摩登女郎"并非现代上海仅有。一次大战后，随着资本主义的发展，职业女性也大量产生，世界各大都市里于是出现了大批浓妆艳抹、气质新颖的现代女性。在日本，人们将这类女性称作"摩登女郎"（modern girl），并用片假名モダン・ガール来表示这一与世界资本主义或现代性的发展有关的外来事物。モダン・ガール和1923年的关东大地震其实有着更为直接的关系。日本在明治、大正时期即实行了包括女子在内的普及教育，于是在东京等城市的震后重建中，接受了教育的女性们抓住机会迅速登上了都市舞台，顺理成章地成了电话接线员、办公室的打字员和百货商店的女店员等等都市化的亟需人才。在都市化和经济独立中获得了"自主"的她们浓妆艳抹、率性消费，而东京等城市的震后"复兴计划"也有意识地以她们的铺张夸饰而"构筑

---

① 导溱：《摩登妇女，觉悟吧》，《申报》，1934年8月2日。
② 转引自李欧梵：《上海摩登》，北京大学出版社2001年版，第212页。

都市式的奢侈性"。① 现代上海的"摩登女郎"同样有赖于女子教育和都市化的发展,许多研究表明,晚清以来的废缠足、开女学不仅从知识上也在体格上为形形色色的新女性的产生准备了条件,获得了身体自由的她们从五四新文化运动一路走到了中国都市化的前沿,此处不赘;要强调的是,在上海,"摩登女郎"的出现和四大公司性别化的商业体制及所推行的炫耀性消费有着更为直接的关系。除了物质装备方面的支持外,其所允诺的"随意浏览"对摩登女性的形成同样重要,甚至是更为关键的。"随意浏览"以促使交易为目的,但也使女性获得了更多出入公共空间的自由。有研究指出都市女性常常将去百货公司和去电影院连在一起,"随意浏览"无疑为这一空间、时间的转换提供了方便。上述"小家庭学"中,购物之外也安排了看电影的节目:"今天恰好是星期六,他(丈夫)回来的时候,请他等在永安公司门口,一块儿去买新年的礼物,买完后,如若时间还早,我们去看电影吧。噢,对啦,今天南京大戏院开映着斯的芬森的《金银岛》,我在学校里读书的时候,曾爱读的那部小说的电影化,我决不让它错过的。"② 由百货公司而至街道、电影院,以往消息闭塞足不出户的她们开始广泛地出现于公共场合,在成为都市潮起潮落人群的一部分的同时,也将"环球百货"等等的"现代化"更为广泛地播散开来。

三、时间、空间与性别:上海外观现代性的生成和紧张

"现代性世界是一个最终由商品生产、流通和交换的支配地位造就的幻想和假象世界",③ 就现代上海而言,"环球百货"和"摩登女郎"无疑是其中两个重要的环节,如果说前者构成了现代上海商品世界的主体,那么后者同样参与了社会的变迁,尤其是上海外观现代性的生

---

① 坂元弘子:《试论近代上海"摩登女郎"的形成》,李长莉主编:《近代中国社会与民间文化》,社会科学文献出版社2007年出版。
② 《小家庭学·八购物》,《良友》画报,1935年10月。
③ 周宪、许钧主编:《现代性的碎片》,商务印书馆2003年版,第360页。

成。而这一过程与它们对炫耀性消费的推进并不能分开。

首先,"环球百货"、"摩登女郎"所形构和表征的炫耀性消费提升了表面印象在现代上海的重要性。"表面印象重要性的增加,这也是现代性观念的一个重要组成部分"。① 上海开埠后,尤其是进入20世纪以来,由于人口的大量增加和流动,加上"转型"造成的"礼崩乐坏",使得传统由稳固的地理所属和血缘关系为依据的身份认知已经变得不再有效。"环球百货"则以其使用价值和文化符号并举的双重功能提供了人们于一个新的变动不居的环境里身份重建的可能。而四大公司大量展示的本身亦同时深刻地改变了人们的认知。大量展示的一个直接的后果,便是外观在现实生活中越来越占有了重要的位置,世人对事物的认知也越来越"依赖"于"目之所见"。1935年的一幅《想象型之都市女性之新妆》②的漫画夸张而不失真实地凸显了这一变化。画面上一"摩登女郎"造型夸张地占据了大部分的空间,而男性则被描绘/比喻成了匍匐于女郎新妆之下地位卑微的小乌龟。《良友》画报的一则调查则说,不少男性认为摩登女郎的高跟鞋不仅是"爱美的表现"也是"权威的象征"。③ 女性的高跟鞋和"新妆"之所以会令男性"望而生畏",引起了有关男性地位跌落的联想,除了漫画家的夸张外,也是因为在20世纪二三十年代的上海,由于社会认知方式的改变,原本居于卑位的女性有可能藉自我包装/外观的改变而获得发展的机遇。"外观"于是变得不仅仅是外观,而成了机会的凭证和社会竞争的资本。这一变化的意义不仅仅是它为女性的社会"晋升"创造了条件,更为重要的是,它表明了一种新的社会存在和运行方式的出现:即个人的身份和发展机遇可以通过外表的修饰而获得,从而颠覆了传统的等

---

① 《现代性拒不承认的:女性、城市和百货店》,《消费文化读本》,第183页。
② 张英超绘,《现象》第2期,1935年1月。
③ 《良友》画报第88期,1934年5月。

级制度,帮助了人们的身份"重建"和社会流动。

其次,"环球百货"和"摩登女郎"有力地参与了都市的"印象整饰"或景观生产。外滩的万国建筑、汽车轮船和霓虹装饰历来是上海都市景观的典型代表,茅盾的《子夜》开场便以外滩为背景,从薄雾笼罩的外白渡桥、1930年的雪铁龙汽车和闪射着赤光绿焰的霓虹管广告,一路描写到南京路、河南路口抛球场一带"高耸碧霄"的摩天楼……如果说凡此等等的新景观宣告了"现代性的来临",那么身穿"外国轻绡"、香气扑鼻的"摩登女郎"从一开始就与这一切交织在一起,并直接促使了来自乡下代表了"封建僵尸"的吴老太爷的命归西天。不仅如此,随着情节的开展,行走于大饭店交易所的她们且制造出了更富视觉刺激的马路戏剧:有"西洋美人"之称的摩登女郎刘玉英,一次"像被风卷去了似的直扑过马路"后,在外滩华懋饭店前的石台阶上和一西装男子迎面相撞,其开叉极高的旗袍被风吹起后,旋即卷进了男子的手杖。而在"新感觉派"小说家的笔下,"摩登女郎"更多地被和八汽缸的汽车、骆驼牌香烟、咖啡的幽香、舞厅的灯光和上了白漆的行道树"混合"在一起,成为都市律动不可或缺的因素。有意味的是,如果说至此为止,"摩登女郎"还是行走于摩天楼下,那么,到了20世纪30年代的中期,随着先施、永安等集聚的南京路西端日益成为上海的地标,"摩登女郎"已经被置于都市的高空,和夜空中的先施、永安、新新公司壮丽的大楼景观并列在一起。1926年,南京路上首次出现了"皇家牌打字机"吊灯广告,先施公司立即跟进,将霓虹店招悬挂到了公司大楼的顶端,不久永安公司的楼顶上也闪烁起红色的英文字样"Wing On"和绿色的中文"永安",新新公司的霓虹装饰更是后来居上。这一景况很快被与"摩登女郎"结合起来,成为上海"印象整饰"的新篇章。1934年出品的电影《神女》中,我们看到,当银幕上出现了被璀璨的霓虹装饰着的先施、永安和新新公司的大楼建筑时,阮玲玉扮演的性感而"巧笑倩兮"的"神女"的身姿面影也叠加其上,"现代都市的建筑已经和女性性

性别视角下的上海都市文化

特征的叙述化无法分离了"。①

四大公司及其相伴而生的"摩登女郎"无疑对上海的都市感性和外观生产起到了重要的作用,并促使上海从历史上一个"文物寂寂"的"弹丸蕞尔之地"一跃而为远东第一都市或世界第六大城市,"在两次世界大战之间,上海乃是整个亚洲最繁华和国际化的大都会","当时东京被掌握在军国主义者手中;马尼拉像个美国乡村俱乐部;巴达维亚、河内、新加坡和仰光只不过是些殖民地行政机构中心;只有加尔各答才有一点文化气息,但却仍远远落后于上海。"②但与其说"环球百货"、"摩登女郎"是上海外观现代性生产的主导力量,毋宁说上海的外观现代性生成于现代中国对"线性时间"的强烈追求。外观现代性既是空间的呈现,同时也是时间的概念,现代上海对"时间进步"的认知可以说是从空间/视觉的震惊开始的。开埠后大量涌入的"洋货"和外来奇观在让人们感到深深的震惊的同时,也"直观"地体悟到了西方世界的"先进"和"老中国"在时间上的"滞后",从而激起了对"时间进步"的急追。在这一过程中,先施、永安无疑居功厥伟,它们不仅前所未有地重塑了人们的视觉,而且在"外观"和"时间"之间建立起了牢固而重要的联系。正是在这一背景下,上海的外观现代性日渐生成。"表面印象"在现代上海之所以至关紧要,除了它是个人在匿名社会里必要的标注外,也是因为它的"瞬间"变化有利于人们对"时间进步"的及时跟进。"摩登女郎"的香氛薄衫、炫奇斗异虽然极大地挑战了社会成规,但因为其中所蕴含的时间意识也在其时的上海获得了发展的空间。在20世纪30年代上海的快速发展中,时间无疑成了价值的主要参数,上海的外观现代性也因此而呈现出超常的"求新求变"和更易速

---

① 玛丽·安·多恩:《跨语境下的女性面孔、城市风景和现代性》,《聚焦女性:性别与华语电影国际学术研讨会论文集》。
② 白鲁恂:《中国民族主义与现代化》,《二十一世纪》总第9期,1992年2月。

159

现代性的姿容

率,往往"三数年间"或"转瞬"之间已"有如隔代"。诚然"摩登女郎"的"以时为尚"也表现出某种时尚固有的"循环往复"的趋向,如旗袍在20世纪30年代的忽长忽短:1929年,由于受到欧美流行短裙的影响,旗袍的下摆升到了膝盖,翌年,旗袍的长度仍沿袭着上年下摆至膝的情形,而从1931年起,下降开始了,1934年前后,旗袍变得空前绝后的长,叉则几乎开到了臀下;1935年以后,情况又发生了变化,开叉降到膝盖,下摆则上升了一寸……至40年代初,旗袍的长度又回到了二三十年代之交的状况。① 而现代上海的时尚系统总体上可以用"与时俱

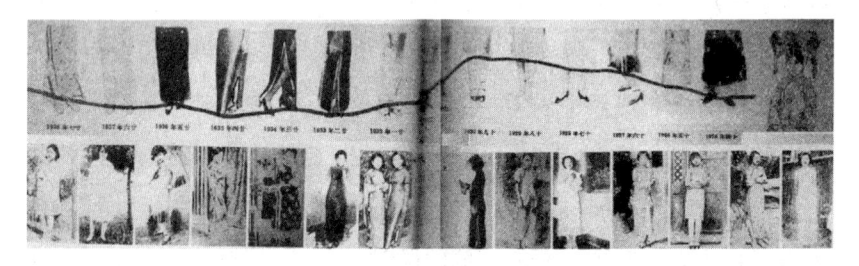

《旗袍的旋律》,《良友》画报1940年1月号(总150期)。

进"、"虎跃过往"来概括,事实上旗袍的回到"从前的长度"并不是一种简单的重回,而同样是一种"入时"的追求。"女人的衣服往常是和珠宝一般,没有年纪的,随时可以变卖,然而在民国的当铺里不复受欢迎了,因为过了时就一文不值"。② 这样一种对"时间"的急迫追求也渗透在四大公司的形成和命名中。1926年登场的新新公司取"日新又新"之意,和先它而立的先施、永安在南京路上展开激烈的竞争,而1936年开张的大新公司则以最"大"之"新"为标榜,确然,它现代风格的大楼建筑和"自动扶梯"等等的设备也再一次刷新了现代上海的外观现代性。

---

① 《良友》画报1940年1月号(总150期)以"旗袍的旋律"为题记载摄影了历年旗袍的长短变化。参见同年代的《良友》画报。
② 张爱玲:《更衣记》。

性别视角下的上海都市文化

  吊诡的是,现代上海此类对"时间进步"的追求却引发了广泛的社会焦虑。面对上海开埠后尤其是 20 世纪都市化加剧以来的变化,人们一方面感叹着上海"在念(廿)多个周年这进展的过程也就够瞧呢","什么皇后号总统号……一船船把许许多多的物质文明都装到上海来啦,看看摩天大楼一天天如年龄般愈长愈高了",[①]"上海是世界第六位的大都市,是中国第一位的大商埠……上海的市民,日益增加;上海的建筑,日趋高大;这些都足以表示上海的繁荣……",[②]同时则疑惑着:"虽说上海的地面是我们中国的,但有一寸土真正是中国同胞的吗?"[③]在 1933 年新中华杂志社发起的"上海的将来"的征文讨论中,更有论者不留情地说,上海应当全然"没有将来","上海如不能走向健康的繁荣,毋宁走向痛快的毁灭",上海的霓虹灯必须被死亡吞灭,"墨墨的浓云"将笼罩城市[④]。事实上,上海自开埠以来,其"将来"和外观的变化一直是世人关注、言说的焦点,有意味的是,正当"上海繁华"或"一种新都市文化"的形成已成不争事实之际,出现了不若"毁灭"的呼声。显然,如果说日趋发展的外观现代性表明了上海在"线性时间进步"追求上的成就,并使它远比马尼拉、加尔各答等城市更有都市的感性,那么现代上海触目皆是的异国情调、景致和风物,以及"分裂"的一市三政的空间格局,也同时凸现了中国主权的缺损和屈辱。

  空间不仅是社会活动的场所和容器,也是权力争斗和意识形态建构的结果,现代上海不断发生的空间和景观的变化或外观现代性的演进,无疑和殖民势力的影响有关。换言之,如果说"线性时间进步观"成功地带动了欧美各国的工业革命和都市化的进程,那么也为它的殖民扩张提供了理论和想象的基础。而作为殖民扩张对象或后发现代

[①] 《上海礼赞》,《现代》第 11 期,1935 年 11 月 1 日。
[②] 《上海的将来》,中华书局 1934 年版,第 1 页。
[③] 同上,第 44 页。
[④] 同上,第 33、45 页。

现代性的姿容

性国家的中国,其对"线性时间进步"的追求则从一开始就陷入了时空的紧张或两难。当"线性时间进步观"在现代上海衍化为一系列的包括四大公司和"摩登女郎"在内的"新都市文化"或景象之时,上海倾刻间与世界的"先进文明"接上了关系,获得了"时间进步"的正值;与此同时,其显而易见的外来性则也触目地提醒了主权的暧昧,加剧了人们空间感受的复杂性。这一"紧张"且因为民族危机的加深而在20世纪30年代以一种非常的方式呈现出来。1929年,世界爆发了自有资本主义以来最为严重的经济危机,欧美各国包括日本为摆脱危机加紧了向中国的倾销,造成了中国连年并不断攀升的入超,"九一八事变"和"一·二八事变"的发生则令困顿中的民族工业再一次遭受了重挫。"焦虑的爆发出现在个人不能实现或被限制实现某一行为的时候",[1]这一系列的变故无疑加剧了人们"亡国"的焦虑,而关税和主权的不自主不完整,则使国人在频繁严重的变故面前几乎没有切实的应对之道。于是,和历史上不少困厄的时刻相同,性别政治登上了前台。其时的上海发生了普遍的"女性嫌恶症",尤其是在1934年初开始的"国货年"运动中,"摩登女郎"遭到了严厉的谴责,被认为毋庸置疑地"犯有卖国的嫌疑",[2]因为"除了她们的肉体是从母胎带来的国货外,其余周身戴的、穿的、用的、敷的",无一不是外国货。[3]而在稍后蒋介石亲自发动的新生活运动中,"摩登女郎"的"衣长袖短"之所以被纳入了国家管制的范围[4],也是因为在当政者看来,除了她们的奇装异服必将造成

---

[1] 安东尼·吉登斯:《现代性与自我认同》,赵旭东、方文译,三联书店1998年版,第49页。
[2] 画舫:《鸣鼓攻"摩登"》,载《红玫瑰》6卷32期,1930年12月21日。
[3] 《生活》2卷42期,1927年8月21月。
[4] 1934年6月,江西省据蒋介石的手令率先出台了《取缔妇女有伤风化及不合卫生之奇装异服》的条例,其中包括:一、旗袍最长须离脚背一寸;二、衣领最高须离颚骨一寸半;三、袖长最短须齐肘关节;四、左右开叉旗袍不得过膝盖以上三寸……六、腰身不得绷紧贴体,须稍宽松……八、裙子最短须过膝四寸,不得露腿赤足……并标明"本办法由省会公安局抄录并制就传单挨户分送……妇女衣着装束不遵守本办法者,由岗警加以干涉,如有反抗者,得拘局惩处。"

性别视角下的上海都市文化

严重的"风化"问题之外,其对外货的追捧也已经影响到了"中国"的主权。

莫尔维曾将叙事性电影的主要特征归结为主动的/男性观看和被动的/女性被看之间的分裂,而女性在成为男性"视觉快感"客体的同时,也诱发了一个更深层次的问题,即女性的性差异所暗示的"阉割"焦虑;男性摆脱这一焦虑的途径通常有两条,其中之一便是通过对"女性"这一"有罪的对象的贬斥、惩罚或拯救来加以平衡"。[1]这也是20世纪30年代的上海"摆脱"焦虑的方式。面对无法改变的"入超"和国土丧失等日益严重的民族危机,其时以男性为主体的社会同样采取了对"女性"/"摩登女郎"这一"有罪对象"的贬斥、放逐来"平衡"。不同的是,如果说经典的叙事性电影凭借这一方式有效地帮助男性个体在潜意识层次上摆脱了"阉割的焦虑",那么,现代上海对"摩登女郎"的控诉则并未能真正有效地缓解民族现实的危机包括社会的焦虑,反倒是更为强烈地凸显了危机的"存在"和进一步的临近。1936年,一幅《未来的上海风光的狂测》[2]的漫画以戏剧化的手法描画、想象了未来女性成为上海统治力量的状况,她们将"从裸腿露肩的装扮进化到全体公开",只是在"重要部分"系了一丝细带,而男性却仍然穿着传统的裤子,被解放了的她们称作"封建余孽"。漫画呈现给人们的似乎只是一幅令人啼笑皆非的未来上海的两性关系图,而"进化"、"封建余孽"等等的字眼却透露出其中深蕴着的有关时间、空间及性别的焦虑与迷茫。

概言之,如果说"线性时间进步观"主导了现代上海外观现代性的生成,那么,形成于20世纪10～30年代、以经销"环球百货"著名的先

---

[1] 劳拉·莫尔维:《视觉快感和叙事性电影》,见《外国电影理论文选》,上海文艺出版社,1995年。
[2] 作者张文元,《时代漫画》第30期。

施等四大公司及其相伴而生的"摩登女郎"有力地参与了这一进程。先施等公司在以"科学性"、"视觉化"和"随意浏览"等方式打造现代观览型的商业形态或"视觉政体"的同时,也形塑了一种踵事增华的女性形象,造成了她们在社会公共空间的大量出现。"环球百货"、"摩登女郎"提升了"表面印象"在现代上海的重要性,帮助了人们的身份重建和社会流动,并构成了都市"印象整饰"和景观生产的重要部分。上海外观现代性超常的"求新求变"和更易速率,在促使上海一跃而为远东第一都市或世界级城市的同时,也引发了社会持续不断的焦虑和普遍的"女性嫌恶症"。性别政治的介入复杂化了现代上海的面目,同时凸显了现代中国或上海在"线性时间进步"追求中的时空紧张。"对于城市来说,历史是一个特别重要的文化资本形式。所有这些都加入了一个独特的大都会文化的形成过程中,既是一种生活方式,也是属于都市和在都市中形成的文化产品和文化表达的在场"。[①] 作为城市的历史和文化资本之一,"环球百货"与"摩登女郎"的交集/纠缠,生动地表明女性充分参与了现代上海的社会转型和现代性的形成,从而拓宽了我们对都市文化和上海城市历史,以及当下状况的理解。上世纪90年代,与浦东的开发开放相伴随,上海发生了强烈的怀旧风,而其对"老上海"的执着寻找和"重构",似乎着意的是重现当年的都市感性和景观,其潜在的心理却是对曾经"失落"或"断裂"的时间的重拾,包括以"上海小姐"、"上海宝贝"和"上海的金枝玉叶"为中心的"上海描写热"的形成及其所引发的争议,[②]无不显示出时间、空间和性别在新时代里新一轮的交错和复杂。

---

① 托马斯·班特尔:《当代都市与现代性问题》,《知识分子论丛》第4辑,江苏人民出版社2005年版。

② 见王安忆的《长恨歌》、卫慧的《上海宝贝》和陈丹燕的《上海的金枝玉叶》等"上海三部曲"。

性别视角下的上海都市文化

消费文化的勃兴与"新感觉派"的"摩登女郎"想象

20世纪20年代初,上海脱去旧装,蜕变成一个现代化的城市。南京路、霞飞路新式的商业百货娱乐街市取代了昔日以茶楼戏园为主的消费方式(当然并没有完全消失)。以李欧梵的说法(或他对茅盾《子夜》的读解),进入30年代后,上海已经成为了一个繁忙的国际大都会——世界第五大城市,同时又是中国最大的港口和通商口岸,一个与传统中国其他地区截然不同的充满现代魅力的世界,一个国际传奇,被誉为"西面的纽约"和"东方的巴黎"。上海成了世界消费品在中国的展示中心:汽车、自行车、电话、打字机、化妆品、收音机、留声机……几乎世界上所有的时髦消费品都能在上海市场上觅得。《子夜》对上海物质层面的描写,从一个侧面印证了上海的现代化:1930年的雪铁龙、电灯和电扇、无线电收音机、洋房、沙发、雪茄、香水、高跟鞋、美容厅、回力球馆、GRAFTON轻绡、法兰绒套装、巴黎夏装、日本和瑞士表、啤酒和苏打水,以及各种娱乐形式:跳舞(狐步和探戈)、轮盘赌、咸肉庄、跑马场、必诺浴、舞女影星等等。茅盾在1934年发表的《上海的将来》中说,随着各地的商品和富人涌入上海,上海"将来一定会升做第一;就是第一位专门消费的大都市"。① 其实20世纪二三十年代之交的上海作为一个消费大都市已经和世界最先进的都市基本同步了,这不仅体现在物质的繁荣上,也体现在消费文化的形成方面。

20世纪20年代末到30年代的中国出现了一个流行词:"摩登"。

---

① 茅盾:《上海的将来》,《新中华副刊》,中华书局1934年出版,第23、24页。

165

有人认为,"摩登"一词作为 modern 的音译,其实承载了和"现代"不同的义项,之所以甫一出现便迅速流行,在于上世纪 20 年代末期以来的上海都市文化(尤其是消费文化的繁荣),包括社会文化上的一些新潮现象需要找到适当的表达和命名。①虽然论者置疑"摩登"与"现代"的等同,但明确地指出了摩登与消费文化急速兴起的关联。1928 年《上海生活》杂志有篇《论"摩登"风潮》的文章也写道:"最近在亚洲各大都会,就中在上海最可注意的是'摩登风潮'的潮行。一半青年争先恐后的追求时流这是什么缘故呢?"②在当时的历史语境下,作者还无法揭示"摩登"风潮的"本质"及其背后的历史文化动因,只是笼统谈到"摩登"风潮是对传统的"反动的示威"。晚近的消费文化理论指出,现代消费社会的出现,不仅意味着社会经济结构和经济形式的转变,同时也是一种整体性的文化转变。③如此来看,"摩登"风潮的盛行,可以说正是 20 世纪 20 年代末期以来与上海的经济形态、社会结构相伴随的消费文化勃兴的表征,或所引发的重要的社会文化现象。而在这股摩登风潮中,首先引人注目的是风潮的引领者"摩登女郎",尤其是在月份牌广告、电影、报刊杂志等各种媒介力量的宣扬下,她们几乎成为了 20 世纪 30 年代新兴的现代消费文化的象征和代言人。

海派文人特别是其中的"新感觉派"作家同样敏锐地感觉到了这一新兴的风潮给社会文化所带来的诸方面的变化,包括对自身及"摩登女郎"的影响。面对 20 世纪 20 年代末以来社会和文化的转型裂变,新感觉派的年轻作家们其时也有许多茫然和不适。年轻的穆时英曾表白:"二十三年来的精神上的储蓄猛地崩坠了下来;失去了一切概

---

① 张勇:《"摩登"考辨——1930 年代上海文化关键词之一》,中国现代文学研究丛刊,2007 年第 6 期。
② 谷朴秀:《论"摩登"风潮》,《上海生活》,1928 年第 6 期。
③ 参见罗钢:《探索消费的斯芬克斯之谜》,《消费文化读本》导言部分,中国社会科学出版社 2003 年出版。

念,一切信仰;一切标准,规律,价值全模糊了起来;……以一个有机的人和一座无机的蒸汽机关车竞走,总有一天会跑得精疲力竭而颓然倒毙在路上的吧"。① 但这种茫然和不适并没有削减"新感觉派"对现代都市题材的热情,他们以一种欲拒又迎的复杂心态创作了一系列表现都市新兴文化的文本——不仅有文学文本也有图文合一的画报等,这些文本为我们再现了一系列与现代都市的消费文化密切相关的"摩登女郎"形象。这些形象或与月份牌广告、左翼电影的女性图像不同,提供了别一种的想象,或也可以互为参照,加深我们对摩登风潮的整体理解。毋庸讳言,新感觉派虽以先锋自居,代表了当时文坛的某种新的风尚和手法,但他们男性叙事者的身份,使其所代言的女性叙事其实很难完全跳出男权文化的窠臼。然而,由于新感觉派的性别态度本身充满歧义、矛盾和反讽的意味,因此也给不同角度的阐释留下了空间。

一、现代消费娱乐空间里的摩登女郎:空间权力和性别权力的僭越挑战

珍尼·沃尔夫的《看不见的闲逛女人:现代性著作中的女性》认为,女性在一些描述现代性的重要作品中缺席,是因为那些作品很大程度上关注的是公共领域:拥挤的街道、闲逛之人(flaneur)②的经历和政治、职业世界。在沃尔夫看来,这些领域是妇女被排除在外的领域,因此女性受到研究现代性理论家的忽视。沃尔夫在讨论波德莱尔和本雅明笔下的闲逛之人时,同时就他们对女性的视而不见表示了不满,并使用了阴性词汇 flaneuse 来指那些闲逛女人。沃尔夫不仅不满意他们笔下缺乏探索的女性,也不满意缺乏被探索的女性。她写道:

---

① 穆时英:《白金的女体塑像·自序》,《穆时英小说全集》,中国文联出版公司1996年出版,第273页。

② 爱闲逛的人,游手好闲者,是本雅明在《资本主义时代的抒情诗人》一书中提出的重要概念。

"在他们的写作中缺失公共领域边缘的生活,缺失对'现代'之含义的个人化的陈述,缺失对作为公众人物的女性之不同经历的记录。"[①]而《购物经验》的作者米卡·娜佳则认为,沃尔夫文章中关注的历史时期是 19 世纪的后 50 年,大体上和波德莱尔的"早期现代性"同时,本雅明将这个时期称为"现代性的史前期"。如果沃尔夫不是这么对现代性分期,而是将它联系到现代性高度发展时的社会舞台,即大众文化和消费蓬勃发展的 20 世纪早期,那么就可以发现女性并没有被排除在公共领域的现代性体验之外;相反,她们极其重要地参与了现代性体验的形成,她们的体验可以被解释成是现代性构成的典型要素。与此同时,米卡·娜佳也指出,由于女性消费者在城市公共空间(如百货公司和影院等消费娱乐场)频繁的购物、观影等消费娱乐活动,不可避免地对传统性别权力秩序和传统文化秩序构成了威胁、挑战,从而引发了男性集体(特别是男性知识精英)对消费和大众文化的性征化——女性化的普遍焦虑,在她看来,这正是主流叙述中对女性参与建构现代性所具有的理论上的中心地位拒不承认的重要原因。[②] 19 世纪末 20 世纪初上海消费娱乐文化勃兴后所引发的诸多社会现象和文化现象同样印证了米卡·娜佳的上述论点。

晚清上海公共租界空间变化的一个重要方面便是公共娱乐区的出现,这有赖于道路交通的推进和西式娱乐的引入等等因素的促成。于"无意"间,传统的性别隔离被这一新空间的出现冲开了一个缺口。恰如有研究者所指出的,都市公共娱乐区的出现卓有成效地拓展了女性的活动空间,引导/吸引女性走出家门,融入都市文化的环境中,她们的观念、行为逐渐越出男女有别、夷夏之辨的戒律,充当了挑战传统

[①] 转引自段练:《城市空间里的"文本身体"》,王鲁译,孙逊、杨剑龙主编:《都市、帝国与先知》,上海三联书店 2006 年出版,第 249 页。

[②] 参见米卡·娜佳:《现代性拒不承认的:女性、城市和百货公司》,严蓓雯译,《消费文化读本》,罗钢、王中忱主编,中国社会科学出版社 2003 年出版。

的先行者。① 在传统社会,娱乐业的消费者有着明确的性别属性。出现于娱乐空间的人群中,尽管也有妇女的身影,但这些妇女往往是作为"消费对象"的妓女。而良家妇女只能通过岁时节令的进香、庙会、踏青等方式获得娱乐消闲的机会。和传统社会不同,晚清上海租界公共娱乐区的出现为女性提供了全新的娱乐活动。这一时期,女性出入传统社会禁止女性出入的场合(如茶馆、戏园)已经不是什么太惊世骇俗的事情。晚清公共娱乐区还出现了女性入弹子房打弹子、进番菜馆吃大餐、到照相馆拍小照的情形,而乘坐马车往来于娱乐空间之间更是家常便饭。在晚清著名画家吴友如创作的大量上海时装仕女画,如《海上百艳图》中,就可以找到女性活动的丰富记录。晚清上海公共娱乐空间和娱乐活动的出现,提供了女性以主体身份参与消费娱乐的条件,对打破"男女有别"的空间界限,确实有着特殊的意义。到了民国初期,各种阶层的女性出入公共空间更是屡见不鲜。1915年《妇女杂志》转发了一篇翻译自《字林西报》的文章《中华妇女界之新气象》,文章比较全面地记录了女性参与公共空间和娱乐活动的状况及所带来的变化:

> 海上寓公,苟有阅世十年之久,则默观静察,于中华妇女界日新月异之气象,亦足略窥一斑矣。该此帮女流,方如旭日东升,曙光远射。……欧化东渐已逾周甲,而最近十年以前,沪地途行女子,仅属下流社会中人。彼驾车静安寺路者,多蔽以帐蔓焉。今则上等妇女昂首独行,赴寺购物,所在皆是。设在十年前见之,不将认为怪物耶。沪地为交通繁盛之口岸,马龙车水,阗溢通衢,彼头角峥嵘,天机灵敏之女子,时见熙熙攘攘屡杂人群。向之次趄畏缩,挈裾牵袂,奔窜歧

---

① 罗苏文:《近代上海:都市社会与生活》,中华书局2006出版,第146页。

路者,今具易以庄严郑重,行动自如,身心俱泰矣。

以言游戏,中华妇女之作蹴鞠之戏者,近已屡见不鲜。试探者,落间则有手持球拍,高下作势之女子。而静安寺路某书局新基,男女且共与焉。途中有驾自动车之妇女,有跨马骑行者。不久亦将得见。有心人有常瞥见有自驾轻车,驰道左之惊鸿,侍侧之御者,亦衣服整洁。较之往时官绅家积垢盈寸之仆从,大相径庭矣。①

文章通过与十年前的比较,描述了女性在公共场合活动、参加体育活动、市场购物、骑自行车出行等方面的新气象,反映出中国女性从自卑、封闭,走向健康、自信、积极的新形象的过程。从中我们也可以发现参与公共空间活动对女性的认知能力、身心健康起到的有益作用。

消费性场所取代生产性场所是现代都市的标志,现代消费空间的出现更加彻底地改变了传统的性别空间观念。20世纪30年代的上海,由于包括四大公司的附属设施在内的娱乐场所先后建立,如先施公司一至三层为商场,四、五层为美商东亚旅社,六、七层为先施乐园,包括各种游艺内容,楼顶为屋顶花园,夏天会放映露天电影。永安公司一至四层为百货商场,五、六层则分别开设了酒楼、旅馆、弹子房、跳舞厅、游乐场和戏院,屋顶开设了"天韵楼"花园。20世纪30年代是上海全面建设"现代城市"的黄金时期,上海的现代消费娱乐空间因此得到了进一步扩展,或正步入升级换代的高潮。如1932年重建的大光明电影院,建筑面积达6250平方米,无论外部环境和内部设施都堪称当时影院之最,被誉为"远东第一影院"。至此,城市女性更多地出现于这些现代消费娱乐空间里,她们的身影已是司空见惯。与上海日渐

---

① 润石:《中华妇女界之新气象》,《妇女杂志》,第2卷,第9号,第12~13页,作者自称译自《字林西报》。

开展的都市化相伴而生的"新感觉派"作家敏锐地意识到了女性在都市消费文化中的强大力量,特别是在现代消费娱乐空间里的扩张,其笔下的摩登女郎于是无不与现代消费娱乐场所有密切的关系:现代百货商店是摩登女郎最常去的消费场所(《流》);与西方文化和西式生活密切相关的咖啡馆成为了摩登女性的休闲消费圣地(《骆驼、尼采主义者与女人》、《风景》);电影院作为新兴的大众文化娱乐空间更是成为摩登女性体验视觉现代性和科技现代性的"天堂"(《亲爱的G·C》)。新感觉派笔下的摩登女郎还时常出现在诸如舞场、酒吧、跑马场、高尔夫球场、海滨浴场或游泳池、夜总会等新兴的现代消费娱乐场所里(《游戏》、《上海的狐步舞》、《两个时间的不感症者》、《红色的女猎神》、《夜总会里的五个人》、《春之姿态美》、《伞》)。她们不是在汽车里或公园野地里,就是在咖啡馆、马路上,而很少或只是短暂地停留在女性的传统空间——家庭里。如《礼仪和卫生》中的妻子在感情上和行动上都非常率性和自由,经常不着家。小说结尾写到丈夫回家后看到的并不是妻子本人,而是妻子留下的告诉其想到外埠住住换换空气的字条。

传统的父权社会里,男性/丈夫占据公共空间,女性/妻子占据私密空间的分割是绝不能混淆的,对父权统治来说,一个社会的危险就在于人们占据了错误的空间,尤其危险的是女性占据了男性的空间。现代以来,虽然产生了许多不同以往的新空间,但城市的公园和街道在传统的意识中依然是男性的空间,对女性而言则充满了危险。因此,出离了家庭空间在城市中随意行走的女人,常被认为是对男性主导的社会秩序的一种威胁,并常常被赋予不名誉和不道德的联想,良家妇女绝不会以这样的方式占据城市空间——西方现代化的早期,很多女性还被这样的观念束缚着,直至百货公司和消费文化的兴起,女性被赋予促进消费的使命,普通良家妇女对都市空间的介入才逐渐合法化。而晚清上海的女性,已然身体力行地打破了许多男性对公共空间的垄断,至上世纪30年代,随着现代消费文化的勃兴,女性更为广泛地出现于都市的公共空间之中,尤其是新感觉派笔下的"摩登女郎",她们的言行举止不仅挑战了传统的性别空间观念,还与本雅明看重的"男性漫游者"一样成为了现代城市生活的见证者和参与者。

女性主义认为,性别气质和空间权力有关,传统的性别制度在将家庭、内室作为女性的活动天地的同时,也规定了女性的言行尺度,所谓"内言不出,外言不入",女性在与男性的关系上也被要求以被动、温顺、服从的面目出现,女性既不能观看外面的世界,也不能直面男性,更不要说表达自己的要求、欲望了。直到19世纪末,漫游/闲逛的权力还主要是男性的,西方城市中单独行走于街道的女性,还常常是中产阶级男性漫游者的偷窥对象。但随着20世纪初期消费文化的勃兴,传统性别空间的被打破和新性别空间的建立,传统的女性气质和两性权力关系也逐渐发生了改变。

在中国,新感觉派的小说某种程度上见证了这一时代风潮中中国新潮男女的相类变化。由于男性叙事者的视角和深隐其中的男性中心/沙文主义,新感觉派小说文本中的摩登女郎往往难以摆脱男性的注视,有些甚至沦为了男性叙述者欲望化的客体,但同时我们也发现,新感觉派笔下的摩登女郎既是被注视的对象,同时也拥有注视的主体权力,常常反身将那些把她们客体化的男性客体化。

新感觉派的小说文本中塑造的不少摩登女郎与传统性别定位中的女性角色有着天壤之别。郭建英《摩登喋舌记》[①]中的摩登女孩邀请同伴跟她一起跟梢一位摩登男子,当女伴表示跟男人屁股难为情时,摩登女孩反驳说:"呸!有什么难为情呢?男子可以跟女子,女子为什么不可以跟男子呢?"而刘呐鸥《两个时间的不感症者》描写的摩登女郎则是一位Sportive的近代型女性,她去跑马场的目的并非是去看赛

---

① 郭建英:《摩登喋舌记》,《中国学生》,1930年第2期。

马,用她自己的话来讲"不是赛马好玩,看人和赢钱好玩呵"。当摩登女郎邂逅 H 后,主动搭识 H,当 H 在为握定她的手腕犹豫之际,她却反而紧紧地挟住了他的腕。当 H 向她表白"我翻头看见了你时,真不晓得看你好还是看马好了"时,女郎说"我可不是一样吗。你看见我的时候,我已经看着你好一会了。你那兴奋的样子,真比一匹可爱的骏马好看啊!你的眼睛太好看了。"在刘呐鸥的《风景》中女主人公面对男主人公的凝视并不恼怒,而是直率的发问:"我有什么好看的呢?你还是对着镜子看看自己哪,先生,多么可爱的一幅男性的脸子!"这样一种反凝视或者说主动的凝视,让男子十分惊愕,甚至有些经受不起她的眼光的压迫了。在传统文化中,"看"是男人的专利,由于新感觉派作家男性叙事者的身份,加上他们根深蒂固的男子中心主义的倾向,他们的小说文本中自然少不了被男性目光所追逐的女郎。但作为一个现代作家的敏感,却使他们无法漠视现代消费文化兴起后传统性别权利的变化。他们不能不感受到,"看"与"被看"的传统性别权力被摩登女郎颠覆了,"世界溜溜的男子任我溜溜地瞧",女性已经变得和男性一样"观看自由"。而这种颠覆首先是由空间的变化而来的,其次是随之而来的性别观念的微妙变化。现代消费娱乐场所为女性的"闲逛"提供了可能的空间,同时它也将女性看和闲逛的权力合法化了——它让女性能够同时成为观看、欣赏的主体和客体。因此,如果说现代消费娱乐空间为男性和女性提供了互相"凝视"的合法空间,那么摩登女郎更是把现代消费娱乐空间当作了她们僭越和颠覆两性权力的实验空间。

比如,在刘呐鸥与穆时英的笔下,一切的主动权都在女子的手上:"啊,真是小孩。谁叫你这样手足鲁钝。什么吃冰淇淋啦散步啦,一大堆罗嗦。你知道 LOVE—MAKING 是应该在汽车上风里干的吗?郊外是有绿荫的呵。我还未曾跟一个 GENTLEMAN 一块儿过过三个钟头以上呢。这是破例呵。"这位摩登女郎抛下他们又去赴下一个约。

穆时英《被当作消遣品的男子》中的蓉子，《CRAVEN"A"》中的Craven"A"，《黑牡丹》中的"黑牡丹"，几乎都颠覆了传统意义上的女性气质和特征。郭建英《不知道忧郁的女人———一封时代小姐的信》中的"时代小姐"清楚地知道"爱人离开她的理由是性格太复杂，太强；感觉太锐利、太新鲜；情感太移动，太什么什么"，"我的爱人见我这样，觉得很怕"。但摩登女郎依然我行我素，"抽着纸烟，听着萨克斯风"，爱人的离去在她看来是"旧的不去，新的不来"。

在有关百货公司与性别重构关系的研究中，有研究者指出，"在消费资本主义那些早期……令人愉快的日子里，逛百货公司构成了其大部分内容，许多女性认为她们发现了更让人激动的……生活。她们对消费体验的参与和挑战推翻了传统上被认为是女性特征的复杂特质———依赖、被动……家庭内向和性的纯洁。大众消费文化给女性重新定义了性别，并开拓出一个和男性相似的个性表达的空间。"[1]其实何止是逛百货公司的消费体验，其他现代消费娱乐空间中的各种现代性体验同样重新定义了女性特质。就新感觉派笔下的摩登女郎来说，她们不再仅仅是充当男性欲望的客体，相反有时候她们成为了男性欲望的控制者和主导者，而其中的男子反倒成了两性角逐中的被动者，甚至失败者。不仅如此，她们还使现代上海的消费文化呈现了某种女性化的特征，通过对现代娱乐场所等都市公共空间身体力行的介入，摩登女郎有力地改变了以往主流的社会文化一直以来都以男性为主的特点。打破了传统性别空间的樊篱，颠覆和僭越了两性权力秩序的摩登女郎，无疑会令许多既定的男性权威受到了威胁和挑战，从而造成"男性对吞噬一切的女性化的恐惧……对脱离控制的本性的恐惧，

---

[1] 参见米卡·娜佳：《现代性拒不承认的：女性、城市和百货公司》，严蓓雯译，《消费文化读本》，罗钢、王中忱主编，中国社会科学出版社2003年出版，第173页。

对无意识、性欲和在大众中稳固的布尔乔亚自我和身份的失落的恐惧"。①虽然新感觉派笔下的摩登女郎具有相当的想象成分,但考虑到上世纪30年代消费娱乐文化不断高涨的状况,我们可以说新感觉派的描写同时有着一定的现实基础,年青新潮的现代女性正借消费文化的勃兴而猛烈地冲击着传统的观念和秩序。这也一定程度解释自20世纪20年代末起到整个30年代,一方面是消费娱乐文化的不断发展,与此同时,社会上/电影中、报刊杂志上或漫画中却弥漫起对摩登女性不无普遍的焦虑以至恐惧。直到今天,虽然相关研究不断深入,但作为现代消费文化的主体或参与者的"摩登女郎",她们在挑战传统性别空间和性别权力方面的积极意义,以及在建立现代性别空间和两性权力关系中的价值、作用依然没有得到足够的重视和承认,有必要作出进一步的分析。

二、物化的背后:摩登女郎的身份建立和"摩登性"的认同

20世纪30年代的上海,在消费主义日渐占据主导地位的都市文化语境下,一方面摩登女郎成为如广告、画报等新兴媒介力捧的消费文化的代言人,成为大众追捧的偶像,另一方面摩登女郎又成为言论界讽刺抨击的主要对象。而追捧和抨击几乎都首先聚焦于摩登女郎的两个方面:一是浓妆艳抹、追求时髦的外在形象——烫发、涂脂粉、抹口红、穿着性感毕现的旗袍和高跟鞋;二是消费——追求舶来品、佳肴美酒等高消费的生活方式。当时有一篇弹词《摩登小姐》就形象地描摹了摩登女郎在大众心目中的形象:

近代风俗变化新,申江繁华最驰名。摩登小姐多艳福,
几世修来学摩登。(他是)生长名门娇养惯,一呼百诺婢盈

---

① 参见米卡·娜佳:《现代性拒不承认的:女性、城市和百货公司》,严蓓雯译,《消费文化读本》,罗钢、王中忱主编,中国社会科学出版社2003年出版,第198页。

门。从小读书在爱国校,跳舞唱歌色色精。选中皇后威风足,引得男生意气争。细胞潮流新知识,男女交际爱情深。一口哀皮西啼个西洋话,神气活现假作真。身郎向个装束多奇怪,可称为玉立婷婷貌倾城。剃头司务真道地,头发烫得花样新。小口樱桃红一点,法兰西唇膏最欢迎。眉毛弯弯如新月,俏眼睛生来陛态轻。巴黎香粉扑得俚倷三分白,化妆香品记芳心。玉手尖尖筋弗露,(还有个种)蔻丹染指最风行。雪白头顶真有样,凸乳露胸扑香粉。旗袍小得来周身紧,香汗淋漓赛过裹馄饨。短脚管个裤子那一双跳舞袜,六月里弗怕蚊虫叮。小姐艳福有谁能及。闲来最好把无线电听,藉以消遣散散心。①

显然,在时人的意识中,物化、洋化、装扮时髦作为摩登女郎的主要特征几乎是没有疑义的。新感觉派同样呈现了摩登女郎物质化的一面:"我是在奢侈里生活着的,脱离了爵士乐,狐步舞,混合酒,秋季的流行色,八汽缸的跑车,埃及烟……我便成了没有灵魂的人"。《黑牡丹》中的摩登舞女毫不掩饰自己的"物化"生活。"要不要来看看我的'飞扑'。六缸的,意国制的一九二八式的野游车。真正美丽,身体全部绿的,正和初夏的郊原调和。它昨天驰了一大半天,连一点点吁喘的样子都没有,你说可爱不可爱?"《游戏》的女主人公谈论起汽车这种高档消费品完全是个"恋物狂"的口气。与迷恋现代物质相比,新感觉派笔下的摩登女性对外貌和打扮似乎更为讲究,作者常常细致描写她们怎样"有着天鹅绒那么温柔的黑眼珠子和红腻的嘴唇,穿了白绸的衬衫、嫩黄的裙"(《骆驼、尼采主义与女人》),或者"穿着红绸的长旗袍儿,站在轻风上似的,飘荡着袍角"(《被当作消遣品的男子》),但是,

---

① 华震:《摩登小姐》,《申声月刊》,1935 年创刊号。

性别视角下的上海都市文化

对于现实世界里世人所谓的摩登女性的外表美,他们却"不敢苟同"。在他们看来,"中国都市女子的大部,尚未到了可认为具有现代美的境域"①。像上述弹词中所描绘的那种"巴黎香粉扑得俚倷三分白"的装扮,在他们看来决算不上是真正的现代美。"中国女人跑到百货公司,随便买了一种粉抹在脸上,全不顾到颜色的深浅",无异于"油漆匠把石灰厚厚的涂在墙壁上"。②那么,什么样的形貌/装扮才是具有现代美、真正摩登的?

新感觉派作家不仅擅长文字写作,对视觉形象也饶有兴趣。1933年创刊的《妇人画报》是以图为主兼具说明性文字的画报。在这份以郭建英为主的《妇人画报》上,新感觉派作家以及与新感觉派同调的海派作家有过不少关于"摩登"的论述,他们以巨大的热情对现代女性美进行了专题讨论。鸥外·鸥在《中华儿女美之隔别审判》一文中,对中国女性的身体从头到脚进行了评头论足,他带着刻薄和嘲讽的语气直陈中国传统女性的形貌缺陷,指出要改变中国传统女性的身体形象的不足,必须通过模仿好莱坞电影中的西方女性的造型和表情加以改善。"今日的我帮女儿的面相的美,是进化的了。亦可戏言之谓是日渐外倾了。而最贴切言之则为 hollywoodism 的 screen-face(好莱坞主义的电映颜)"。③刘呐鸥在《现代表情美》中谈到心目中的摩登女性时则写道:"这个新型可以拿电影明星嘉宝,克劳馥或谈瑛做代表。她们的行动及感情的内动方式是大胆,直接,无羁束,但是在未发的当儿却自动地把它抑制着……,把这心理无停地表露于脸上,于是女子在男子的心目中便现出是最美,最摩登"。④还有人认为中国女子的形貌,

---

① 郭建英:《求于上海的市街上》,陈子善编:《摩登上海》,广西师范大学出版社 2001 年出版,第 192 页。原载 1934 年 4 月《妇人画报》第 17 期。
② 默然:《外人目中之中国女性美》,陈子善编选:《脂粉的城市》,浙江文艺出版社 2004 年出版,第 68 页。
③ 鸥外·鸥:《中华儿女之隔别审判》,第 73~74 页。
④ 刘呐鸥:《现代表情美》,第 80 页。

必须要靠后天的"修饰"和"弥补",才能达到现代摩登美。"人工美代替了自然美的现代,黄黄的脸肤已不容许再出现在交际场所甚至你们自己的私室里了。那是多么煞风景的事呢。夫人小姐们,恐怕你们决不会忽略这一点的吧"。[①] 但是,"中国女人大都还没有把握住美容的艺术。她们该向西洋女人学的东西多得很呢。欧美的女人懂得怎样抹粉,怎样配以合宜的化妆","她们该知道,有经验的美术家总把市上买来的颜色小心配合,以获得适当的效果的。中国女人在美容上又有一种缺点。她还没有充分注意眼睑(或曰眼皮)的着色;她该在眼睑上染一点蓝色,以增加她的美丽。如果她的眼睛是细小的,这尤其能使眼睛看来较大。三分姿色七分装,美容术的重要可想而知了"[②]。

为此,《妇人画报》用大量的文章和插图具体指导女性如何使用化妆品、护理面部皮肤、眉毛、头发和双手,并用大幅版面指出中国摩登小姐的错误时尚,以西方的榜样纠正之。画报还鼓励读者追随VOGUE这样的欧美时尚杂志以获得启发,了解在什么样的场合应该穿什么样的服装和鞋子。每一期画报都向读者报道欧美(尤其是巴黎)的最新流行时尚,这样她们就不会被任何大众的低俗品味所迷惑。郭建英的专栏《摩登生活学讲座》还引用 VANITY FAIR , COLLEGE HUMOR 等刊物以及日本妇女杂志来专门教授约会、跳舞、行路、坐车等诸般社会场合下的礼节。在他们看来,摩登是一门学问、一种功课,不是任何一个买得起一身旗袍、一双高跟鞋和一些化妆品的妇女随便就能达到的。理想的摩登女性应是"全然没有摩登气的摩登,确无意识地生长的摩登"[③]。

无疑,新感觉派推荐指导给中国现代都市女性的摩登知识包括

[①] 仑:《流行线》,陈子善编选:《脂粉的城市》,浙江文艺出版社2004年出版,第94页。
[②] 默然:《外人目中之中国女性美》,第68～69页。
[③] 赵莲莲:《如果我是个男子》,《妇人画报》,第16卷,1934年,第17页。

"气质"都是西方的,其中更明确狭义的则是好莱坞女星的摩登样板。但是,对于新感觉派的这一取舍或许不能以简单的"崇洋"或"明星控"、"嘉宝控"①来论之,它事实上隐含了他们对现代消费社会身体/物质、现代性与自我认同的认识或敏感。鲍德利亚在《最美的消费品:身体》一文中谈到消费社会中的一个重要文化现象,"在消费的全套装备中,有一种比其他一切都更魅力、更珍贵、更光彩夺目的物品——她比负载了全部内涵的汽车还要负载了更沉重的内涵。这便是身体"。②因此,"自我和身体变成了多种多样新生活方式选择的落脚点"。③ 新感觉派作家虽然没有明确深切的身体与自我关系的理论,但从他们对中国都市女性形貌的"耿耿于怀"或"津津乐道"来看,他们"直觉"地意识到了消费现代性的"关键"在身体,中国的摩登女性需要改观自身的身体面貌而实现摩登性。具体来说,便是要开展一系列的消费活动:今天你要买 WARM 的口红,明天却要买 COOL 的;今天要买 WABE-SET LOTION,明天却又要买 SKIN FOOD④。但这一活动并不是个人随意性的,不是简单功用的,也不仅仅是局限于经济上的意义(节俭还是奢侈),现代消费理论指明,消费越来越显示其文化学上的意义,即被赋予了显示身份、地位、名望等符号价值,"有意义的消费乃是一种系统化的符号操作行为"。⑤ "摩登"的身份和个性需要

---

① 新感觉派可说对嘉宝有着特别的情结(complex),除了刘呐鸥在《现代表情美》中明确提出"这个新型可以拿电影明星嘉宝"做代表之外,穆时英的小说也多次以嘉宝为现代美的标本:"她绘着嘉宝型的眉"(《骆驼、尼采主义与女人》),《PIERROT》里,嘉宝不仅以雕像的形式出现,还是谈话的焦点,能写善画的郭建英则作过嘉宝等明星脸的表情美素描。
② 让·鲍德利亚:《消费社会》,刘富成、全志钢译,南京大学出版社 2008 年出版,第 120 页。
③ 安东尼·吉登斯:《现代性与自我认同》,赵旭东、方文译,三联书店 1998 年出版,第 213 页。
④ 侯汝华:《小瓷瓶的被弃》,陈子善编选:《脂粉的城市》,浙江文艺出版社 2004 年出版,第 256~257 页。
⑤ 季桂保:《博德里拉:"消费社会"批判理论述评》,《国外社会科学》1999 年第 2 期。

新的符号,烫发、口红、香粉、高跟鞋、旗袍这些与身体密切相关的消费品自然是摩登女郎的必备标记,却又不那么简单,它很大程度取决于时尚、潮流、特定的审美标准:

"我的手中现放着一本 VOGUE 杂志,正在阅读着什么关于近春女夜服的长短,应该几尺几寸咧,什么今年胭脂的颜色,渐趋橙褐色咧,又什么荷皮梗牌的混合香水,能充分地表现个人的 PERSONALITY 咧,等等有意思的文字。"

《流》里的青云买了"全丝面的法国缎子",又在楼下买了一瓶"NUIT ESPAGNOLE"的香水。

《热情之骨》里的女子玲玉,只知道金发女子所喜欢的,黑发女子也无不喜欢。她也和碧眼的女儿一样喜欢吃糖果,欢喜喝混合酒,欢喜看足球的比赛。

"真是在刺激和速度上生存着的姑娘哪,JASS,机械,速度,都市文化,美国味,时代美……的产物的集合体"。《被当作消遣品的男子》中的男主人公如是评价女主人公蓉子。

似乎是对现实世界里中国女性现代美缺乏的痛彻心扉,新感觉派小说家不仅通过《妇人画报》的阵地对她们进行摩登的具体指导或规训,也在小说中直接描写那些具有法国味、美国味、时代美——归根结底是西方化的摩登女性形象或消费样板,事实上,他们笔下的摩登女郎常常显得血统"不纯",有着浓厚的异国情调。而在郭建英的漫画《现代女子脑部的一切》里提到的那些特定的消费品和生活方式也无不是与西方最时髦的物品和西化生活方式联系在一起。

消费文化是在西方现代性发展过程中形成的文化再生产的主导模式,因此时尚、潮流等作为标杆的消费文化的许多方面,都是现代西方的文化,它对于现代世界中的日常生活实践,成为了意义的中心。恰如乔纳森·弗里德曼所指出的,"如在特定消费策略中所表达的欲望的特殊结构中的用法那样,特定的消费界定了认同空间的轮廓。诸

性别视角下的上海都市文化

电影——鸡尾酒——爵士音乐——GARBO,DEITRLEH,嘉宝,黛德丽——旗袍料子——冰淇淋——SAXPHONE——胭脂——大光明——接吻——拥抱——华尔兹舞——密斯脱——介绍——RENDEZVOUS（密会）——好莱坞——开房间——EROTICISM——恋爱学——不结婚主义——御夫术——揩油政策——汽车——REVUE——不着袜主义——跑狗——陶醉——刺激——NONSENSE主义——A.B.C——跳舞场——异性热力——速力——无感伤主义——HORMONE, HORMONE, HORMONE,（生殖原素）——钱，钱，钱，钱，钱！

《现代女子脑部的一切》，郭建英画。

如从 a 到 n 连加之和，$\Sigma(a,\cdots n)$，这些物品的总和。这些物品构成了用来表达我是一个什么组合"[①]。在当时中国的社会语境里，西方正是一个追慕的对象，新感觉派文人以法国味、美国味——具体到"法国缎子"、"嘉宝型的眉"——为现代美，或者简化为"金发女子所喜欢的，黑发女子也无不喜欢"，这丝毫也不奇怪。有意味的是，他们对摩登女性居高临下、孜孜不倦的指导同时又被他们自己的文本描写所击破。

三、谁是消费文化的新权威新偶像：摩登女性与男性精英的权力之争

在上世纪 30 年代上海消费文化的勃兴中，与正宗/理想或想象中

[①] 乔纳森·弗里德曼：《文化认同与全球性过程》，周宪、许钧主编：《现代性研究译丛》，商务印书馆 2004 年出版，第 153 页。

181

的西方现代美不相谐的事物比比皆是(男性西式礼帽和长袍马褂、皮鞋的搭配可说是最触目的一桩),新感觉派文人独独以"现代大都市的女性的形貌"为训导的对象,既表现了他们的兴趣所在和根子上的"男性沙文主义",也从一个侧面说明了在现代消费文化的发展中,女性有着更为重要的作用和意义。有趣或反讽的是,与他们在《妇人画报》中孜孜不倦地对"大都市中的女性"进行"现代美"的普及庶几同时,其小说和文字文本中的男性却更多地受到了摩登女郎有关身体、身份和消费的品评、教导。女性主义认为,在资本主义的发展重心由生产转向消费的阶段,由于消费对女性的依赖,也由于炫耀性消费的发展中女性的身体力行,女性被确认为时尚口味的权威,也是新事物——即现代的阐释者。就像在复杂的社会等级中有这么一批"有文化的人",消费社会里也有这么一批"有文化的人",她们的消费知识来自商店购物等消费活动本身,所以"是妇女解码和解码了阶层的转变面目"。[①] 新感觉派小说的摩登女性可以说正是这样一批"有文化的人",她们的消费知识和对相遇的男性人物的指导几乎是随手拈来且洋洋洒洒如数家珍。

且看上面已经说到的郭建英的《摩登喋舌记》。其中的摩登女孩不仅像男性惯常跟踪女性一样跟踪了一位摩登男子,一路跟来,还对摩登男子的外貌以及吃穿用品是否"摩登"随时评头论足了一番。当摩登女孩看到这位摩登男子买了一双 1928 年的过时的袜子和一双女子的丝袜时,深感失望。在摩登女孩看来,这个貌似摩登的男子根本不懂 1930 年的时尚。而穆时英的《骆驼、尼采主义者与女人》中的摩登女子更是一位深谙现代消费文化的时尚达人。小说描写一位自认为是尼采主义者的布尔乔亚男性,带着"沉重的灵魂"游荡在回力球

[①] 米卡·娜佳:《现代性拒不承认的:女性、城市和百货公司》,严蓓雯译,《消费文化读本》,第 184 页。

场、舞场、酒吧、花铺、咖啡馆等公共消费场所。他在一家异国情调的咖啡馆里见到了一位摩登女郎不规范的喝咖啡方式和粗俗的抽烟方式,他把她当作"异教徒",试图用他的那一套知识精英的思想意识和审美观来教导她。当这位布尔乔亚的男子以她的"灵魂导师"自居时,女子表示对他提出的问题一概不懂,摇摇脑袋道"我只知道你是个很有趣的人,也生的很强壮,想同你在一起吃一顿饭,看你割牛排的样子"。而在吃晚饭的时候,她则"教了他三百七十三种烟的牌子,二十八种咖啡的名目,五千种混合酒的成分配列方式"。小说结尾时,自诩尼采主义者的男人觉得女郎的绸衫薄了起来,一阵原始的热情从下部涌上来,朦胧地想也许尼采是个阳痿症患者吧。

通过这个文本,我们可以看到,在现代消费文化面前,男性知识分子——精英文化的代表其实已然不是传统知识分子的形象,他游荡在各种现代消费娱乐场所,而不是如往常那样自足于书斋。虽然对女性/大众仍有着不自禁的教导的愿望,但他的知识背景和影响力都已经失去优势,或者说其男性知识者的权威正在受到挑战,他夹在传统精神生活和现代消费生活方式的冲突中,表现出一种焦虑和矛盾的复杂心态。而其中的摩登女郎却显然是一位谙熟现代"消费文化"的人士,她以其丰富的消费文化知识——三百七十三种烟的牌子,二十八种咖啡的名目,五千种混合酒的成分配列方式反戈一击地"征服"了自以为是的"灵魂导师"。这样的新女性与鲁迅笔下的子君实在是有着天壤之别。宣称"我是我自己的"的子君同时全神贯注地倾听涓生的侃侃而谈,以接受后者的思想"启蒙",而穆时英笔下的女性人物却反过来给男性"启蒙者"上了一堂现代消费知识的启蒙课。在现代消费社会中,精英文化其实已经渐渐丧失其主流和中心地位,相反消费文化和大众文化则成为日常生活的重要部分,它的世俗感性、对"感官愉悦"的追求日益挤占和缩小着精英文化"纯粹愉悦"的地盘。且看小说中在"尼采主义者"的男子眼中没有"文化"的摩登女郎是如何来传授她的消费知识的：

"这种葡萄酒是用一种秘制的方法酿成的,你闻一下这烂熟的葡萄味!"

"这种威士忌是亨利第八的御酒,你也尝一下吧?"

"这种白兰地是拿破仑进圣彼得堡时,法国民众送的去劳军的。"

康德在《判断力批判》一书中把鉴赏判断区分为纯粹的与非纯粹的两种,纯粹鉴赏是不掺杂感官享受的对单纯形式的喜爱,非纯粹鉴赏则混合了感官享受、生理欲望和道德诉求等功利性因素,由此形成了感官鉴赏和反思鉴赏、轻易获得的愉悦与纯粹的愉悦的对立。长期以来,康德的这一区分购成了精英文化和日常消费文化之间的分野基础。作为精英文化代表的知识分子一直以对纯粹的鉴赏和纯粹愉悦的推崇而占据了社会主流文化的话语权。但是,在现代消费社会,这样一种精英文化意识显然受到了挑战。小说最后以一个意味深长的寓言式的结尾收束全篇,那位自诩为"尼采主义者"的男性——精英文化的代表,身不由己地扑进了象征了消费文化的粗俗女郎的怀中。这一结局一方面表现了男性作者的某种自嘲,同时也显示出"新感觉派"作家对日益发生的消费文化冲击精英文化的敏锐观察。"我思故我在"的精英文化模式在与现代消费社会"我买故我在"的大众文化的较量中,必将以前者被后者的同化或"战败"而告终,虽然这是一个充满张力的争夺过程,而在穆时英把"象骆驼般背负沉重的灵魂"转换成"骆驼牌香烟"的隐喻里,人们不难或已经隐约看到了这一结局的终将来临。

新感觉派小说中摩登女郎对男性精英的嘲讽、反戈一击还表现在对电影等流行文化的评判、熟悉方面。20世纪30年代的上海,许多新的文化消费产品如电影、流行音乐、画报,日益成为了大众文化消费中不可或缺的重要组成部分。影星、歌星作为大众文化的新偶像受到大众的追捧。由于电影是不折不扣的舶来品,中国观众的观影经验大都

性别视角下的上海都市文化

是由欧美电影普及和培养的,许多受过西式教育的摩登女性更是外国电影的影迷。其实,相较于国产影片外国电影更受欢迎是一个普遍的事实,不独摩登女性,当时甚至于"知识阶级中人,无不乐观西洋片,而唾弃国产"[①]。为什么人们会偏爱外国电影?这是由于20世纪20年代的国产电影,无论是从电影技术还是电影内容来看,确实还无法与已经日趋成熟的好莱坞电影相提并论。然而,摩登女郎之所以偏好外国电影而不喜欢国产片则另一有番原因和眼光。被张石川以"摩登女郎"的身份而推广的中国第一代电影明星王汉伦,在圣玛利亚女校读书时,常和女同学去看外国电影。她最喜欢的女明星有丽琳·甘许、玛丽·璧克馥和克莱拉·嘉宝,最崇拜的男明星为范伦铁诺、小范朋克。而在她印象中,亚细亚公司的滑稽片既无聊又庸俗,尤其是由男人扮演女角,那种不堪入目的化妆、装腔作势的动作丝毫没有美感。同样是第一代女影星的杨耐梅也有同样的看法。文明戏的新剧和滑稽短片,男扮女装的装腔作势的样子,都令她们感到十分恶心,觉得是对女性的侮辱[②]。因此,受过一定教育的女性大都喜欢看西方影片。好莱坞电影对中国观众包括摩登女性的影响是非常巨大的,这绝非一句简单的崇洋媚外的政治正确批评所能抹杀。而在新感觉派作家的文本中,摩登女子对当时西方的大众流行文化尤为精通,特别是对好莱坞电影和好莱坞的当红明星如数家珍。正因如此,摩登女郎对那些不甚精通或了解西方电影流行音乐等大众文化的男子,往往会表露出嘲讽或不屑的态度。

郭建英的绘图小说《亲爱的G·C》中R君一次去他读中学的妹妹的房间,无意间发现她的一本教科书上写着亲爱的G·C,以为她可能

[①] 黄转陶:《摄制古装片之我见》,《电影月报》第2期,1928年5月1日,六合影片营业公司发行。

[②] 参见沈寂:《影星悲欢录》,上海书店出版社2001年出版,第5页、第100页。

正与 G·C 青年在恋爱。当哥哥不解地问妹妹写在教科书上的 G·C 是指谁时,妹妹哈哈大笑,觉得哥哥像个大傻子,连 G·C 也不懂。原来 G·C 指的是明星 GARY COOPER,妹妹班上的同学都爱着他。从这件事上,R 君明白,现代她们爱人的对象,不是小白脸的雷门诺伐洛,而是英俊魁伟的加里古巴。①郭建英的另一篇绘图小说《如果我有着像你一样的女子》(If I had a girl like you)记叙了一位失恋男子对他的前女友的回忆。当这位叫紫云的前女友发现自己心仪的男子竟然不知道鲁蒂·凡利(RUDY VALLEE)是谁时,翌日就给他写了分手信。因为在这个摩登女子看来,不懂流行音乐的人(流行文化)的人,精神世界一定是贫乏而寂寞的,根本不配做她的男朋友。②

其实,无论是新感觉派作家或其作品中的男性人物对"大都市女性"的"摩登"教导,还是其笔下的摩登女性对男性的"嗤之以鼻"或知道多少种酒的配方,都不过是消费文化的功课,虽然那些男性人物一时难以放下身段脱去精英文化的身份、面目。正如有研究者所指出的那样,"那些有条不紊的编排秩序不是面目清晰的逻辑空间,而是一种文化消费的功能空间,在此背后是商品体系的世界化结构"。面对"审美的如此变化,表明在消费逻辑的极度扩张中公众生存状态的时代变化:人们安然浸泡于不断增多的物品符号凝视之中,不再有精神和现实的分裂,因为公众不再需要灵魂和'真理',他们满足于美的消费和放纵——这是拉平异同、深度消失的状态,一种不需要反思、不再分裂,更无所谓崇高的状态。这是消费文化逻辑的真正胜利"③。"深度"的消解是消费文化兴起以来一个不可漠视的事实,然而,现代女性借

---

① 郭建英:《亲爱的 G·C》,陈子善编:《摩登上海》,广西师范大学出版社 2001 年出版,第 14~15 页。
② 郭建英:《如果我有着像你一样的女子》,陈子善编:《摩登上海》,广西师范大学出版社 2001 年出版,第 50~52 页。
③ 曹顺庆、吴兴明:《正在消失的乌托邦——论美学视野的解体与文学理论的自主性》,《文学评论》,2003 年第 3 期。

消费文化的勃兴而崛起同样是一个不应忽视的变化。20世纪30年代的上海,消费文化日益成为了现代都市文化的中心,摩登女性也日渐成为消费文化的新偶像,她们一改以往的被动而成为了这种新兴文化的有力参与者,她们,并连带起更为广泛的普通都市女性,不再是囿于家庭内室的群体,而是都市空间不可或缺的部分之一。更为重要的是,在新感觉派作家的笔下,由于摩登女性的出现,精英文化或者说高雅文化与大众文化的原有等级秩序多少被打破了,几千年来男性精英的文化优越感和权威性越来越受到消费文化和"女性化"的挑战与威胁,传统社会也面临了更为激烈的变动或向现代的转换。所以,无论这些形象有多少外来或想象的成分,也无论她们的内涵其实远为复杂,既是时尚"权威"的阐释者,也是男性的欲望对象,既是所指,也是能指,一旦她们被置于上海消费文化的环境中(包括新感觉派创作本身,何尝不是文化市场兴盛的产物),便无可避免,且颇为显目地参与了它的构建和形成。当然,摩登女郎与现代消费文化及中国现代性的复杂关系,她们对传统精英文化和男性中心的冲击以及性别解放的意义,还需要更多层面的分析。

1948年上海舞潮案与"社会学的想象力"及身体政治

一、缘何"哀舞女"?

很多论者研究过晚清或民国时期上海女性与社会变迁的复杂关系,却少有对1948年上海舞潮案的考察。李欧梵的《上海摩登——一种新都市文化在中国 1930—1945》考察了舞厅在上海都市生活中的位置,舞厅的顾客和乐队、装修,以及上海舞女最低的生活费用和春装的估价,指出当咖啡馆主要还是上等华人、外国人和作家艺术家光顾的场所时,舞厅却已经进入了各个阶层,成了流行的固定想象,但很少有人愿意为舞厅里的舞女树碑立传,因此新感觉派作家(特别是穆时英)对舞女的描绘就很有文学价值。他们有意识地把她们"现代化"为都市物质文化的载体,对她们的主动性也多有表现,她们因此"一个个活力四射"——却未及提起上海都会史上这一难以忽略的事件(这或许和它的研究时段有关,舞潮案溢出了《上海摩登》试图重绘的年代范围,但它却提到了舞厅流行给之后共和国新女性的必要或"负面"影响)。在其他一些有关市民意识的研究中舞潮案虽偶被提及,但对事件本身则无细致考察。相当时间来,上海舞潮案恰如一个被遗忘、散乱在角落里的线团,无人捡拾,更遑论深入的探究。

然而,上海舞潮案并非藉藉无名,它和庶几同时发生的申九工潮、同济学潮三潮并立,其案情的特殊和"一波三折"更是深深地牵动了社会的神经和舆论,1948年6月1日,舞潮案发后的5个月(即将结案),

已届耄耋之年的出版家张元济,以 88 句的五言《哀舞女》"从头"记叙了这段近半年来"报章晨夕至,披读如亲历"的城市悲情:

贫家小儿女,嗷嗷不得食。幼未攻诗书,长未习耕织。
穷途无所之,舍身充贱役。搂抱诚可羞,急则何能择。
可憎亦可悯,抚衷长恻恻。恒舞我所戒,陋俗来异域。
士夫恬不耻,反以身作则。上行下自效,治生更有术。
善贾舞长袖,墙宇炫金碧。穷女水赴壑,妖冶竞粉饰。
火山腾烈焰,青年易蛊惑。暮夜事苟且,廉耻潜丧失。
禁遏惜已迟,桑榆日未昃。雷霆果奋厉,涛风亦可熄。
政令徒依违,民情渐反侧。翘首瞻学校,孔武方尚力。
异党日争斗,长吏任掊击。相习已成风,愚昧安所识。
况境绝其路,饥寒直相逼。一夫振臂呼,千人势辟易。
虎兕方出押,鸱鸮竟毁室。直如儿戏耳,快意图片刻。
军警疾驰至,周遭峙矛戟。等是釜中鱼,一网尽捕获。
壮夫不可恕,女子焉足责。即云保治安,惩一足敬百。
胡有十余辈,囹圄严禁勒。粥粥此群雌,拘絷距百日。
嫠母泪如縻,娇儿乳空忆。呼天我何辜,有家归不得。
朝官忘张皇,大患疑在即。刑庭创特种,奚复虑冤抑。
巾帼岂英雄,乃视如叛逆。低头受讯鞫,涕泪盈胸臆。
辩护来正士,慷慨尽天职。杀鸡用牛刀,侃侃言憨直。
人皆有恻隐,请命祈保释。刑官亟摇首,心肠等铁石。
听讼畏民志,圣言不足述。宪政方权舆,奇事独首出。
报章晨夕至,披读如亲历。哭声不忍闻,天道何漆黑。
悲哉可怜虫,胡事生我国。我亦徒口诛,掷笔长叹息。①

---

① 《张元济诗文》,商务印书馆 1986 年 10 月版,第 4~5 页。

张元济的五言诗当然尚不足以给出舞潮案详细的来龙去脉,但多少记录了它发生一刻的情景,以及当时社会的巨大反响。而它几十年来少有提及,除了年代久远资料散失难以"追溯"之外,更为重要的或许还是因为,在既有的意识观念和主流研究看来,它虽然震惊一时,却似乎不是一桩可以纳入"宏大历史"的事件。上海舞潮案留下了诸多未解的谜团,有一点却是清楚的,那就是它不是一起有预谋有组织的政治行为或得到政党领导的事件。1948年初的上海,风雨飘摇,社会抗议运动接连发生,1月30日,距农历新年正恰十天,也即是舞潮案发生的前一天,上海申新九厂7000余名工人,在中共上海地下党组织的领导下,开始了四天三夜的罢工斗争。2月2日,国民党当局调动了多辆装甲车、消防车、马队、囚车和大批军警,包围了申新九厂。在这起震惊全国的工潮中,有两百多人被捕,死伤达一百多人,史称"申九惨案"。而早在半个月前,1948年1月15日起,上海同济大学的学生已经在中共地下党组织的领导下,展开了半个月的罢课斗争,斗争得到了上海50多所大中学校的支援。1月29日,各校学生3000多人联合起来,准备前往南京,向国民政府请愿,急坏了上海当局。上海市长吴国桢、警备司令宣铁吾、警察局长俞叔平亲率万余军警,包围同济大学;当晚,有4000多名学生在校园集会,再次遭到军警镇压,史称"同济血案"。舞潮案发生后,国民党当局曾将它和庶几同时发生的申九工潮、同济学潮一起归并为中共的组织策动,在1948年2月2日晚召开的记者招待会上,市长吴国桢便表示:"最近上海于五天内连出三事,上月廿九日本人于学潮时被殴侮,三十一日社会局被捣毁,今日又发生工潮。此三事表面上看来并不相关,而实际则互有关联。最近共产党组织'全国骚乱委员会',以周恩来任主席,长江流域设有指挥机构,上海当然为其集中目标"[①],却始终没有能查证出共产党介入的证

[①] 《申报》,1948年2月3日。

据,原先交由特别法庭"严惩"的案审也不得不移回普通法庭。向为社会轻忽的舞女们的哀婉请愿,最终发展成了一场政治风波,这多少有些"偶然",虽然其情也烈,事件本身亦不啻是对国民党政权的挑战,但它缺乏政治的领导也是显而易见的,比起受到地下党组织领导的工潮、学潮,舞潮显然过于"自发";而对"上海摩登"的重绘来说,它又未免有些"不甚合拍"。或许,正是因此,使它长期以来出离在人们的视线之外,无论在"大历史"的叙述中还是都会地图的重描里都"零落成泥"。

其实,脱出了宏大历史的"钦定",倒可以更多面向地呈现和考察这一事件。《1948年:上海舞潮案——对一起民国女性集体暴力抗议事件的研究》[1]可说是一次富有成效的实践。作者不仅第一次从落满尘埃的各类卷宗档案中爬梳、整理、勾勒出舞潮案的全过程,还"踏破铁鞋"寻访到15位事件当事人,使远去或尘封的历史瞬时变得可以"触摸"和有"见证"起来,进而提供了包括本文在内的从性别、身体的政治等角度考察大众抗议运动的可能。

二、上海舞潮案与"最初的现代场景"

舞潮案起因于国民党当局为"戡乱建国"而开展的节约运动。1947年7月,南京政府第六次国务会议通过了"戡乱"总动员令,宣布对中共全面开战。行政院全国经济委员会随后出台了一个厉行节约的办法草案,称自抗战胜利以来,政府机构和社会在人力、物力上多有浪费,必须加以有效限制,否则后患无穷,更谈何"戡乱"与"建国"。草案主持者提出行政机关当首先提倡节约,一切公宴务求节减,其他参与者则强调了应特别重视打压上海等大都市的灯红酒绿、靡费无度。经过一系列的讨论、修正,当年8月15日,南京政府正式颁布了《厉行

---

[1] 马军著:《一九四八年:上海舞潮案——对一起民国女性集体暴力抗议事件的研究》,上海古籍出版社2005年出版。以下所引未特别标明者即引自本书。

节约消费办法纲要》,其中的第二大项(乙)第六条即为"禁止营业性跳舞场"。9月初,行政院批准了内务部据此提交的《禁止营业性跳舞场的实施办法》,说明所谓"营业性之跳舞场,系指设置音乐备有舞池,并以出售舞票或入场券等方式,专供人伴同舞女入内跳舞之场所","咖啡馆、餐馆、音乐厅、茶社、酒吧间、旅馆等场所兼营营业性跳舞者,以营业性跳舞场论"。"办法"规定有关场所在当年9月底前一律禁绝。此令一出,立即引起了上海舞业界的强烈震荡,9月9日上午,上海舞厅业全体同人在江宁路新仙林舞厅召开临时紧急会议,劳资各方共到会约2万余人。其中舞女4000人,她们一改往常的淡妆浓抹,大都脂粉不施,神色阴郁。会议推举了主席团,随后各方代表发言。舞女孙敏致原籍苏州,受过高中教育,言辞恳切且有条理:

> 诸位可知道我们的痛苦吗?让我自述一段伤心史给诸位听:我是一个受过高等教育的人,一向在家乡与父母弟妹们过着安静的日子,可是抗战时期,敌人的炮火毁灭了我们的乐园,使我们流浪到上海来。一到上海,谋事不成,投亲不遇,在穷途末路的时候,我做了舞女,供人搂抱……满望胜利能带给我们一些光明,可是胜利带给我们的却是"失业"。诸位,人类是需要生存的,求生存的原动力就是"工作",舞女也是有血有肉的人,谁希望一辈子供人搂抱?……可是在这失业人群天天增加的时候,我们还有什么机会改行?还有什么机会另谋高就?政府禁舞,对我们舞业同仁的转业,却并不过问,难道硬要把我们这一群可怜的人逼上死亡的末路吗?……请政府不要禁舞,在不违反"节约消费"的原则下让我们继续生存下去。我们可以提倡国货,重整风纪,劝导舞场老

板不售高贵的洋酒和食品,另一方面我们也能暂时继续生活。①

后经上海各界的请愿,南京当局将上海市禁舞的最后期限延到了翌年3月,此方案与实际的可行性仍有很大距离。而1948年1月31日下午,正当舞业界举行第三次全体人员大会时,传来了上海社会局不顾原先由舞业公会自行抽签决定首批禁停名单的约定已在上午11时单方面进行了抽签的消息,顿时,舞女和职工们宛若哀兵,纷纷走出会场,人车并行地往上海社会局涌去,要求当局(社会局长)的接见未果,继而与前来拦阻的警察发生了暴力冲突,愤激的人们砸毁了社会局。当年的舞女领袖、舞潮组织者之一的金美虹(真名陈慧玲)50年后在接受《上海舞潮案》作者的采访时这样回忆道:当日舞女和职工们去社会局请愿本有准备,事先写了许多标语,还曾要求舞女们衣着朴素、厚实和带好干粮,以备较长时间的请愿,骨干们对队伍的带领也作了分工,但之后发生的冲突和捣毁事件却是事先没有想到的。

虽然发生了出乎意料的情况,上海舞潮案却仍可以说是一次成功的民众抗争运动。恰如作者所指出的,舞潮案不失为民国史上的一项奇观。一群小百姓和弱女子,胆敢砸毁堂堂国家机关,流血、坐牢,并最终迫使政府收回成命(半年后,当局对几十名舞女和舞业职工判处了轻刑;与此同时,禁舞令也不了了之)。其间折射出的社会现象和可供思辨的历史问题确实不少。

首先,面对失业的威胁,舞业界不仅迅速地团结起来,表现出明显的抗争的意识,且表现了充分的对话、协商的愿望和谋求问题积极解决的态度,其组织之有序、策略之成熟,都令人刮目相看。如几次集会时,与会者都提出了集体请愿的要求,其中一次的呼声曾经久不息达

---

① 《铁报》,1947年9月14日。

十分钟之久,而主席团都坚持派代表行事,分赴南京和上海市府各机构,向有关方面反复吁请、陈情,努力求得当局的体谅。直至抽签的临近和社会局提前抽签的发生,才使集体请愿变得无可避免,舞女和舞厅职工们认为,用抽签的方法来决定禁停名单是当局对舞业的分化,因而坚决反对之。在多方陈请的同时,舞女们也努力改变自我的形象,成功地举办了义卖活动,所得善款全部送交冬令救济募集委员会,得到了有关方面的赞赏,而上海各报和市参议会、市妇女会等也纷纷以报道、报告和决议案的方式为舞业请命。

值得提到的是,禁舞令出台的前后,正是国民党政权由"训政"走向"宪政"的时期,1947年初,国民党政府公布了由国民大会制定的《中华民国宪法》,宣布开始进入行宪准备时期,而禁舞令(包括节约纲领)的酝酿、制定、颁布则都未经立法程序,上海舞厅业公会和职业工会在给全国政要的"敬告书"中因而出现了这样的措词:"凡百措施,首当恪遵法规,此次国务会议议决禁舞,敝公会等认为斯举有关全体会议之权利者尚小,有关宪政之实施者甚大。"①上海市参议会的有关决议案则指出:"人民于不违背法律之内得自由选择及营业,此为训政时期约法赋予人民之自由,亦民主国家国民应享之基本权利,除非有妨害公共利益者国家始得以法律限制之或禁止之","若以已经公布亟待实施之中华民国宪法而论,则对私人合法之营业,更无若何拘束。"②换言之,至捣毁事件发生之前,舞潮一直在合乎"法理"的范围内进行,人们"引经据典",依"法"力争,抗争有理有节。相较之下,当局方面则屡屡失当,不仅政令之出无法律依据,其必要性和可行性其实也未经充分的斟酌,面对一触即发的严重局面仍一意孤行,加上事发当日具体措

---

① 《上海市舞厅业商业同业公会、职业公会为根据宪法,请求政府收回禁舞成命,敬告全国党政军大员、上海参议会参议员、国民参政会参政员、国民大会新旧代表、立法院新旧委员、宪政实施促进会委员暨全国各界启》,《申报》,1948年1月31日。
② 《参会陈述理由四点,请重新考虑禁舞令》,《申报》,1947年9月30日。

置的不当,终致事态扩大悲剧发生。以《上海舞潮案》的考察,在社会局单方面提前抽签的前些日,舞厅业职工会曾和居间调停的相关方面人士达成过一个"烂泥萝卜揩一段吃一段"的"妥协"方案,即经协商后首先关闭小舞厅,然后再关闭大舞厅,因小舞厅人员少,关闭后可以先分到大舞厅做,这样大多数人仍可暂时糊口,此外再将第二、第三批关闭的时间适当放宽,以使相关人员能有充分时间另谋生计。这一可能的暂时解决方案却因为国民党内部的派系斗争而临阵流产,致使"协商"功亏一篑。《上海舞潮案》力图对事件作出新的评价,认为舞潮案呈现的与其说是市民意识,毋宁说是国民意识更为恰切,因为表面来看,舞潮案冲击的是上海市社会局,其实真正对抗的乃是南京当局不合宪制的政令。而如果进一步考虑到抗争的主角乃是向为社会轻忽的舞女,她们的哀婉请愿最终却发展成了一场政治风波,其间意义或可更多讨论。

芒福德曾经指出,城市是社会活动的剧场,艺术、政治、商业等等,作为精心设计的场景,都只是为了使"社会"这出戏剧更富意义,他警告说,一个丧失了戏剧对话感觉的城市,注定有其不幸的一幕。雅各布的"都市芭蕾"庶几与其相同,她同样强调公民在城市中自由生活和表达的权利,尤其注重人们对街头景象的参与。上海舞潮案实践了芒福德和雅各布的立论。就上海舞潮案所呈现和引发的力量、震荡来看,它如果不是一部最为壮观的城市戏剧,也是民国史、上海都会史和妇女史上一个不无意味的造型,一段难以忽略的"都市芭蕾"。女性主义史学家如珍妮·沃尔夫曾经抱怨,由于现代性通常被认为仅仅与公共空间有关,置身于家庭等私人领域的女性因而长期以来被排除在现代性之外。而晚近的女性主义更着意于发现女性在公共空间中的存在,例如,1908年,曾有50万左右的人群聚集在海德公园,支持或观看英国女性要求选举权的游行,那些穿着白、绿、紫三色服装的女性投票运动者,高举着上千面色彩鲜明的旗帜,穿行于伦敦的各个角落,这一切,在丽莎·蒂克娜看来,何止是女性"结缘"现代性的例证,某种程度还造成了现代性的重要转折和城市在视觉上的变革,她们那庞大而富有色彩的队伍牢牢地吸引了人们的视线,示范了伯曼所谓的"最初的现代场景"——"城市街道变成了大众运动和社会转型之伟大时刻的表演舞台",[①]虽然伯曼并没有将她们的行动包括进来。与当年海德公园的盛况不同,上海舞潮案没有举行深入到城市各个角落的游行活动,所吁请的也不是投票权之类的参政要求,但舞女们哀婉而绝决的请愿姿态、"我们的民生主义在哪里"的提问,同样表征了社会的风雨欲来和转型的即将发生。晚近的女性主义意识到了历史上公共领域中女性的"存在",但她们大都同时不满那些把"女艺人"等等描绘成城市风景图中典型的女性角色的论述,认为此一描述不仅忽略了普通女性的现代性经验,且为"放荡女性"/"堕落城市"的构想暗设了"机关",这相当程度上切中了一些现代性论述的要害,有所忽略的是,那些有别于普通女性的"女艺人"们,亦有可能——或者说,由于她们的"不普通"、不为常规所拘,往往更有机会和可能令人侧目地演绎、表征出历史的"转折",上海舞潮案即是其中重要的一例。上海都会史上这一未可略去的现代性场景,某种程度上正是由舞女们主演的,数千名舞女自始至终参与了这一事件,她们集会、演讲、义卖,以至流血、坐牢,表现了空前的勇气和社会活动力。上述的舞女领袖金美虹后来在上海解放前夕参加了建团和市妇联的筹备工作,解放初期受到进一步的培养,之后则在频繁的政治运动中历经坎坷——此是后话。

三、跳舞与吃饭

上海舞潮案为女性与现代性的关系提供了"别样"的经验,而它之所以引起了全社会的关注和反响,除了政令合法性、"行宪"方面的考

[①] 米卡·娜佳:《现代性拒不承认的:女性、城市和百货公司》,严蓓雯译,罗钢、王中忱主编,《消费文化读本》,中国社会科学出版社2003年版,第209页。

量外,一个更为直接和重要的原因是它牵连了现实的民生问题。禁令之下,舞女们忧虑最深、陈情最多的乃是"跳舞与吃饭"的问题,全体舞女在给宋美龄的公开信中这样写道:"此次政府为厉行节约,决定禁舞,我等弱女子,虽以伴舞为职,知识浅陋,但亦颇知自爱爱国,决当摒弃奢靡,力行节约。惟为挣扎饥饿,苟延蚁命,对于禁止营业性跳舞一点,敢掬赤诚,敬向夫人作将伯之呼","我等仅舞女一职,已有五千余人,其他直接间接赖此为生者,何止十数万人,一旦生计断绝,形成何等惨象,不言而知。即我等职业舞女中分析家世,或幼失怙持,孤苦伶仃,或文君新寡,黄口嗷哺,或父母残废,不事生产,或家长失业,生计无依,身世虽异,辛酸味同,莫不以伴舞收入为养家活口之计。谁无父母,孰忘廉耻,谁愿女儿,甘作搂抱生涯,孰忍以洁白身心,为众人轻视,然为生活鞭策,不得不强颜欢笑,以掩内心之痛,而博活命之资","苟政府当道,但见跳舞为奢靡,不察舞女生活之辛酸,骤然禁绝,岂仅我等弱女子之生计断绝,更有大多数从业人员,无以为生。"①几次集会上,舞女们更是直白地表明:"我们穷,转业又困难,我们一日不伴舞,一日不能生活,我们不能饿死。"舞厅职工也表示:"从小郎(舞厅服务人员,主要工作职责是为舞女冲茶水、购零物等)做到现在,职工们是穷苦的,要教育子女,使下一代不再操旧业。可是禁舞敲破了职工的饭碗。"

1947年9月12日上海《大公报》刊发的《禁舞令中看舞娘》,对普通舞女的生活状况作了更为真切细致的记述:

> 洪小萍,十九岁的少女,正式在米高美下海将达一年了。她以诚挚的绍兴口音向记者低声申诉道:"不怕坍台的告诉你先生说,像我们这样命运的女人,生下来就没有一天好日

---

① 《申报》,1947年9月22日。

子过啊！你别以为我们穿戴得不错，但是我们不敢对自己寄以任何一点想头，尤其现在说要禁舞，我们都想要以自杀来了结一生！"这年轻的姑娘，一家七口的生活重担都在她身上。八十余岁的祖母和六十余岁的爸爸都有残疾。在上海房子不好找，一家人挤在五马路起码的小旅馆里，一间像鸽子笼的小房间，每天房租二万元，一个月六十万元。"六十万元，在我每月收入里是占了很大的开支了啊！但是如果禁舞后，一家人的生活就更不可想象了。"

记者低头看她的鸡皮皮鞋显得很漂亮，手上还戴有手表，她说这表是一个小姐妹借给她的，皮鞋仅仅在场子里穿穿，每天回去时得另外换双布鞋走回家去，"三轮车坐不起啊！"

二十六岁的陈卿卿说："像我们这样年龄，出来干这一行实在不是为了好玩啊！"她的家世原很好，父亲办过两个丝厂，现在都已垮了，一家数口都靠她供养。姆妈陪她借住朋友家亭子间里，身上穿了一件粉红色绸衣，是自己着手缝的，头发没有进理发馆去做，看上去是打扮得相当朴素的。"实在也没有多少钱和工夫打扮啊！"

上海之有职业舞女始于20世纪20年代初，当时主要由俄、日两国女子充任。前者为十月革命后逃往中国的旧俄贵族女子，后者因日本国取缔舞场转而往上海谋生。但从1927年起，华籍女子开始占据大多数，至1937年达历史巅峰。原因之一乃是因为"八一三"事变后，出现了大量难民，许多妇女迫于生计纷纷下海伴舞，而沦陷区的压抑、末世感，也助长了社会上泡舞厅、消极沉溺的气氛。上世纪30年代末，舞业在上海已形成相当规模和产业链。1939年起，工部局为解决租界日益涌入的难民问题，开始对管辖范围内的舞厅征收"难民救济税"。上海沦陷时期日伪开征了娱乐税。这一税种也为抗战结束后重回上海的国民党上海市政府沿用,并成为其财政收入的第二大来源;而舞业上缴的税额则占到了全市娱乐税的40%。显然,禁舞不仅直接影响舞业从业人员的生活,还将造成上海财政的困难。时任上海市长的吴国桢在与南京方面交谈时,也因此屡诉禁舞对上海市面的影响:"在上海的舞厅中有8000名舞女,她们还有许多家属,如果我们完全禁舞,对舞女及其家属以及靠这类场所过活的小生意人来说,后果可能是灾难性的。例如,乐师们、来回拉顾客的黄包车夫,以及面向舞女的鞋店与头饰店。总之,我估计有成千上万人的生计会受到影响。"这种"连锁"关系也即是米尔斯所谓的"社会学的想象力"(一杯咖啡联系了几千几万里以外人们一系列的种植、加工、运输……活动,以至社会经济的变化)。一旦禁舞,首先受影响的是舞女;而舞女之外直接依赖舞厅生活的还有乐师、小郎、茶房等等,全市加起来也有数千人;舞女和职工们大都要供养家庭,以每人赡养3个家属计,牵涉的人数已十分庞大,加上舞业的上下游行业,如时装店、百货业、车夫、小贩等等,受影响的将不计其数。上海市参议会在向有关方面呈送的决议案中因而这样称:"本市营业性舞场30家之谱,从业人员多至数万人,有一间接恃为生活者何止二十万人,一旦尽行禁止营业,立即使二十万人失业与饥馑惨怖情况之中,将予社会安定以极大威胁。"①一些报刊舆论也纷纷指出,节约运动不是要使有饭吃的变成没饭吃的,政府把舞女当作洪水猛兽,强行禁绝,将有治丝益棼之虑。

  问题的关键显然不在舞当禁还是不当禁,而在于禁了之后怎么办,人们的吃饭问题将怎么解决。舞女联谊会曾计划设立舞女转业速成学校,分打字、簿记、看护、纺织、刺绣、编结等等,然而,值此社会动荡之际——据《上海舞潮案》的考察、列举,抗战胜利后,上海社会一直

---

① 《参会陈述理由四点,请重新考虑禁舞令》。

处于高物价和高失业率的笼罩之下。1947年的米价比上年涨了15倍,失业人数则维持在30万人以上,占当时沪市工人总数的40%——上述申九工潮的发生便直接和"两高"有关。易言之,各行各业的就业情况都十分困难,受教育程度低下的舞女们要在短时间里自行完成转业谈何容易。针对可能发生的严重局面,其年1月15日的《申报》对上海8家舞厅的12位舞女进行了采访,其中一位来自北平、人称"小北京"的舞女这样陈述道:来上海后因为母亲老了,而弟弟还年幼不能做工,自己要养家迫不得已才入了舞女这一行,也曾考虑过禁舞后自己的出路,而耳边听到的尽是裁员和倒闭的消息……若去帮佣,本人的生活可能解决了,而母亲和幼弟的生活读书又将怎么办?"孟小姐谈到后来,情绪已经激昂,脸色苍白,神情紧张,她以沉痛的语调说:'我希望用自己的双手来养活自己。假如饭吃不饱,吃粥也甘愿,但是总得给我们一条路走!'"其时,市妇女会召开了临时理监事会,国民党女中央执委兼参政员陈逸云列席。陈称曾在南京与宋美龄谈及禁舞问题,宋对舞女的出路甚表关切,但政府法令已定,所以不能反对,而且时间紧迫,希望上海妇女会能解决禁舞后的舞女善后问题。市妇女会理监事张红薇律师则在《大公报》发表了内容甚详的《对于舞女转业之意见》,除了指出应对舞女的状况进行调查和职业培训与介绍外,还这样提议:"将来各舞女转业后,或虑收入微薄,其有弟妹子女须培植,而恐惧无力者,呈请国家救济之(或责令各公私中学特设若干免费名额,专为救济此等清寒艰学之子弟),以示奖励,俾使安心转业。"但实际上,有关舞女的转业和其他善后问题,当局一贯的态度是"俟禁舞后再议",从未有过切实的筹划,更不要说施行了。上海社会局方面曾表示考虑将禁舞后的舞女充作看护,但又认为这一改变恐非易事,舞女们最好的出路还是嫁人,回到厨房去。时任南京行政院副院长、也是禁舞主谋之一的王云五也持"嫁人"说,当有人问到舞女今后的出路时,这位当政者笑着答道:"此辈舞女均是成年的女子,出嫁以后,即解决了失业,为妻固妙,为妾亦无不可,总之以嫁人为原则。"整个舞潮案中,当局不仅一直对其时社会尤其是底层女性的经济、生活问题视若无睹、意识陈腐,且置与此相关的数十万人的现实的吃饭问题于不闻不顾,以此观之,舞潮案的最后、暴力冲突的倾刻发生虽然有偶然性,而事态的走向激化、引起强烈的震荡却是势所必然的了。

《上海舞潮案》从其时南京当局的现实困境出发,指出禁舞令,包括整个节约运动在内,虽然以良善社会风气为名,实际的出发点却是经济原因。由于与中共内战的全面爆发,国统区的经济陷入了严重的困境,生产萎缩,运输不畅,进口受限,物资供应十分匮乏,通货膨胀则日益加剧,行政院长张群发表于1947年10月的《开国与建国》最好地道出了其时南京政府的困窘与节约运动出台的背景:"中国今日,言国家财政,则入不敷出,言物资生产,则供不应求,言国际出支,则收不抵支,吾人若不先从此三个问题上,力求其平衡,则财力日涸,建设将流为空谈,但吾人若欲于匮乏之中,求有所建立,则非全国上下节约不可。"然而,从禁令出台后的反响来看,禁舞于经济困境的解决其实未必有效,倒可能引发新的社会问题,就物资的消耗言,为改变被禁的命运,舞厅业方面亦已自行约定"绝对不得出售高贵饮品",改以茶水代替酒类,而南京方面无视现实效应而决意禁绝,其间难免不另有"隐情"。有论者指出,禁舞令其实更多地是南京当局为强化战时中央绝对指挥权的一种象征性道具;[1]如此说来,禁舞令又不仅仅或主要是经济问题,还和权力的控制,包括身体的政治有关。

四、禁舞令与"身体的政治"

杨念群曾举吕西安所述的法王故事说明史学研究中"感觉主义"的必要性:一个曙光微露的早晨,法王法兰西斯一世悄悄从情妇的住处起身,在回自己城堡的路上,被教堂晨祷的钟声所触动,转而走进教

---

[1] 罗苏文:《上海舞潮案序言》。

堂参加弥撒并虔诚地向上帝祷告,"这个故事后来被心态史家菲利普·阿里埃斯转述,用来说明'心态'这个难以定义的概念",而"新史学的诞生,是历史中的心态层面逐步进入研究视野的结果"。①《上海舞潮案》同样注意到了历史的这种"心态"因素,作者从相关材料中"钩沉"出蒋介石之所以对禁舞不依不饶的心理动因:"据说与宋美龄一度沉溺跳舞,令其恼火有关"。而从伴随着禁令的出台再度引发的西方交际舞是否合适中国国情的大讨论来看,禁舞令的出台,恐怕与统治层对"身体"的恐惧有更大关联。

1843年上海开埠后,西方交际舞即作为欧风美雨的一种而传入,1850年,上海外侨在租界内举行了第一次交际舞会,1897年,上海道台亦循"西例",以西方交际舞会招待西人,为慈禧太后祝寿。之后,交际舞在上海、天津、青岛等城市广为传播,而西方交际舞是否合乎中国国情的问题也一直是国人争论的焦点,并时而被提到了民族存亡的高度。舞潮案中,相关的讨论更是达到了白热化的程度,1947年8月15日,《中央日报》署名沛人的文章便认为,"上海营业性的舞厅是上海罪恶的渊薮之一","其对社会道德、风俗、秩序、经济各方面的影响,其严重实不亚于鸦片,而其范围当有过之。"这样的指认其实还可追溯到1947年5月第四届国民参政会第三次大会上河北籍参政员张之江等人提出的《请政府通令各省市严禁男女交际舞营业以端风而正习俗》(以及更早时期的一些争论)。由于其他参政员的异议,这份提案虽然最终改"严禁"为"参酌办理",却某种程度上成了禁舞令的先声。此提案强调各国有各国之风俗文化,不合中国国情者当去之,而中西文化尤其是舞蹈,两者根本的不同在于,我国向"有男女授受不亲之明训,盖以尚礼义,重范畴故也",而"男女交际舞者,非仅受授而亲,且增强其缠绵磨擦,匪独撤除杜渐防微,竟然在开方便之门,极姿情纵欲之能

---

① 杨念群:《中国史学需要一种"感觉主义"!》,《读书》,2007年第4期

事"。交际舞的"受授而亲"、"缠绵磨擦"之所以被视作了甚于鸦片的严重问题,在于身体相当程度上是社会控制的指标和手段,而现实中尤其是上世纪三四十年代上海都市化发展中的身体,已大大超出了国家所能控制的程度。以黄金麟《历史、身体、国家(1895—1937)》①的考察,近代以来的中国身体经历了一个非常政治化的过程。1848年的鸦片战争以及之后连绵而来的颓厄和一系列不平等条约的签订,激起了近代中国一波又一波的改革运动,改革首先在国防、工业、财政等方面进行;而当既有的器物,包括典章制度的改革均无法实现富国强兵或不再战败的期许之时,身体成了新的改革焦点,人们开始从之前的"师夷长技而制夷"转向了"改造人作为改造一切的基础",将"保国"的希望重重地落在了"强种"之上,由此拓展出一系列的身体改造运动。开女学、废缠足,社会尚武风气的形成和新民、军国民运动的发生,都无非是其中之一,而身体是一柄双面刃,其能量在为集体性的诉求所激发的同时,也极有可能滋生出另一种游离于既定目标之外的力量,如何既致力于国民身体的改造、锤炼和唤醒又防止它的自行其事,从而成了身体改造运动的要点和难点之一。而身体的这种"两面性"或"强种保国"的内在"背反性"早在运动兴起之时,就已经被倡导者所意识了,新民运动中,梁启超便同时提出了"制欲"的问题。据《历史、身体、国家》的考量,新民学说中包含着一个浓郁的制欲与生产性并重的趋向,这一趋向不但体现在梁启超对群生优先的看重上,也显现在他对情欲必须加以道德的管控的陈述上。为了避免身体为情欲掌控而游离新民/强种保国的方向,他不仅在公德、群利和大我等问题上多所着墨,意图以使命感的培养、确立来平衡、克服个我身体的情欲发展,还曾将身体的五种官能欲求直指为"五贼",可见他对身体情欲的警戒

---

① 黄金麟:《历史、身体、国家:近代中国的身体形成(1895—1937)》,新星出版社2006年出版。

之深。然而,这一攻略的内在矛盾性并非就此克服,就西方交际舞的引入而言,除了乃"西洋高尚娱乐"之外,也借助了健身的名义,从而与"强种"不悖,舞潮案中,主禁者亦承认"正当舞蹈,原为健身运动之一种",而"沪上舞场适得其反,舞场主以舞女声色为饵","青年不察,陷溺其间,身心遭受侵害","窃念强国须先强种,青年为社会之中坚,长此戕贼,即人不亡我,亦将无以自存"。

种的存亡被与西方交际舞联系起来,看似迂腐夸张,却自有其"逻辑",不仅折射了近代以来国人对身体的期许与忧心,且透露了现实政治的困境和统治危机。事实也是,自30年代以来,身体,尤其是城市女性的身体,一直是蒋介石政权焦虑的对象,从新生活运动的"取缔妇女奇装异服"、不准烫发和穿高跟鞋到禁舞运动中对交际舞"缠绵磨擦"的声讨,两者相隔十余年,其间的脉络却不难见出,都无非是对"失控"的身体的忧虑和恐惧。就个体方面而言,舞女们投身舞业固然根本上是为了博活命之资,但无可否认的,在这一过程中,她们也获得了某种身体的自由和自信,虽然必须同时忍受诸多隐痛,恰如《上海舞潮案》的描述:"当然,她免不了受各方的盘剥……但她的两条细腿毕竟承担起家庭的重担,这是最值得庆幸,也是最令她心慰的事。就这样做了几个月,她已不是陋巷里原先那个羞涩、没有卖相、营养不足的少女了,而令人惊奇地一变成为轻肢柳腰的舞女。"不仅如此,她们还诱使"无知青年"和其他社会人士"恣情纵欲",所带来的何止是社会的"风化"问题(男女"授受有亲"),更为重要的还在于造成了一种不受控制的"自为"力量(或隐患)——这,或许就是为什么其时百废待举、立志作"根本之图"的南京政权要视舞女为"洪水猛兽"而执意禁绝之的原因。

但禁舞令的出台,却又难说真是战后国民党政权的励精图治,而毋宁是它的别一种的"推诿"。黄金麟指出,蒋介石政权在遇到难以解决的困境时,往往采取一种"迂回"的方案,新生活运动中,蒋便曾亲自领衔,不惜以一种全面丑怪化的方式铭记中国民众的生活,在视都市女性的妆扮为堕落的"渊薮"的同时,也将普通百姓/"现在一般中国人的生活"指为"牛马猪羊""猫狗一般",黄金麟分析说,这样的对俗民生活的全面丑怪化并非是蒋个人的一时兴起,显现的乃是其政局正处于一个极度艰难的挑战之中,应对乏力,而只能以一种负面贬抑的方式来陈述它的困境。[①] 通过这样的政略,蒋介石政权不仅为自己重新规训人民的身体制造了合法性,且将国家积贫积弱、破败危亡的责任转移到了每一个个体/百姓的身上。禁舞令的出台同样如此,经由对西方交际舞和舞业奢糜的指控,南京当局将战后社会动荡、经济困难、物质匮乏的成因悄然"暗渡"到了舞女们的身上,有所不同的是,禁舞令发布之时,正是所谓的"行宪"准备年,从"训政"走向"宪政",国民党政权面临着严重考验,禁舞令于是成为它强化中央绝对指挥权的工具和象征。

---

① 黄金麟:《丑怪的装扮:新生活运动的政略分析》,《台湾社会研究季刊》,第三十期,1998年6月。

第二部分

现代女性媒介视觉文化之始：
《妇女时报》的封面女性形象

女性形象在今日的大众媒介中已是司空见惯，她们代言或代表了各种不同路线的风尚流变，成为时代变迁的一个个缩影，读者大众也早已习惯了她们的"风情万种"，而我们或许很难想象最早出现于近现代中国报刊中的女性形象是什么模样。在这方面，创办于上海的《妇女时报》(1911~1917)是一个很好的了解窗口。《妇女时报》诞生于清末第二次国人创办女性报刊的浪潮中，是中国第一份商办女性报刊[①]，并在清末以来的女性杂志中首次采用了新式封面仕女画。

伴随着戊戌变法运动的开展，清朝末年掀起了一场引进西学、提倡民权的热潮，政治民主思潮的高涨带动了以男女平等为重要内容的社会民主问题的提出，"废缠足，兴女学"成了时代热潮，女性报刊首先在资本主义经济比较发达、受西方民主主义思想影响较早较深、出版业比较发达的上海、广州（包括港澳）和中国留学生最多的东京三地脱

[①] 马光仁主编：《上海新闻史》(一八五〇~一九四九)，复旦大学出版社1996年出版，第382页。

颖而出[①]。1898年,第一份女性报刊《女学报》诞生于上海,此后女性报刊勃兴,至《妇女时报》问世之前,中国已创办了38种女性报刊[②]。这些报刊多为志士所办,伸张女权,提倡女学,但是经营不佳,存时较短,如《女学报》(1902～1904年)、《女子世界》(1904～1907年)、《中国女报》(1907～1907年)等。1908年起,学生办的报刊诞生,如《湖北女学日报》、《惠兴女学报》、《女学生》等,同样以宣传启蒙思想为主,不走市场化路线。与此同时,20世纪初以来,非女性类商业华文报刊数量增加,涌现出《大公报》、《时报》、《小说月报》等著名商业华文报刊。在这一时代潮流的影响下,《妇女时报》应运而生,开了现代中国商办女性报刊的先河。

《妇女时报》从1911年6月创刊至1917年终刊,历时七年,在清末民初女性报刊纷纷夭折的背景下,显得颇为瞩目。与当时报刊名实不分的行业传统相一致,《妇女时报》其实是一份名为报实为刊的女性杂志;和当时许多报刊的不定期性一样,它也是一份受诸多因素影响名为月刊实为不规则出刊的杂志。《妇女时报》与之前女性报刊的最大不同之处在于其商办的性质。所谓商办,有两层含义:其一,不是官办,不必受制于统治阶级的舆论导向。这决定了《妇女时报》灵活、温和的表述方式,为实现男女平权而努力;其二,不是志士办或学生办,这既预示着市场的重要性,又意味着拥有更稳定的资金来源。考虑发行量和广告经营对杂志生存的影响,《妇女时报》必须通过充实内容来吸引读者,并刊登一定数量的广告以增加收入。《妇女时报》隶属《时报》社,由上海有正书局发行。[③]《妇女时报》与此前大部分女性报刊不同的另一个方面是,它是男性编辑主导的产物。《时报》的总经理狄楚

---

① 叶再生:《中国近代现代出版通史(第一卷)》,华文出版社2002年出版,第722页。
② 宋素红:《女性媒介:历史与传统》,中国传媒大学出版社2006年出版,第38～41页。
③ 《时报》创办于1904年6月12日,与《申报》和《新闻报》三足鼎立于上海滩。《时报》最初含有康、梁的股份,后来逐渐与之脱离关系,但一直被认为是保皇党的机关报之一。

青,是民国时期的书画家,兼营有正书局,做出了多项报业改革,《妇女时报》即由他提议创办。《时报》的编辑之一,同时也是《妇女时报》的主编——包天笑,是江苏吴县人,翻译并创作了大量小说,在女校任过教师,编辑《苏州白话报》、《小说时报》、《小说丛报》、《小说大观》、《小说画报》、《星期》等报刊。他们的思想理念和社会背景都必将极大地影响《妇女时报》的面貌。

一、《妇女时报》的办刊宗旨和栏目内容

《妇女时报》的发刊词这样写道:"近世以来,欧风墨雨,震荡吾神皋,吾女界诸姊妹,亦怵于国事之日蹙,世道之日微,思有以扶持之。虽女学光明,仅于此沉霾黑暗中开一线原,亦雅不乏明敏。通达之闺彦,与夫忧时爱国之女士,时锡伟论,靳以唤醒同胞之迷梦。同人等于是谋为月刊,不敢谓于吾女界中发起光芒,亦绍介所得,以贡献于国民,则本志应尽之职务也。吾国号称兴教育有年矣,而于女子教育尤迟迟无进步。是固由于国家财力与社会经济有以沮之。然而数千年来之恶风敝习,思所以革命之,其道亦良,非易也,釖以藩篱未撤,往往即破壁绝尘而飞。弃道德如敝屣,因之竺旧之徒,訾为口实,而有志之士亦树膺唔叹,则必非吾女界前途一大障碍物耶。欲除此障碍之物,以成康庄,得令吾女界同胞安步从容者,此一本志发起之志愿也。"

由此可见,《妇女时报》的办刊宗旨主要有二:其一,介绍各种知识,引导女性关注时事;其二,推动女学进步,开通女界风气。《妇女时报》定价每册四角,比照当时的物价,定价不低;而从头至尾的文言文,对读者的文化水平提出了要求。这两点决定了《妇女时报》的目标读者是"通达之闺彦,与夫忧时爱国之女士",即生活在社会中上层家庭、具有一定文化水平的女性。《妇女时报》的发行范围广及北京、上海、江苏、湖北、天津、四川等10余个省市的30多个发行处,发行量曾一度突破6000册①。《妇女时报》"是综合性的,不能专谈文艺……凡是可以牵涉到妇女界的,都可以写上去,还有关于儿童、家庭等等,都拉进《妇女时报》里去了。"②主要栏目有:图画、时论、知识介绍、传记、游记、中外妇女风俗、文学(包括诗词、小说等)、读者俱乐部、编辑室(谈话)等。如此,形成了《妇女时报》在栏目设置和内容倾向上的鲜明特色。

1、讨论热门话题,介绍多种知识。

《妇女时报》每期必有3~5篇言论性文章,讨论与女性有关的热门话题,范围涉及教育、职业、军事、经济、政治等多个方面,符合"时"报的特点。这些言论文章有的出现在开首的时论中,有的置于"妇女谈话会"等栏目;有的出自编辑手笔,有的来自各地投稿,其中出于男子笔下的文章较多;对某个具体问题的观点,有的较为一致,有的互相矛盾,表现出兼容并包的特点。

《妇女时报》对妇女崇洋的时尚之风持保守意见。例如,一号《上海妇女之新装束》认为提倡天足后妇女当街买鞋是"矫枉过正",二号《上海妇女之新装束》感叹:"人力车一瞥而过,所张五色漫烂之阳伞,皆舶来品也。即此一端,每岁所输出之金钱何止百万?"十九号《论上海女学生之装束》批评女学生装束奢华。对女子参与军事的意见却不尽一致。例如,八号《论女界之嚣张》认为女界参与北伐是"无意义之举",十一号《女子当从戎乎》则赞许女子从军的果敢胆大。对女界新气象表现出较高的热情。例如,九号《理想的女教师》提出了七条现代女教师的标准,二十号《中国之女飞行家》报道张侠魂坐飞机上天的实况,并赞扬:"我又愿同胞姊妹闻风兴起,易昔之柔弱之性,为刚强之质,洗昔之雌伏观念为雄飞思想。"

---

① 《编辑室谈话》,《妇女时报》第九号,1913年。
② 包天笑:《钏影楼回忆录》(中),龙文出版社1990年出版,第432页。

《妇女时报》为读者介绍多种知识,内容涉及心理、生理、美容、装束、家庭、育儿、生活常识等多方面,尤其重视介绍新的、西方的、科学的知识,例如多次剖析女性心理,介绍科学的女性卫生、育儿知识等。还通过翻译文字介绍外国妇女的教育、参政、职业情况,例如一号《美国勃灵马两女子大学记》、七号《美国妇女之选举权》、九号《世界女子之新异彩》等。

2、创造言说空间,开通女界风气。

《妇女时报》的宗旨是"提倡女子学问,增进女界智识",每册约五六万言。① 主编包天笑认为:"里面的作品,最好出之于妇女的本身"②,因此在创刊号上公布:"本报除聘请通人名媛分司编辑撰述之外,更募集四方闺彦才媛之心得,以贡献于世界邦人士女,其亦乐为之助欤。"同时公布征文规格:"实验谈、日记文、社会观、家政说、小说(短篇、长篇)、艺术谈、书简文、风俗观、交际说、文苑(小品文,歌曲,诗词,诗话等)。"并以较为丰厚的稿酬作为鼓励:"酬赠一千字以上一等每千字三元,二等每千字二元,三等每千字一元,短文一等一元,二等七角,三等四角。"悬赏文则采取以书券代稿酬的方式:"当选者一等一人赠有正书局出版物计值五圆,二等二人赠有正书局出版物计值三圆,三等不拘赠有正书局出版物计值一圆,以上出版物均有自由选择。"③

"但是当时的妇女,知识的水准不高,大多数不能握笔作文,"④为了丰富稿源,包天笑一方面自己撰写时论、短文、小说,并借助广泛的文人圈子,邀请周瘦鹃、徐卓呆、张毅汉、毕倚虹等友人撰写文字;另一方面鼓励并刊登女作者的文字,例如诗人兼教育家吕碧城《北戴河游记》、书法家兼体育家汤剑我《卖花声》和《绳体操》、无锡荣氏女塾学生

---

① 《本报征文例》,《妇女时报》创刊号,1911年。
② 包天笑:《钏影楼回忆录》(中),龙文出版社1990年出版,第432页。
③ 《本报征文例》,《妇女时报》创刊号,1911年。
④ 包天笑:《钏影楼回忆录》(中),龙文出版社1990年出版,第432页。

性别视角下的上海都市文化

吴焕英《论死之轻重》、城东女学师范生沈维铮《记参观上海小学成绩展览会》、苏省女蚕校学生廖世勋《玉喻》等;还吸收妻子震苏为作者,发表《春不老之制法》、《月季之造花》等生活常识类的文章。

为了给女界创造足够的言说空间,《妇女时报》多次通过"悬赏文"一栏向女界征稿,征稿主题有:我乡婚嫁之风俗(一号)、各地妇女之职业(四号、五号)、女子参政之理由(六号)、妇女与实业(七号)、家庭卫生论(八号)、关于女子之农业(九号、十号、十一号)、关于女子之职业(十二号)、女子当有普通医学知识(十三号、十四号)、对于近世妇女之针砭(十五号、十六号)等。陆续出现在《妇女时报》上的征文,印证了这些征稿启事的效果。

《妇女时报》还开辟"妇女谈话会"一栏,鼓励读者投稿:"无论长篇巨制,隽语名言,皆可归纳其中。或论时事,或述闻见,或谈经验,或记游戏,具悉任投稿者之自由。发表意见,交换智识,增益趣味,无逾于此。本期限于篇幅,不及多载。自第十八期始,当更极力扩充此栏之地位。以广刊佳作,海内名媛,幸源源赐教是幸。"[①]

投稿较多的女作者有杨雪瓊、汪傑樑、杨芬若、汤修慧、蒋汉傑等人。在诸多来稿者中,有的是"一望而知有捉刀人的"[②],有的的确出自妇女之手。例如,杨芬若在《妇女时报》连载《清芬集》,其实多为其夫毕倚虹代庖。汤修慧向《妇女时报》所投《女子参政运动之最近十五年史》、《西洋男女交际法》、《妇女道德之维持论》、《女子与国民经济发展之关系》等稿件,起初也被包天笑认为出自"捉刀人"之手,见面后才相信确系本人之作。

《妇女时报》还设置其他栏目与读者保持沟通和互动,这是尊重读者的表现,也有助于开通女界风气。这些栏目包括:"编辑室"、"读者

---

① 《编辑室谈话》,《妇女时报》十八号,1916年。
② 包天笑:《钏影楼回忆录》(中),龙文出版社1990年出版,第432页。

211

俱乐部"、"卫生问答栏"等。"编辑室"的主要内容包括:(1)报告来稿处理情况。例如,一号:"本报文苑中,只收名媛闺秀之作,凡男子所作之诗文,概从割爱。"三号:"有投以家庭笑话若干条者,嗣后亦可特辟一栏。"(2)公布刊物发展情况。例如,七号:"本志自出版以来,辱蒙爱读者欢迎。投稿云集,美不胜收,可见吾国女界光明如旭日之东升。为女界贺,亦即为本杂志贺也。"九号:"本志蒙海内外闺彦提倡,销数达六千以外,惟不能按期出版,殊以为憾。第十期始,自当加意调整顿,从速出版,以慰爱读诸君之望。"十八号:"此次辱荷海内外士女投寄稿件极多,平均计之,每日不下十余函,就中以名媛闺秀之著作占十之七八,尤足证明我国女界文艺思潮之发达。"(3)预告下期文章或新增栏目。例如,二十号:"下期之小说,除倚虹君之《中国女子未来记》仍连续揭载外,又有瘦鹃君之《歌场喋血记》一首。"一号预告"读者俱乐部",九号预告"卫生问答栏",十八号预告"妇女谈话会"栏和"弹词"栏。(4)解答读者疑问。例如,二号:"有致书本报,谓第一期中《产妇之心得及实验谈》一篇,其文不雅驯者,噫,是未知记者之苦心。吾国女子研究文学,研究美术者,不乏其人。独于此切实之科学,关于人之生死,而又为女子之本分者,反视之藐乎者何也。"(5)表达编辑期望。例如,五号鼓励妇女参加北伐,十八号鼓励放暑假的女学生投稿,盼望留学海外的女学生"能以留学状况一一寄示本报,以输入新思潮于祖国",二十号寄希望于女界研究文明思潮。

3、关注女性生活,重视女子职业。

《妇女时报》多次征集介绍女性生活实况的文章,征文主题包括:各地妇女之职业、妇女与实业、家庭卫生论、关于女子之农业、关于女子之职业等。包天笑热衷于征集这类文章,他在三号"编辑室"中补充道:"此期悬赏文为《各地妇女之职业》,诸君能调查详尽,惠记本报者乎?赠亦当如前例。"又在七号"编辑室"中提出要求:"各地方女子职业谈,投稿颇多,故本志尤企望关于一业之调查,如第一期掉经娘之类,亦佳篇也。"收到的投稿并不多,主要有《嘉定女子职业谈》、《上海妇女生活之调查篇》、《关于女子之农业》、《解布女子》、《割灯草》、《上海贫女生涯之调查》、《江西女俗谈》等十几篇,较为详尽地描述各地妇女的生存状况。例如,《上海贫女生涯之调查》一文详尽地描述了上海地区上等、中等、下等社会中贫困妇女所从事的职业,对她们的生活表现出极大同情,呼吁创造出"男女真正平等的世界"①。

《妇女时报》十分关注女性装饰方面的新变化。一号《上海妇女之新装束》从刘海、发髻、短衣、鞋子四个方面介绍上海妇女的新装束。二号《上海妇女之新装束》介绍妇女在发型、耳环方面的新时尚,重点介绍西式服饰对妇女的吸引力以及消费浪潮的兴起。十一号《论上海女学生之装束》介绍女学生在服装材料和饰品两方面的情况,批评女学生的奢靡之风。十八号《海上妇女新装观》对比今昔妇女在发辫多少、服装长短、色彩、袜子四方面的喜好差别,指出妇女在服饰方面的奢侈。二十号"妇女谈话会"中,有读者感叹妇女的服装、鞋子受西方潮流影响很大。

从总体上看,《妇女时报》体现了较强的性别意识,同时也表现出新旧杂陈的特点。它既赞同女性接受教育、参与政治,又强调女性遵从传统妇德的重要性。例如八号《论女子之当为》:"余所谓道德者,不论有才与否,惟礼节宜遵,而天真不可失,智识宜有,而临事不可轻。处家以敬,待人以和,而持之宜诚也。"十四号《警告同胞姊妹》:"女有四行而尚德尤重,女有四行曰德曰言曰容曰功是也。四者皆不可缺,而德尤重焉。"十八号《妇女道德之维持论》旨在"唤起女子之自重心"。既刊登进步女性的传记,例如《美国女教育家丽痕女士逸话》、《英国女小说家乔治哀列奥托女士传》、《法兰西革命女杰特玛瑟尔珊露纳梅丽高》等,又刊登遵从封建道德的妇女传记,例如《常熟毛贞烈妇传》、《贤

---

① 《上海贫女生涯之调查》,《妇女时报》第十八号,1916年。

妇传》、《吴孝女传》等。既大力推介各种新知识,又不时暗示以培养贤妻良母为要务。新旧杂陈的特点反映出编辑者既鼓励女界新气象,又害怕旧道德被颠覆的矛盾心理。无疑,这种矛盾性首先是由时代背景决定的。20世纪初的中国社会处于新旧文化的交替之中,而受现代文明思想影响、自觉对女性负有启蒙责任的男性编辑者们,同时受着旧文化旧道德的深深羁绊。这种既有开风气的自觉担当又不无保守的特点决定了《妇女时报》将在最大程度上展现兼具社会陈规和改革理想的现代女性形象。

除文字内容外,《妇女时报》还采用了图片、照片等视觉形式展现女性形象,例如在每期"图片"栏中配合文字展示一些女性新装束,在封面内页刊登女性照片等。《妇女时报》共刊登了343幅照片,分为女界、女学、婚礼、新装束、名人家庭及外国(又分为女性、新装束、婚礼、家庭儿童、名画等)六类,较全面地展示了当时职业女性、传统才女及女学生的状况。但"那时的青年女子,不肯以色相示人",征求闺秀照片并不容易,包天笑幸得"吕碧城姊妹、张昭汉、沈寿以及几位著名女士"的照片。[1] 为了获得更多女性照片,包天笑曾前后七次向读者征集,包括"名媛照片、关于教育家庭并书法作画刺绣种种照片"[2]、"新民国之结婚摄影"[3]、"女界之照相写真"[4],"范围亦不限于女校,如女工厂,女商店,以及一切正当营业之状态,名山佳水之经过,种种摄影亦均一例欢迎",并认为"能于图片中寓动作之意思者为最佳"。[5] 从各期刊登的照片来看,此法获得了一定收效,《妇女时报》可以说是第一次

---

[1] 包天笑:《钏影楼回忆录(中)》,龙文出版社1990年出版,第433页。
[2] 《本报征文例》,《妇女时报》创刊号,1911年。
[3] 《编辑室》,《妇女时报》第七号,1912年。
[4] 《编辑室谈话》,《妇女时报》第十八号,1916年。
[5] 《编辑室谈话》,《妇女时报》第二十号,1916年。

较大规模刊登女性照片的女性报刊。①

无论文字内容还是不同形式的视觉安排,《妇女时报》都受到编办者政治立场和审美趣味的直接影响。然而,如果说真实人物照片的获得受到一定的条件限制,那么虚构女性形象的得来则不仅要方便得多,而且更能体现编辑者和绘画者的意图,也更符合他们的期望和想象。因此,要考量《妇女时报》在女性视觉形象展现方面新旧杂陈的情况,其新式仕女封面画更值得注意。

二、《妇女时报》的新式仕女画封面

《妇女时报》自创刊起便采用仕女画的封面形式。仕女画在中国由来已久,"仕女"一词代表古代美丽聪慧的女子,②仕女画俗称"美人画",是人物画科的重要分支,一般专指描绘贵族妇女、宫妃的生活情趣和仙女、美人的靓影。③历代画家都按照自己心中"美"的理想来塑造仕女形象,因此不同时代的仕女画在主题和风格上都不尽相同。明清典型的仕女形象是"小的眼,小的嘴,斜而窄的肩,三寸金莲藏在裙子里面"④。明代的仕女画不仅臻达了艺术成熟的阶段,涌现了众多杰出仕女画家及其作品,且通过各种途径进入了市场。⑤从总体上看,传统仕女画的人物形象刻板、活动空间狭窄、绘画主题单一,受制于封建社会的男性审美观。20世纪初,仕女画成为月份牌的组成部分,开始成为商业社会广告大潮中的一道风景。随后,仕女画频频现身于近代报刊封面。如《小说时报》(1909~1922年)、《小说月报》(1910~1932

---

① 姜思铄:《现代女性媒介视觉形象的转型——〈妇女时报〉的女性照片研究》,《济南大学学报(社会科学版)》,2010年第4期,第14页。
② 佘惠敏:《雅俗中国丛书:仕女》,山东画报出版社2004年出版,第1页。
③ 余辉:《海派仕女画》,《紫禁城》,1994年第1期,第11页。
④ 方华:《审美意识与中国仕女形象的关系》,《安顺师范高等专科学校学报》,2003年第2期,第68页。
⑤ 见高居翰(James Cahill)著:《画家生涯:传统中国画家的生活与工作》,杨宗贤等译,生活·读书·新知三联书店2012年出版。

年)、《眉语》(1914~1915年)、《小说丛报》(1914~1917年)等都先后起用仕女画作封面。从传统仕女画的出现到近代封面仕女画的形成，经历了漫长的时间，原因是多方面的，其中技术和观念是最重要的两个因素。

1、技术方面。上海最早的中外文近代报刊，都只有文字新闻而没有插图，更谈不上新闻照片，报刊采用新闻插图始于19世纪70~80年代，广泛运用是在20世纪初。①石印术(lithography)在鸦片战争前后随传教士来华而传入中国。至清末，国内书商纷纷设局石印图书，因其简便易行、能获巨利而形成清末出版界的"石印热"，②石印技术加速了插图的印刷③。

2、观念方面。儒家的"男女有别"规范把男性、文学和政治权力归之于公众领域，而将女性、生育和家务劳动归之于家内领域，④《女诫》、《列女传》、《女论语》等书都是为实行以男性为中心的"妇礼"、"女德"教育而准备的，女性不能有知识，更不能抛头露面。在这种背景下，正经女子的画像自然是不能随意让人观看的。随着商品经济的发展、印刷技术的进步以及出版业的繁荣，晚明时期女性首次以作者和读者的身份出现⑤。辛亥革命前后，革命派势力发展，女子教育振兴，知识女性群体出现，社会对女性救国寄予期望和想象，以及男性知识分子创办女性报刊的热情和一些画者的加入，都为女性报刊封面的新发展提供了契机。

---

① 马光仁主编：《上海新闻史》(一八五〇~一九四九)，复旦大学出版社1996年出版，第443~444页。

② 韩琦、王杨宗：《石印术的传入与兴衰》，载宋原放主编：《中国出版史料(近代部分)》(第三卷)，湖北教育出版社、山东教育出版社2004年出版，第392、400页。

③ (美)约瑟夫·斯特劳巴哈、罗伯特·拉罗斯著，熊澄宇等译：《今日媒介：信息时代的传播媒介》，清华大学出版社2002年出版，第64页。

④ (美)高彦颐著，李志生译：《闺塾师：明末清初江南的才女文化》，江苏人民出版社2005年出版，第54页。

⑤ 同上，第30页。

性别视角下的上海都市文化

一号～二十号《妇女时报》都刊登了彩色石印仕女画。[①] 这些仕女画多由沈伯尘[②]、徐泳青[③]创作。这些视觉形象中,既有下层女佣又有社会中上层女性(以后者为主)。根据外貌、年龄可分为三类:

1、少女。《妇女时报》封面仕女画中共出现了四位少女(尚不能判断是否为女学生)。其中,三号封面少女手持蒲扇凭栏远眺,以村落为背景,高领窄袖长袍的传统打扮,似乎平淡无奇,但是左下角隐约显现的一轮朝阳及其眺望远方的眼神暗示一些新气象。八号封面少女头枕书籍睡卧桌前,衣着比较西化,桌上摆着一朵鲜花和一本香书。十八号封面少女纤纤独立投递信件,袖子较短,白底碎花的裤子也比正常的短了一截,浅绿色高领长马甲尤其引人注目,它是旗袍的最初形式。[④] 她向邮筒递出的信件是情书还是报社稿件? 从《妇女时报》几次极富广告意味地出现在封面画的情况来看,后者不无可能。十九号封面少女足蹬皮鞋立在河边钓鱼,蓄着长而疏松的刘海,脚上的鞋子最为耀眼:黑色高跟皮鞋,面上一朵红色蝴蝶结,款式已与今日的高跟鞋无甚区别。高跟鞋比时尚装束更早地让女性感受到时尚的魅力,那时的女孩子只要年满16岁,一律穿起了高跟鞋。[⑤]

[①] 《妇女时报》共出版二十一号,只有第二十一号封面采用传统仕女画,因此不在本文考察之列。至于原因,二十号《妇女时报》"编辑室谈话"中提及:"本报之封面画,现拟仿西洋大杂志(封面画大征集)之例,敢乞海内擅长丹青之女士,投寄画稿。"由此推测二十一号封面可能系某位女士应征所画。

[②] 沈伯尘(1889—1920),浙江桐乡人,是现代漫画的先驱者之一,善于创作政治讽刺画,被漫画家叶浅予认为是20世纪中国漫画史上的三位大师之一。有评论认为,他所作的仕女画与当时流行沪上的月份牌相比,更偏重于刻画一种传统的气质,但他署名的《妇女时报》五号和七号封面却充满了浓郁的现代气息。

[③] 徐泳青(1880—1953),原籍松江,擅长油画与水彩。曾被商务印书馆邀请主持美术室,后继续为报刊作画、办画室招收学生,并直接参与月份牌创作。曾与月份牌名画家郑曼陀合作,创作了不少精彩画作。在画法上吸收了国际最新的迪斯尼卡通画的某些手法,使月份牌画面的人物结构、光影、色彩、形象、背景更加准确、逼真、鲜艳、新潮。这在《妇女时报》的封面画中体现得较为明显。

[④] 卓影:《丽人行·民国上海妇女之生活》,古吴轩出版社2004年出版,第71页。

[⑤] 同上,第86页。

2、妇人。《妇女时报》封面仕女画中共出现了九位妇人,几乎清一色地身着窄而修长的高领衫袄和黑色长裙,这是民国初年的典型装束。① 这些女性形象可以分为四类:第一类是现代女性。例如,四号妇人坐在庭院读报,是一名识字且关心国事的新女性;七号妇人身着绿色大翻领外衣和蓝色高领衬衣,不同于传统服装,灰色长裙下微露黑色皮鞋,不论着装还是打猎的行为都比较西化。当时最为流行的女性装束是头梳东洋髻、身穿高领窄袖长袄素长裙、足蹬西式皮鞋的中西合璧装,②正如封面画中的主人公一样;十四号妇人手持相机,为不远处的梅花鹿拍照;二十号妇人高举望远镜眺望天空,视线所及是一个黑色飞行物。第二类是社会名媛。例如,十二号妇人站在雪地中,衣着完全西化,握着手笼,表情有些哀怨,似乎回到了传统仕女画中;十七号妇人蓄着时尚刘海,画着浓妆,试戴新买的白色手套,这在当时是颇为流行的。桌上相框里应该是本人照片,墙上镶着一面镜子,可见是一名爱美且追赶时尚的女子。第三类带有广告性质。例如,十三号妇人伫立窗前看《妇女时报》的封面,十六号妇人抱着孩子读《妇女时报》。另有十五号封面画的是主仆二人在江边钓鱼,穿着打扮都是传统的,可归为第四类。

3、女学生。《妇女时报》的封面仕女画中,明确可判断为女学生的有五幅。第一类是双人封面。例如,创刊号上两名女学生争阅《妇女时报》,既表现了学生主体,又为《妇女时报》做广告;九号女学生携手漫步江边,似乎正走在上学途中。此时的女学生不只装束时髦,其发式、学生装都是当时的流行时尚,③多次被搬上封面不足为怪。出现双

---

① 华梅:《服饰与中国文化》,人民出版社2001年出版,第318~319页。
② 乐正:《近代上海人社会心态》(1860~1910),上海人民出版社1991年出版,第17页。
③ 周叙琪:《一九一〇~一九二〇年代都会新妇女生活风貌——以〈妇女杂志〉为分析实例》,台湾大学文史专刊1992年出版,第91~92页。

人并没有凸显多样性的意思,只是为了追求"多"的意象。第二类是单人封面。例如,二号女学生手持铁杆洋伞,这是当时流行沪上的东西①。她站在学校门口,回头直视读者,微微透着笑意。背景中的两位妇女,其中一位挽髻的妇女可能是老师,也可能是同学②;五号女学生身着改进后的传统服装,大概是当时女学生的运动装。她认真地准备接球,身体充满动感,一双天足大方地露在外面;十号女学生站在窗前织毛衣,这是当时女校所开家政课的内容之一。尽管新式女校的课程设置、风气导向难免带有新旧杂陈的痕迹,但女学从无到有、从少到多,其主要作用仍在于"开女智",这不仅是现代化历程的重要组成部分,同时也是女性身体解放不可逾越的发展阶段。③

与传统仕女画相比,《妇女时报》的封面仕女画有两大不同:其一,仕女画的性质和功能发生了变化。传统仕女画供文人士大夫抒情或消遣,以理想中的女子为原型,受传统审美趣味的束缚。《妇女时报》的封面仕女画作为新媒介的"眼睛"进入大众的日常消费领域,以现实女性样貌为基本原型,以吸引读者为目标,受画家个人趣味和编辑意图的共同影响,是一种文化商品。其二,仕女画的主题和风格发生了变化。性质和功能的变化和新媒介技术的引入,导致封面仕女画中的女性形象呈现出传统与现代结合、中西结合的基本形态,充满了过渡

---

① 刘伯仙:《往事——晚清明信片透视》,人民出版社2001年出版,第60页。
② 当时有的女校,学生年龄不齐,如:城东女学一个课堂中,约计有三十多人,年龄小的不过十三四岁,年龄大的已经有三十余岁,是太太型的人了。参见包天笑:《钏影楼回忆录》(中),龙文出版社1990年出版,第402页。
③ 侯杰:《〈大公报〉与近代中国社会》,南开大学出版社2006年出版,第22页。

时期特有的矛盾特质。主要表现在以下四个方面[①]：

1、主题。传统仕女画中的活动多为家务女红、吟诗作画，这些封面女性的活动形式却多种多样，除少数传统仕女活动主题，还出现了读报、上学、寄信等富有鲜明时代特色的活动，甚至打猎、钓鱼等原本专属男性的活动也成为女性热衷的娱乐项目。可见在女性解放浪潮中，女性的身心健康正在逐步战胜传统道德的束缚。

2、空间。传统仕女画的背景多为家内、房内，这些封面女性有少部分仍处于传统空间，但多数置于以自然风光而非家庭为特征的户外，有的已进入学校、街头、大桥等公共场所。在背景中，很少出现"男性的监督"。

3、神态。传统仕女画中女性的神态多为温情脉脉、低头侧目，这些封面女性的神态略为丰富，背面、侧面出现的为多，正面出现的也有，特别是一名女学生和两位妇人直视读者，这是传统仕女画中罕见的。

4、装束。传统仕女画中的装束保守，这些封面女性一改传统的开襟长袍大褂，多数仍穿着传统的长衫长裙，少数在领口、裤脚方面调整一番，个别尝试了西式装束，呈现出新气象。缠足陋习，自宋以后，谬种沿袭，愈演愈烈，[②]传统仕女画中不可能出现的大脚，在少数封面中明显或含蓄地显露，是对现实生活的积极反映。宽衣长裙和缠足陋俗构成传统中国女性形象的基本特点，清末女性则尝试时尚穿戴，这既暗示商业促销的驱动、女性观念的更新，也是社会风气变更的一种征

[①] 传统与现代性的区别何在？在吉登斯看来，关键之处在于对现实、行为的"反思"方式的不同。参见陈嘉明：《现代性与后现代性十五讲》，北京大学出版社2006年出版，第237页。在20世纪中国人文学科研究领域，传统与现代是一对应用广泛的二元对立概念。事实上，传统与现代之间具有非常复杂、甚至辩证的关系，不仅传统之中含有现代性因子，而且现代化本身绝非全属现代，其中也有从传统中转换而来的成分。参见余英时：《论士衡史》，上海文艺出版社1999年出版，第85页。

[②] 唐振常主编：《上海史》，上海人民出版社1989年出版，第320页。

兆,直接导向时尚消费的形成。①

《妇女时报》的封面仕女画在画法上秉承了中国传统仕女图的技法,封面仕女一概白嫩细腻、面庞丰腴,又受20世纪初月份牌画法的影响,成功借用肖像画及照片着色的淡彩擦笔画,通过形体、色彩、背景、道具等综合设计,创造出近似彩照的视觉效果。② 如果作更深入的考察,这些封面仕女画受到了西方艺术和物质文明的双重影响:

1、受摄影技术的影响。摄影术作为一种技术,在19世纪40年代便传入中国。③ 19世纪80年代,上海的照相业已较为发达,广及闺阁淑女。④ 早在六号《妇女时报》中,就有关于"无师自通照相法"的广告:"价目自十四、十六元起至廿二、卅二元不等"。摄影术给传统绘画带来了重要影响,在《妇女时报》的封面仕女画中有突出表现:

(1)强烈的镜头感。传统仕女画中的女性,或低头或侧目,鲜见正视形象。但这些封面女性表现出强烈的镜头感,突出地表现在二号、十二号及十七号封面中。二号女学生站在学校门口扭头回望,仿佛有意站立留影一般。十二号妇人神情哀怨地望着读者,似乎在向镜头倾诉。十七号妇人扭头回望的表情自然而丰富,仿佛一个抓拍的镜头。这些女性不再是传达画家心情、任由安排的客体,而是在虚拟镜头前表现自我的主体。清末摄影对象已不局限于肖像,还发展了风景、运动、静物等,⑤这些仕女画在取景角度、画面立体感等方面多少借鉴了

---

① 罗苏文:《论清末上海都市女装的演变(1880~1910)》,载游鉴明主编:《无声之声(Ⅱ)近代中国的妇女与社会(1600~1950)》,"中央研究院"近代史研究所2002年出版,第114页、120页。
② 熊月之主编:《上海通史》(第九卷·民国社会),上海人民出版社1999年出版,第298~299页。
③ 陈申:《清代摄影史料琐集》,《中国摄影史料》(第二辑),1981年,第10页。
④ 上海摄影家协会,上海大学文学院:《上海摄影史》,上海人民美术出版社1992年出版,第7页。
⑤ 刘建美:《百年中国社会图谱——丛传统消遣到现代娱乐》,四川人民出版社2003年版,第53页。

摄影经验,效果甚至比当时的风景照片更胜一筹。

(2)记录时代特征。传统仕女画中的女性活动带有极强的私人性质,几乎没有时代感,这在《妇女时报》封面仕女画中得到了极大改观。诸如上学、打球、摄影、打猎、使用望远镜等活动,都是对现时生活的积极反应。绘画从一门用作享受的艺术转为对现实生活的记录方式,正是受了摄影"保存记忆、传承文化、交流信息"①的功能的影响,从而突破了传统绘画保留时间长、不能引领时尚的特征,在纯粹的审美功能之外增加了被仿效的功能。

(3)重建审美理想。传统仕女画中的女性多表现为温良、娴淑、贞静的形象,审美观是刻板而重复的。这些封面仕女画却表现了丰富多彩的女性形象,有活泼的现代女学生,有华丽的淑媛,有关心国事的妇人,还有劳苦的社会底层妇女,她们仍然是"贤惠"、"美丽"的代言人,但热情、活泼、智慧、勇敢也是她们的标签。单一的审美理想被打破,多样性浮出了水面。这一审美理想的重建得益于国家现代性进程的开始,就女性视觉形象的变迁而言,也得益于女子照相的流行。当时流行的美人照和学生照根据古典美的样式拍摄,当依照这些美人照画成美人画时,意味着新的理想美的确立。②

2.出现了许多时尚道具。所谓时尚道具,是指一些西式器物,多流行于社会中上阶层,代表当时的生活时尚。《妇女时报》封面中出现的道具有报刊、猎枪、相机、手提袋、照片、望远镜、洋伞、球拍等,都是西方文明的舶来品。有的暗示现代女性生活方式的转变,有的隐含促销用意,美人加美物的构思模式,赋予美女图某种超前消费示范者的形象③。传统女性最初接触的文化媒介是用作培养女德的书籍以及一

---

① 汪贤俊:《影像的冲击——论早期摄影对绘画的影响》,南京艺术学院2005年硕士学位论文,第4页。
② 同上,第10页。
③ 叶浅予:《写在新秋之装束前面》,《妇女》,1930年第8期。

些通过特殊渠道获取的小说,直到20世纪初以市民为主要读者的报刊兴起之后,才逐渐出现专为女性创办的报刊,《妇女时报》封面女性手捧的书卷因而有了别样的指称和意义。打猎是洋人十分喜爱的活动①,在《妇女时报》的封面上却成了中国时髦女郎的消闲活动。摄影技术传入中国已久,于是《妇女时报》的封面女性不仅将自己的照片摆放在桌前,而且手持相机在野外拍摄。手提袋和洋伞都是当时流行的西式装束,也成了新式仕女画的必备要件。而女学生打球的画面则是当时女学仿效西方女校重视体育活动的记录或画家想象的产物。时尚是阶级分野的产物,较低的阶层几乎没有时尚,即便有也不是他们所特有的。而女性长期处于弱势地位,别的领域无法让她们表现自我,时尚却为她们找到了出口。②

三、新式仕女画封面的意义:现代女性视觉文化之始

《妇女时报》之前的"志士办"和"学生办"女性报刊,封面以文字为主,偶有线条简单的图画。例如,秋瑾创办的《中国女报》,封面由刊名和一名手举大旗的女性素描构成;燕斌创办的《中国新女界杂志》,封面女子手持地球仪,类似圣女形象。这些女性形象呈现了女性先驱高远的志向和目标,而未及日常世界中女性形象的改变。《妇女时报》则从日常生活入手,以符合大众审美习惯、容易接受的仕女画而想象/重构或再现变化中的中国女性新形象。虽然封面仕女画在其他类别的报刊上亦有出现,但在女性刊物中,《妇女时报》乃是最先使用者,加上其长达七年的办刊时间,连续使用的这一方式有力地进行了一场视觉革命。

《妇女时报》封面画的形成在很大程度上取决于海派文化的背景。

---

① 唐振常主编:《上海史》,上海人民出版社1989年出版,第251页。
② 齐奥尔格·西美尔著,费勇、吴燕译:《时尚的哲学》,文化艺术出版社2001年出版,第72、76页。

一方面,海派文化以市民大众为主要对象,将文化变成一种特殊商品引入市民的消费领域,这就要求文化商品在最大限度上吸引读者的注意力。辛亥革命前后的普通小说杂志都考究封面画,最常在封面上画美人①,大部分封面美人画具有连续性,风格上并不完全统一,她们中既有招徕性的香艳美女(如《小说时报》、《小说丛报》等),也有中外女性名流(如《小说月报》等)和代表女界新气象的人物画(如《小说新报》等)。《妇女时报》既借鉴了这些小说杂志的封面模式,又摒弃以"色"招徕读者的旧思路。另一方面,海派文化站在精英知识分子言说的边缘,关注更贴近实际的生存现实以及与这种现实相关联的情感趣味问题。② 这一时期女性的穿着打扮、兴趣爱好、生活方式、思想观念变化之快、之丰富,已然无法单纯包容在文字之中,相反地,需要一种更为简洁、直白、醒目的表达方式。而女子教育较之清末有了发展,女性杂志的拟想读者群不再限于"粗通文理的女性",不必一味追求"通俗化",③可以通过视觉形象传递更为丰富的信息。

鸦片战争后的中国开始了现代性进程,即丧失中心后被迫以西方现代性为参照系以便重建中心的启蒙与救亡工程。④ 这是《妇女时报》采用封面仕女画的最为广阔而深刻的背景。封面女性绘画形象通过一些富于现代意味的服饰、姿容、道具、空间,展现了清末民初上海社会中上层女性的现代生活方式、人生理想及性别观念,塑造出现代女性群像。所谓现代女性,是指出现在19世纪末20世纪初,热情接受新式教育,积极投身各种事业,深受西方文化影响的女性群体。她们有别于以自然经济为基础的传统社会中、男尊女卑的性别制度下产生

---

① 包天笑:《钏影楼回忆录》(中),龙文出版社1990年出版,第450页。
② 姚玳玫:《想象女性——海派小说(1892—1949)的叙事》,中国社会科学出版社2004年出版,第30页。
③ 夏晓虹:《晚清社会与文化》,湖北教育出版社2001年出版,第282页。
④ 张法等:《从"现代性"到"中华性"——新知识型的探寻》,《文艺争鸣》,1994年第2期,第11页。

的女性,在富于强烈政治色彩的被动性中被赋予"上可相夫,下可教子,近可宜家,远可善种"的新内涵,又被纳入"女国民"的新角色。同时,她们身处新旧交替的中国社会,思想和行为都烙下过渡时期的矛盾特质,并不具备彻底、自觉、革命性的"新"。《妇女时报》的封面仕女画是对这一群体较为集中的展现,在一定程度上是虚拟、超前和想象的,为读者营建了一个拟态环境;同时,她们又是读者想象自己可以化身成为的对象,从而为读者提供了模仿空间,推动了女性现代化的进行。

值得进一步讨论的是,在印刷技术条件已经允许的前提下,《妇女时报》没有采用女性照片作为封面。与此相反,如前文所述,同时期的小说杂志封面不仅出现"美人",且使用了女性照片。例如,1912年《小说月报》创刊号封面刊登了秋瑾的照片,1917年《小说时报》[①]多次刊登封面女性照片,首次刊登的是梅兰芳的男扮女装相,此后三次刊登妓女照片。包天笑并非复古文人,相反具有相当的创新性,《妇女时报》内页也刊登过不少女性照片,且较好地体现了他的编辑意图。因此,关于《妇女时报》封面对仕女画而非女性照片情有独钟的做法,我们或许可以大胆猜想:包天笑是否考虑到将女性照片搬上女性期刊封面尚不符合当时的社会规范,尤其是不能为一般仍受传统女德影响的社会中上层女性接受? 或反而会影响社会对"通达之闺彦"阅读这份专为她们所办的杂志的合法性的认可?

包天笑转而将《小说时报》作为试验田,他懂得美人照深得男性读者的喜欢,但为了保险起见,他首先使用梅兰芳的照片,以便为观念保守的士大夫找到自我开脱的理由。[②] 也许是第一次尝试的收效颇佳,

---

① 《小说时报》是一份以男性为主要读者群的小说杂志,1909年10月创刊于上海,与《妇女时报》同属《时报》馆。1909年~1917年间,由包天笑和陈景韩轮流编辑。

② 当然,包天笑与梅兰芳私交尚好,得到一些他的照片,这也是必备条件。参见包天笑:《钏影楼回忆录》(下),龙文出版社1990年出版,第694页。

此后又连续三次使用清一色的妓女照片。即便如此,当时的女性照片也只能作为消遣对象停留在男性读者的视野里,并不是能登"大雅"之堂的理想的封面形象。在民初复古的社会氛围下,这种编辑手法并不难得到后人的理解。①

《妇女时报》问世后,出现了一批仿效者和竞争者。例如,中华图书馆刊行的《女子世界》以传统仕女画作为封面,内容空洞,无甚新意;商务印书馆刊行的《妇女杂志》发行当年刊登了 12 幅彩色封面仕女画,画中女性大多做着家务活,自次年起改用传统花鸟画作为封面直至停刊。

1919 年前后,受五四新文化运动的影响,女性报刊封面又回到了简明质朴的状态。有的仅出现刊名,例如 1920 年上海务本女中创办的《新妇女》、1926 年章锡琛等人创办的《新女性》等;有的刊登简单的彩色仕女画,例如 1920 年～1921 年周剑云主编的《解放画报》,封面大多以"女子画像+简洁背景"的模式出现,用剪影或漫画表现五四青年冲破封建枷锁的热情。

这一状态几乎持续到 1926 年《良友》画报创刊才得以完全改变。《良友》画报是一份综合性画报,绝大多数封面都使用女性照片,女性的真实形象正式进入媒介环境和社会系统,成为大众(包括男性和女性)观看的对象。此时,年轻闺秀及各式女明星取代了曾经时尚的女学生和进步妇人,摩登的知识女性成了时代新宠儿,现代女性的内涵在社会变迁中发生了新变化。与《妇女时报》的封面女性全身上像不同,她们多以半身像出现,脸成了视觉形象的主体,有利于展现不同个性,这也可能受了当时摄影技术的影响。与《妇女时报》的封面女性手

---

① 各地官员与舆论纷纷发表尊孔、读经活动的相关言论,在相当程度上营造出一股回归传统的氛围。流风所及,使清末萌芽不久的妇女言论空间,立时萎缩变形。参见谈社英:《中国妇女运动通史》,妇女共鸣社 1936 年出版,第 92～93 页。

持时尚道具不同,她多以花为道具(另有折扇、镜子、油纸伞、书报、球拍等),道具不再是时尚标签,反而成了女性形象可有可无的陪衬物。与《妇女时报》的封面女性身处各种空间不同,她们的背景被虚无化,既是受摄影技术所限,也突出了女性本身。这些都说明女性绘画形象向女性摄影形象转变时所发生的变化:女性绘画形象更多地体现塑造作用——画家和编辑依据现实,勾画出统一的女性形象,她们的脸蛋、身材、气质均无差别,亦非被表现的主体,她们只是借助神情、装束、背景、道具来展现一种生活方式和某种理想。女性摄影形象则与之不同,每位女性都是独一无二的个体,尽管拍摄方式和过程依据当时的规范进行,但摄影师比画师更致力于展现不同女性的美,"使之成为众人目光可以驻足的一个娱乐'场所'",她们通过脸蛋、身材及装束散发时尚气息,"指称着现代城市生活中形形色色的表象、情绪乃至欲望",道具、背景反而显得微不足道了。① 而几乎不间断地刊登女性照片,也从另一个角度说明,此时的现代女性不再满足于现身封面内页,而是敢于大胆亮相于封面,与杂志编辑共同塑造"让世界欣赏"的女性。晚近以来,《良友》画报的封面女郎受到了研究者的高度重视,认为那些真实的女性形象在宣扬都市文明和妇女解放方面起到了前所未有的作用。而历史地来看,《良友》画报封面人物照的成功,乃是建立在前人如《妇女时报》等报刊的视觉尝试基础上的。某种意义上可以说,正是《妇女时报》等连续的以新式仕女画作封面的举措,既表现了对女性视觉形象的重视,又缓冲了与当时社会规范的冲突,从而为之后《良友》画报以真实的女性人物形象作封面铺平了道路。

1928年6月,良友公司又发行了综合女性画报《今代妇女》②,由

---

① 姚玳玫:《早期女性肖像、生活照的私人性与公共性》,载孟建:《读图时代:视觉文化传播的理论诠释》,复旦大学出版社2005年出版,第179页。
② 有学者认为,《今代妇女》的前身是《现代妇女》,1927年创刊,良友图书公司发行。但据《今代妇女》编者在《编前的几句话》中所提之办刊缘由,并未涉及《现代妇女》。

叶秋原、谢志理等人主编。1928年6月~1930年3月,《今代妇女》共出版十五期,均采用女性照片为封面,初为黑白后改彩色,其照片主题和风格与《良友》画报封面照片无异。1931年前后,《今代妇女》停刊。这份维系时间不长的女性杂志没有在女性报刊史上留下闪光的一笔,却记录了近现代女性报刊展现女性视觉形象的不懈努力。

创办于1915年的《妇女杂志》被设计和誉为女学的帮手①,承担着教育者的角色。20世纪30年代早期,《良友》画报营建了关于都会现代性的一整套"想象"。② 而《妇女时报》则以一个早期启蒙者的角色,在一个不完整、不牢固、不开放的公共空间中,为女性的自我欣赏和彼此对谈建立起一种习惯与通道。它诞生于国家现代性进程的时代背景下,最早以专门的商办妇女杂志的身份,从事对女性的启蒙工作,为处在前资本主义时期的中国提供了新鲜的女性视觉经验。但在一定程度上,它也未免是男性视觉中心主义的一种表达。这也就是为什么在清末众多的女性杂志中,是包天笑等男性文人主持的女性杂志而不是秋瑾、陈撷芬等女性先驱创办的女性报刊开了以新仕女形象为封面的先河。

女性形象成为商品并不始于《妇女时报》或清末的其他媒介(如前文所述,仕女画在中国有着悠久历史),但使得传统仕女形象不仅承载新的时代气息和意识,且借助现代印刷技术之力广泛地出现于报刊封面,直面大众或让更多人看到,产生更大的影响力,却是社会发展到一定阶段才有的事,或者说得益于现代女性解放运动和商品生产发展的合力作用。它有力地打破了妇女的形象和言行被封闭于内室的传统,让女性与社会变迁及信息传播紧密结合起来,也开创了女性作为现代

---

① 李欧梵:《上海摩登:一种新都市文化在中国1930~1945》,北京大学出版社2001年出版,第60页。

② 同上,第89页。

大众视觉中心的先河,而现代中国的女性也由此开始面临如何既大力借助媒介表达传播自己,同时避免被消费利用和商业化的新课题。《妇女时报》是这一变化的有力推动者,其一以贯之的封面仕女画既突破了早期女性报刊封面鲜有修饰的状况,又在传统仕女画中注入了新鲜空气和时代气息,可谓中国女性报刊媒介的现代女性视觉文化之始,同时是整个现代中国媒介史上女性视觉形象发展的重要一环。

现代性的姿容

望远镜与中国现代女性的世界观

1608年,荷兰眼镜商汉斯·利伯希制造了世界上第一架单筒望远镜,此后,望远镜成为17世纪西方发明的重要科学仪器。意大利科学家伽利略用它来窥探宇宙的奥秘,引起了罗马教廷的恐慌。与此同时,1626年,望远镜随德国传教士汤若望进入中国。[①] 在重人文而轻科学的传统中国社会,这些西洋器具的用途发生了一定变化,望远镜除了运用于天文和军事,更多的是满足了士大夫对西洋器具的好奇心。[②] 崇祯及其之后的明清两代皇帝,对望远镜的兴趣都不曾减弱,收藏望远镜的风气直到清末仍很盛行。[③] 皇宫贵族中的女性,也因此而得见乃至使用望远镜。例如,曾国藩的儿子曾纪泽家中搜集了显微镜、望远镜等不少西方新式器物,常拿给诸姐妹、叔母观之,其妹曾纪芬的年谱中,也留下了她儿时把玩望远镜的记录。[④] 在西方,望远镜在它问世后的200年成了女性可以在公共场合使用的器具之一,美国女

[①] 关于第一架望远镜何时传入中国,学界有不同说法。有学者认为,1618年德国传教士邓玉函第一次携带望远镜来华。如王川:《西洋望远镜与阮元望月歌》,《学术研究》,2000年第4期,第83页。有学者认为,望远镜最早由德国传教士汤若望于1622年传入中国。如戴念祖:《明清之际望远镜在中国的传播及制造》,《燕京学报》,2000年第9期,第123～150页。本文参照任继愈主编:《中国科学技术典籍通汇》,河南教育出版社1996年出版,第339～381页。

[②] 谢贵安:《西器东传与前近代中国社会》,《学术月刊》2003年第8期。

[③] 刘善龄:《西洋风:西洋发明在中国》,上海古籍出版社1999年出版,第8页。

[④] 林维红:《面对西方文化的中国"新女性":从〈曾纪泽日记〉看曾氏妇女在欧洲》,载罗久蓉、吕妙芬主编:《无声之声(III)近代中国的妇女与文化(1600～1950)》,"中央研究院"近代史研究所2003年出版,第221页。

画家玛丽·卡塞特的作品《包厢一角》(A Corner of the Loge,1879年)和《在剧院》(At the Opera,1880年)分别描绘了19世纪80年代年轻女子和贵夫人在剧院包厢用望远镜观赏歌剧的场景,表现了19世纪末资产阶级女性生活圈从家庭延伸至公共领域的变化或女性"观看"的新方式。① 而同时期的上海,却发生了因妇女在戏院看戏时被"千里镜窥探"而引发的争论。1876年2月,某官员携眷赴金桂轩茶园看戏,据说遭优伶"手持千里镜窥探,评骘妍媸"。一位署名"冷眼旁观客"的在报上撰文,认为以"名门淑质为优伶指视,是非看戏而为戏所看矣",由此劝妇女不要出入社交场所、不要轻易看戏。文章立即引起舆论批评,有署名文章认为,如果因看戏女子为戏子所看,就禁止妇女看戏,实属因噎废食,春节这样的良辰美景,妇女理应与男子同样游目骋怀,观戏娱乐。②

与后者的开明态度相一致,女性与望远镜在中国的报刊杂志上逐渐成为"手帕交"。19世纪末,海派广告画家周慕桥的《视远惟明》描绘了女子使用望远镜向屋外眺望的场景,之后,《妇女时报》二十号(1916年)的封面上出现了女子手持望远镜眺望天际的画面。诸如此类中国女性借助西洋器具,促使"观看"的方式和内容都发生了相应变化,并以一种图像想象的方式呈现、流通于大众媒介的情况,不仅折射出时代正在发生的女性建构新生活方式的意向,也反过来推动后者的世界观和人生观从传统步入现代。而这一转变,既是国家现代性进程的组成部分,亦是男性为主导的社会想象和建构的成果之一。简言之,既可以说是具有启蒙意识的知识男性对女性视野演变的一种历史性认

---

① 玛丽·卡塞特(Mary Cassatt,1844—1926),19世纪在法国艺术界享有盛名的美国女画家。她成功接受了法国印象派风格,创作了一系列以"女人与孩子"为主题的作品。其中,"剧院中的女子"系列作品,通过描绘法国剧院下午场包厢中的女性形象,表现了19世纪末资产阶级女性生活圈从家庭延伸至公共领域的变化。有学者误将玛丽·卡塞特当作法国印象派女画家,见罗岗、李欧梵:《视觉文化·历史经验·中国经验》,《天涯》2004年第2期。

② 见《申报》,1876年2月9日、11日。

《视远惟明》,作者周慕桥。

识,也可以说是他们在商业促使下对女性世界观的一种无意识的动态建构。

一、女性与望远镜意象

周慕桥(1868—1922,江苏苏州人)是一位海派画家,被认为是最早表现20世纪初中国女性的广告设计家。他国画功底好,又在传统画的基础上揉入了西画的造型与透视,并使用比传统仕女画更丰富的色彩,他的许多画被印成月份牌,很受欢迎。他出手很快,作品极多,

性别视角下的上海都市文化

早期作品多刊于《点石斋画报》①和《飞影阁画报》②。他很长时间里为时事新闻配画插图,所以他的仕女画往往也具有时代气息。据现有的材料看,其画作《视远惟明》可说是最早展现近代女性与望远镜关系的作品。该画作为《海上百艳图》之一,被收入《吴友如画宝》第三集中,但画面上方印有画名以及周慕桥的名字和印章,证明该画系周慕桥所作。③

画中三位女子身着清末女性的典型装束:上身是长及膝部、袖口阔大的镶边上衣,下身是同样宽松的镶边裤子或裙子。其中一位女子手扶栏杆,饶有兴味地手持望远镜眺望前方,另一位女子趴在栏杆上,积极参与"眺望",似乎还与前者交谈所看之景,身后立着的第三位女子则反应平淡,只是低眉望着她们,并没有参与的热情。该画分为背景和前景两部分,背景部分是显现于绿树丛中的传统中式建筑和西式教堂,前景中,三位女子身处右侧楼阁阳台,她们向左侧眺望什么,没有详细画出。对此,不同人有着不同的解读。有学者认为,画中女子在眺望左侧背景中的西式建筑(包括教堂的尖顶)④;有学者则认为,那是在窥视租界。⑤ 然而根据画面上的指向,她们眺望的不可能是背景

---

① 《点石斋画报》,1884年~1898年在上海出版发行,是中国最早的画报之一。最初由《申报》附送,后可单购。画报内容包罗万象,以时事为主,印刷精美,画法中西结合,一时风行上海,掀起了一股画报热。主创者有吴友如、张志瀛、周慕桥等人,共创作发表了4000多幅作品。

② 《飞影阁画报》,1890年~1893年在上海出版发行,由吴友如创办。作品内容除时事和社会新闻外,遍及仕女、花鸟、山水、奇闻等,其画法、版式、纸张、发行等都传承了《点石斋画报》的风格。从1893年(第91期)开始,该报由周慕桥改名为《飞影阁士记画报》续出一年,同年秋,吴友如创办《飞影阁画册》,出至第10期时因病去世。

③ 见吴友如:《吴友如画宝》,上海书店出版社2002年出版,第80页。有人因此误认为该画系吴友如所作。也有学者误认为《视远惟明》曾刊登在《点石斋画报》上,后收入《吴友如画宝》中,画上还有关于内容的说明。其实该画未在《点石斋画报》上出现过。见罗岗、李欧梵:《视觉文化·历史经验·中国经验》,《天涯》2004年第2期,第14页。

④ 张英进:《动感模拟凝视:都市消费与视觉文化》,《当代作家评论》,2004年第5期,第133页。

⑤ 罗苏文:《女性与近代中国社会》,上海人民出版社1996年出版,第109页。

现代性的姿容

中的西式建筑,而是前景中没有详细画出的部分,这为我们提供了丰富的想象空间。据周慕桥发表系列画作的时间和渠道,我们可大致判断《视远惟明》描绘的是19世纪80~90年代上海的社会风情,与《海上百艳图》的其他画作一起,呈现出"海上女性"日常生活的方方面面,她们访友、看戏、踏青、弹唱、化妆、打台球、吃西餐……以及"望野眼"——但不同于一般的观望,而是借助了西式的工具。与中国传统社会女性的责任被限定为"在齐家而不在济世,在阃内而不在阃外"①并因此而导致其行动范围和思想自由受到较强束缚不同,"海上女性"的生活方式体现出近代都市女性生活的多样性和现代性。《视远惟明》中几位女子眺望的对象,也许是租界发生的新奇之事,也许是毫无指向性的屋外景观。而实际上,她们具体在眺望什么并不重要,重要的是她们的眺望行为传递出了这样的信号:她们开始在不排斥封建礼教原则的前提下,表现出对都市生活的趋从,并尝试用自己的眼光观察周围的变化并作出选择。她们的行为在一定程度上实已越出男女有别、夷夏之辨的戒律。② 这是我们从《视远惟明》中读到的最有价值的信息。

也有人认为,画中的女子是在看可能成为她们恩客的人,也即是说,画中的女子是妓女。③ 从《视远惟明》前景中女子们所处房屋建筑的特点,可推测此楼为沿街建筑,且二楼阳台上挂着一盏玻璃照灯④,

---

① 遐珍:《余之忠告于女学生》,《妇女杂志》1卷4号,1915年,见周叙琪:《一九一〇——一九二〇年代都会新妇女生活风貌——以〈妇女杂志〉为分析实例》,台湾大学出版委员会1996年出版,第67页。
② 罗苏文:《女性与近代中国社会》,上海人民出版社1996年出版,第109页。
③ 扫叶:《吴友如的〈视远惟明〉》,http://soja.blog.hexun.com/7885950_d.html。
④ 1865年、1882年起,煤气灯、电灯分别出现于上海。这两种灯在晚清是新东西、洋东西,一度被视为西方文明的象征。《点石斋画报》在述及洋式城市、房屋时,通常会画一个煤气灯或电灯。见熊月之:《照明与文化:从油灯、蜡烛到电灯》,《社会科学》2003年第3期。《视远惟明》中的玻璃照灯是煤气灯或是电灯,画家并未明示,但都传达了现代气息,这是可以确知的。

234

性别视角下的上海都市文化

这类建筑一般多为妓女所居。① 因而说其中的人物为妓女或无大错。但《视远惟明》并非是纪实作品,更多是想象性的,是对社会女性与新潮事物的一种想象性描摹,或有原型,但也无妨是"无中生有"的。就像周慕桥参与绘画的《点石斋画报》,其中的图像有的出自写生并根据新闻衍化,有的临摹照片,有的则出于想象。由于晚清妓女是当时的时尚先锋,因而画家在表现女性与望远镜这一新事物相"交集"的时候,以引领时尚的妓女为想象对象也是极有可能的,所以画面采用的是临街建筑。但其中显然也有技术、构图的需要——惟有取用沿街楼层建筑,才能更好地表达"视远"的意境。因此,与其认定《视远惟明》是对某一类女性的写照,不如认为是画家想象性的表达更符合其时的社会氛围和人们对于女性的"寄望"。

"视远惟明,听德惟聪"出自《尚书》,意为:目光远大才算聪明,善纳忠言才算睿智。② 原文中时间上的"远"在此画中被改换为空间上的"远",用以表达女性用望远镜拓展视野才能更聪慧的意蕴。《视远惟明》中几个女子相聚一处持望远镜眺望,意味着其观看范围从屋内转向了屋外,观看方式从肉眼观看转向了借助新式工具观看,从而产生了一种新型的"看"与"被看"关系。它巧妙地说明了在时代的变迁中,女性也有"看世界"的权利和必要。新旧转换之间,望远镜对近代女性解放潜在的"爆炸能量"的引发或象征意义是显而易见的:作为西方现代技术的象征,望远镜成了连接东西文化的媒介物,它打破了表面上平衡的中西空间布局,透过扩张了的视觉欲望,揭示长期困于闺阁的

---

① 19世纪末江南宅院内部的房屋一般一楼有廊、二楼无廊,即便二楼有廊,廊灯也以挂在廊内侧的灯笼居多,且宅院四周建有十几米高的外围墙(使用望远镜向外眺望是徒劳的),例如1872年~1875年建的杭州胡雪岩故居。《点石斋画报》中的宅院图也印证了这一点。

② 《商书·太甲中》,载陈襄民注译:《五经四书全译》,中州古籍出版社1991年出版,第81页。

235

传统女性对现代的渴望,渴望冲破宗法禁锢,亲身经历现代都市生活。① 海派画家敏锐地感受到了视觉在现代都市生活中的中心位置,以及观看方式的变化对中国女性生活的影响,从而率先地表达了这一观察和感想——可以为我们的这一论点作证的是,继周慕桥的《视远惟明》之后,《妇女时报》上的新式仕女画封面再次以绘画的方式将望远镜和女性连接起来。

《妇女时报》1911年~1917年在上海出版发行,以有正书局的财力和经营为后盾,是中国第一份商办女性杂志。该刊以"通达之闺彦,与夫忧时爱国之女士"为目标读者,依托《时报》社的编辑资源,介绍知识,推动女学,开通风气,重视市场效益,影响广大。《妇女时报》也是中国第一份采用新式封面仕女画和大规模地连续刊登女性照片的女性报刊。其封面仕女画主要由海派画家沈伯尘、徐泳青创作,仕女画封面的主题、空间以及画中女性的活动、神态、装束多样,还出现了报刊、猎枪、相机、照片、洋伞、球拍等颇为时尚的道具。1916年11月出版的二十号《妇女时报》封面中,一位女子身着民国初年中国女性的装束——窄而修长的高领衫袄和黑色长裙,额前蓄着刘海,头上盘着当时颇为流行的S型髻,发际系一朵蓝色蝴蝶结,透露出少妇的年龄。她伫立在江边,手持望远镜,视线所及之处是一个黑色飞行物。瘦削的肩膀,细小的手臂,在高举望远镜时略显吃力,但这并不能打消她的观看兴趣。是什么吸引她走出闺阁、独自在野外驻足眺望呢?

同期《妇女时报》给出了答案。封面内页刊登了《中国之女飞行家张侠魂女士》的照片两幅(生活照和飞行留影各一幅),生活照中的张侠魂一身素色长袍,系着白色长围巾,胸前别一朵花,头戴一顶绢花小帽,背手而立,神色镇定。飞行照中的张侠魂则表现出胆大、活跃的一

---

① 张英进:《动感模拟凝视:都市消费与视觉文化》,《当代作家评论》,2004年第5期,第133页。

《妇女时报》上手持照相机和望远镜的女性。

面,正与技师一道准备飞行。"妇女谈话会"一栏刊登了署名刘敏智的文章《中国之女飞行家》,并在"编辑室谈话"一栏中刊出了张侠魂之姊张昭汉致《妇女时报》社的信。两篇文字一起还原了张侠魂驾机飞行的经过。张侠魂是维新人士张通典(曾任孙中山秘书)的女儿,是国民政府参谋次长蒋作宾的小姨,后来成为气象学家竺可桢的夫人,当时正在上海神州女学执教。时值南苑航空学校举行飞机试验①,张昭汉

---

① 南苑航空学校是中国第一所航空学校,1913年临时大总统袁世凯在法国驻华公使馆武官、总统府军事顾问白里索的建议下在北京南苑开办,从法国购进12架高德隆教练机作为训练之用。见郭振华:《中国最早的航天学校——南苑航空学校》,《北京档案》2007年第6期,第42页。从1915年7月起,该校修理厂厂长潘世忠组织装配"法尔曼"式陆用机并取得试飞成功,成为中国最早的自制武装飞机。见高晓星:《民国空军的航迹》,海潮出版社1992年出版,第26页。结合上述史料及张侠魂飞行照片,可推断张侠魂驾驶的飞机与上述两种机型相似。不过,由《妇女时报》内文介绍可知,张侠魂之所谓"驾机"飞行,有别于专业飞行员的"驾机"飞行,更接近于"试驾"或"陪同"飞行。

现代性的姿容

携妹妹前来参观,岂料张侠魂"素性勇敢,凡事不避艰险"[1],自请于航空学校校长"脱有不测,吾一弱女子以飞行而伤而死,亦可为中国女子飞行家开一新纪元,女子冒险历史中放一新曙光"[2],终得驾机绕南苑数周,后因天气变化意外坠机受伤。至此可知,《妇女时报》二十号封面中的黑色飞行物意指驾机飞行的张侠魂。

《中国之女飞行家张侠魂女士》,《妇女时报》第二十号。

"女子飞行"是20世纪初的女界新事。《妇女时报》一号(1911年)封面内页就刊登过一幅题为《破天荒中国女子之凌空》的拼贴画。当时的上海还流行坐飞艇[3]照相,《妇女时报》曾多次刊登广告:"新奇拍照,请坐飞艇拍照,本馆特制小飞艇,拍影后与空中飞行无异真",反映在另一份由包天笑主编的刊物《小说时报》中,则是多次刊登妓女"乘坐"飞艇道具拍摄的照片。如果说,推介女子坐飞艇拍照是《妇女时

---

[1] 《张昭汉女士致本社书》,《妇女时报》二十号,1916年。
[2] 刘敏智:《中国之女飞行家》,《妇女时报》二十号,1916年。
[3] 飞艇是一种轻于空气的航空器,体积大,飞行平稳,便于操作驾驶,可低空低速飞行,能在空中长时间停留。1910年,华侨余焜制成一艘飞艇并试飞成功,引起国内外轰动。

报》作为商办报刊为经济效益和流行文化所驱动之举,而坐飞艇拍照的行为本身只是图一时之快的时尚活动,那么,《妇女时报》二十号所呈现的"女性与飞行"意象,则体现了女性勇于打破陈规、尝试新鲜事物的现代女界精神。对此,以临时大总统袁世凯、总理段祺瑞、南苑航空学校校长秦国镛、《妇女时报》编辑包天笑为代表的男性均表示出赞扬和鼓励的态度。①

20世纪初,国家政治和民主思潮的高涨带动了以男女平等为重要内容的社会民主问题的提出。经过太平天国运动和早期维新派对西方女性状况的宣传,"废缠足,兴女学"成了戊戌变法时期的热潮。传统的女性社会角色获得突破,妇女入学、就业、革命甚至参政已不是匪夷所思的事,社会风气因此而开化,近代中国出现了一批接受过新式教育的现代女性,她们具有迥乎传统女性的智识和眼界。驾机飞行的张侠魂是现代女性的代表,《妇女时报》二十号封面女性借助望远镜一睹女飞行者风采,关注女界动态,也俨然是现代女性之一员。如果说,女性用望远镜眺望热闹的家外风景,只是出于对大千世界新鲜空气的渴求;那么,女性用望远镜观看现代女性的大胆创举,则是她们进一步拓展视野的表现:她们要看社会现象,而不仅仅是社会景观;要看女性群体,而不仅仅是芸芸众生;要主动了解和学习,而不仅仅是被动解闷取乐。她们的视野已从家内扩展至家外,进而拓展至同一群体及其代表的新气象,她们不再满足于相夫教子、吟诗作画的传统闺阁生活了。她们的世界观、人生观毫无疑问地已经发生了不小的变化。

艺术史家约翰·伯格指出:"男性观察女性,女性注意自己被别人

---

① 见刘敏智:《中国之女飞行家》(《妇女时报》二十号,1916年)。张侠魂自请于秦国镛校长许其乘机飞驶,"秦校长感其言,且深致钦叹,遂可其请"。而"自女士受伤后,京内外人士以女士富有冒险性质,一致钦佩。大总统与段总理亦深致嘉许。时遣材官慰问,并嘱蒋次长派人至医院专事看护,不吝医资。以期此冒险女子之早痊。航空学校长又特赠女士银瓶一双,上镌'侠魂张女士纪念'字样,呜乎荣矣"。

观察,把自己变作对象——而且是一个极特殊的视觉对象:景观。"[1]这一规则几乎亘古不变。而在《视远惟明》和《妇女时报》二十号封面等媒介展示的女性与望远镜的意象中,既有的旧规则发生了些许变化。观看者不再是预先设定的男性,被观看者也不再是以美貌和欲望为依归的女性(反过来,女性向外观看的姿态以及由此带来的世界观变化,也成了被男性/女性观看的内容),观看目的从对家外世界一般性的好奇和探访发展至实现现代女性对女界新事的深入探问和参与,观看的结果是她们亲眼目睹了不同于传统女性生活的新世界。特别是《妇女时报》以女性为目标读者,呈现在她们眼中的是女性对女性的观看,"性别化观看"模式及其产生的权力关系终于破裂。至此,图画和报刊通过新型叙述策略,建构起一个有别于传统性别关系的都市景观一角,女性不仅是传宗接代的工具,而是参与社会革新的一份力量。画里画外的关系都打破了传统的观看方式,而望远镜成了其中最为重要的媒介,提供了一个连接同一阶层女性以及女性与社会的通道。

二、男性与望远镜意象

比女性与望远镜的意象提前了两百多年,男性与望远镜的意象首先出现在流通媒介中,是李渔的小说集《十二楼》[2]。李渔(1611—1680,浙江兰溪人)是明末清初的文学家、戏曲家,他的白话短篇小说集《无声戏》、《十二楼》使其成为"清代白话小说第一人"。《十二楼》之《夏宜楼》讲述的是一个爱情故事。书生瞿吉人从古玩店买来望远镜,决心据此寻觅金玉良缘,登高远眺时爱上了乡绅詹公貌美而有才的小女娴娴。瞿吉人用望远镜窥探娴娴的闺房生活,然后托媒人上门提

---

[1] (英)约翰·伯格著,戴行钺译:《观看之道》,广西师范大学出版社2005年出版,第47页。

[2] "望远镜明际已入中国,但以此器入小说,笠翁算是第一次了。"见孙楷第《序:李笠翁与〈十二楼〉》,《十二楼》,亚东图书馆1947年出版。而在李渔生活的年代,图书是唯一可流通的大众媒介。

亲,谎称他俩"生前原是一对夫妻,故此不曾会面就预先晓得",并展示了瞿吉人不仅对詹家闺房或花园里发生的一切都了若指掌,而且对娴娴的内心世界也能洞察入微,还声称"自己有神眼,远近之事,无一毫不见"。娴娴以为瞿公子真与她"定有些夙缘",二人合力设计破除父亲的功名心,促成父亲答应了这桩婚事,并将望远镜作为供奉品早晚礼拜。

在这个故事中,瞿吉人的眺望对象是詹娴娴,属于男性对女性带有欲望的"窥视",在性别与权力关系上的建构是以男性为中心的。但望远镜在他身上发挥的最大作用,并非纯粹的毫无目的的猎艳,而是看清对方的肉身、性格、内心,希望"把他看得明明白白,然后央人去说,便没有错配姻缘之事了"。从这个意义上说,望远镜起到了婚前了解对方的作用,是对盲婚的改良,客观上具有反封建的新意。福柯在《临床医学的诞生》一书中揭示,在18世纪欧洲医学上的知识进展与临床实践竭力穿透不透明的人体,使之可见,从而建构了"凝视"的威权。《夏宜楼》中的望远镜同样具有穿透力,窥视者更为隐蔽,从远距离遥控窥视对象,对于隐私领域更富威胁性。陈建华因此认为,瞿吉人在欲望的驱使下所穿透的其实不仅是娴娴,更是社会肌体及其权力机制,对于传统伦理和鬼神的文化势力起到了颠覆作用,对于人性的解放能发挥"革命"的功效,似不无"现代性"的前瞻意义。[①] 而从其与《惟远视明》的相比看,后者中几个女子是一种半推半就、目标不明的"看",瞿吉人所从事的则是持续性的主动"观看"。也就是说,当清末女子悄悄地把玩着望远镜时,两百年前的男子已经大胆地用它处理婚姻大事了。这是男性笔下的男性与望远镜意象,某种程度上正反映了两性社会发展的不均衡。

---

① 陈建华:《凝视与窥视:李渔〈夏宜楼〉与明清视觉文化》,《政大中文学报》,2008年第9期,第48~50页。

而1820年阮元①所作《望远镜中望月歌》一诗,则是男性与望远镜的意象在文学作品中的一次新表现。"若从月里望地球,也成明月金波色。邹衍善谈且勿空,吾有五尺窥天筒……也有畸人好子弟,抽镜窥吾明月形。相窥彼此不相见,同是团栾光一片。"借助这些诗句,我们不难想象一位手持望远镜的清代士大夫,一边观看天象,一边在想象中漫游,由望远镜生发出别开生面的空间意识。望远镜自传入以来一直作为西洋奇器而受到国人的重视和欢迎,这首诗却反映了阮元等经师和诗人对天象的新观察,他们对于望远镜的兴趣乃在于天文,即有关经国之大业方面。而西洋物质文明激发出对月亮神话的新理解,"道"因"器"而变,可见望远镜不仅在视野上,更在精神上把清代中国士大夫带入了新境界。② 从这个角度看,士大夫阶层与望远镜的关系已经超越了庶民娱乐的层次。

民初文艺杂志《小说月报》(1910～1932年)的封面中也出现了男性与望远镜的意象。《小说月报》1910年创刊于上海,由商务印书馆出版,在编辑方针上重"开启新知",也讲求"稳健",所选文艺作品的思想既有对西方先进观念的颂扬,也有对传统思想的维护。该刊的核心读者群和作者群均为男性,封面多采用花鸟画和仕女画,也刊登过秋瑾、林叶静子、张昭汉、伦敦女市长、英国女小说家等国内外女界名人的照片。在《小说月报》第二期封面画中,一名男子背面而立,头戴西式圆礼帽,身着衬衫和西装,左手背在腰际,右手高举望远镜,向着右上方眺望,视线所及之处是一张法国革命③记功碑的照片。与瞿吉人窥视女性、阮元观察天象不同,这名男子的眺望带有强烈的政治意味,与民

---

① 阮元(1764—1849),江苏仪征人,官学两栖,作此诗时,他正在广州办学海堂,兼署广东巡抚印,又驰驿广西查办"会匪"。

② 蔡洪生:《清代广州的荷兰馆》,载《广州与海洋文明》,中山大学出版社1997年出版,第351页。

③ 这里的"法国革命"即发生于1789年～1799年的"法国大革命"。

国初年国内政治形势形成直接的呼应关系。

《小说月报》第二期于1912年11月25日出版,当时辛亥革命已获得成功,民国的诞生结束了长达两千余年的王朝时代,成为中国历史上一个具有划时代意义的事件。但是革命并不彻底,孙中山的多数追随者满足于推翻帝国、成立民国,并不关注民主重建和解决民生这些更重要的任务,也未意识到必须继续反对帝国主义的抗争、坚持孙中山三阶段的革命方略。而袁世凯成为临时大总统后,开始扭曲共和制度,革命与民国并未带来预期的和平与秩序。[①] 在此背景下,一份并不激进的文艺杂志在封面呈现男性与望远镜的意象,饱含"向革命致敬"的隐喻,是对暴力获取胜利的讴歌,也是对继续革命斗争的鼓励,同时表达了对民主民生的期盼。

《小说月报》的这期封面画比《妇女时报》二十号封面画早四年出现,却更为"现代":与后者封面画上的女子衣着依然具有传统意味不同,这名画中男子衣着完全西化;与封面女子有些吃力地仰望不同,这名画中男子高举望远镜眺望的动作轻而易举且颇具气势;与封面女子专注女界新事不同,这名画中男子把目光伸向了世界。后者的眺望代表了以男性为主导的社会对民族国家发展前途的瞻望,进入了一种超越个体、超越性别、超越国界的宏大叙事。两性眺望在不同报刊的封面中呈现出参差错落的呼应关系,两性在社会进程中所扮演的角色一目了然,这也符合两性在现实社会中的真实权力关系和社会规范对性别角色的传统期待。尽管如此,女性与望远镜的关系,或其所呈现的象征意义却不可小觑。

三、现代女性世界观的变化

唐代诗人温庭筠的名作《望江南》写道:"梳洗罢,独倚望江楼。过

---

① 徐中约著,计秋风、郑会欣译:《中国近代史》(下册),香港中文大学出版社2002年出版,第470~489页。

尽千帆皆不是,斜晖脉脉水悠悠,肠断白𬞟洲。"女子登高望远本是一个古典意象,由望远镜所突出的近代女性的眺望则与此不同。眺望者不再是一味思念丈夫的闺中女子,而是力图挣脱旧道德旧规范束缚的**现代女性**;眺望的对象不是未归的爱人,而是新奇的大千世界;眺望的目的不是聊慰情绪、排遣寂寞,而是与男子一样了解家外的世界;眺望的工具不是纯粹的肉眼,而是同为男性所使用的西洋望远镜。从李渔《十二楼·夏宜楼》中望远镜被作为男性偷窥女性的工具,到《视远惟明》中成为女性眺望室外风景的神奇媒介,再到《妇女时报》封面中一变为观看/专注女界新事的视觉延伸物,女性对望远镜的利用呈现出显著的进步,女性的"眺望"日渐跟上了男性的步伐。

在以自然经济为基础的封建社会中,性别制度的基本特征是基于性别歧视的男女不平等,核心内容是男尊女卑。直到鸦片战争之后,社会发生重大变动,传统性别关系才被打开缺口。女性解放作为推动社会变革的力量,日益受到社会重视而被提了出来。女性的教育权、参政权、婚姻自主权、财产继承权在不同程度上得到实现,女性开始获得身体自由和工作自由。戊戌维新运动赋予传统贤妻良母以"上可相夫,下可教子,近可宜家,远可善种"①的新内涵,之后又被纳入"女子同为女国民"②的新角色。清末上海租界已有"女界"说:既指一个性别群体,也被视为租界华人社会的组成部分之一。女界之兴起,可说是风气渐变、观念更新的产物,其出现通常被视为都市开女智的最初成果,为都市女性所营造的一个共有的性别空间,是女性在社会生活领域拓展参与面的重要通道。③ 20世纪初,第一个知识女性群体诞生。她们

---

① 梁启超:《倡设女学堂启》,载李华兴、吴嘉勋编:《梁启超选集》,上海人民出版社1984年出版,第51页。
② 罗苏文:《女性与近代中国社会》,上海人民出版社1996年出版,第148页。
③ 罗苏文:《论清末上海都市女装的演变(1880~1910)》,载游鉴明:《无声之声(Ⅱ)近代中国的妇女与社会(1600~1950)》,"中央研究院"近代史研究所2002年出版,第119页。

受过新式学校教育,包括在校女学生、职业妇女以及部分受过新式教育的家庭主妇,①被称为20世纪初女权启蒙中涌现和成长起来的中国第一代现代意义上的新女性。②这些现代女性,因拥有知识和文化,在媒体、文本和大众的眼中,是女性中最先进的一群。她们与进步、文明、自由、爱情、时髦、解放、独立等现代词语联系在了一起,成为一种文化符号,被赋予了多重想象;与此同时,她们由于身处新旧更替的中国社会,思想和行为都烙下过渡时期的矛盾特质,并不具备彻底的、自觉的、革命性的"新"。但总体而言,她们明显地有别于传统女性:单士厘随夫东渡扶桑,留学期间自学日语,撰写《归潜记》、《癸卯旅行记》等作品;秋瑾积极参加留日学生的革命活动,创办《白话报》、《中国女报》等报刊,后在浙江组织光复军并不惜舍身取义;金雅妹毕业于美国纽约医院附属女子医科大学,回国后创办了第一所公立护士学校——北洋女医学堂,成为近代第一批职业女医生之一;吕碧城自幼擅诗词,被誉为"近三百年来最后一位女词人",20岁成为《大公报》的第一位女编辑,23岁出任北洋女子公学总教习,后前往美国就读哥伦比亚大学,兼为上海《时报》特约记者;康同薇(《知新报》、《女学报》主笔)、裘毓芳(《无锡白话报》、《女学报》主笔)、陈撷芬(创办并主编《女报》,后更名为《女学报》)等人是第一批女界报人。③她们敢于突破传统文化对女性的规制,热情接受新式教育,积极投身各种事业,大胆汲取西方文化营养,其所思所行或许不一定与具体实际的使用望远镜有关,却代表了

---

① 吕美颐、郑永福:《近代中国:大变局中的性别关系与妇女》,载杜芳琴、王政:《中国历史中的妇女与性别》,天津人民出版社2004年出版,第440~441页。
② 刘慧英:《遭遇解放:1890~1930年代的中国女性》前言部分,中央编译出版社2005年出版。
③ 关于近代史上容易被混淆的两份《女学报》,夏晓虹采用大量历史文献做了研究和梳理:《女学报》于1898年7月在上海创刊,是中国第一份女性报刊,兼有中国女学会会刊和中国女学堂校刊的双重性质,康同薇和裘毓芳均为该报主笔;《女报》于1899年在上海创刊,陈撷芬创办并主编,后更名为《女学报》续出。见夏晓虹:《晚清两份〈女学报〉的前世今生》,《现代中文学刊》,2012年第1期,第25~33页。

由望远镜所象征的追求科学文明、"睁眼看世界"的20世纪初中国最为先进的现代女性的世界观。

望远镜早在明代便传入中国,但直到近代,固步自封的封建帝国才发展至"睁眼看世界"的学习者,从鸦片战争开始循着从技术到科学、从实业到文化、从制度到思想的次序引进西方文化[1],以男性为主导的近代中国社会也才在视野上发生了巨大的变化。正是在国家视野拓展、社会风气开化、性别观念转变的大背景下,身处其中的女性视野才通过开女学等逐步扩大,女性对科学技术的内在需求也得以激发,望远镜也才能成为女性眺望的工具,并在一定意义上象征了推动女性现代性进程的力量。20世纪初的第一批女性知识分子,从"救国"起步,同时开始了"自救"的过程。这种"自救",突出地表现为世界观的改变,她们的人生不再以相夫教子为归宿,她们看待世界、社会生活的方式/眼光也不再局限于一己和闺中。这也正是女性与望远镜意象的寓意所在:尽管女性的现代性进程在总体上仍然落后于国家的现代性进程,但她们中的一部分人的确通过望远镜等现代媒介,以及新式学堂、出洋留学等为途径的知识学习拓宽了视野,不仅在视觉形式上实现了从传统思妇的登高远望向借助现代技术的"看世界"的转变,更为重要的是找到了和男性同样的"了解世界大势"并努力参与之的渠道,获得了更为广阔的对世界的认知或世界观,开始了新的生活。

四、现代女性眺望:男性的想象与建构

如前所述,现代女性世界观的演变拓展有赖于民族国家建构想象的催生和男性知识者的介入。"画家的观看方法由他在画布或画纸上所涂抹的痕迹重新构成",[2]《视远惟明》和《妇女时报》的封面反映了男性画家和编辑的观看和想象的方式。其中的"眺望"都不是女性在现

---

[1] 刘登阁、周云芳:《西学东渐与东学西渐》,中国社会科学出版社2000年出版,第12页。
[2] 约翰·伯格著,戴行钺译:《观看之道》,广西师范大学出版社2005年出版,第3页。

实中的眺望,大多是画家基于现实变化而加以想象和建构的。易言之,在国家现代性进程的大背景下,女性意识在中国社会萌芽,女性群体的自我意识亦开始苏醒,男性作者和编辑则敏锐地捕捉到并积极表现、鼓励这些变化。

以《妇女时报》二十号封面为例,这幅封面仕女画虽为画家和编辑所共同虚构,却也是对张侠魂驾机飞行一事的积极回应和推介。原本是南苑航空学校举行飞机试验,张侠魂因其特殊身份得以参观,进而尝试驾机飞行。对此,《妇女时报》主编包天笑不仅借《中国之女飞行家》一文,传达赞叹之意:"呜呼,我知张女士经此一度挫折后,胆必愈壮,冒险之心必更蓬勃。我又愿同胞姊妹闻风兴起,易昔之柔弱之性,为刚强之质,洗昔之雌伏观念为雄飞思想。"并在《编辑室谈话》中强调编辑的理念和过程:"自报纸揭载侠魂女士航空事后,本报认此事与我女界有莫大之关系,乃亟具函昭汉女士,索取造象,顷得复书并赐假摄影,以敬谨印入卷端,爰将来函一并刊入。"①不仅如此,《妇女时报》更以封面画进一步推进了这种赞赏态度,由此出现了手持望远镜的新式仕女专心观望远处女性驾机的画面。

进一步说,第二十期的《妇女时报》通过两个层次实现了报刊媒介对女性形象的建构:第一个层次是通过对驾机女性张侠魂照片的展示,导引出时代的新女性形象;第二个层次则是画师凭借自身对现实女性的印象或按照编辑的要求,创作出手持望远镜远望驾机女性的封面画。而无论这一画面的"灵感"来自何处,是画师主导还是编辑的主张,都代表了杂志对现代女性的认识和期许,最终将画师和编辑共同理解的最能代表现代女性的前行趋向,同时最符合刊物定位和宗旨的视觉形象呈现于封面之上。

美国著名新闻学者和作家沃尔特·李普曼曾在《舆论学》一书中

---

① 《编辑室谈话》,《妇女时报》二十号,1916年。

现代性的姿容

提出"拟态环境"的概念。所谓拟态环境,并不是现实环境的"镜子式"再现,而是媒介通过对象征性事件或信息进行选择和加工、重新加以结构化以后向人们提示的环境。由于这种加工、选择和结构化活动是在媒介内部进行的,通常人们看不见也意识不到这一点,而把拟态环境作为客观环境本身来看待,于是针对拟态环境作出行为反应。[①] 拟态环境的建构方式可以分为再现方式和信息方式两种,前者对应着现实,后者对应着超现实。媒介对女性形象的建构,是编辑、画师、摄影师等人对女性群体的突出勾勒,既有真实女性的留影,也有对女性的想象性描摹,为读者营建了拟态环境,从而潜移默化地影响了她们的生活和言行举止。

　　就此而言,女性与望远镜的意象可以说是男性作者对中国现代女性群体的一次突出勾勒,在一定程度上是虚拟和想象的,反映了男性所代表的社会共同体对同时代女性角色的期待和需要。这些媒介女性形象不仅是男性创办者心目中理想的现代女性,而且是他们结合现实、融入想象的产物,甚至代表了当时的某种国族想象。中国女性解放无论作为口号还是措施,从一开始就是整个现代性的一部分,这种特殊的历史背景造就了中国现代女性与民族国家紧密纠缠及错综复杂的关系[②]。有学者指出,晚清以来的各种政治思潮事实上都是民族主义的不同表现形式。[③] 民族主义的路向或有不同,但它们都促使民众共同寄希望于建立一个强有力的国家,这种迅速飙升的政治力量占据了社会旧的权力空间,一切个人的需求统统让位于此,即便是相夫教子的传统女性也被要求做一个新国民。从这个意义上说,媒介通过

[①] Lippmann Walter, *Public Opinion*, Macillan, 1956, page 15. 转引自郭庆光:《传播学教程》,中国人民大学出版社 1999 年出版,第 127 页。

[②] 刘慧英:《遭遇解放:1890~1930 年代的中国女性》前言部分,中央编译出版社 2005 年出版。

[③] 罗志田:《近代中国民族主义的研究取向与反思》,《四川大学学报》(哲学社会科学版),1998 年第 1 期,第 73 页。

建构,反映了国家的政治要求,为的是推动国家的现代性进程,根本上在于寻找民族的复兴之路。与此同时,女性与望远镜意象的出现也未免是男性的媒介人(如具体执掌《妇女时报》的包笑天等男性报人)商业敏感的产物。事实上,现代以来处于"国破家亡"或自身出路(因科举制度的废除而引发的身份危机)双重压力下的男性知识者对社会启蒙/国家政治和商业之道往往有着双重的敏感。他们深知女性的新形象所能带来的号召力和商业功用并积极贯彻之,这也在一定程度促使了女性与望远镜意象在报刊杂志上的出现。①

传播学大师麦克卢汉在《理解媒介:论人的延伸》中指出,媒介是人的延伸,意为任何媒介都不外乎人的感觉和感官的扩展或延伸。②在他看来,媒介不是外在化的冷冰冰的存在,而是对人的身体和精神的延伸。媒介能够帮助人们看到、听到、闻到、触到单凭人力所无法感知到的一切,并从根本上改变人们对世界的认知。无疑,望远镜帮助了现代女性实现空间范围的延伸,触发或象征了她们对外部世界的兴趣。然而在上述中国19世纪末期和20世纪初年所出现的女性与望远镜意象的关系里,《妇女时报》和《海上百艳图》这样的现代报刊或图书是同样或更值得大书一笔的。正是它们藉现代印刷技术,形成了一种崭新的传媒形式,从而为创造、建构、传播中国女性的新形象,启发她们的意识转变,进而促进社会变革寻找到了有力的途径。其意义恰如麦克卢汉"媒介即讯息"理论所认为的:在漫长的人类社会发展过程中,真正有意义、有价值的"讯息"不是各个时代的传播内容,而是这个时代所使用的传播工具的性质、它所开创的可能性以及带来的社会变革。③

---

① 《妇女时报》第十四号的封面上出现了女性手持照相机拍摄的画面。
② 马歇尔·麦克卢汉著,何道宽译:《理解媒介:论人的延伸》,商务印书馆2000年出版,转引自郭庆光:《传播学教程》,中国人民大学出版社1999年出版,第149页。
③ 马歇尔·麦克卢汉著,何道宽译:《理解媒介:论人的延伸》,商务印书馆2000年出版,第33~50页,转引自郭庆光:《传播学教程》,中国人民大学出版社1999年出版,第148页。

焦虑中的性别与都市想象
——对《上海漫画》、《时代漫画》的一种解读

漫画是一种以夸张、变形、比喻、象征的手法,直接或隐晦地表达作者对现实生活的理解及态度,运用独特的构思方法和表现手法创造幽默、诙谐、风趣等艺术效果的绘画形式。漫画这一名称最早开始使用是在日本的德川时代,后来才传入中国,包含了英文的 cartoon 和 caricature 两个意思,讽刺和揭露是漫画主要的文化特质,其主要的创作素材来源于日常的现实生活,艺术地折射生活空间的许多侧面。[1] 在中国,漫画滥觞于民国初期,至 20 世纪二三十年代达到一个创作的高峰期。对于漫画在民国时期的繁荣,魏绍昌先生曾有这样的评价,"唐诗、宋词、元曲、明清小说以及民国漫画,都是代表一个时代的最富有特色、创造力以及名家荟萃的文艺种类"[2]。这样的评价对民国漫画而言或有夸张和拔高,但也充分说明了社会转型中城市大众美术的重要性以及漫画在其中的突出地位。"与传统社会以贵族、官僚、地主、农民、手工业匠人为主体的文化孕育出传统美术形态不同,城市文化作为以市民为主体的大众文化、通俗文化和流行文化,孕育出现代性的美术形态。"[3] 漫画便是其中重要的一种。中国古代也时有类似漫画的作品出现,但可能当时并非以漫画来命名,如毕克官、黄远林编著的《中国漫画史》就提到了汉代、明代所出现的一些讽刺或幽默的绘画作

---

[1] 黄茅:《漫画艺术讲话》,商务印书馆 1947 年版,第 5 页。
[2] 见沈建中:《鲁少飞与〈时代漫画〉》,2004 年 11 月 11 日《文汇报》。
[3] 陈瑞林:《城市文化与大众美术:1840—1937 中国美术的现代转型》,《清华大学学报》,2009 年第 4 期。

品,具有与漫画同样的艺术风格。清朝末年,还出现过一类叫作"寓意画"、"时画"、"笑画"或"谐画"的绘画作品,其实也可看作是中国漫画发展到一个阶段的表现。但严格说来,将艺术空间与人们日常生活空间高度融合,及时、巧妙地反映、表达大众的趣味或喜怒哀乐的现代漫画是伴随着现代城市的发展而兴起的。正是在现代城市的公共空间和特有的市民文化中,漫画才得以快速兴起和蓬勃发展。

首先,现代漫画的生长与繁荣有赖于现代报纸杂志所提供的土壤。"20世纪中国漫画史的开端是伴随着近代沿海城区新闻出版业的勃兴而展开的,也就是说,早期画报是漫画艺术最普遍、最直接和最有效的流通载体"。[1] 19世纪末,西方先进的印刷技术从欧洲传入中国,而随着清末民初中国社会的变动,社会的文化环境脱离了专制王朝的控制,言论开放成为可能,报纸、杂志、书籍的印刷出版同时成为利润丰厚的商业行为。英国商人美查创办了上海第一张报纸《申报》。之后,各种大小报刊和书局、印刷公司纷纷出现,尤其是以满足文化程度不高的市民阶层读图要求的画报,更是如雨后春笋般发生。漫画因其夸张、幽默的艺术特点和形式,容易为大众会心一笑而成为一些画报必备的内容。无论是上海的《俄事警闻》《神州画报》、《戊申全年画报》、《民呼画报》、《民吁日报》、《民立画报》、《民权画报》、《大共和日报》、《民国日报》、《真相画报》,广州的《时事画报》、《平民画报》、《广东白话报》等,还是北京的《白话图画日报》、《醒世画报》,天津的《人镜画报》,都曾给漫画以相当篇幅,[2] 是中国较早刊载漫画的主要报纸和画报。

其次,社会的基本层面是平民阶层,社会文化的转型首先是草根平民文化的转型。尤其是上海作为"五方聚居"、"华洋杂处"的移民城

---

[1] 魏杰、艾庆平:《简论民国时期的新闻漫画》,《新闻爱好者》,2006年第7期。
[2] 毕克官、黄远林编著:《中国漫画史》,文化艺术出版社2006年版,第20页。

市,其市民文化获得了充分发酵。与上世纪二三十年代流行的其他艺术形式(如电影、摄影、小说等)相比,漫画显然更适宜和擅长以中下层市民的视角观察、想象、营造他们心目中的的都市形象,传达出他们的生存体验和生活感悟,虽不免时常流于肤浅和平庸,但却鲜活生动地反映了普通市民的生活和心理状况。这也是为什么中国现代漫画的发展除了画报的促成之外与上世纪二三十年代的小报也有着密切关系的原因。小报呈现的正是擅长表现中下层市民社会的作风,而小报中的插图多半都是漫画。"我国的漫画,最早便在小型报上出现。《晶报》的黄文农,是中国漫画的提倡者。"[1]30 年代以后的小报时常连载系列漫画故事,都是普通市民的哀乐人生,如叶浅予的《王先生》等。小报中的漫画内容不仅增加了形象化的内容,使小报更易于为广大的市民所接受,而且也与文字形成呼应和解读的关系,互动互补,形成丰富的意义结构,营造出一种大众化报刊的整体面貌,使越来越多的市民群众能够读懂小报,能够喜欢它[2]。在这个意义上,小报所表现出的文化品格与漫画的文化追求有很多相通之处,它不是以上层精英的意识来打量世界,而是用市民的立场来厕身都市。值得指出的是,小报和漫画都不仅热衷于市井生活的谈兴,它们其实不乏对时弊的针贬,而它们的轻松活泼或尖锐泼辣以及形象化的形式则更易引起市民的阅读兴趣。产生于上世纪二三十年代的上海漫画中很多便是政治讽刺画,如黄文农在第 75 期的《上海漫画》封面上,刊登了讽刺蒋介石的《大权在握》,画面上身披斗篷的蒋介石握了一个比自己脑袋大得多的大拳头,这拳头正好处在画的中央部分,尖锐抨击蒋介石的独裁统治,是明显的政治讽刺漫画。对现实的不满及对强权的抗争,与对柴米油

---

[1] 见《晶报》,1933 年 5 月 27 日。
[2] 李楠:《晚清、民国时期上海小报研究:一种综合的文化、文学考察》,人民文学出版社 2005 年版,第 140 页。

性别视角下的上海都市文化

盐的关注一样,是市民文化的一部分。事实上,在上海城市发展中的一些重要时刻,都有市民大众的身影参与其间。① 而在以下部分,本文将主要从性别的角度对上世纪二三十年代产生于上海的两份具有广泛影响的漫画杂志略作分析。

一、被忽略的特色和成因

20世纪30年代,上海新出现了大量的期刊杂志,各种杂志全面繁荣,特别是1933年,出版了至少215种杂志,而且出现了专营杂志的书店——上海杂志公司,上海因此被称为"杂志的麦加",这一年也因之称为"杂志年"。② 这其中当然也包括了漫画杂志。1934年1月,上海时代图书公司出版发行了由鲁少飞③主编,张光宇④为发行人的《时代漫画》,1937年6月出版至第39期后停刊。范用日后这样评价《时代漫画》:"三十年代,上海出版了几种漫画刊物,其中最突出的是《时代漫画》。"⑤该刊内容丰富,栏目众多,作者队伍中名家如云,除了鲁少飞、张光宇之外,另有华君武、丁聪、叶浅予、张仃、汪子美、黄苗子、陶谋基、张乐平、梁白波等人。

事实上,早在上世纪20年代末,漫画在上海已经风行并扎下根

---

① 五四运动中上海市民、工商界的罢市,以及对国货运动的积极投入均是如此。
② 旷新年:《1928年的文学生产》,《读书》1997年第9期。
③ 鲁少飞(1903—1995),出生在上海。擅长漫画、编辑,是一位颇有影响的漫画家。1934年担任《时代漫画》的主编。他曾培养造就了一批具有鲜明个性的漫画家,因此有人称誉其为中国漫坛的"伯乐"、中国现代漫画"鼻祖"。曾创办中国漫画家协会,主办《救亡漫画》,主编《国家总动员画报》。1949年后任人民美术出版社美术编辑组组长。作品有《改造博士》、《鱼我所欲也》、《晏子乎?》、《渔鹰》等。1993年,在他90大寿时被授予"中国漫画金猴奖",这也是对他一生在漫坛耕耘的褒奖。
④ 张光宇(1900—1965),中央工艺美术学院教授、现代中国装饰艺术的奠基者之一,江苏无锡人。早年在南洋兄弟烟草公司广告部画月份牌年画。后与他人创办东方美术印刷公司、时代图书公司,编辑出版《上海漫画》、《时代漫画》、《独立漫画》等杂志。1949年后任中央工艺美术学院教授、中国美术家协会理事。张光宇长于政治时事和社会讽刺画。他的装饰画在民族艺术的基础上,吸取外国美术中的优秀成分,形成形式感极强,富有民族趣味的时代感风格。
⑤ 范用:《〈时代漫画〉选印本前言》,《时代漫画》(上),上海社科院出版社2004年版。

253

现代性的姿容

基。1928年,张正宇①与叶浅予联手创办了《上海漫画》。《上海漫画》创刊于1928年4月21日,张光宇担任主编。这是一张八开张的石印大型彩色漫画刊物,也是我国第一个专门刊载漫画的画刊。画刊每期四页八面,其中有四面彩色版。斜肩胖型的刊名字为张光宇所写。在当时的印刷条件下,这是一个颇为新颖的刊物,订户以上海当地为主,每期约销3000份左右,在20年代,这已经算一个比较大的发行数。该刊虽以漫画为主,但也囊括了其他很多方面的内容,如新闻照片、风情照片、名媛照片、人体照片、古今名画展览以及文字等等,可谓内容丰富、琳琅满目。在刊物的创刊号上,编者以新诗的形式发表了《发刊的几句说话》,其中有这样几句话,"我们不愿意做旧礼教的功狗来骂罪恶,也没有兴味来赞美那名利的虚荣。芸芸众生的幻变,当然是大生命混合牵引的自然现象。有感受上海生活百宝库的伟大与丰富也只有来表现那些能感到的努力。"②语言虽然有些让人不好捉摸,但不难体会到编者描绘当时社会生活的决心。曾经在二三十年代风行一时的《良友》画报创办于《上海漫画》发刊前的1926年,出版以来,很受读者的欢迎,销数大增,南洋群岛华侨集中的地方读者尤其多,而《良友》的代销商则看中了《上海漫画》的销售市场,同时也在进行着代销业务,由此也可见出《上海漫画》在当时的影响力。《上海漫画》的出现在中国漫画史上具有重大意义,它"正式的宣布了漫画的旨趣","竖起了一个崭新的旗帜,接收了多方面的西洋漫画技巧,执笔者张光宇、张振宇、黄文农、叶浅予、鲁少飞等,具有完美的形色,彩色漫画的具体化,内容尽情的描写都市生活的病态,所以很能够抓住都市的大部分

---

① 张正宇(1904—1976),江苏无锡人,曾用名张振宇。自小酷爱绘画,17岁时随长兄张光宇去上海,学习绘制广告和布景。1928年与叶浅予一起创办《上海漫画》。尔后又与长兄创设时代印刷厂和时代图书公司,创办《时代漫画》、《时代画报》、《独立漫画》等画刊。他不仅为这些画刊提供作品、设计封面,而且从事印刷、出版和发行等工作。抗日战争全面爆发后,他曾短期出版《抗日画报》和《新生画报》,并创作以抗日为题材的漫画。

② 见《上海漫画》第1期,上海书店出版社1996年影印本。

254

的读者,漫画无疑地已经正式成为了一个具有意义与旨趣的艺术,开展出一条新的路径,同时博得了一般读者普遍的了解与欢迎。"①"《上海漫画》在中国漫画史上,不失为最值得纪念的一个阶段。"②

在《上海漫画》的漫画作品中,有关男女两性生活的内容,占取了相当大的比重,根据本文作者对其封面画主要内容的统计,《上海漫画》共出刊110期,其中有81期封面是关于两性内容的,其他则涉及时政、社会现实、抗战等内容。如叶浅予的回忆,"在《上海漫画》时期,除《王先生》之外,有时我在四、五版也做点小画,或轮流画几次封面画,一般都是男女关系的内容,和《两毛钱饱眼福》的处女作有源泉"。③在杂志内页的大量漫画作品中,关于摩登女性、女性身体及男女两性关系的内容也比比皆是,"在意识上,他们完全是多角形的,充满世纪末的病态观,解剖了大都会病状的腹脏,描出女性的风魔的蛊惑,时代的流行感冒症,凡这些浮雕式的暴露,都为这一群漫画作者所采取而纤细地表现出来。"④

《时代漫画》是继《上海漫画》之后影响最大的漫画刊物。⑤ 和《上海漫画》相似,《时代漫画》也以相当多的篇幅,甚至有时以主要篇幅发表反映男女两性性别关系及女性身体想象的漫画作品。在新中国成立后的有关中国漫画史的评价中,这些漫画作品一度被认为是庸俗甚而色情的作品。"描写男女两性生活的漫画在《时漫》上占了不少数目,这种情形是当时社会的一种病态,也看到当时青年作者没有确定的人生观在徘徊于矛盾之间摸不着一个正确的方向。"⑥"从创刊号开

---

① 黄士英:《中国漫画发展史》,见《漫画生活》,第13期。
② 汪子美:《中国漫画之演进及展望》,见《漫画生活》,第13期。
③ 叶浅予:《细叙沧桑话流年》,群言出版社1992年版,第七节。
④ 汪子美:《中国漫画之演进及展望》,原载《漫画生活》,1935年第2卷第1期。
⑤ 1930年6月,《上海漫画》并入时代图书公司,改出16开本的《时代漫画》,由鲁少飞主编。引自《上海漫画创刊号影印本序言》。
⑥ 黄茅:《漫画艺术讲话》,转引自毕克官、黄远林编著:《中国漫画史》,第113页。

始的早几期,曾一度陷入色情文化的气氛中而减轻了一时读者的信念。"①这些批评大多都指向了《时代漫画》的色情化倾向,也从侧面说明了《时代漫画》两性内容在其中所占的比重之大。

"漫画在人类社会的活动里面发掘资料的题材,而抓住一个时代的社会病态加以夸大的描写,表现着时间上存在的历史背景。某一个时代的作家,他所发表的漫画就含有当时的政治情形与社会状态,若以过去的漫画加以检讨,无异看到一部经济变迁史,一本社会文化史,或一本政治的流水帐记录。"②然而,吊诡的是,在这些当时声名显赫的漫画杂志主要编者的事后回忆里,以及晚近一些为数不多的漫画史籍中,这些有关男女两性的漫画内容几乎是被搁置和忽略不计的。毕克官的《中国漫画史》对《上海漫画》的封面图是这样评价的:"当时,上海风靡一种抒情画,这是受外国的影响。英国的抒情画家比亚兹莱,影响着很多人。《上海漫画》也开辟了不少篇幅给这类作品,有许多抒情画是被当着封面画来发表的。像《快乐的爱神》、《女性幻想曲》、《迷惑的享受,诱惑的贡献》等等,多属于满足青年读者和小知识者欣赏趣味的,无非表现青年男女的精神苦闷,对生活不健康的欲求,以达到心灵上的满足与安慰,内容多较庸俗无聊。"③毕克官先生是我国著名的美术家和漫画史家,熟识不少20世纪中国美术界的前辈,但这一评价显然仍有着某种思想的禁锢。谢其章的《漫话漫画》对《上海漫画》的地位及其封面则有较高的评价,他认为"这个漫画刊物(《上海漫画》)于漫史上占有极其重要之地位,第一版是封面画,张张是名家之精品,其水准足以傲视一百年而不落伍"④。但同样对其中数量庞大的性别描

---

① 汪子美:《中国漫画之演进及展望》。
② 黄士英:《中国漫画发展史》,《漫画生活》(上海美术生活杂志社)第13期,1935年9月。
③ 毕克官、黄远林编著:《中国漫画史》,文化艺术出版社2006年版,第100页。
④ 谢其章:《漫话漫画》,新星出版社2006年版,第120页。

写不予置评。

　　为什么这些特色鲜明的内容会被漫画史家所忽略呢？其中一个重要的原因或是两性关系通常不被与社会重大的历史文化联系起来，仅被看作是私人问题，从宏大叙述的要求来看，这些描写与现代以来民族国家的构建显然不甚合拍。如毕克官便曾这样认为，"当时，对中国漫画界起到真正影响的是《时代漫画》和《独立漫画》，是张光宇和鲁少飞、叶浅予等人。如果一定要给谁戴上漫画'旗手'桂冠的话，应是张、鲁二位，特别是张光宇这位二三十年代漫画的倡导者和组织者。是《时代漫画》等刊物团结和培养了一百余位作者，不仅使三十年代的漫画有空前的大发展，又为抗日救国漫画队伍准备了生力军……分布在大后方、各战区和解放区的漫画战士，绝大多数是《时代漫画》和《独立漫画》培养出来的，抗战胜利后，这支队伍又投入了反独裁争民主的抗争。"①以这样的尺度来衡量，《上海漫画》以两性关系为主的封面画，包括《时代漫画》上为数不少的两性关系图当然不值一提了。以政治性衡量判断漫画的价值、好坏，一些题材和作品便难免要被湮没了，这也是新中国成立后的漫画创作中很少再有这类题材的原因，甚至一些画家就此放弃了漫画创作。叶浅予于上世纪50年代初的一段自白很可以帮助我们约略明白许多漫画家后来放弃漫画创作的原因："大家知道我的漫画工作有许多弱点和缺点，在我的能力上一时不能补救不能克服的。政治性思想性所付与漫画艺术的重担，决不是像我这样的能力所能胜任，因此，动摇了自己在这方面的信心。我意识到时代的进展，已经远远把我抛在后面了。由于自尊的心理，不愿丢这个脸，只好退下阵来，另觅方向。"②这样的自嘲与自谦显然不是出于作者的本意，而更多地是出自形势的变化和政治原因。据说鲁少飞几十年后被

---

① 谢其章：《〈时代漫画〉被重新定位》，《光明日报》，2005年5月12日。
② 叶浅予：《从漫画到国画（自我批判）》，《人民美术》1950年创刊号。

人问到他主编的《时代漫画》上的那些"畸相"（两性题材）还脸红呢。面对批评,他表示其时刊登两性生活的漫画一方面是为了避开当局严酷的出版检查,一方面也是为了争取更广泛的读者群,以使刊物能尽可能地延长出版寿命,不得不在内容上打主意,大量发表迎合小市民的内容消极的作品。① 从中不难看到性别描绘在新时代里的尴尬处境以及被忽略的必然。性别关系的变化是社会转型的最为明显的部分和表征,一如男女两性和家庭是社会最为基本的关系,对于一个时代性别状况的考察是社会文化史研究的重要内容,因此,对于一些被定义为"不健康"的两性关系漫画,其实有着重新考察的必要。从中我们可以更加形象地触摸到那一时代的两性建构和都市文化发展的境况。

艺术是社会潜隐心理的表征,上世纪二三十年代上海漫画中出现了大量的性别描绘,这一状况其实不难在现实的社会历史中找到原因。太平军战事后的上海五方杂处、华洋交界,是中西思潮的大熔炉。在上海特有的地域文化中,西方文化的巨大影响与中国固有的传统经验纠结缠绕,混杂交融,一时间形成多元并存的局面,这种文化环境逐渐培养出一个不同于其他城市的上海市民阶层。"新兴的城市环境带来了新的生活方式,对外商业贸易使得轮船、汽车、电灯、电话、电报、电车、电影、影剧院、舞场、西餐厅、书局、百货公司等种种来自西方的新事物大量出现。新的城市环境和生活方式使得市民阶层逐渐成为上海的社会主体。"②清末民初的上海经历了一个质的飞跃,可以说是近代中国城市发展进程中的一个奇迹。与其他同时代的国际化城市不同的是,上海不是由传统的中心城市逐渐演变成近代大都市,而是在租界开辟后由中外移民共同缔造的现代都市。从外在因素来看,这

---

① 谢其章:《〈时代漫画〉被重新定位》。
② 陈瑞林:《城市文化与大众美术:1840—1937 中国美术的现代转型》,《清华大学学报》,2009 年第 4 期。

个时期的上海主要受到来自西方的新思想新观念和物质文明的冲击，自给自足的自然经济与传统的生活方式被打破，中西文化在近代上海的接触、交流与融合，从器物、制度到精神，全面而深入。并借由租界这样一个渠道，使西方的物质文明、精神文明大规模地、系统地、迅速地输入上海。至上世纪二三十年代，上海已经发展为世界著名的国际性都会。然而，在现代化迅速开展的同时，传统生活和文化的某些质素，还盘根错节地横亘在上海现代化风貌的底层。或者，更准确地说，传统和现代其实是以纷然并陈的形式，呈现在现代上海的都市景象中。这就是使得普通的市民阶层在面对西方文化的传入或社会的巨大变化时不能不经历了排斥与认同相交织的复杂的心理斗争。在租界生活的移民个体，因为暧昧的身份认同，其生命体验充满了莫名的焦虑。在这些焦虑中，民族意识、传统文化、家族伦理、情欲观念之间的冲突所纠结而生的焦虑是大多数租界人必须承受的。

城市社会学家的研究表明，城市不同于乡村的最大特点在于人口高度密集且高度异质，由此导致市民人际空间缩小，人际心理距离拉大。[1] 在近现代上海，脱离乡土文化的内在忧虑和置身于一个高速发展的陌生世界的眩晕，生活的压力加上冷漠疏远的人际关系，都使得主要由移民组成的市民阶层在城市生活中要承担较多的精神负担。在生存竞争紧张的上海，一个家庭有可能在不长的时间里即能享受到体面悠闲的生活，也有可能迅速堕入"今天不知明天之炊何在"的境况。为了缓解生活压力，宣泄内心苦闷，人们本能地寻找自己感兴趣的文化消费形式。正是在这样的社会状况和文化背景中，漫画形象而诙谐幽默的叙述方式，很好地符合了市民大众的情感宣泄的欲求。漫画特有的调侃、戏谑在缓解传统向现代急剧转型中所造成的创伤和心理壅塞方面，无疑是一剂有效的安抚剂。

---

[1] 张仲礼：《近代上海城市研究》，上海人民出版社1990年版，第1066页。

另一方面,在城市的飞速发展中,女性由于受到现代都市生活的推动,呈现出很大的变化。与生活在上海这一大都市的男性相比,女性由于较少传统的负担,而对西方文化和社会现代化有比较快的认同感;在都市为女性开辟的新空间中,她们的主体地位也得到了较快的提升。如果说刚刚从乡村转身而来的男性对城市有着较多的疏离感,那么同样是移民大军一员的女性则借进入城市的机会而努力发展自身,并逐渐成为上海欲望景观中最具魅惑力的主角。与传统的乡村生活相比,她们不仅可以自由自主地选择生活的方式、追求人生的快乐,而且不断地蚕食着男性主宰的天空,在职业领域争得一席之地。她们以崭新的姿态和多样的方式(读书、做工、学技术等),努力改变形象、重塑自我,然后又以新的角色(各种职业女性或新式太太)融入社会,悄然改变着传统社会的结构模式。

女性在都市社会中地位的提升,对传统包袱甚重的社会男性造成了巨大的压力。许地山先生曾从男女服装的变化来论证男女生活地位的变化。他指出,"社会生活与经济的改变与衣服底改变有密切的关系。男子底服装大体说来不如女子底变化快。中国称其女装在近二十年来变得更快,这是指示近年女子底生活底变动。她们从幽闭的绣房跳出来演电影,作手艺,做买卖,当教员,乃至做官吏,当舞女,在服装上自然不能不改变。"[①]传统观念的根深蒂固和都市生活压力的结合,使得普通男性市民面对现代都市里女性的崛起产生了某种强烈的"女性焦虑症",正像他们不能很快适应不断成长变化的都市文化一样。事实上,为数不少的社会男性对女性的焦虑未尝不是他们对急遽变化的都市的焦虑,或者说他们有意无意地把对都市生活的焦虑、不适应和压力的感受转移到了女性身上。另外,上海市民的结构与其他

---

① 许地山:《近三百年来底中国女装》导言。原载《大公报》,1935年5月,转引自《许地山散文》,浙江文艺出版社2007年出版,第267页。

性别视角下的上海都市文化

城市最大的不同在于,其人口的大多数是以青壮年为主的外来移民。商业都市的高速运转,使这些移民耽于人生梦想或生计,而无暇或无力顾及婚嫁。外来移民又以男性为主,市民构成中的性别比例颇成问题。这种独特的城市环境/人口结构致使上海二三十年代的婚嫁率非常低下,按平均值来算,男多女少,性别比例严重失调,两性关系的话题从而在社会生活中更为耸人听闻、炙手可热。因此,上述漫画杂志的许多内容都致力于反映性别严重失调背景下的男女两性生存状况,对摩登女性的生活和消费提出了许多质疑和男性立场的考量,大量男女关系及家庭婚姻的漫画作品实际上为读者提供了一种欲望的出口或想象性的满足,从而获得广大的消费市场。"城市文化与大众美术充满了对于情爱、金钱和女人的想象和描绘,透过广告,美女、洋货与商品结合成为城市'现代性的消费'。情爱、言情与性成为城市大众美术的重要主题",[①]漫画领域同样如此。不同的是,如果说月份牌广告等城市大众美术致力于打造正面、理想的美女形象,那么以戏谑、调侃、讽刺为主要手段和倾向的漫画则更多表达了对现代摩登女性的焦虑和嫌恶。

此外,上世纪30年代以来不断加剧的民族危机也加深了社会对女性的焦虑、嫌恶或相关话题的兴趣,女性的消费活动与民族国家的建构被紧密联系起来,女性在二三十年代络绎不绝的国货运动中被认为是民族主义消费者的理想代表。在民族危机深刻影响中国人的日常生活之时,为提升上海女性的"国民意识",国民党上海特别市专门将1934年定为所谓的"妇女国货年",旨在通过提倡国货,抵制洋货,在具体的日常生活中自发地掀起反对帝国主义资本入侵的斗争。然而,与此同时,妇女也是国货运动中的主要难题,新式摩登女性的日常

[①] 陈瑞林:《城市文化与大众美术:1840—1937中国美术的现代转型》,《清华大学学报》,2009年第4期。

消费物品几乎无一例外的是舶来品,对于洋货的欣赏和钟爱,成为她们建构自身的重要方式,这显然与当局提倡的"国货运动"背道而驰。对于物质消费品的选择从而成为"爱国"抑或"卖国"的重要标准。"当中国持续进口一些被国货运动指责为非必需品的时候,时髦女性消费者就被当作帝国主义侵略的代理人而遭到攻击,她们还被认为是导致国家毁灭的催化剂。"[1]于是,生存于国族危亡巨大压力下的中国男性将因为身份地位的屈辱所造成的焦虑之感,部分地转移到摩登女性的身上,从而进一步加剧了社会上的女性焦虑症。

凡此种种,都在其时的漫画作品中留下了烙印,或直接成为其表现的对象和题材。

二、女性身体的诱惑与现代都市想象

女性的身体诱惑是一个古老而又历久弥新的文化母题。古往今来,无数的艺术家和美学家都讨论过女性的身体问题,他们不约而同地认为女性的身体本身就是美的,而且是大自然的一种杰作,呈现出为人类所迷醉的一切美学特征,比如曲线、柔和、平滑、和谐、流畅、圆润等等。可以说,"文明的起源与女性的诱惑的发生有着密切的联系,甚至可以说,女性诱惑的发生不仅是人类文明起源的表征之一,而且是文明的'错失'之一。"[2]对于人类的发展来说,女性诱惑的存在是促使文明发展的重要推动力,但同时,很多时候,女性诱惑也被视为人类所犯罪孽的"替罪羊",为了克服和洗清罪恶,男性努力克制和压抑对于女性欲望的渴求。因为女性身体本身包含了丰富的社会文化意义,所以,对于女性身体的表现一直是世界美术史上经久不衰的主题。在中国,对女性身体的文字叙述和欣赏古已有之,但是在绘画艺术的形

---

[1] 葛凯:《制造中国:消费文化与民族国家的创建》,北京大学出版社 2007 年版,第 289 页。

[2] 殷国明:《女性诱惑与大众流行文化》,华东师范大学出版社 2008 年 10 月出版,第 53 页。

性别视角下的上海都市文化

式表现上,除了少数秘而不宣的春宫画,对于女性身体形象的表现却一直是空缺的。约翰·海伊曾指出东亚艺术中女性裸体的普遍缺席,"为什么在这样一个有着两千年以上悠久历史的美术传统中几乎没有对身体的表现?"[1]在身体的表现领域,传统中国一直用各种文化规则进行遮蔽,把它仅仅封闭在不能公开的私密领域,人体艺术在封建道德伦理思想束缚下的中国犹如洪水猛兽。

　　女性身体及其形象大规模的被商品化,成为公众欲望的对象,在中国是在都市化进程和开放程度都非常发达的上海形成的。民国初年,上海美专首次使用人体模特并展出人体素描,引起了轩然大波,[2]但是,也使中国民众首次认识了人体艺术。"从外来影响扩大的'洋'、商业势力增强的'商'和妇女抛头露面,娼妓、名伶、明星成为社会公众人物的'性',从隐秘的春宫画到公开的美人画、女人体画,构成了蔚为奇特的城市文化景观,严重地挑战了中国传统社会的文化秩序。"[3]这

---

[1] 转引自张英进:《中国早期画报对女性身体的表现与消费》,姜进主编:《都市文化中的现代中国》,华东师范大学出版社 2007 年版,第 53 页。

[2] "模特儿风波"大体上可分为两个阶段。1915 年上海美专有了男体模特儿写生,同年学校开设画展,陈列有学生的人体习作,开展后,一位女校校长正好与丈夫、女儿一同前来参观,尴尬万分,遂骂道:"刘海粟真艺术叛徒也,亦教育界之蟊贼也!"此后刘海粟即得名"艺术叛徒"。1919 年,事件又有了新的进展,刘海粟与几位志同道合的美术教授,集近作在环球学生会展览画作,其中有几张裸体画,展期五天,骂声不断,有一海关监督来看后,亦以为有关风化,要求工部局禁止。工部局派人前来调查,见不过几张裸体画而已,就没有了下文。第二阶段爆发的模特儿事件之争,发生于 1925 至 1926 年间。由于已经开办了女模特儿写生课程,以及女模特儿通过课堂、学校、画作展览引发社会上的连锁反应,军阀、官府和尊孔派群起而攻之,并终于引出模特儿事件的大论战。后人所关注的,自然就是这一阶段的情况。好在上海美专的档案仍旧保存完好,共有 70 余卷,其中就有关于女模特儿事件的专卷。事情的起因来自于刘海粟的一名学生饶桂举。他是江西人,从上海美专毕业后,于 1924 年底在江西南昌举办了个人画展,内有一部分人体习作展出,结果遭到江西地方当局的查禁。而江西当局的禁令,则是参照了江苏省的禁令(当时上海尚属江苏地盘)。1925 年 9 月刘海粟得知后,当即写信给江苏省教育会抗议,并在报纸、电台等新闻媒体发表声明,宣传他的艺术见解。一场影响深远的争论由此展开。(材料来自邢建榕:《20 年代轰动一时的"人体模特事件"始末》,《新民晚报》2005 年 10 月 21 日)

[3] 陈瑞林:《城市文化与大众美术:1840—1937 中国美术的现代转型》,《清华大学学报》,2009 年第 4 期。

263

其中也包括了创办于上世纪 20 年代末、30 年代初之上海的不少大众刊物,如在《时代画报》、《万象》、《时代电影》、《良友画报》、《唯美》、《上海漫画》、《时代漫画》中都出现了大量的女性身体形象。而早在 1926 年,《良友》杂志就刊登了西方裸体雕塑和画像,1928 年还刊登了一组裸体造型,《上海漫画》第 7 期也开始连载《世界人体之比较》,至于其他报刊竞相刊载泳装女郎照片更是寻常至极。若从女性主义的角度来看,大众美术对于女性身体过多的描绘无疑使之有"物化"的倾向,不过从社会历史发展的角度来看,女性的身体挣脱家庭的束缚,不断见诸于各种大众媒体,则既与社会文化的变迁有关,也有助于开拓女性活动的公共空间,并创造了当时上海别样的都市文化形式。

《上海漫画》的漫画家群体中不少人曾接受过西方绘画的营养,如墨西哥漫画家哥佛罗皮斯对张光宇的影响,使张光宇擅长以简隽锋利的线条,形成自身古朴峭拔的艺术风格,英国抒情画家比亚兹莱则产生了更广泛的影响,在鲁少飞、黄士英、黄文农的漫画中都有比较明显的表现。而在当时在中国广泛传播的西洋画中,关于人体和肖像的绘画作品占了相当的比例,因而,当时的中国漫画家对西方绘画中的人体艺术不无了解,在上海城市美术发展的"身体篇"中,他们虽非开先河者,却可谓后来居上,劲头十足。《上海漫画》中女性身体,尤其是女性裸体画占据了不少的篇幅。这固然很大程度上是为了吸引读者的视线,打开杂志的销路,而当他们这样做的时候,也不可避免地融进了编画者自身对于女性的文化想象,或对读者大众意愿、需求的揣测。一幅名为《视线》[①]的漫画中,作品描绘了三个不同阶层的男性对一个摩登女性身上不同部位的凝视以及他们迥异的表情。画面中的女子身穿旗袍,脚蹬高跟皮鞋,留着时髦的齐耳短发。一名系着领结的文明绅士关注的是女子的面部,表情平和;带墨镜的光头男子盯的是女

---

① 《上海漫画》,第 68 期,此漫画没有标明作者。

子的臀部,呈现出惊讶的表情;而一带着毡帽的男子,则看的是女子穿的高跟皮鞋,目光中充满了艳羡的表情。《青年人前面的视线》①中,一个头戴礼帽,身穿西服的男子也正饶有兴致地看着前边穿着高跟鞋的女士的修长的腿部。《欲的一刹那,在电车里》②中,两个站立着的摩登男士正低头窥视三个身穿裙子、岔开腿坐着的摩登女性。还有更为夸张的两幅漫画,一幅是黄文农作的《凡心》③,一个手戴佛珠,双手合十的和尚正一脸难受和向往地盯着女性夹着香烟的修长手指,内心激烈的心理斗争在漫画中得到很好的表现。而《妹妹我爱你》④中竟然是原本撮合他人的月老禁不住在对面前的摩登女子做"妹妹我爱你"的表白。从中我们可以感觉到现代都市中女性的身体,尤其是摩登女性的身体对于各个阶层的社会男性的吸引力。虽然观看者的身份地位不一,所观部位不一,心理反映也不一,但"看"却是一个统一的行为,摩登女郎的身体形象被各种社会阶层的人所注视或接受,展示出巨大的诱惑性,这已是一个不争的事实。

　　如前所说,传统中国对身体是秘而不宣的,在强大的封建意识之下,女性的身体更是一种无名的存在。《上海漫画》对女体的张扬因而很可以认为是对传统的挑战。上世纪二三十年代的中国经过了五四新文化运动的洗礼,有关女性的种种进步言论开始活跃于中国的公共舆论,新的女性形象也开始出现于历史的舞台上,同时,女性的身体呈现也在积极的尝试中。与早年上海美专的人体模特风波不同,《上海漫画》的女体表现得到了大众的认可。这一方面是上述同时代相关报刊杂志共同努力的结果,说明随着时代的发展,在城市的公共空间里女性身体的表现已经获得一定的合法性,一方面也显示了漫画这一形

---

① 《上海漫画》,第58期。
② 《上海漫画》,第102期,郑广汉作。
③ 《上海漫画》,第46期。
④ 《上海漫画》,第63期。

式在女体表现上的可能性。然而，在当时上海的条件下，女性的身体既可以成为新观念的表达，也可能是焦虑的表征和代言，更不要说成为男性欲望的对象或和商业主义的结合了。在以下的一些漫画中，我们将可以清楚地见出当时的男性社会或传统的男性中心主义对现代女性不无强烈的焦虑。这种焦虑不仅同样通过对女性身体的描绘、比喻而表达，还和对都市想象的复杂态度密切相关。

《上海漫画》第 4 期的封面上，叶浅予所画的《蛇与妇人》，用马蒂斯式的线条勾勒出一个妖媚的女人体，与一条大蟒蛇纠缠在一起，这是一幅带有唯美主义颓废情调的"蛇蝎美人图"，而评论者了了对这幅画作了这样的解释："在旧礼教积威所压制之下，一切的毒质：如虚荣、顽固、沉沦，酿成了一个乌烟瘴气的社会！——一般女性们是素向病弱的：最会吸收这些毒质，她们亦最会传布这些毒质！遂使人群中有此恶毒的染化。"[①]这一解释明显把女性当成了所有丑恶

《蛇与妇人》，作者叶浅予。

现象的替代物。女人与蛇的联系其实在中国的文化传统中很早就有表现，"大人占之，维熊维黑，男子之祥。维虺维蛇，女子之祥"（《诗经》）。朱熹在他的《诗集传》里给出的注解说得更直接："虺蛇阴物也，穴处，柔弱隐伏，女子之祥也"。这里，蛇的柔软、盘绕、蛰居似乎和女性的依附性、羸弱、远离公众场合达成了高度的契合。而当象征着女

---

① 参见《上海漫画》，第 5 期。

性别视角下的上海都市文化

性的柔弱与依赖性的蛇游入二三十年代的现代都市时,则化身为了野性十足的摩登女郎,它的喻义也发生了巨大的改变。显然,在叶浅予等男性漫画家看来,由现代都市物质文化培育出的摩登女郎一扫中国传统女性的矜持、腼腆、被动、柔弱,在半殖民地商业文化的氛围中,变得凶悍、贪婪、自我、放肆和主动。因此,虽然了了将这幅《蛇与妇人》所代表的丑恶归结为"旧礼教的积威",而其马蒂斯式的线条所勾勒指称的却是一具意象分明的现代女性的身体,它所要批判诅咒的与其说是传统礼教,亦毋宁说是现代上海和生活其中的都市女性更来得恰切。

事实上在上世纪二三十年代,对摩登女性的谴责往往伴随着对上海都市的批判甚至诅咒。"(上海)城内,人家告诉我,是一切阴谋的发源地,是罪犯和危险的逋逃薮;是粗暴残酷的劳动街。它被看作是一切阴谋据地,完全是一种杀人地带,好像但丁的地狱篇所说的那种地方。"①《上海漫画》中也出现了很多控诉上海都市社会黑暗和污浊的文字和漫画作品,在第 100 期的《上海漫画》上,叶浅予这样定位王先生所生活的上海:"《王先生》的背景,是我们这个被人颂扬同时被人诅咒的上海。"在《上海漫画》的第 1 期,就有两名作者对上海的社会状况进行了批判,一篇是《哭笑之所》,作者清磐,文中写道:"在这狡诈欺哄,卑劣污浊之环境里,人与人之间,有凶相百出的把戏。社会,只存着一个自由公道的空架子,那里求得同情,求到真实,求得人生之真趣?"另一篇是《简单生活谈》,作者知子说:"上海生活状态的复杂同不良,是谁都肯承认的。但是群众生活改良的大问题,不是少数人所能解决,也不是一两种方法说明可以成功。"而正是在上海都市这样的"异质"或"邪恶"空间中,产生了摩登女郎这样的新的女性类型,在当时的社会意识中,她们的崛起不仅与都市的邪恶有关,还造成了"社会失序",

---

① 新居格:《上海第二印象》,《漫画生活》,第 1 期。

从而使得两性关系中男性对女性的控制力不断丧失。社会男性的内心深处由此生发了深深的焦虑感,《蛇与妇人》对女性身体的异化正是这类心理的一种投射。反之,其对摩登女郎的态度也即是对都市上海的态度,或对后者的一种象征表达。对于现代城市的体验与感受,与对摩登女性的理解与印象有非常大的相似性,如,"都市的速率类似于摩登女郎更换男友和喜爱跑车的速度:变幻的风景、莫测的罗曼史和飞速的跑车共同遭遇在都市之中。"①而在对男性的背叛上,摩登女性和艺术家笔下的城市也具有共同的特征,由此可见,在都市和摩登女郎之间存在着非常紧密的渗透关系,摩登女郎成为都市现代性的某种文化想象。摩登女性形象及其身体在漫画中的大量出现,其实是以其作为载体表达了对于现代女性的认识,既充满焦虑和厌恶,同时又明显可以感到因为难以企及的失落和沮丧。摩登女郎和这座城市产生了某种相互的隐喻关系,女郎被注视,如城市被观察一样。

而在《上海漫画》另外的一些封面画中,甚至还出现了斩杀女性身体的不无血腥味的绘画表现。如在第 40 期名为《人肉市场》的封面画中,漫画家飞飞就勾勒了这样一个恐怖的场景,一个凶神恶煞般的传统中国妇女正在手拿菜刀砍向放在砧板上的年轻(都市)女性的肉体,背后的铁钩上还挂了两个长发的女性身体,一个身穿对襟马褂的传统男子正提了一条女性的肉腿离去,从中我们可以感觉到当时中国刚刚走出封建统治的普通民众对于正在变化发展中的女性的极度仇恨。另外一幅名为《火坑》②的封面画也有着类似的意蕴,同样是一个凶狠的传统女性正在拿着铁叉叉向被束缚了手脚的女性身体,旁边的几个裸体女性眼中充满了恐惧。换言之,仇视摩登女性的不仅仅是男性,

---

① 史书美:《现代的诱惑:书写半殖民地中国的现代主义(1917—1937)》,江苏人民出版社 2001 年版,第 332 页。

② 《上海漫画》,第 56 期,作者徐道。

性别视角下的上海都市文化

还包括了同为女性却站在传统规范一边的一群。凡此种种,充分地象征或表明了现代女性对传统社会的冲击和影响,以及她们在新旧转换中的艰难处境。她们有意无意的在社会大众中间成为了焦虑的缘起和"万恶之首"。如在第88期的《堕落》[1]中,一个倒挂的女性身体被处理成了树叶的形状,从远处观之,则又是一个女阴的形状,女性的性征被和女性的社会身份直接画上了等号,并被赤裸裸的命名为"堕落"。

和《上海漫画》中这些不无血腥的画面不同,《时代漫画》中有关女性身体的描绘突出了男性对摩登女性身体的欲望,很多时候漫画家们所描绘的是富有色情意味的女性身体。这种虚构的欲望世界不断地生产男性中心的话语,使女性成为男性欲望的服从者,甚至沦为性的象征物。例如郭建英所作的插图《黑、红,残忍性与女性》,[2]绘有三个坦胸露乳、身姿婀娜的青年女子。配文为:"娇萨芬培克(Josephine Baker)(现译为约瑟芬·贝克)黑色之魅力,梅蕙丝脱(Mae West)桃色之魅力,如黑蛇般,如红蛇般,爬进了都市女人的细胞里……尽量地,然后把吐了出来:黑与红曲线之错杂,绕着,透入于男子生命中,于是男子们喘息了,疲乏了,而上海的色情文化又展开了新的方向。"在此,男性权威操控着女性的身体模式,她被动地遵循着男人制造的女性形象标准——某种正在被日益扩大生产的标准美。鲁少飞所绘的《时代漫画》第3期封面,则表现了这样的情景:画面右上部分绘女性裸体仰卧于环状物上,丰乳美腿,脚著高跟鞋;其左绘一秀发裸女,昂首、挺胸、翘臀而立,足踏高跟鞋。在这里,女人是被动的,她们的形象只是乳房、臀部和大腿的程式化的组装。同期,还有张英超的这样一幅漫画:一个画家正在对着赤裸的女模特作画,一个朋友突然来访,女模特马上背对朋友,用手遮盖着隐私部位高傲的站着,朋友一边与画家握

---

[1] 《上海漫画》,第88期。
[2] 《时代漫画》,第1期。

手,视线却对准了女模特的身体,并说"亲爱的朋友,喔唷,模特儿曲线实在不差"。① 类似的漫画,在《时代漫画》中比比皆是,显示出都市男性对暴露的女性身体的无穷欲望。这些画面大都同时有着明显强烈的色情想象。在陶谋基作的插图《唯心的嗅觉》②里,一摩登女郎分腿斜坐草坡之上,赤身裸乳,下体短裤,左手持果,腿间长出花朵一支;右边一男士探头入画面,作嗅花状。配文:"不贪果味甜,只信花有香!"显然,这个摩登女郎是美和性感的化身,她呈现的是一种被男性欲望扭曲的色情姿势,其中的性、权力、色情、身体被混合为一体。蔡若虹作《都市里的色情商人》③同样呈现了此类的色情欲望,一个穿暴露旗袍的女人双手高举,被铁铐固定在木板上,一条腿高高抬起,也被锁链固定,一个戴眼镜的大腹便便的男士站在一个小板凳上,双眼盯着女士丰满的乳房;而一个拿照相机的男人正弯腰对着女人的腿下拍照。

综上所述,在《时代漫画》中,女性身体作为男性欲望的形象投射已经发展到一个想象的高峰,在诸种因素的合力作用下,生产出了一系列丰乳、肥臀、蜂腰的色情女性新样式。这一样式不仅是性感的,充满了诱惑力,且是"摩登"的,富于异域情调和色彩,和现代上海半殖民地的文化互为表里。这一样式也暗示了当时男性中心的社会文化有关男性权力的想象性扩张。"女性存在的意义,只是为挑动男人的情欲而存在的被动性主体,女性只作为男性欲望的投射而被男性所消费。通过张扬男性权力并贬低女性身体,性感女性裸体的摩登样式构建了情欲领域的意识形态,强化了男性的绝对统治和女性的屈从地位。"④

---

① 《时代漫画》,第 3 期。
② 《时代漫画》,第 5 期。
③ 《时代漫画》,第 24 期。
④ 苏滨:《艺术形象的社会构造》,《文化研究》第 5 辑,广西师范大学出版社 2005 年版。

性别视角下的上海都市文化

　　《时代漫画》比《上海漫画》有更多女性身体的色情表现。其中原因颇为复杂。二三十年代的中国,女性的主体地位有了较大的提高,有了更多自由活动的公共空间,女性身体的解放也被更多的提及和倡导,如张竞生对于性欲的提倡,[①]广州市代理民政厅长朱家骅提倡的"天乳运动"[②]等等,另外,藉大众传媒的力量,西方裸体画和人体摄影图片在很多画报上的刊登,"人体美"开始被更多的中国艺术家所接受,一时间,当时在上海发行的各类画报都纷纷刊登西方的人体照片或绘画作品。但这些关于女性人体的作品很多时候并没有产生提高市民艺术素养的效果,而更多地作为一种商业文化产品,承担了男性主体对于女性的色情想象功能,富有很强的挑逗性。受此影响,《时代漫画》扩张了对女性身体的描绘和色情想象,或者说为其色情表现寻找到了更多的藉口;与此同时,也折射出两性关系和社会生活的进一步变化。在上世纪30年代急速的都市化过程中,随着现代工商业和消费的发展,以及大众文化的兴起,女性在现代都市占有了愈来愈多的空间,对男性的传统地位构成了进一步的威胁。受到挫伤的男性社会迫切地需要通过色情想象而重建自我的信心及控制女性的能力。当然,在大众文化和消费主义高涨的30年代,这种有关女性的色情想象本身即是消费文化的一部分,体现了商业主义的强劲和勃兴。

　　但如《面孔与屁股》[③]这样的漫画却显露出这一男性想象的虚空。李康年的《面孔与屁股》画的是一个身穿时髦西服的男子颇为震惊地看着面前比自己大三倍之多的摩登女子。她身穿凸现女性身体曲线的紧身印花旗袍,两边的高开衩露出撩人的腿部,短袖刚遮住肉感的

---

① 1926年12月开始,有"性学博士"之称的张竞生在上海组织出版了《新文化》的创刊号,鼓吹性欲开放乃社会进步之始,认为妇女平胸,引不起男人性冲动,充分反映了礼教社会的丑陋。

② 1927年7月7日,广州市代理民政厅长朱家骅,于广东省政府委员会的会议上,提出讨论《禁革妇女束胸》,经决议通过,妇女的解放胸脯(又称"天乳运动")开展。

③ 《时代漫画》,第9期。

双肩。这个漫画很清楚地表现出了男性由于感到传统权力可能被剥夺而感到的恐惧。漫画后边还附了一篇非常有趣的短文:"现在人的思想,的确太猛进。尤其是女人。她们本身差不多全告解放,她们感觉得还有个大屁股仍深藏在裤裆里边,于是想出奇巧的花样,把衣服腰身制作得窄窄地,高跟鞋穿得抖抖地,已显示出那个圆而肥大且富有曲线的屁股。更有的想入非非,里面不穿裤子,外身只穿着旗大褂子,隐约地闪现着丰富的肌肉,把整个的部分都烘托出来……唉,我真恨不得抱住屁股而痛哭!"恰如有研究者所指出的,"抱住"和"痛哭"两个词语的连用非常形象地表达出了男性对于摩登女性身体和自我权力的矛盾情感。①

现代漫画作为城市大众美术的一种,因为与市民阶层密切的联系,其对于女性身体的描绘从而不仅反映出漫画家自身的美学倾向,还和大众对女性身体的联想、复杂态度联系在一起。在史书美的一篇论述刘呐鸥的文章中,对摩登女性有这样的解读,"凝聚在她身上的性格象征着半殖民地都市的城市文化,以及速度、商品文化、异域情调和色情的魅惑。由此她在男性主人公身上激起的情感——极端令人迷糊又极端背叛性的——其实复制了这个城市对他的诱惑和疏离。"②这一论述虽然主要针对新感觉派作家笔下的"尤物"形象,用来描述同一时期上海漫画中的女性形象也同样是合适的,差别或只在于它们比文字的描述更直接、更夸张和具有冲击力。换言之,上海漫画中的女体描写既是社会男性对女性本身的想象,也是他们对都市生活的感受和想象。由于男性和传统的权力关系有着更多的联系,他们在向现代转型的时候也更多遭遇了困惑和失落。从而,在性别政治的"怂恿"下,

---

① 孙绍谊:《时装上海:性别政治与身体权力》,《上海文化》,2006 年第 3 期。
② 转引自李欧梵:《上海摩登:一种新都市文化在中国》,北京大学出版社 2001 年版第 219 页。

他们将对现代都市的感受:诱惑和疏离兼具的尴尬或处境投射到女性身上。在女性的身体问题上,便显得既迷恋又厌倦,向往又疑惧,这种情绪和心态和他们对都市的观感如出一辙。而后者——女性则确乎因为社会的转型和都市的兴起而获得了极大的发展机遇,包括她们的身体和角色都充满了重新定义的可能。

三、角色的倒置与"未来上海风光之狂测"

与对女性身体的暧昧态度相一致,两性关系也是《上海漫画》、《时代漫画》等漫画杂志重要的表现内容。或者说画家们对女性身体的态度也深刻地影响到了漫画家们对于男女两性关系的构想,在多幅以两性关系为主题的封面画中,我们同样感到了某种两性间不可化解的矛盾。在一些漫画家的笔下,都市环境中的两性关系早已失去了本该具有的和谐,双方都不再怀有任何的信任与纯洁,有的只是欺诈与利用。《上海漫画》第 2 期封面画"迷惑的享受,诱惑的贡献"中,黄文农以古代埃及男女题材,用 20 年代在法国开始流行的装饰艺术法 Art Deco 表达了自己的思考:"在男女两性中间,许多发生冲突的痕迹:是互相都以虚伪,贪欲为对等的利器;这样的自相残摧残起来,使现代的人类中间,完成一种苟延残喘的世界!"之所以会造成这种状态的两性状况,漫画家们认为,乃是因为在物欲横流的社会,人们对于金钱和物质的欲望蒙蔽了男女两性对于情感的追求,文明都会的男女之间,有的只是荷尔蒙和金钱的关系而已。第 41 期封面画《爱之可怖》中一个女性的身体被几个线条和巨大的黑影所勾勒出的男人的大手所拥抱,旁边是一瓶酒和倾倒的酒杯,鲁少飞作了这样的阐发:"哎!妖艳的肉体,麻痹的灵魂,啊!贪欲的恶魔,扑的蛾痴春蠢,末一场不免残伤了人的四肢五官!末一场不免毁坏了人的三魂六魄。"正是物欲,消弥了两性间本该存在的真情,从而使得两性的交往成为纯粹的肉欲或物质的交易。

但同样是对物质金钱的追求,在漫画家们看来,相比与男性,女性却是要更甚一筹的。这也是社会一般对于"摩登女性"的看法。"摩登女性"(Modern Girl)是现代工业文明和都市化的产物,第一次世界大战之后,西方国家普遍产生了这类与现代都市的工业和消费文化相合拍的女性形象。在中国,摩登女性又被音译(或意译)为"摩登狗儿",显示出当时一般市民对于摩登女郎的"娱乐化"态度,很多时候带有嘲讽的意思。在大众文化如现代小说、漫画杂志中,她们主要被理解为追逐时尚、外表光鲜和耽于物质享受的一群。她们的身体常常与香烟、汽车、化妆品、服装、首饰、高跟鞋、娱乐场所等物质性的事物等紧紧连在一起,或被肢解成代表各种物质生活的零部件。而当身体被物质化、零碎化的同时,心灵的破碎和物化也在所难免了。比如,叶浅予的《摩登姑娘之条件:肉体之供应》[1],展现了所谓摩登女郎必须具备的一些物质条件,那就是:眼影、口红、夹在染成银指甲之间的香烟、穿着高跟鞋的双脚与项链等等。在鲁少飞《省亦不成,不省亦不成(支票上的钱数)》[2]中坐在沙发上的摩登女郎拿了一支笔和一个账本正在为省钱与否而发愁。显然,她对物质消费的爱好正是造成她"省亦不成,不省亦不成"之两难的原因。《闲闲何所思?》[3]中,一个穿着暴露的摩登女郎,脚蹬高跟鞋躺在沙发上,吸着香烟,表情迷醉。沙发旁边则丢了一地的衣服和首饰,还有一个比例很小的男性跪倒在地上,头顶了一块银元。《她,这样埋没时刻!》[4]中,一个裸体的女郎正跪倒在一大堆金银珠宝首饰面前,不停的把玩,而背后一个骷髅面容的魔鬼正在向她伸出魔爪。从这些漫画中,我们可以看到漫画家对女性沉醉于物质消费的嘲讽。

---

[1] 《上海漫画》,第 101 期。
[2] 《上海漫画》,第 87 期。
[3] 《上海漫画》,第 73 期,作者陆志庠。
[4] 《上海漫画》,第 65 期,作者孙青羊。

性别视角下的上海都市文化

除了物质的原因之外,显然一些漫画作者也认为,社会两性关系的变异,与现代女性的"不守妇道"——对传统角色的颠覆密不可分。人们一般认为——或在传统的社会生活里也恰是如此——与男性相比,女性更容易受到婚姻家庭的束缚,而较少个人行动的自由。但在二三十年代的上海,情况却发生了变化,出现了与传统规范相对的性别角色上的倒置。在一幅名为《妈妈不在家》①的漫画中,我们看到在一个非常零乱的家庭场景中,一个叼着烟斗的男子正在帮哇哇大哭的孩子洗屁股,后边的衣绳上挂了几件刚洗过的小孩子的衣服,所谓"妈妈不在家",其明显的寓意就是说如果孩子的妈妈在家,这些日常家务都应该是妈妈来干的,而现在却因为妈妈的缺席(不在家,干嘛去了?上班还是逛街?)而造成了爸爸不得不手忙脚乱地给孩子洗屁股的场面。"妈妈不在家"虽然是一幅男性视角立场下的漫画,不无对"妈妈"弃传统角色于不顾的"控诉",却不无真切地反映或透露出现代都市因各种因素的影响而正在发生的传统性别分工的松动或角色倒置。

更为严重的是,在男性的漫画家看来,现代女性借由物质和消费而发展起来的"主体性"使得她们行为自由,脱离了传统两性关系的准

《妈妈不在家》,作者张光宇。

---

① 《上海漫画》,第60期,作者张光宇。

则,这也是造成其时两性关系不和谐的原因。这种女性的主体性或性别关系的"倒置"突出地表现在两性的交往上。一些装扮时髦、无视传统观念时代女子勇于追求新的观念和生活的方式,尽管新的不一定是正确的,但绝对是"摩登"的。《上海漫画》第104期的封面画《她想要怎么都是为她所有》[①]上,一个身材颀长、烫发、脚登高跟鞋的摩登女子前后张开双臂,眼中充满坚定,身体摆动的幅度很大,仿佛整个世界都是为她所准备的,这一以男性为视角的漫画方式虽然将女性置于画面的中心,却明显地传达出背后对摩登女子张扬姿态的嫉妒和不安,以及暗中的嘲讽。第41期的封面上则触目地画了一个穿着高跟鞋的女人的大腿,几个男子正在使劲地沿着大腿向上攀登。其中意味不难理解:由于现代社会里摩登女性日益"趾高气扬",男性于是变得只有艰难追逐攀爬的"份",这对传统的两性关系来说不啻是一种颠倒。

《上海漫画》第41期。

显然,在男性为主的上海漫画家看来,在现代都市的两性交往中,由于女性地位的提高和自主性的增强,男女之间的关系变得"不平等"了,天平的重量正在向女性倾斜。而天平之所以向女性倾斜,是因为现代社会是一个功利的唯金钱至上的社会,女性却与金钱物质结成了一体,借后者的力量而"扶摇直上"。《上

---

① 作者鲁少飞。

性别视角下的上海都市文化

海漫画》第10期的封面《美人的立场》①画了一个在一个巨大的钱币上跳舞的女体,手里却捧了一个死人的头颅。鲁少飞作了这样的阐释"金钱与美人,是万人不惜重大的牺牲而欲望攫有的,美人因万人崇拜金钱,遂以金钱为一己胜利者的夸炫。"《上海漫画》第8期封面《魔力》②的主人公则是一位短发、细眉、涂眼影、身穿紧身旗袍的

《魔力》,作者怀素。

女郎,她拿了一个很长的烟管,烟管正点燃了一根香烟,戴着项链、耳环、手镯、戒指,指甲被涂成了银色,她的手掌上托着一个跪倒的时髦男青年,而女郎正在微笑着低头看他。第106期的封面《男子啊!你须着力的追求》③画的是一个占据了大部分画面的摩登女郎正在用一根很长的带子耍弄、挑逗一个只占了一角位置的男子,而男子则正在女郎的逗引下奋力奔跑。第107期封面画上(题为《Baby Austin》,张振宇作),一个爱打扮、烫发的"摩登女郎"正在专心地用粉

《男子啊!你须着力的追求》,作者鲁少飞。

---

① 作者万籁鸣。
② 作者怀素。
③ 《上海漫画》,第106期,作者鲁少飞。

277

扑儿涂抹脸蛋,旁边则有一个口叼烟斗、身穿和女郎同样颜色衣服的"摩登先生"正在驾驶一辆红色的英国Austin牌敞车。在第48期的封面画《征服》(张振宇作)上,一只女性的高跟皮鞋醒目地压在了一只男士皮鞋上,象征着摩登女郎对于现代男性的征服和压制。高跟鞋在1925年之后的东西方女界开始流行,高跟鞋不仅是女性的日常用品,"高跟鞋是爱的象征——也是侵略的象征,它象征着权力,暗示着统治(男性)"①。

《征服》,作者张振宇。

类似表现摩登女性对男性随意操控、压制、挑逗的漫画在《上海漫画》的内页也有不少反映,比如,鲁少飞的作品《摩登先生不敌摩登姑娘一举足》②,画了一个身材修长的摩登女子一脚把一个体积相对小很多的摩登男子踢出去好远。他的另一幅名为《紧涨》③的漫画中,一个青年男子弯曲在摩登女子的掌心之中,他随时会有因女子松手而被弹出去的危险,而是否要弹出去则全在于女子的高兴与否。黄文农的《女权澎涨》④则画了一个女子正用拳头捶击男子下巴,"女拳"和女权在漫画中被等同如一。而这一切,在漫画家们看来,都和女性在现代社会地位的提高、掌握了消费的大权有关。

---

① 转引自吴昊:《中国妇女服饰与身体革命(1911—1935)》,东方出版中心2008年版,第136页。
② 《上海漫画》,第107期。
③ 《上海漫画》,第109期。
④ 《上海漫画》,第36期。

性别视角下的上海都市文化

消费的发展是现代上海形成中的重要部分,消费与摩登女性的关系也是有目共睹。消费不仅促进了城市的发展,使上海的经济快速在全国拔得头筹,消费也极大地改变了社会的空间结构和权力关系。以往处于卑位的女性由于消费的兴起而改变了她们的传统地位和角色,她们不再被要求局限于家庭室内,而得以参加到都市的各种消费活动中来,她们经常出现在公共或娱乐场合:咖啡馆、百货公司、大学校园、舞厅、公园、城市的街道等等,更不要说纸上世界——报刊广告了。因为无论是外来资本,还是本土的民族资本,在不断开展的商品活动中都需要女性的加入。女性掌握着家庭的经济大权,女性是时尚的主要消费者,都市里职业女性的增长也不断扩大着她们的购买力。资本主义赋予女性的新使命便是成为炫耀性消费的代表,替其源源不断的商品生产提供一剂解药。于是,女性从传统的从属者或卑者变为社会的"主角"、消费的女神。现代都市将女性打造为消费的代表,而女性则藉消费的兴起而崛起,她们不仅以摩登的装扮为自己进入社会或阶层的晋升铺平道路,而且对社会一切的传统规范发起了挑战。她们所改变的不仅是自身的身体和传统的角色分工,也是城市的空间和权力关系。这就引起了既有权力/传统男性社会的极大恐慌或不满。因此,总起来看,《上海漫画》和《时代漫画》对经济发展中消费给予以女性的影响以及正经历了从乡村到都市之转型的社会男性的心理反映的把握是敏锐准确的,并不无可发人省思的有意味之处。

如除了上述围绕着女性身体和物质的题旨展开外,我们看到,在形式上,画面中的男性形象通常要比摩登女郎小,大都充当了烘托女郎的配角。而后者不仅占据了画面的主要位置,她们的身姿亦很少是收敛性的,如双脚紧靠或双臂贴身,相反,她们常常手舞足蹈,主动发起和男性的互动。她们与男性保持着"罗曼蒂克"的关系,但她们对男性的追求和爱的表白置若罔闻,随意调侃;她们对父系制家庭是个威胁——画面中的她们不做饭、不打扫卫生、不缝制衣物,也没有孩子,常常"不在家"。她们的面部表情和形体也比男性更有个性和分明,眼睛直视前方,笑得很轻浮,腰身纤细、手指光亮、嘴唇鲜红,脸上妆容精致,身上穿绫带花,脚下的高跟鞋威风凛凛。诸如此类,正是大众心目中的摩登女郎形象,她们被描绘、想象成一个进攻性的"完美形象"。虽然在现实中,她们其实并不那么"完美",如郭建英就认为,"这样严格地批判起来,中国都市女子的大部,尚未到了可认为现代美的境域。中国女子需要教养与丰富的生活经验,不然只求外观的向上,仅能助长他们卑俗而浅薄的美而已。"①但她们对传统秩序的冲击、颠覆则被大众和漫画家充分地感受到了,并被后者鲜明地表达出来。

在现代城市大众美术的兴起中,出现了各种各样的女性形象,摩登女性是其中最为重要的一种。不仅月份牌广告等以摩登女性为主体,现代漫画也将摩登女性作为重要的表现对象。而由于漫画本身的艺术特性,往往能比前者(月份牌)更多地透露出社会大众对摩登女郎的矛盾心理。她们由深闺走向了街头,并成为刺激社会消费的生力军,在社会大众看来,这样的女性代表了都市的诱惑与危险,既引诱男性反复不断的都市探险,又挑战男性自以为是的认知能力。就女性本身而言,现代都市文明的发展为她们提供了舒适宽松的生活条件,但同时,她们也有着沦为商品的危险——男性漫画家于是不约而同地把摩登女郎的身体与众多的现代物品放置在一起,一方面有提出警示的意味,同时也透露出他们深知在一般社会男性的内心的深处,其实依然是把女性当作可以追逐和占有的物品来对待的——虽然在很多时候,城市男性在男性漫画家的笔下被塑造成了受害的弱者或"屌丝男"。于是,我们看到,《胜利品》②中画了一个骑在战马上的士兵正弯

---

① 郭建英:《求于上海的市街》,引自陈子善选编:《脂粉的城市:〈妇人画报〉之风景》,浙江文艺出版社 2004 年版,第 75 页。
② 《上海漫画》,第 90 期,作者万籁鸣。

性别视角下的上海都市文化

腰一把提起一个赤裸的女性,显然这里的女性是被当成了交战的胜利品,透露出男性"失控"的焦虑终究要以重新的"俘获"为"解决"或疏导。

传统男权社会对女性或摩登女郎在现代都市崛起的焦虑在张文元的"未来风光图"中得到了更为淋漓尽致的表达。1936年9月,第30期的《时代漫画》上发表了张文元的一组名为《未来的上海风光的狂测》的图画,用16幅漫画描画了女性地位在未来的全面崛起,并配有详细的文字解释。漫画的前8幅勾画了未来上海以戏剧化的手法描画、想象了未来女性成为上海统治力量的"变态"状况,女性在社会地位上全面压制男性的生存空间,男性成为女性的附庸。如"在女子心目中,(男子)已被认为封建的余孽","当时男子已由失业而退化到无业可做,全回到家里","马路上的男子已成为女子的附属品","雇用年轻美貌的男子充当招待","舞男与男妓的盛行"等等。后8幅的未来上海想象则与中国民族国家的危机有关,未来中国虽然与一些国家(如印度、韩国、越南、埃塞俄比亚等)发展起亲善关系,而上海的外国租界数也随之增多,租界出台了新法,或重新启用了"古法",禁止华人与狗、猪等进入公园,"以重卫生"。律令一出,舆论哗然,租界当局不得不规定猪狗动物可以进入公园,而华人仍在禁止之列。时距上海沦为孤岛不足一年,这一"风光的狂测"于无意间透露了国人对国族前途的深切担忧;另有意味的是,这一焦虑却同时伴随了对女性的焦虑。《未来的上海风光的狂测》充满了政治和性别的讥讽,并将两者并列一起的做法,提示了我们在社会频发的"女性焦虑症"和民族危机的加深之间正有着某种不无深切的联系。比如,在30年代民族矛盾尖锐的情况下,摩登女性的好用洋货无疑激发了男性的另一重担忧和恐惧。《时代漫画》创刊的1934年也正是"妇女国货年"开展之时,社会对摩登女性"不爱国货、好用洋货"的焦虑和指责显然也延伸到了漫画作品中,如张英超漫画《酒与女人》中所有女性旁边放置的均是洋酒品牌,很多漫画中女性的日常生活用品也都是洋货。第108期中,鲁少飞画了一幅漫画,题目为《近代女子脱离了布货生活去跨到洋货生活》,描绘了一个穿旗袍的摩登女郎正大踏步的从象征着传统的茅草屋,双手伸向前方,目光中充满渴盼,正大步跨向象征着现代的高楼大厦。现代上海对摩登女性的焦虑因而不仅是传统和现代的冲突、既有两性关系的倒置所致,还和民族危机的加深有关。在中外资本激烈的商战中,摩登女性好用洋货而不是使用国货,在社会一部分人的眼里正无异于"卖国",虽然从根本上来说,国货运动的成败更大程度上取决于国家主权的完整和行使,而不是女性的消费选择。

漫画家对于摩登女郎的复杂感情在很大程度上代表了普通市民的看法和心态。而身处半殖民地上海的市民大众,不仅深刻地感受到了传统与现代的冲突,还遭受了洋货与国货交战的困扰。前者在展现现代西方文明的同时也代表了列强的势力,后者为民族所有却得不到国家主权的有力保护,于是,无奈之下,他们有意无意地把幽怨、焦虑尽情地转移到了女性的身上,从而使得在最能代表他们美学兴趣的漫画中充满了性别的焦虑和国族、城市的焦虑。这也正是《上海漫画》、《时代漫画》性别描绘的特色之形成的社会条件和原因。

四、现代的形式:"唯美——颓废"和立体主义等等的并用

除了上述原因——对市民大众潜隐心理的及时捕捉和敏锐表达之外,《上海漫画》、《时代漫画》在其时上海的成功,还在于它们对西方现代绘画艺术营养的多方吸收。上海国际都市的地位和现代主义艺术的注入给漫画家们带来了很多新的艺术滋养,毕克官的《中国漫画史》对《上海漫画》的艺术特点曾有这样的评价:"他们普遍受西洋影响较深。当时的作品又带有模仿的痕迹,是脱胎于西洋的各种作风的黑白画和抒情画。"[1]这些漫画因而不仅在题材内容上,也在画风和艺术

---

[1] 毕克官、黄远林编著:《中国漫画史》,文化艺术出版社2006年版,第107页。

性别视角下的上海都市文化

精神的层面契合了当时盛行于上海的"唯美—颓废"的都市文化氛围。这也是中国的现代漫画得以在上海成型和风行的另一个原因。

　　19世纪末期,西方世界发生了被称作"唯美—颓废主义"的艺术运动,而实际上这不仅仅是一种局限于文艺内部的潮流,更是一次把艺术应用于生活,使生活艺术化的运动。① 唯美—颓废主义思潮的兴起是与都市化的程度紧密联系在一起的。只有在现代都市精神文化与物质文化都达到相当程度的繁荣之时,才可能孕育唯美—颓废风格的文化艺术作品。其时的中国,只有在现代都市文明非常发达的上海才具备唯美—颓废艺术得以存活的土壤,所以它也是上世纪二三十年代上海都市文化发展中的一个重要的文化现象。海派艺术家对唯美—颓废艺术作品的引进,不仅在20年代末期和30年代初期的上海的艺术界造成了一种特殊的文化氛围,也对市民的审美心理产生了极大的冲击和影响。其中,英国的抒情画家比亚兹莱,因其艺术风格和艺术精神与当时中国时代语境的深刻契合,尤其受到欢迎,对当时的漫画创作产生了很大的影响。

　　比亚兹莱的插画作品有着极强的形式感和丰富的意象,在点、线、面的运用上,具有独特的艺术效果。他的插画造型简洁,形式新颖,尤其是以清晰优美的线条和强烈对比的黑白色块而闻名,偶尔加一些水彩色作画,便树立起了他所特有的艺术特色。比亚兹莱敏锐地感受到支配"世纪末"艺术的思想意识和影响,把握着时代精神的气息,以装饰性的手法描绘了很多象征主义题材的诙谐、奇异、怪诞的插画作品。他运用黑白插画创造的具有强烈装饰色彩诡异怪诞的形象和充斥着恐慌和罪恶的情色意味的作品,具有深刻的象征主义内涵。正如鲁迅所赞:"视为一个纯然的装饰性艺术家,比亚兹莱是无匹的,他把世上

---

① 李今:《海派小说与现代都市文化》,安徽教育出版社2000年版,第69页。

283

一切不一致的事物聚在一起，以他自己的模型来使他织成一致。"[1]作为唯美主义、颓废派艺术的杰出代表，比亚兹莱对中国的影响主要表现在形式上的创新、题材上的突破以及艺术感觉与审美观念领域的开拓，如当时的漫画家经常采用大片黑白色彩的对比、简单的线条构图来表现某种颓废的享乐主义，特别是在描绘摩登女性时更是如此。因此，中国的"比亚兹莱们"往往也同样被冠之以浪漫颓废派的头衔。英文中的颓废（decadence）一词，在当时常常被翻作"颓加荡"，顾名思义，颇为传神。

　　反观二三十年代上海的漫画作品，可以发现比亚兹莱的影响无处不在。两本刊物的漫画家们都很好地借鉴了比亚兹莱黑白两种颜色的处理方式，主要运用黑白线条和色块的不同比例方式表现怪诞、奇异、诙谐甚至是有点色情的象征内涵。在他们的笔下，都市的摩登女性充满了神秘的色彩，进而发生了种种的异化。如万籁鸣的《胜利品》用黑色色块和白色的空白勾勒了一个骑在马上的男人和作为胜利物品而存在的女性，女性的眼神是迷茫而空洞的，她的躯体只不过是被男性征服之后的物品。鲁少飞的《人间名曲》[2]中，一个女性的裸体在两个男性琵琶伴奏中正在疯狂的起舞，而其中的男性与女性形象都发生了严重的变异，女性的长发竖起，而两个男性的眼神则充满了狰狞。黄文农非常善于通过大块黑白的经营，以取得动人的艺术效果，他的漫画既有黑白木刻的某些效果，又富浓郁的装饰味道。《私奔之夜》[3]整幅漫画都是以黑色为基调，黑色的猫头鹰，黑色的夜，配上白色的月亮、黑夜中私奔的男女，在压抑神秘的氛围中暗含了对于时代特征的表达。在《上海漫画》中还出现了多幅女性与魔鬼或怪兽并置的漫画，

---

[1] 鲁迅:《〈比亚兹莱画选〉小引》，引自鲁迅1929年4月自费出版的《比亚兹莱画选》。
[2] 《上海漫画》，第85期。
[3] 《上海漫画》，第7期。

如第 62 期封面画①中,在烈焰的炙烤中,有三个张着血盆大口的怪兽正凶残的看着一个表情痛苦的女性裸体,怪诞的构图表达的其实是男性对女性的深深的焦虑以及欲除之而后快的不平衡的心态。第 65 期封面画②中也出现了骷髅状魔鬼的身影,它的魔爪正悄悄地伸向一个跪拜在金银首饰的女性身体的背后。显然,这些魔鬼的意象在传统的绘画作品中是很少出现的,它明显借鉴了以比亚兹莱为代表的西方唯美—颓废派画家的象征式描绘手法。另外,在这些封面画中也出现了把女性身体动物化的意象,具有浓郁色情意味的蛇的意象经常用于表现女性的身体,如上述的《蛇与妇人》③,《新山海经》④同样如此。作品通过这些魔鬼和女人异化的意象传达了对于摩登女性兴起之后的深深的焦虑和不安。在猫、蛇等动物与女人的形体、品质间建立起一种直接联系的做法正是 19 世纪晚期"唯美—颓废"主义视觉艺术和诗歌小说的流行主题。戴斯德拉在《恶之偶像》中,以大量的实例证明了这一点,他说:"在文学中和视觉艺术领域里一样,有关女人和动物想象的幻想频仍不绝,稳步增长,从简单的比喻(像猫一样的柔顺)一直发展到心理的特征。"⑤而蛇的意象是 19 世纪末西方艺术作品的一个典型象征,普拉兹曾把 19 世纪末的社会定义为赞颂"蛇发女怪之美艳"的年代,它遍布在波德莱尔的诗歌之中,在诗歌《跳舞的蛇》中,诗人开篇即呼为"慵懒的爱人",而《恶之花》中一再出现的"丰饶的慵懒"、"慵懒之美"的意象则可以说是"唯美—颓废"派女性形象的一个典型的姿态和风度,穆时英的"像一条墨绿色的大懒蛇,闭上了酡红的眼皮,扭

---

① 作者张振宇。
② 作者孙青羊。
③ 《上海漫画》,第 4 期。
④ 《上海漫画》,第 84 期,作者张振宇,作品取材白蛇传,但有了新的寓意,描绘了曾经温柔善良的白蛇已化作毒蛇,凶狠地向面前的乌龟吐出毒芯,而旁边象征镇压白蛇的雷锋塔即将倒塌。
⑤ 转引自李今:《海派小说与现代都市文化》,安徽教育出版社 2000 年版,第 113 页。

动着腰肢"①的比喻,正是这种颓废姿态和风度的绝妙的浓缩。叶浅予则用漫画《蛇与妇人》生动地表现了同样的主题。蛇不仅在外形上,它"按着节拍摆动着的舞蹈"和女人"有节奏的行走"的姿势;它"软绵绵"的形状和女人柔软的躯干;它"倒下来"和女人的"玉体横陈"有着非常相似的一面,而且也象征着永不餍足的"放纵的女郎"。它的无情与美丽正是"蛇一般女人"的重要特征,男性不再是与其对等的性别,而只是一种可以随意玩弄的消遣品。在把女人的本性异化为"美丽的野兽"的情况下,漫画家们可以顺理成章地把社会上出现的现代女性描画为毫无道德感,比男人更恣意地玩弄异性的危险之物。

茅盾在其写于1933年的散文《春来了》中曾描摹了摩登姑娘的世纪末颓废。摩登姑娘对命运、未来怀着不可知的恐惧,因而追求新奇强烈的官能刺激,挥霍生命、青春、肉体获取享乐。她"打腻了'高尔富',也看厌了野兽神怪香艳巨片,'爵士'的音乐也不再能使她兴奋,春天里的摩登姑娘转又觉得春天太无聊赖,她渴望着更强的更新奇的刺激,刺激,第三个刺激!""永远翻不回来的,是那青春时代的如水流年!在这上头,我们的摩登姑娘看得非常明白,看得非常透澈;'未来',是那么不可知,她只能捉住了'现在',——发疯似的要求刺激,肉体的官能的刺激!你能说她错么?一长排一长排的摩登男女在这历史的前夜走他们命运的旅途,走上了没落,走上了毁灭!"②如上面已经分析过的,在同时期的漫画作品中,也出现了不少有颓废倾向的摩登女性的身体;而更确切地说,乃是肉体,因这些女性身体大都没有精神的向度。美丽、妖冶、肉感而又带着恶的阴影的女性成为追求唯美享乐的沪上艺术家热衷于表现的对象。也即是说,西方的"唯美—颓废"

---

① 穆时英:《穆时英小说全集》,时代文艺出版社1998年版,第557页。
② 选自程德培、郜元宝、杨扬等编著:《1926—1945 良友随笔》,社科院出版社2004年版。

或比亚兹莱的抒情画在传入中国的过程中不意中受到了其时上海因消费的发展而正在兴起的以享乐为旨归的大众文化的改造,而享乐的意识是与肉体的发现和肯定联系在一起的。《她,这样埋没时刻!》、《社会之花》①、《闲闲何所思》、《陶醉的一夜》②等漫画都不同程度地呈现了肉体享乐的倾向。这种"唯美—颓废"和上海以享乐为旨归的大众文化的融合,使前者褪去了在西方文化语境中本来所具有的反叛色彩,如对工业文明之功利观、实用主义和庸俗化的反思,而多了某种中产阶级的庸俗气和市侩气,即周作人所指出的上海文化是"以财色为中心,而一般社会上又充满著饱满颓废的空气,看不出什么饥渴似的热烈的追求"③。在这样的状况下,漫画家在对女性身体的描绘中出现肉欲化的倾向便不难理解了。

除了对于唯美—颓废艺术形式和精神的吸收,以张光宇、叶浅予、张正宇、黄文农、鲁少飞等为主要创作者的漫画家群体同时也借鉴吸收了当时上海其他多种具有影响的西方现代艺术手法。"外国商业资本的侵入,上海刚刚兴起市民文化,漫画首先以尖锐泼辣的新姿态,依靠印刷传媒,迅速打开了局面。同时占领了舞台、广告、室内装饰、时装等生活艺术领域,以新的设计思想深入人心。"④装饰画派、后印象主义、野兽派、达达主义、立体主义等都在他们的漫画作品中有所反映。《立体的上海生活》⑤、《情如菌》⑥、《哦,甜蜜的上海》⑦、《两者之间》⑧、《亚当与夏娃》⑨、《闲闲何所思》等众多漫画都是很好的例证。如,《立

---

① 《上海漫画》,第17期,作者鲁少飞。
② 《上海漫画》,第98期,作者张振宇。
③ 周作人:《上海气》,选自《谈龙集》,北新书局1927年出版。
④ 郁风:《漫画:中国现代美术的先锋》,《历史上的漫画》,山东画报出版社2002年版。
⑤ 《上海漫画》,第1期,作者张光宇。
⑥ 《上海漫画》,第105期,作者黄文农。
⑦ 《上海漫画》,第95期,作者张光宇。
⑧ 《上海漫画》,第25期,作者方雪鸪。
⑨ 《上海漫画》,第16期,作者黄文农。

体的上海生活》以巧妙的装饰构图和装饰造型吸引读者,线条挺拔流畅;《情如菌》既有木刻的某些效果,又富有比较明显的装饰味道;陆志痒的《闲闲何所思》则深受德国表现主义画家乔治·格罗斯的影响,他对场景布置、对空间透视有着细致入微的洞悉刻画,在看似漫不经心的写意式描绘中表达了对摩登女郎的嘲讽。在对现代艺术的借鉴和吸收中,漫画家们描绘出了一幅幅与传统中国生活迥然不同的艺术形象,成为现代都市文化重要的组成部分。

但是,如果我们对《上海漫画》和《时代漫画》中的一些"唯美—颓废"或立体主义的摩登女性形象作进一步的分析,将会发现这些所谓的新女性形象与现代艺术所标榜的个人主义的确立却是"一个寓意深远的反论"(卡尔语),"现代主义一方面强调个人成功和独创艺术家,而在另一方面,现代主义的男性巨擘和众多理论家又都否认妇女的个性。"[1]漫画家们肯定现代文化却否定现代女性,一方面,他们用画笔描绘了众多摩登女郎的形象,另一方面,他们又固执地把她们视为危险之物,把她们视为引起男性和社会焦虑的根源,对她们的生活方式和未来命运都作了隐蔽的否定,这便构成了现代主义本身的一个悖论。而无论如何,西方现代主义那些惊世骇俗的感官意象却给漫画家们留下了深刻印象,使他们可以运用、借鉴其变异、怪诞和神秘的手法风格,对当时中国包括现代都市中无处不在的精神麻木和文化保守性有所震撼。

李欧梵在论述中国的唯美—颓废文学创作时曾有这样一段话:"这一群中国作家在模仿英、法颓废文学之余,并没有完全体会到其背后的文化意蕴:这是一个欧洲艺术家反庸俗现代性的'表态'。反观中国这个时期的'颓废文学',其资源仍来自五四新文学商业化背后的时

---

[1] R.卡尔:《现代与现代主义》,傅景川等译,吉林教育出版社1995年版,第245页。

髦与摩登,并没有彻底反省'现代性'的问题。"①这样的判断大致上也适用于上世纪二三十年代的上海漫画对以唯美—颓废为代表的西方现代艺术的吸收。主要生长于本土的漫画家们并不想用现代艺术形式完成对所谓"现代性"的反思,事实上,中国也并不具备这样的"现代性"。与之相反的是,他们对于西方现代艺术的借鉴是为了更好地帮助人们想象现代性,特别是物质上的现代性。他们更热衷于都市中正在兴起的物质世俗生活,非但把都市的物质生活女性化,而且把女性的身体物质化、商品化,与汽车、珠宝首饰、洋房、烟酒、舞厅和各种现代的物品联系在一起,更像是另外一种商品和广告,表达了对物质的渴望。换言之,虽然漫画家们对女性的"耽于物质"表现了明显的嘲讽和不满,但这种不满与其说是他们对物欲的尖锐批判,不如说是对女性藉都市的物质消费的发展而"颠覆"传统两性关系、动摇男性传统地位的不满。他们的作品对现代物质所表现的其实是一种既兴奋又焦虑、激昂而伤感的复杂情绪。就此而言,漫画中的摩登女性形象表面上追随了唯美—颓废派的形象理念,实际上迎合的依然是涌动于当时上海的以物质享乐为题旨的市民文化潮流。而这种对享乐的追求与他们在传统向现代的转型中所感受到的焦虑,包括对民族危机加剧的担忧并不矛盾;相反,正是其缓解焦虑的方式之一。

---

① 李欧梵:《漫谈中国现代文学中的"颓废"》,《中国现代文学与现代性十讲》,复旦大学出版社 2005 年版,第 58 页。

现代性的姿容

都市语境下的女性写作

　　现代中国女性的写作和中国都市化进程有着异常密切错综的纠缠。尽管中国历来不乏"才女文化",早在明清时期就涌现出吴江沈氏、叶氏女作家群,桐城方氏女作家群,随园、碧城仙馆女弟子作家群等大批才女群体,其中的佼佼者如吴藻、徐灿、汪端、顾太清等堪与前代的李清照、朱淑真相媲美,[①]尤其是通过当时业已兴盛壮大的印刷业,才女们的作品已有幸开始被作为家族文化资本的一种而传扬,[②]但由于时代的局限,她们的写作基本上是主流文化的点缀,与男性作家的创作相比,影响其实依然有限。所幸的是,晚清以来,在"强国必先强种",而"母"乃至"女"为"强种"先决条件的社会意识的主导下,女子的身体和受教育问题都被重新认识和看待,传统的"女子无才便是德"受到了前所未有的动摇,女性写作日渐可能和兴盛,以至发展成现代中国最为动人的文化风景。尤其是辛亥革命和五四新文化运动的发生,使中国女性的命运在 20 世纪初以及之后的日子里发生了深刻的变化,女性受教育、阅读、写作的机会大大增加,并被寄予社会进步和杰出形象代表的厚望,如当时的歌谣所表达的:

　　　　二十世纪女学生,美哉新国民。

---

　　① 见乔玉钰:《一生几许伤心事,不向空门何处消——明清才女的皈依佛、道之风》,《古典文学知识》,2006 年第 2 期。
　　② 高彦颐著:《闺塾师——明末清初江南的才女文化》,李志生译,江苏人民出版社 2005 年出版,第 41 页。

> 爱国救世宗旨高,入学去,女同胞。
> 缇萦木兰真可儿,班昭我所师。
> 罗兰若安梦见之,批茶相与期。
> 东西女杰并驾驰,愿巾帼,齐须眉。①

以往"沉默的半数"或被视作"分利者"的女性从而得以新的面貌出现于社会的政治、经济和文化等多个层面。那些最先接受教育、掌握了新文化的知识女性,成为最先"觉醒"的一群,晚清的秋瑾、吕碧城等,五四时期的陈衡哲、冰心、庐隐、冯沅君、苏雪林、石评梅、凌叔华、袁昌英和上世纪三四十年代的丁玲、白薇、萧红、苏青、张爱玲等等,不仅发展起一种以女性的自我意识、价值理想为主体的现代叙事,并藉此成为现代中国社会历史的主动的创造者。

应当说历史上的女性写作虽然受到男性主导的社会文化的制约,但并非没有女性自我意识的流露,关键在于,和历代才女相比,现代女作家的自我意识、主体性呈现出与"民主、科学"、"人道主义"等现代价值观的高度默契,同时又别有发现,充满了个性;她们的视野已经拓展到社会、人生的方方面面;她们积极参与社会活动,大胆尝试现代诗歌、小说、翻译、剧本创作等多种文学实践,她们的叙事手法、叙事语言也更为新颖广博。她们独具个性的创作和生存努力,在建构起现代女性写作的崭新面貌和自我形象的同时,也有力地参与了现代都市文化的形成。她们的成就、产生的背景和价值意义及与现代都市的关系因而值得进一步的认识和重估。

一、都市背景、文化资源和女性写作的兴起

近现代中国女性写作的面貌某种程度上可以说是由现代都市各种力量的"合力"雕刻而成的。晚清以来各种新式学堂的兴办和壮大,

---

① 阿英:《晚清文学丛钞 说唱文学卷》(上),中华书局1960年出版,第34页。

报业、出版业和文化市场的形成,为现代型的知识分子的诞生和定型作了充分的准备。尤其是近现代印刷出版业的发展和稿酬版税制度的确立,对因科举制度的废除而失去了"立身"之途的士大夫阶级转而"蜕变"为现代文化人起到了关键的作用。这一切,对现代女性写作的发生同样有着至关重要的意义。

1、近现代出版印刷业的形成

书籍作为文化资本在古代中国由统治阶级牢牢掌控,是社会地位和财富的象征。兴于明朝万历时期的大规模印刷将书籍推向大众,使包括生员、农村小地主和士绅家庭妇女在内的这些人也得以加入传统精英行列,构成新的读者群。而19世纪中叶起从沿海地区流入的国外先进印刷出版技术则在更为深远的意义上改变了传统印刷和出版格局,刺激了中国民族出版业的产生和发展,也为中国近现代报业的发达做了物质准备。对于本文正在讨论的问题来说,更为重要的是,由此带来的大众化的文化生产和消费深刻地改变了妇女的传统命运。

以上海为代表的都市集中了中国的近代印刷出版业,孕育、吸收了难以数计的以编辑、翻译、写作、出版等等为生的新型文化人。据不完全统计,到20世纪初,外国传教士在华建立的印刷出版机构达70余处[①]。其中规模较大的印刷出版机构,如美华书馆、广学会、修文馆、墨海书馆、申报馆、捷报馆等均集中在上海。西方最先进的印刷技术也在19世纪初引入中国[②],外国出版机构招收的中国雇员成为中国最早一批懂得外国近代机器印刷技术和管理技术的近现代出版印刷业人才,一些从科举制度转身而来的知识者更是成为印刷文化内容部分(编译)的中坚力量。梁启超在1902年概括晚清文化现象时,曾指

[①] 参见范慕韩主编:《中国印刷近代史(初稿)》,印刷工业出版社1995年出版,第7页。
[②] 贺圣鼐:《三十五年来中国之印刷术》,张静庐编:《中国近代出版史史料初编》,上海书店出版社2003年出版,第257页。

出"学生日多,书局日多,报馆日多"三大现象①。上海就曾拥有中文报刊 460 种,外文报刊 54 种②。

晚清上海不仅出版物众多,其本身也成为国内外出版转销的据点,各地报刊几乎都在上海设立总经销处或总代派处。这一时期办报设馆必选择在上海租界,有的直接以洋人的名义注册,这样在一定程度上限制了地方政府管制报刊言论的企图和权力,对言论自由起到了保护作用。为了争取各阶层读者,各报之间展开了激烈的竞争。在广泛涵盖启蒙性、政论性、商业性等各种类型的报刊市场中,妇女报刊同样占有一席之地:《神州女报》、《中国女报》、《女子世界》、《女学》等等,都是出现较早的报刊。其中《神州女报》曾创下 5000 份的高销量。③可以说,现代上海出版文化的繁盛局面在天时、地利、人和等因素的影响下,在上世纪的初年已然初步形成。

现代上海的出版文化以向大众传播新知为导引,日渐成为大众社会生活的重要部分。其中《东方杂志》和《良友》画报等都极负盛名。这些由有志改革的知识阶层主导的出版物不仅在打破传统、启迪民智方面做了大量工作,并适应都市化过程中大众对于新生活的想象,积极参与和构建了包括社会物质、生活方式在内的有关上海都市的现代想象,从而使得上海的出版文化不再专属于精英阶层,而是日渐拓展到一个包括日常生活、妇女儿童在内的更加日常性的大众文化领域。相对于上海印刷出版文化的发展,上世纪 20 年代北京的出版传媒业也曾极度繁盛,但至中期因军阀混战,政治权力关系极不稳定,所有新

---

① 转引自张开沅、罗福惠主编:《比较中的审视:中国早期现代化研究》,浙江人民出版社 1993 年 6 月出版,第 564 页。
② 熊月之主编:《上海通史》(第 6 卷·晚清文化),上海人民出版社 1999 年出版,第 40 页。
③ 张敏:《略论辛亥时期的上海报刊市场》,熊月之主编:《都市空间、社群与市民生活》,上海社会科学院出版社 2008 年出版,第 207 页。

闻机构都"活在军阀的钢刀之下",[①]基本没有言论自由。而有别于北方政权纷争与相互倾轧的复杂情势,上海"租界"这个脱离了中国社会运行体系的特殊社会形态,却在无意间提供了相对独立和自由的舆论空间,主要按照商业的规律而非官场意志运作,这一环境为上海印刷文化报刊市场的繁荣提供了有利的条件,日益完善的出版市场吸引大量文化人积极投身其中,上海的出版文化因此而得以蓬勃发展。

商务印书馆的成功运营尤其显示了上海作为全国出版文化中心的实力,同时也为都市语境下女性写作的兴起准备了条件。早在20世纪初,商务印书馆就开始了基于教科书和文库生产的"启蒙事业",并开创了体系完整的杂志系列,除了综合性的《东方杂志》之外,文学方面则有历史悠久的《小说月报》。可以说,商务印书馆不仅在启迪民智方面做了大量工作,对后来新文学的兴起及其发展也起到了积极的推动作用。它所编辑出版的《小说月报》几经改革,至上世纪20年代,乃是当时国内影响最大的新文学期刊,它除了发表鲁迅、冰心、许地山、叶圣陶等五四时期即已成名的作家作品(如《社戏》、《在酒楼上》、《超人》、《缀网劳蛛》、《海滨故人》)之外,还大力提携当时尚未成名的新起作家,如丁玲、胡也频、沈从文、彭家煌、施蛰存等等,现代中国作家中不少人的处女作品都是在《小说月报》上发表,或因《小说月报》提供的发表阵地而开始成为著名作家。1926年,长篇小说在当时极为少见,《小说月报》则分批发表了老舍的处女作,四部长篇小说《老张的哲学》、《赵子曰》、《二马》和《小坡的生日》[②],作品发表后在读者中产生了广泛的影响,同时也奠定了老舍作为现代白话长篇小说第一人的地位。庐隐的处女作《一个著作家》、丁玲的处女作《梦珂》(1927年)和成

---

① 周成荫:《城市制图:新闻,张恨水与二十年代的北京》,《书城》,2003年第12期。
② 李家驹:《商务印书馆与近代知识文化的传播》,商务印书馆出版社2005年出版,第270页。

名作《莎菲女士的日记》(1928年)、巴金的处女作《灭亡》(1929年),以及其他一些新文学作家的重要作品,也都是由《小说月报》刊发的。

除了《小说月报》所提供的文学发表园地之外,很多中国现代作家的第一部作品也是由商务出版。当时还是大学生的冰心在1923年由商务出版了她的第一部小说集《超人》和第一部诗集《繁星》,提及商务之于她的意义,她深情地谈到:"在这将近一个世纪中,我的作品也在几个别的出版社发表过,但是在我的记忆中,商务印书馆是我最初的,永志不忘的良师益友。"①巴金也曾说过:"倘使叶圣陶不曾发现我的作品,我可能不会走文学的道路,做不了作家;也很可能我早已在贫困中死亡。"②中学毕业后就进入商务编译所工作的茅盾,第一部小说《幻灭》也是由商务出版的。

商务印书馆稍后于《小说月报》创办的《妇女杂志》也为新文化、新文学的兴起提供了条件。尤其是在20年代后,这份创刊于1915年的杂志经历了全面的改革创新,在保持原有趣味性、实用性、知识性的基础上,编发了大量提倡妇女解放和恋爱自由的文章,出版了多期涉及离婚问题、妇女运动、家事研究、职业问题等多个方面的专号,其中《离婚问题专号》、《新性道德专号》引起了广泛的反响。此阶段的《妇女杂志》还大量介绍西方女性主义论著,及时报道欧美妇女运动的发展趋势,力图让中国妇女运动能够跟上世界妇女运动最新的潮流。这些都为都市语境下女性写作的兴起准备了条件,无论是在女性自我的觉醒方面,还是社会对女性写作的希冀和容忍度方面。

故而,商务印书馆对于中国现代文学或女性写作的推进意义不仅在于它提供了发表平台,发现了包括女性作家在内的一些新的文学力

---

① 冰心:《我和商务印书馆》,《1897—1987商务印书馆九十年:我和商务印书馆》,商务印书馆出版社1987年出版,第313页。
② 巴金:《致〈十月〉》,《十月》,1981年第6期。

量,更在于它将商业和启蒙活动结合起来的运作思路或集启蒙与商业为一体的成功运作提供了有利于新文学、新文化生长的社会文化环境。在开辟中国20世纪新的文化空间,扩大新文学的影响和接受范围,鼓励女性写作等方面,商务印书馆有着不可取代的特殊历史地位。当然,其他文化出版机构的规模虽不及商务,但对上海出版市场的繁荣同样作出了力所能及的贡献。

2、稿酬版税制度的出现

与西方现代印刷术的传入相伴随,近代稿酬制度取代了古已有之的"文人润资"或报馆免费刊载等方式。最早以一定报酬购买书稿的是上海申报馆,书稿付酬若干年后,报刊来稿也开始付酬[①]。早期学者郑逸梅认为,作家"投稿之定有酬金,自晚清宣统二年商务印书馆发行之《小说月报》始"[②],但据考证早在1903年广东的《岭东日报》和1902年梁启超在日创刊的《新小说》都已有详尽的稿酬规例,如《新小说社征文启》中对章回体小说在十数回以上者及传奇曲本在十数出以上者,其稿酬明确规定为"甲等每千字四元,乙等每千字三元,丙等每千字二元,丁等每千字一元五角"[③]。由此可见,早在20世纪初,稿酬制度就已经出现了。随着出版印刷业的进一步成熟,流通与消费市场迅速扩张,数量急遽增长的各类报刊杂志需要相应的作者群体进行编创,提供稿源。大量转型中的知识分子积极投身于现代大众传媒,20世纪初,以从事报刊业、翻译、写作等职业赚取稿费作为生活来源的文人群体已在上海初步形成。近代稿酬制度把传统文人引向了市场,使他们从"仕途经济"走入"商品经济",文人的维生方式在新型的文化生

---

① 张敏:《从稿费制度的实行看晚清上海文化市场的发育》,熊月之主编:《都市空间、社群与市民生活》,上海社会科学院出版社2008年出版,第187页。
② 郑逸梅:《逸梅闲话二种》,齐鲁书社1987年出版,第59页。
③ 郭浩帆:《〈新小说社征文启〉及其价值和意义》,《济南大学学报》,2001年第3期。

性别视角下的上海都市文化

产关系中发生了改变。1910年,我国第一部版权法《大清著作权律》[①]颁布,作家的创作权益至此有了法律依据,版权版税制度的确立使近代作家有了新的生存方式,由此调动起的创作热情也促发了报刊编创和文学作品大量出产的繁荣景象。相较于近代中国的其他城市,上海的传媒业最为发达,它提供给各路文人以稿酬为生的可能,一方面知识作品可以作为一种近代化的商品在文化市场上流通,同时大量的报纸期刊所建立的公共空间,也为知识分子体现自身价值、发展文化理想提供了机会和途径。

尤其是上世纪20年代末以来,大批五四新文化人云集上海,他们自觉不自觉地寻找着一个更适于现代知识人生存的社会环境。这一环境在当时的中国显然唯上海最为成熟,它既提供了物质制度方面的基础、保证,更在观念上领先一步。在这场各路文人竞相进沪的大潮中,沈从文的身影、经历尤为引人瞩目、意义丰富。这位早早开始了文学"习作",掀起过中国现代文学史上著名的"京海之争",后来成了"京派"代表人物的新文学作家,其创作的成熟或旺盛期却是由上海发端的。在他1928年南下上海之前,《小说月报》已经刊发了他的《柏子》、《雨后》、《我的邻》等多个短篇小说,沈从文曾自述道:"《小说月报》因为编辑部方面负责者换了一个人,作品取舍的标准不同了一些,在北平汉园公寓写成的《柏子》等作,已经给了我一个登载的机会……我觉得我在上海即或不能生活得比北京从容些,至少在上海也当比在北方活得有意思些。"[②]抵沪之后的沈从文虽仍自称"乡下人",实际上则竭尽全力适应上海这座商业都市的生存法则。他比在北京时期更为勤

[①] 《大清著作权律》是清政府于宣统三年(1910年)颁布的中国第一部保护著作人权益的版权法,共有5章55条,但是颁布后不久清朝政权即退出历史舞台,此法律并没有真正实行。民国四年(1915年)北洋政府颁布了《著作权法》,1928年南京国民政府又颁布《著作权施行细则》,著作人的权益开始受到法律保障。

[②] 沈从文:《记丁玲》,良友图书印刷公司1935年出版,第127~128页。

奋地写作,盖在于上海有更多接受他作品的报刊杂志和书店。仅1928年到1929年的一年多时间里,现代、新月、光华、北新、人间、春潮、中华、华光、神州国光等书店就分别出版了他十多个作品集。而那些新开张的小书店为了便宜地得到他的作品,纷纷赋予他"天才作家"、"多产作家"的称号,虽然其中有着难言的艰辛和屈辱,他亦自嘲为"文丐",但这一切毕竟为他在上海和文坛的立足提供了条件。他在辛勤写作的同时,与丁玲、胡也频共同编辑《中央日报》副刊《红与黑》,三人每月分享200元的编辑费,之后还曾尝试过自办《红黑》、《人间》杂志。巴金的《怀念从文》则记叙说:"我和从文见面在1932年。那时我住在环龙路我舅父家中。南京《创作月刊》的主编汪曼铎来上海组稿,一天中午请我在一家俄国西菜社吃中饭,除了我还有一位客人,就是从青岛来的沈从文。我去法国之前读过他的小说,1928年下半年在巴黎,我几次听见胡愈之称赞他的文章,他已经发表了不少的作品。我平日讲话不多,又不善于应酬。这次我们见面谈了些什么,我现在毫无印象,只记得谈得很融洽。他住在西藏路上的一品香旅社,我同他去那里坐了一会,他身边有一部短篇小说集的手稿,想找个出版的地方,也需要用它换点稿费。我陪他到闸北新中国书局,见到了我认识的那位出版家,稿子卖出去了,书局马上付了稿费。小说过四五个月印了出来,就是那本《虎雏》。"[①]可见当时沈从文在上海的出版市场上已经颇为称心得手。

据上世纪30年代《鲁迅风》杂志的记载:当时上海的作家按照经济收支可分为四个等级——最低的四等作家稿酬标准为千字1~2元,维持家庭生计,住亭子间房费10元,每月伙食费40元,相当于今人民币1200元左右,如叶紫、柔石等。三等作家稿费标准为千字2~3

[①] 巴金:《怀念从文》,王珞编:《沈从文评说八十年》,中国华侨出版社2004年出版,第12~13页。

元,可住一层前楼加亭子间,每月房租15元,生活费120元左右,相当于今人民币3600元左右,如丁玲、萧红、萧军等。二等作家千字3~5元,可住2~3间房,每月房租20元,生活费约160元,相当于今人民币6000元,如夏衍、胡风等。一等作家除了稿酬外还有出书的版税,以及其他收入来源,如主编刊物的编辑费通常为100元,丛书编辑费通常为200元,月收入400元,相当于今人民币12000元以上,如鲁迅、茅盾、郁达夫等。当时上海的袜厂女工每月工资20元,小学教师、小职员和店员月工资大约40~80元[①]。商业化的上海所特有的这种文学生产与消费的运作模式对新文化人的创作与生存都产生了深刻影响,"作家"作为一个独立职业已正式进入社会分工系统,作文取酬俨然已是现代文人一种十分可行的新的生存方式。这一切,包括稿酬制度在内的近现代出版业的商业化特征,对于都市语境下女性写作的兴起,以及她们个人经济独立和人格独立的取得无疑同样至关重要且意义深远。

3、妇女解放思潮和女性写作的酝酿

当然,促使现代女作家产生的社会文化资源不仅是都市的文化市场,近代以来连绵不断的妇女解放思潮(如废缠足开女学)也极大鼓舞激励了女性写作的兴起。早在19世纪末,美国人林乐知创办主编的《教会新报》、《中西教会报》即力倡中国女子废弃缠足陋习,出于对"强种保国"的认知,梁启超等维新人士也在《时务报》上发表种种有关戒缠足的文章。在他们看来,"中国四万万人民,妇女居其半,妇女因裹足而成废疾者,尚不止居其半……数千万贤明之妇女,皆成废疾,不能教子佐夫,而为之夫为之子者亦只可毕生厮守,宛转牵连,无复有四方之志","是缠足一事,到天下妇女之足者患犹小,丧天下男子之志者患无穷"。妇女囿于家内,恃男子以为养,如此"展转无穷,相煦以沫,盖

---

① 参见《左联作家的稿酬和生活》,《文摘》2003年第8期,第34页。

皆分利之人也……国弱民贫,实阶于是"。此外,中国人体格纤弱,也是因为缠足女性"传种易弱","今欲救国,先救种,先去其害种者而已。夫害种之事,孰有如缠足者乎?"[①]废缠足、兴女学于是在男性知识者的眼里成为晚清维新方案的首选,妇女的受教育问题就此被纳入改革视野。

  1898年5月,中国人自办的第一所女学堂在上海开办。而之前,一些教会所办的女校已在中国沿海一带陆续出现,还有一些女性克服种种困难,远赴外洋留学。女性教育权的获得造就了近代中国第一批具有民主革命意识和妇女解放思想的女知识群体。1905年《女子世界》就在日留学的中国女子的调查称:"长于英文者有吴弱男女士及陈撷芬女士一流。长于汉文者,有秋瑾女士、林宗素女士一流。长于几何代数学者,有陈光璇女士、黄振坤女士一流。长于音乐者有潘英女士一流。"[②]与女子教育的兴起相伴随,同时期中国妇女组织的第一个团体女学会也在上海成立,并出版了作为女学会和女学堂机关报的《女学报》,也是中国第一份女报。之后中华妇女协会、妇女界联合会、女子参政进会、女权运动同盟会等先后在全国各地成立,各种妇女刊物如《女界钟》、《新妇女》、《劳动与妇女》、《妇女声》等也陆续创刊。而许多在国内有影响的重要报刊,如北京《晨报》、上海《民国日报》等,虽非专门的妇女报刊或机构,也都开辟了妇女问题专栏或副刊,积极发表有关妇女问题的文章。如上所说,商务印书馆则创办了现代以来的妇女杂志中寿数最为长久的《妇女杂志》,意在启蒙的同时也视妇女话题为重要的出版资源,将商业运作和妇女解放问题的讨论很好地结合起来。

---

  ① 转引自王绯著:《空前之迹1851—1930:中国妇女思想与文学发展史论》,商务印书馆2004年出版,第130～146页。
  ② 日本东京调查员:《外国特别调查》,《女子世界》,第3期,1905年。

如果说这些早期的妇女团体、报刊杂志是中国妇女解放运动的先驱或推进者,那么五四新文化运动则带来了妇女解放的新的高潮。作为新文化运动重地的《新青年》从创刊起就非常关注妇女解放问题,五四时期,它汇集各路力量,集中批判了封建纲常名教等旧思想、旧传统,呼吁妇女树立独立人格,摆脱封建家庭的束缚,追求以自我意识为主体的恋爱、婚姻、家庭以及两性社会关系的新模式,并同时意识到了实现妇女经济独立的重要性。在打破旧道德、倡导女性解放方面,《新青年》为代表的新文化阵营可谓不遗余力。而这一切是和五四对"人的发现"密切相连的。五四时代,社会舆论中的女性不再仅被从强种的角度而考虑,也被从人的解放、个性解放的角度而思量,"出走的娜拉"从而成为五四后中国新女性摆脱传统束缚、追求自我解放的精神典范。由此也决定了五四时期的妇女解放思想在继承发展戊戌、辛亥时期进步观念的基础上,更上一层楼,具备了更为明确完善的目标和理论色彩,在变革社会整体观念方面占有先锋地位和突出的意义。

五四新文化运动的另一个直接成果便是五四新文学的诞生;或者说新文学从一开始就是前者的重要部分。新文学的先驱们强调将文学作为改造社会的武器,强调个性自由和为人生的文学,有力地扩大了新文化运动的影响。值得指出的是,在这一过程中,女性不仅是新文化、新文学启蒙描述的对象,提高了觉悟、获得新知识的女性本身就是新文化运动的重要力量,她们在参加各种社会活动的同时也积极尝试新文学的写作。其中,一些正在学校读书、受到五四新思想启蒙的女学生,基于其自身家庭、婚恋、社会压迫等种种经历,率先开始拿起笔来以激进的姿态向封建秩序发起挑战,反抗旧家庭对女性的束缚,寻求个体在社会中的价值体现,大胆倡言女性解放。如写有《海滨故人》的庐隐便说到:"今后妇女的出路,就是打破家庭的藩篱到社会上去,逃出傀儡家庭,去过人类应过的生活,不仅仅作个女人,还要作人。"①陈衡哲、冯沅君的作品中也都具有鲜明的批判意识和社会参与意识,前者且是现代中国文学史上最早的白话小说作者。早在鲁迅发表《狂人日记》的一年前,其时正留学美国的陈衡哲就在《留美学生季报》上发表了她的白话小说处女作《一日》。②冰心则可以说是五四"问题小说"的始作俑者,1919年10月7日至11日《晨报》副刊发表冰心的《斯人独憔悴》后仅一星期,《国民公报》的"寸铁"栏目便刊出了署名"晚霞"的评论,指出该作揭示了"旧家庭的坏处",随后冰心的另一篇小说《去国》同样很快引起反响。茅盾在《中国新文学大系·小说一集·导言》中说:"在庐隐的作品中,我们也看见了同样的对于人生问题的苦索。不过她是穿了恋爱的衣裳。"③这些女学生出身的作家的作品在当时提出了知识女性的婚恋、家庭、就业等一系列和社会人生息息相关的问题,或者说由她们所创作的"问题小说"成为现代文学史上最初的"为人生派"。这一写作实践除了使她们当仁不让地成为第一代五四作家之外,也为五四后一代又一代的女性投入写作树立了榜样,无论她们的生活年代离五四近(如丁玲)还是远(如张爱玲,虽然她自述不喜欢冰心的作品,但五四女作家成功立足文坛的事实无疑鼓励了她的"天才梦")。

二、女性写作与都市文学文化生产

随着女性受教育人群的增多,以及愈来愈多的女性在时代的变迁中因缘际会地涌入都市,求职求学、谋生立业,上世纪30年代以来,更多的中国女性以她们的五四前辈为榜样,以自己手中的一杆笔抒发胸臆,表达内心的郁积和对社会的观察批判,并以此寻求自我的物质生

---

① 《今后妇女的出路》,《庐隐选集》(上),福建人民出版社1985年出版,第31页。
② 胡适在陈衡哲《小雨点》的"序言"中说:"当我们还在讨论新文学问题的时候,莎菲(陈衡哲笔名)已开始用白话做文学了。《一日》便是文学革命讨论初期中的最早的作品。"
③ 茅盾:《新文学大系·小说一集·导言》,上海文艺出版社2007年出版,第2页。

存。五四时期形成的现代意义上的中国女性文学创作由此出现了新的高潮。

1、空前壮大的女性写作队伍

茅盾在评述丁玲早期创作道路时曾这样说道:五四运动把青年们从封建思想的麻醉中唤醒,"父与子"的斗争在全国各处的古老家庭里爆发,一些反抗的青年女子从大家庭里跑出来,抛弃了深闺小姐的生活,到"新思想发源"的大都市找求她们理想的生活来了;上海平民女学的学生大部分就是这样叛逆的青年女性。[①]

确实,这不仅是丁玲的经历,也是现代中国许多追求理想生活的新女性或女作家的生命历程。事实上,这个新思想的发源地里不仅有着"平民女校"这样的新生事物,同时正在兴起的还有上面我们已经说到的出版文化市场这样的新空间、新场域。李欧梵认为,出版文化在上海的现代化过程中扮演了重要角色,萌生于上海的出版文化不仅成为从科举制度中转身而来的现代知识阶层的安身立命之处,也提供了大众新思想、新观念的来源。其实,像丁玲早年曾经进入的平民女校、上海大学这样的新生事物,与都会出版文化的关系也十分密切。那些曾令她或生敬佩或有不满足的办学者,[②]上得台来是教授讲师,下了课则是出版市场上的著书人,他们的思想既通过课堂而传授,也经由文化出版市场而传播。

然而,在女性主义看来,都市对女性的解放更有着非同一般的意义:"城市是松绑和解除小镇与村庄严密阶层化纽带的场域",是颠覆传统性别区分和男女生命两分法的"坩锅"或所在,"将城市视为一个新开端,一个成年生活初期步入的舞台,这种典型叙述对女人来说有

---

① 茅盾:《女作家丁玲》,《文艺日报》,1933年7月15日,转引自袁良骏编:《丁玲研究资料》,天津人民出版社1982年出版。

② 见丁玲:《我所认识的瞿秋白同志》,《文汇月刊》1980年第2期。

其特殊性。因为女性自我发明的观念,挑战了自然一文化的二分;传统上,世界的空间有待男人发掘,女人则是这个世界里稳定、固着的点"。[①] 而从乡村到城市,迁徙及与传统熟人社会的脱离,则提供和锻炼了女性的自立自强。从现代中国女作家的经历来看,她们中的不少人其寻求解放的路径正是首先由逃离传统村镇乡县开始的。她们中的很多人都有逃婚的经历,因逃婚而逃离故乡进入都市,都市则以其不同于传统村镇人际关系的"自由"氛围及与乡村的距离首先解除了她们被逼迫的困境。在这一过程中,出版文化的兴起则提供了她们进一步在都市里留存下来的可能的生存方式或新的人生选择。如白薇童年时被其父许给人家做了童养媳,20岁时她逃出夫家,在舅舅的帮助下进入衡阳第三女子师范学习,又转入长沙省立女子第一师范。1918年临毕业时,为逃避父亲和夫家紧追而来的逼婚,她在妹妹和同学的帮助下挖地洞从学校出逃,后经上海乘船前往东京,在那里边打工边求学,为日后成为女作家打下了基础。谢冰莹五岁时就被订了娃娃亲,成年后因抗拒包办婚姻曾被母亲软禁在家,后在成婚形式后于夫家逃出。赵清阁也为逃离包办婚姻在15岁时逃离老家,悄悄搭上驶往开封的夜车。她先在河南艺术高中学习,以后又入河南大学旁听,并担任河南《民国日报·妇女周刊》等报刊的编辑。萧红为反抗包办婚姻离家出走几度转辗的经历更是为大家所熟知。她们一方面逃入都市以摆脱传统的婚姻命运,同时也通过求学、借都市出版文化的兴盛而开始写作生涯,或从事相关的文字工作,可见都市对于她们寻求身心解放、自立自强的积极意义。

值得提到的是,如果说在上世纪20年代的初中期,北京、广州是不少进步知识者心目中的理想之地,前者是五四新文化运动的发源

[①] 琳达·麦道威尔:《性别、认同与地方——女性主义地理学概说》,徐苔玲、王志弘译,台北群学出版有限公司2006年出版,第211页。

地,后者则是大革命运动的发源地,那么到了20年代末,随着大革命运动的北进和文化中心的南移,"到上海去"则成了时代的主潮。这一变化也影响到了现代中国的女作家们。如前所说,丁玲1922年即来到上海,之后曾在北京四年,而在北京写下《梦珂》和《莎菲女士日记》的她,1928年又迫不及待地重回上海。而在此前,已经有不少日后同样成为中国现代史上著名作家的女性来到了上海,或与上海结下了"不解之缘"。

如前所说,庐隐还在北京女高师读书时就已经在上海商务印书馆主办的《小说月报》上发表了处女作,1921年中国现代文学史上第一个文学社团"文学研究会"成立,她是首批21名会员中唯一的女作家。另有意味的是,1923年夏,庐隐不顾家人的反对,和已有妻室(包办婚姻)的北京大学毕业生郭梦良在上海一品香旅社举行结婚典礼。1926年,因郭梦良去世而辗转于福建(郭的老家)、上海两地的庐隐则短期出任了上海大夏大学的女生指导员。

此前的一年,1925年,中国现代文学史上的另一位女作家、生长于山东省潍县城里一个中产阶级家庭的沉樱考入了丁玲也曾入学过的上海大学中文系,并开始发表作品,两年后转入复旦大学学习。

1927年春,日后以《太平洋上的歌声》著名的女诗人关露考入了沈钧儒主办的上海法学院,1928年暑假又考入南京中央大学中国文学系,后转入哲学系。上世纪40年代,她因主持《女声》而为人瞩目。

1928年,曾入英国爱丁堡大学、法国巴黎大学学习,获文学硕士学位的袁昌英回国后先后在上海中国公学等处任教,并创作了《孔雀东南飞》、《活诗人》等诸多作品。

曾往日本求学的白薇,1925年放弃在日攻读官费研究生的机会,回国到广州参加正在兴起的大革命运动。之后她辗转到上海,结识了郭沫若、成仿吾等人,成为创造社的一员,左翼作家联盟成立后,她是左翼"剧联"的重要成员。在此期间,她创作了以个人经历为底本的成名作《打出幽灵塔》,发表在鲁迅主编的《奔流》创刊号上。

1931年8月,庐隐再次来到上海,在愚园路上的愚园坊定居,直至不幸去世。在这段时间里,她一边在工部局的女子中学任国文教员,一边笔耕不辍,出版了短篇小说集《玫瑰的刺》和长篇小说《女人的心》、《象牙戒指》等作品。她自述道,写作"自信是为兴趣有时也为名,但为钱的时候,也不能说没有,不过拿文章卖钱究竟是零卖灵魂,有点可怜,所以我宁愿在教书的余暇写文章了",但也"不敢为了机械的教书生涯忘记我一向所努力的创作生命,所以在百忙中,我是一有工夫就写……",[①]当时的《申江日报》、《女声》、《时代画报》和《现代杂志》报刊上,都时有她的作品发表。1934年,庐隐因难产病逝于上海。

之后的一年,萧红在上海出版了她的成名作《生死场》,为鲁迅所编的"奴隶丛书"之一。

而庐隐去世的前一年,1933年,当年只身逃往开封的赵清阁考入了上海美术专科学校,开始了她人生的又一历程。她一边在学校学画,同时作为美专学生的她,却对文学表现了更多的兴趣,除了时常为《女子月刊》等报刊撰稿外,还兼任天一公司所办的《明星日报》的编辑。美专毕业后,她曾任上海女子书店的总编辑和《女子月刊》的编委,一度还在电影公司任编剧。

1936年,原名罗世弥的罗淑创作了她的处女作《生人妻》,巴金为她取了罗淑的笔名交《文季月刊》发表,她还曾翻译出版过车尔尼雪夫斯基的《怎么办》(时用书名《何为》,节译)。

……

无疑,还有很多在上海开始了她们创作的旺盛期或和上海有着诸多关联的女作家,本文未能一一提及;也有一些女作家与上海没有直

[①] 阎纯德:《二十世纪中国女作家研究》,北京语言文化大学出版社2002年出版,第87页。

《良友》画报(1934年5月)为庐隐逝世作专题报道。

接的关系,甚至未直接到过上海,但这一切都不妨碍她们与现代中国的出版文化同生共荣。重要的是,中国以上海为代表的都市化的进程以及曾是新文化策源地的北京,甚至开封这样的中原城市,都不仅以其远较偏远乡村为开放的氛围为女性的传统命运松了绑,其兴盛的出版文化、报刊杂志显然还有力地催生了现代中国女作家的出现,为她们的生长提供了有利的条件,是这一新生事物名副其实的温床。正是在这样的背景下,新观念、新思想、新的时代氛围和出版文化的汇合,20世纪的中国,出现了空前壮大的女性写作队伍,成就了一批知名的女性作家,陈衡哲、谢冰心、冯沅君、庐隐、苏雪林、石评梅、凌叔华、沉樱、袁昌英、陈学昭、丁玲、萧红、关露、杨绛、苏青、张爱玲……都是人们耳熟能详的名字。更为重要的是,不同于传统文学中女性写作作为点缀性的存在,现代中国的出版场中,这些无论是五四时期成名的还是30年代都市化加剧发展中出现的女作家,都表现出空前的文学生产力和广泛的社会影响。她们第一次以群体的带有性别自觉的形态进入都市公共文化领域,张扬个性、书写人生,引起社会的瞩目,成为都市文学文化生产中一支不可替代的力量。

这支女性写作队伍自形成起即受到了文坛内外的广泛关注,而这种关注明显地不同于历代男性精英对传统女性文学作品的清赏和品玩,而是较为平等地给与赏识、发表和评论。如所周知,丁玲的处女作《梦珂》是被叶圣陶从大量来稿中发现的,并以重要位置刊登,她的《莎菲女士的日记》、《暑假中》和《阿毛姑娘》,也都是经叶的安排在头版头条的显著位置刊载。连续以头版头条的重要位置刊发同一位作家的小说,在《小说月报》的办刊史上尚属首次。1931年北新书局出版了黄英(阿英)编写的《现代中国女作家》,对谢冰心、庐隐、陈衡哲、袁昌英、冯沅君、凌叔华、绿漪、白薇、丁玲等九位当时中国影响较大的女作家的创作成就进行了专门的评述。

然而,不能否认的是,除了作品本身的特点才华外,女性的身份也是她们受到额外关注和重视的原因。这既可以认为是社会对长期沉默的女性话语的一次集中期待,也可以说是对女作家性别身份的有意识的利用,以使其成为刊物影响力的资源或"法宝"。冰心的《两个家庭》在《晨报》发表时,编辑特意在作者名"冰心"后面加上了"女士"两字。陈西滢更明确地说,"《超人》里大部分的小说,一望而知是一个没有出过学校门的聪明女子的作品",吊诡的是,这个没有出过学校门的女子的作品,尽管"人物和情节都离实际太远了",①却因其"温柔的赤子之心"而声名鹊起。女作家特有的影响力后来也为女性自身所认识并自觉运用。上世纪30年代,丁玲在主编左联机关刊物《北斗》时曾致信沈从文说,若要把这个杂志办好,有几个关键因素不可或缺:一,"起始非得几个老手撑台不可",二,"得几位女作家合作就更好","冰心,叔华,杨袁昌英,任陈衡哲,淦女士等,都请你转请,望她们都成为特约长期撰稿员"②。对北京和上海的文人圈都已有一定认识的丁玲非常有经验地意识到必须利用女作家的社会影响力。

换言之,女性成为写作者的过程和其作品在文学市场上的传播也影响了这群女性知识分子的生存状态,使她们别有滋味地体认了"娜拉走后怎样"的时代命题。一方面都市语境(出版文化和女性解放思潮)提供的写作机遇使她们拥有了某种和男性一样的话语权,并使自己获得了自立的基础,同时,在都市新的性别规范或商与文的博弈中,女作家也面临着多元的生存考验,经历了更为丰富的人生图景。毋庸置疑,在当时的环境下,她们的作品和身份在带来新文化的冲击力的同时,也在市民的消费文化空间里滋生出另一种别有趣味的"现代的诱惑"。

2、丰富别致的性别视角

上世纪二三十年代以来,承五四新文化和女性解放思想之雨露,

---

① 陈西滢:《新文学运动以来的十部著作(下)》,吴福辉编:《西滢闲话》,海天出版社1992年出版,第266页。

② 沈从文:《记丁玲续集》,转引自《丁玲年谱长编》上卷,王增如、李向东编著,天津人民出版社2006年出版,第70页。

又得现代都市所提供的诸种条件,女性写作者不仅在数量上大为增加,更为重要的是,她们借用文学表达了较为独立自觉的人生观、价值观,她们尝试各种文学体裁的创作,并借报刊杂志、书籍出版介入社会的公共空间,将女性自己的思考渗透到社会文化和都市人生的方方面面。如果说现代中国的天时(传统向现代的转型)、地利(上海、北京等都市作为文化的中心)、人和(女性教育、女性解放思想的扩散,一些人士的积极倡导、支持)让女作家得以作为一个群体而异军突起,成为中国社会文化的新景观和新生力量,那么她们丰富别致的性别视角则为现代中国新文学和新文化的成长壮大作出了别一种贡献,或呈现了唯她们才能达到的实绩。

　　五四新文化运动改革了传统的文学语言和主题,力图以文学的方式改造国民性,实现对大众的启蒙。五四女作家的创作和男性知识分子主导的这一启蒙活动有着内在的默契,在轰动一时的文学革命中,她们积极学习使用白话文,尝试小说、诗歌、戏剧、散文的创作和翻译,和男性作家一起讨伐封建思想,控诉父权制,追求人性的自由和智识水平的提高。然而,她们却同时有着不同于男性的富有自我个性的性别视角和言说方式。比如她们既以女性的视角重新审视父权、封建伦理和女性生存本相,对父权制进行毫不留情的鞭挞,同时,对代表美好的人类情感的"母爱"则进行了唯她们才能的独辟蹊径的歌颂。她们不无自觉地借用"母性"这个最光辉无私的"女性"特征,来确立自己的性别立场,并提出社会改良的希望。负有盛名的第一代五四女作家冰心正是以这样的姿态立场参与到时代的洪流之中的。无论是她的诗歌作品中对母爱的至高礼赞,还是《寄小读者》通讯系列中"冰心姐姐"的形象扮演,冰心都试图以"纯真、博大"的女性光辉和"爱的哲学"感化社会,鼓励青年,改良人生。她探讨五四退潮后青年心理问题的《超人》发表后,曾引起了强烈的社会反响,被誉为"青年的上帝","因为它援救了一大批颓丧中的青年,使他们从悲观中解脱出来"。[1] 北京的《晨报副镌》自1923年7月24日起新辟"儿童世界"栏目,陆续刊登了她29篇《寄小读者·通讯》,报道她留美期间的心绪和见闻,并在1926年她回国后出版了单行本。据统计,《寄小读者》到1935年共发行了21版,平均不到半年即重印一次[2]。评论家阿英在30年代称:青年的读者,有不受鲁迅影响的,可是,不受冰心文字影响的,那是很少。[3] 读者对冰心的喜爱,反映了人们对价值重建过程中"真善美"的向往,以及女性作者特有的文字和情感力量的积极效应。

除了"母爱"的颂扬,这一时期女作家的笔下还充满了对"童心"和"大自然"的讴歌。儿童的世界是纯洁单纯、天真无邪的,以童真的视角对照审视纷乱污浊的现实世界体现出女作家们对现实的不满和失望,以及对于理想世界的向往和追求。庐隐的《一个女教员》、《两个小学生》,陈衡哲的《小雨点》、《西风》,绿漪的《鸽儿的通信》、《小小银翅蝴蝶的故事》,这些作品或从孩童的心理和口吻描绘大人的世界,表现对同情弱小、忘我助人精神的肯定或以儿童心灵的无瑕通透映衬出成人社会的黑暗与叵测。和童真境界一样真实纯净,没有虚伪邪恶的就是大自然了,日月星辰、江河湖海,女作家们在自然中寻找爱与美,热情绘制着自己的精神家园。在苏雪林的《溪水》、《棘心》、《绿天》,凌叔华的《疯了的诗人》等作品中,高尚品格和美好心灵被寄寓于山水草木之中,大自然的自由无羁是她们向往的最高境界。女作家们以女性特有的感性与细腻构建的童话世界寄托了她们的"爱的哲学",对脆弱生命的关怀,对善良品格的褒扬,以及对美好人性与道德的呼唤,这一些都为当时大批迷茫中的五四青年传递了积极正面的力量,成为当时昏

---

[1] 张衍芸:《春花秋叶——中国五四女作家》,人民文学出版社2002年出版,第62页。
[2] 同上,第48页。
[3] 阿英:《谢冰心小品序》,《现代十六家小品》,光明书店1934年出版。

暗社会现实中象征希望的光。

　　恋爱和婚姻问题是新文学的流行主题，庐隐、冯沅君、石评梅、凌叔华等女作家无一例外地因她们对爱情和婚姻问题的或大胆或委婉的关注而在新文学阵地上树立起难以替代的旗帜。庐隐的《海滨故人》通过五个五四女青年的命运勾勒了女性追求自由恋爱和远大职业等理想破灭的时代悲剧，这个中篇小说分两期在1923年10月和12月在《小说月报》发表，"立即引起文坛注目和青年的共鸣"。①冯沅君在成为当时北大唯一的女研究生之后，陆续写出了短篇小说《隔绝》、《隔绝之后》、《旅行》和《慈母》，以笔名"淦女士"在上海创造社的刊物《创造季刊》、《创造周刊》上发表，后结集为《卷葹》，因其超越一般爱情小说的大胆热烈和高尚格调而引起广大的社会反响，沈从文称之为"兴奋了一时代的年轻人"。②凌叔华则通过对都市里的旧式女性的婚姻家庭生活的叙述，如《送车》、《太太》，揭示了在自由婚恋和女性商品化的双重现代冲击下，一部分女性苟安寄生的生活。凌叔华这位被鲁迅称之为写出"高门巨族的精魂"的女作家，以貌似传统温婉的女性写作风格，恰恰敏锐犀利地关注到了当时被忽视的生活于新旧时代夹缝中的那一类女性的命运，为时代提供了别一种样本。

　　正如白薇在《炸弹与征鸟》中那句"去爱你想爱的"，觉醒的女性对爱情大胆热烈的追求改变了传统的性别秩序，使女性不再处于男权统摄下受压迫的被动地位，丁玲的《不算情书》、庐隐的《一个情妇的日记》均可作为现代女性大胆追求爱情的突出代表。如果说对自主的异性爱情狂热无畏的追求是对传统性别身份的否定和颠覆，那么五四女作家对女性间情感的描写就更加别具意味。庐隐《丽石的日记》中的

---

①　茅盾：《庐隐论》，《茅盾论创作》，上海文艺出版社1980年出版。
②　沈从文：《论中国现代创作小说》，原载1931年4月30日至6月30日《文艺月刊》2卷4号至5、6号合刊。

丽石对传统婚姻极度厌恶和恐惧,"不愿从异性那里寻求安慰,因为和他们——异性——的交接,总觉得不自由",从而与女友沉青相爱,并打算厮守终身,无奈沉青受制于母亲,最终与表兄结婚,并劝说丽石"同性的爱恋,最终不被社会的人认可",丽石抑郁而终。丁玲《暑假中》武陵女子师范的教师,起居一处,出双入对,一副"男女情侣"的模样。《暑假中》之外,丁玲的另一篇小说《岁暮》、庐隐的《飘泊的女儿》、谢冰莹的《给S妹的信》、凌叔华的《说有这么一回事》、石评梅的《玉薇》和梅娘的《鱼》等等都对女性的同性情感进行了大胆细腻的描写。作为现代文学史上的"异景",这些小说的出现并非出于创作上的猎奇视角,把她们简单地归于西方文化背景中的"同性恋"也是不够准确的,社会对女性的压抑和包办婚姻的悲剧使她们对出嫁望而却步,无处倾诉的苦闷和忧虑使她们转向同性来获取补偿,某种程度上来说,这其实是她们对理想爱情的另一种渴望和想象。

而到了上世纪三十四十年代,上海等地的都市化进程进一步加剧,社会生活更为复杂,女作家的写作也呈现出更为多元的价值取向和与世俗人生的契合。此处暂且不表,稍后再叙。

3、为生存和独立的写作

都市语境下的女性写作,除了女作家们独特的性别视角之外,"为生存的写作"也是其不同于传统女性书写的重要方面。虽然中国文化强调女子无才便是德,而历史上依然出现了不少我手写我心的女性,不过这些历代才女的写作都与现实的经济生存无关,而现代中国女作家的写作活动,其不同于传统才女文化的一个不可忽视的方面,便是写作乃是她们谋求独立的重要途径。这种为生存或经济的独立而进行的写作活动在五四后成长起来、从传统乡镇或小城转向大城市的女作家身上表现得尤为分明。丁玲、萧红和苏青可说是其中有代表性的几位。

不同于凌叔华的出身于"高门钜族",也不同于有着殷实家境的冰心,同时不同于第一代的五四女作家大都受过正规的高等教育,毕业后或进一步留学深造,或进入高等学堂和专门的文化机构就职,写作并不是她们经济的主要来源,丁玲和萧红的求学道路则堪为曲折,从家乡到都市,几经辗转却居无定所,更没有稳定可行的职业和经济来源,而正是在她们身上,写作逐渐清晰地成为一种生存状态。

丁玲原名蒋冰之,1922年初,受五四新文化运动的影响,年仅18岁的丁玲随高年级同学王剑虹等人首次来到上海,进入福煦路(今延安中路)福煦里的平民女子学校学习。1923年8、9月间,在瞿秋白的介绍下进入闸北青云路青云里的上海大学中国文学系学习。1924年夏,因情同姐妹的王剑虹结婚、不久又病逝等一系列的变故,丁玲辗转到了北京,学习绘画并到北京大学等校旁听,与胡也频结识,1925年秋起两人同居。1926年春,时任上海明星电影公司编导的洪深携新片《空谷兰》到北京献演,丁玲观影后萌生了当电影演员的念头。经洪深介绍,同年4、5月,在胡也频的陪同下丁玲去了上海明星电影公司,又拜访了昔日上海大学的老师、当时正在主持南国电影剧社的田汉。田汉为她拍摄了一张六寸明星照。

几十年后,丁玲回忆说,当年之所以想去演电影是因为"喜欢电影这种艺术形式"。[①] 但因为与电影圈的氛围不合拍,丁玲的影剧生涯并没有真正展开,多年来在上海、北京的求索似乎也未能找到一条真正可走的道路,但求索的经历,与老师、同学、朋友的接触以及对现实的观察则已在逐渐转化为写作的动力和基础。1927年,她以曾经涉足影剧界的一点见闻为素材,并揉进自己的感受,写就了她的第一个短篇小说《梦珂》。小说以"丁玲"为署名寄往上海的《小说月报》,被时任主编的叶圣陶从一大堆来稿中发现,立即以头条的位置刊载于《小说月

[①] 王增如、李向东编著:《丁玲年谱长编:1904—1986》,天津人民出版社2006年出版,第34页。

报》的 18 卷 12 号（1927 年 12 月 10 日）上。翌年 2 月,这位两三个月前还名不见经传的作者的第二个短篇小说《莎菲女士的日记》又出现于《小说月报》的头条位置（19 卷 2 号,1928 年 2 月 10 日）。丁玲日后曾追忆说：

> 我那时候的思想正是非常混乱的时候,有着极端反叛的情绪,盲目地曾倾向于社会革命,但因为小资产阶级的幻想,又疏远了革命队伍,走入孤独的愤懑、挣扎和痛苦。……
>
> 直到一九二七年,大革命失败,"四一二"、"马日事变"等等才打醒我……我这时极想到南方去,可是迟了,我找不到什么人了。不容易找人了。我恨北京！我恨死北京！……形式上我很平安,不大讲话,或者只像一个热情诗人的爱人或妻子,但我精神上苦痛极了！除了小说我找不到一个朋友,于是我写小说了,我的小说就不得不充满了对社会的卑视和个人的孤独灵魂的倔强。[①]

联系到丁玲在很年青的时候就辗转南北,几经曲折,其孤独和愤懑中无疑也包括了"出走的娜拉"经济困顿难以独立的焦灼,而写作,不仅使她精神的痛苦得以纾缓舒解,也给她带来解决经济困顿的可能。所以,《莎菲女士的日记》在《小说月报》刊出后,当月,"带着一种朦胧的希望",她即和胡也频离开北京,经天津乘船南下再次来到了上海。

来上海后不久,丁玲发表于《小说月报》的中篇小说《阿毛姑娘》为

---

① 丁玲：《一个真实人的一生——记胡也频》,1950 年 12 月 1 日《人民文学》第三卷第 2 期。

她带来了70元稿费,①除去当时暂住的亭子间每月租金8元②,这笔稿费显然还可以维持她几个月的生活开支。而她蛰居北京时发表于《晨报》、《现代评论》上的小文章,只得到六七元的稿费,生活来源主要为母亲每月寄给她的20元,来到上海后这样的局面便改变了。此次来沪,至1933年她被国民党特务秘密拘捕,短短的四年间,她共写下了23篇小说,出版了《在黑暗中》、《自杀日记》等小说集。③ 写作之外,她还和沈从文、胡也频一起编辑《中央日报》副刊《红与黑》,每月可得编辑费70元,稿酬另算,这是丁玲拥有比较稳定收入的时期。于是,很快她就希望"模仿当时上海的小出版社,自己搞出版工作,小本生意,只图维持生活,兼能出点好书"④,这就是她/他们三人后来创办《红黑》的起因。丁玲在上海感受更多的是刚刚脱离乡土的"第二代"新女性在都市生活中的困顿和屈辱,一切都渐趋商品化的都市环境使她充分意识到了鲁迅所指出的"梦是好的;否则,钱是要紧的"。⑤ 因为对市场的不熟悉,《红黑》问世不久便夭折了,尽管如此,都市依然提供了丁玲生存的可能,并使得她更多地体会了世事人情,磨炼了她对社会的洞察和批判锋芒。

萧红的经历同样坎坷,或更有过之而无不及地令人唏嘘。她曾以有孕之身为人抛弃于洪水围困的旅店,而她正是依靠写作逐渐摆脱了食不果腹衣不蔽体的流浪生活。与萧军结识后,她开始为报刊写稿,之后与萧军一起来到上海,在鲁迅等前辈的大力扶持下,于文坛上获得了一席之地。1935年,她的《生死场》作为鲁迅所编的"奴隶丛书"的

---

① 转引自王增如、李向东编著:《丁玲年谱长编:1904—1986》,天津人民出版社2006出版,第40页。
② 陈明远:《文化人的经济生活》,文汇出版社2005年出版,第118页。
③ 王周生:《丁玲年谱》,上海社会科学院出版社1997年出版,第28~46页。
④ 丁玲:《记胡也频》,福建人民出版社1981年出版,第26页。
⑤ 鲁迅:《娜拉走后怎样》,吕俊华选编:《鲁迅杂文选》,北京教育出版社1988年出版,第14页。

一种,甫一出版便轰动文坛,不到两年即出到第十版。[1] 萧红用女性特有的细腻的笔触和灵奇的文学感悟描写了故土的苦难与人生,鲁迅在为其所作的序中指出,"这自然还不过是略图,叙事和写景,胜于人物的描写,然而北方人民的对于生的坚强,对于死的挣扎,却往往已经力透纸背;女性作者的细致的观察和越轨的笔致,又增加了不少明丽和新鲜。"[2] 萧红的散文和小说大都为"自叙传",读她的作品也即是阅读一个叛逆坚强的女青年颠沛流离的苦难人生,其中并常有直接关于饥饿的记叙。萧红从1932开始写作到1941年于太平洋战争中罹难香港,她仅仅九年的文学生涯却开出了令人叹为观止的奇葩,为现代中国文学提供了女性作家献身文学的动人图景。

而几乎就在萧红逝世之时,另一位现代女作家苏青因婚姻变故而在上海成为以卖文为生的职业作家。或者说,正是上海出版文化所提供的写作自养的可能性,使她下决心走出失去尊严的婚姻。早在1935年,苏青为发抒产女苦闷,曾写作散文《产女》投稿给《论语》杂志,后改题为《生男与育女》刊登在《宇宙风·乙刊》上,千字文章发表后获稿费五元,[3] 而当时《申报·自由谈》给鲁迅的稿酬为千字六元。之后,她的首部长篇《结婚十年》重印36版,更不计地下市场的盗版本。

张爱玲说来出身名门,但经济的困窘一直是她生活中"惘惘的威胁"之一。太平洋战争发生后,她从香港回到上海,本想在上海继续学业,因为缺乏经济来源决定卖文为生,她的第一本小说集《传奇》初版本也曾创下过四天即告售罄的不俗成绩。而即便是原本主要不是因生存压力而写作的女作家,在一些特殊的历史时期,也不时借助文字的商业性,来解决柴米油盐的问题。奉军入关,北洋政府加紧残酷统

---

[1] 门瑞瑜:《永远的萧红》,《文艺报》2001年11月3日。
[2] 鲁迅:《萧红作〈生死场〉序》,《生死场》,上海容光书局1935年12月出版。
[3] 张昌华:《民国风景:文化名人的背影之二》,东方出版社2009年出版,第266页。

治,陈学昭离京南归,来往于海宁、上海和武汉之间,找不到适当职业,只好卖文为生。她担任了曾参与创办的《新女性》杂志的特约撰稿人,约定每月寄回三篇稿,用所得稿费维持国外生活(她1927年赴法国留学,同时兼任天津《大公报》驻欧特派记者)。大革命失败后,谢冰莹离家赴上海,到沪不久即受累被捕,在狱中,她失掉了行李、书籍和几篇呕心沥血写出的稿子。囊空如洗的谢冰莹,衣着褴褛,忍饥挨饿,只能以卖文为生,《青年王国材》和《青年书信》两部稿子的顺利出版,使她一共得到了650元的巨款,正是这笔款项,使她完成了留学东京的志愿。① 冰心在谈论《关于女人》书稿的成书经过时也说,1940年,"我初到重庆,《星期评论》向我索稿,我一时高兴,写了一篇《关于女人》来对付朋友,后来写滑了手,便连续写了下去,到了《星期评论》停刊,就没有再写。"其实,除了"对付"朋友和"写滑了手"的原因外,还因为"经济上的确有些困难,有卖稿的必要"。② 袁昌英在散文《忙》中则栩栩如生地描写了一个"穷教授"忙碌而窘迫的生活,她"做主妇也得,做母亲也得,当教授也得",还要做个作家。商务印书馆王云五在四五月间邀请她编著《法国文学》,作为"复兴丛书"的一本,十万字左右,十月底交稿。尽管忙得出不得气,"也可谓是贪一笔稿费",大家闺秀兼教授的袁昌英竟然为此而"贸然提起笔"。③

当年以剧作闻名的杨绛,其轰动一时的《称心如意》和《弄真成假》同样也是生存压力下的产物。杨绛曾和丈夫钱钟书一起留学英国,1938年秋,她带着一岁的女儿与父亲一起在上海的法租界避难。不久,太平洋战争爆发,上海沦陷,钱钟书从昆明西南联大回到上海,夫妇俩与戏剧家石华父、李健吾交往甚密。有次饭桌上,两位鼓励杨绛

---

① 参见阎纯德、李瑞腾编选:《女兵谢冰莹》,人民文学出版社2002年出版,第134页。
② 冰心:《关于女人》序,宁夏人民出版社1980年12月出版。
③ 袁昌英:《忙》,李春林编:《情趣小品》,长江文艺出版社1996年出版,第368页。

说:"何不也来一个剧本?"杨绛当时正当着小学教员,与钱钟书一起寄居于杨绛的妹夫家,生活困难,写剧本可以赚取稿费,摆脱寄居生活,于是,她便利用业余时间,尝试起话剧处女作《称心如意》的写作。完成后由著名导演黄佐临亲自着手排演,李健吾甚至决定粉墨登场,在戏中担任徐朗斋一角。《称心如意》成功上演后,她很快又写出了《弄真成假》,同样引起了轰动。而她日后的回忆则这样记述道:回国后在沦陷的上海生活,迫于生计,为家中柴米油盐,写了几个剧本。①

显然,现代中国以上海为代表的出版文化,不仅孕育了中国现代文学史上第一批自由作家,也提供了现代女作家的生存可能。在中国女性寻求解放的路途中,鲁迅曾经敏锐地提出"娜拉走后怎样"的问题,而那些勇敢地跨出家门走上社会的五四一代或后五四的新女性们,她们中的不少人之所以没有如子君那样走上死亡之路,或"不是堕落,就是回来",上海的出版文化市场可以说提供了相当的支持。不少以娜拉为榜样的新女性在走出家门后也常常选择写作为自立之路,其中既有左翼文学青年如丁玲、萧红、白薇等,也包括了像苏青、张爱玲这样更都市化、职业化的女作家,以至有职在身的女教师女教授等等,也无不受到出版文化的"庇护"。她们富于个性的写作创造,在求得个人生存基础的同时,也为出版市场的繁荣立下了功劳。

4、从作家到出版人

现代写作和出版有着天然的联系,出版甚至制约了写作的数量和质量,可以说,没有报刊杂志等出版文化就没有现代写作。出版实现了作家的写作理想,也唤起了他们对出版的跃跃欲试。现代以来,身兼编辑、出版者和开办书店在作家、文化人中蔚然成风。早在20世纪初,秋瑾等女性知识者就在发起女性组织的同时,大张旗鼓地创办女子刊物。秋瑾在1907年1月主办创刊的《中国女报》、燕斌于1907年

---

① 《杨绛文集》自序,人民文学出版社2003年出版。

创办的《中国新女界杂志》、陈撷芬于1902年～1903年创办的《女报》等,都可说是女性介入出版的先行者。这些报刊的内容主要包括妇女解放的启蒙、妇女问题探讨、妇女生活指导和妇女状况调查,以及世界妇女运动的介绍、报道等等,女性的自我意识在这一时期已经踏上觉醒之途,但这些报刊大都旋起旋落,除了办刊经验的不足和资金等等的问题,当时出版市场的发展不足也是原因之一。

时间到了上世纪二三十年代之交,随着上海都市化的发展,1928年前后的新书业有着明显的勃兴景象,既为有志文学的青年提供了良好的发展契机,很多文学作者也起了自办书店、出版社等"文学工场"的雄心,这样,不但有更多机会出版自己的作品,而且可以绕开书商的剥削,更好地保护作者自身的合法权益。上述丁玲、胡也频、沈从文三人在1929年筹备《红黑》月刊和《人间》月刊,并成立红黑出版社便是此种构想和实践之一。《红黑》在起名上试图借力曾经编辑的《中央日报》副刊《红与黑》。在1928年10月26日第47号《红与黑》上刊登的《〈红黑〉创作预告》上,便表明了两种刊物之间的继承关系,希望以此抓住老读者和借用已有的知名度来吸引新读者。《红黑》非常注重商业宣传。在创刊日第二天,上海发行量最大的《申报》上即刊登了创刊号目录广告和《红黑丛书》之一——《也频诗选》、《男子须知》(沈从文著)的书籍广告,以及丁玲、沈从文、胡也频三人的"红黑丛书预告"八种,并且在醒目位置刊登启事:"红黑出版社所有月刊书籍第一次营业优待批发!凡本外埠同业来本出版处用现款批购月刊书籍者照实价皆照定价七折,一次现批满五十元以上者并有其他优待,用现款预定《红黑》全年十份者可得十四分之优待(一切优待二月底为止)"。[①]《红黑》共出版了八期,虽然最后以失败告终,而从以上的广告等等,却可窥一斑而见出版者曾经的"雄图宏略"。

---

① 《申报》,1929年1月11日。

性别视角下的上海都市文化

　　此后,在左联五烈士事件后,经历了丧夫之痛的丁玲成为1931年9月20日创刊于上海的《北斗》的主编。因为它是左联的机关刊物,左翼作家鲁迅、瞿秋白、茅盾、冯雪峰、田汉、冯乃超等都自然成为了《北斗》的主要执笔者,但是身为女性主编的丁玲同时希望把《北斗》办成一个有女作家介入的文学园地。在筹备时她就充分考虑到了女作家人选,于是,在创刊号上出现的女作家作品除了丁玲自己的小说《水》和诗歌《给我爱的》之外,还有冰心的诗歌《我劝你》,林徽因的诗歌《激昂》,陈衡哲的小品《老柏与野蔷薇》,白薇的话剧《北宁路某站》、《假洋人》、《莺》。除了这些著名女作家,一些非左翼作家叶圣陶、徐志摩、戴望舒、沈从文、杜衡等也成为《北斗》的作者,与鲁迅、茅盾等左翼作家一起组成《北斗》的强大作者阵容。《北斗》可以说是一个以左翼为主干而集合各路知识分子的积极尝试,但在当时白色恐怖的环境中,它还是未能顺利生存下去。关于这份曾受丁玲之托而参与组稿的刊物,沈从文日后这样评说道:"刊物虽极难得到使编者满意的稿件,出路又窄,但刊物给人的印象,却为历来左翼文学刊物中最好的一种。尤其是丁玲自己,对于这刊物的支持,谨慎的集稿编排,努力处于耐烦处,留给一般人一个最好的印象。"①

　　由女性任编辑者的另一个有影响力的刊物是《女声》。它创刊于沦陷时期的上海。《女声》在创刊号中明确提出了"女声"的三大含义:"乃妇女之呼声,为妇女而发声,由妇女发声"。《女声》最初的主编是近代日本妇女解放运动第一波中的重要人物田村俊子,但从对《女声》的实际影响来说,杂志的另一位主要编辑人关露的作用更加举足轻重。1942年5月至1945年7月,关露受中共地下党的指派,进入《女声》担任主要的编辑工作,成为杂志的核心人物,同时也开始了她此后长期不被理解,精神备受折磨的痛苦的人生历程。在当时艰难复杂的

---

① 李辉:《沈从文与丁玲》,湖北人民出版社2005年出版,第93页。

背景下，关露一边背负着巨大的压力，精心于杂志的编辑，一边还使用多个笔名发表各种体裁的文学作品。作为左联阵营有才华的女作家，关露的创作涉及小说、诗歌、散文、杂文、评论、翻译等各个领域，出版过诗集《太平洋上的歌声》，小说《新旧时代》，后又在《女声》上连载长篇小说《黎明》。

《女声》是上海沦陷时期日伪统辖下出版的唯一的妇女杂志，在当时特殊的历史条件下，它依然坚持发出女性的声音。《女声》明确的性别导向在当时是独树一帜的，除了始终如一地倡导女性的独立自主之外，它还具体而微地通过对家庭生活细节的指导来培养女性的日常生活技巧，提升妇女在危困时局下的生活质量。《女声》虽然不是画报，在内容上却做到了图文并茂，现代女作家的画作、女性艺术品以及和现代新女性相关的照片、漫画都在《女声》上得以呈现，如由吴青霞、周炼霞和陈小翠等女画家创作的封面女郎，在整本杂志上占有重要一席，鲜明地展示出当时的女性和家庭形象，也体现出刊物对女艺术家作品的重视。《女声》中办得最有特色的栏目是"读者信箱"，每期都会刊登读者的来信，为"妇女发声"搭建了一个良好的平台，来信中可见来自妇女的各种苦闷，反映出当时社会女性生活的真实情状。编辑部除了以回信的方式帮助读者排忧解难，甚至会单独约见读者，诚恳周到地为当事人提供思想帮助，可见《女声》的良苦用心。《女声》1卷12期《余声》中的编辑说："感谢读者寄来很多信，在信里，我们看见了一些平时用我们的眼睛所看不见的生活，用我们的耳朵所听不见的呼声！"而《女声》每期逾万的销量，则足以证明其在读者中的影响力。除了一些女性作者（包括关露本身）外，为《女声》撰文的作者，还有潘予且、柳雨生、周令玉、鲁风等沪上知名作家。此外，丁景唐等中共地下

性别视角下的上海都市文化

党人士也在《女声》上发表各类体裁的文章。① 由此可见《女声》和主编者的组织力。

与《女声》不同,苏青于同一时期创办的《天地》杂志,明显不是专门的女性刊物,但却同样生动地展示了女性作家和出版者在都市的文学文化场里长袖善舞的场面。因婚姻失败而走上写作之路的苏青,一边以女性对日常生活的敏感,撩起袖子大书特书婚姻、家庭、孩子、情爱、饮食等生活话题,创作出大量供市民谈笑品味的充满世俗烟火味的散文和小说;与此同时,她还是一把经营出版文化的好手。除了自任主编和发行人创办散文月刊《天地》外,还经营天地出版社,集写作、主编、出版人于一身。谈起创办《天地》的动因,苏青不无坦率地说:"在骨子里,还是因为编刊物总可以混饭吃哪!"《天地》创刊于1943年10月10号,首印3000册,出版后立即脱销,又加印2000册,"至15日始有再版本应市,但不到两天,却又一扫而空,外埠书店闻风来购,经售处无以应命者仍比比皆是"。"在出版后短短的二十余天中,编者共计收到信247封,稿123件,皆为陌生读者诸君所投寄,特约稿件及友朋通讯概不曾计算在内。"② 苏青认为,乱世之中,普通百姓无力改变现状,唯有努力苟活,饮食男女的世俗生活因而是永恒的话题,《天地》不谈政治,而花力气在挖掘日常生活的情趣上,很自然地符合了市民的心理,"杂"和"趣"是其办刊的主张,文化气息和世俗生活烟火味的互相渗透带来了《天地》的独特风格。《天地》并不是专门的女性杂志,但由于苏青本身的女性意识,且是自任主编、社长,这便使《天地》有了充分的女性自主性和话语权。同样,刊物还邀请到很多名家为其撰稿:

---

① 丁景唐:《关露同志与〈女声〉》,收入《关露啊关露》,人民文学出版社2001年出版。另据编选者丁言昭(丁景唐之女)介绍说,丁景唐在1942年12月到1945年7月期间,先后在《女声》上发表了诗、散文、杂文和民间文学等作品56篇。
② 张晓春:《编后记:苏青及其"天地"》,《天地:1943—1945》,上海社会科学院出版社2004年出版,第315页。

323

秦瘦鸥、潘予且、胡兰成、周作人、陶晶孙等等，几乎囊获了当时上海文化界的所有名人。女性作者更是不少，但《天地》最主要的两位重量级女性作者就是苏青本人及张爱玲。最初苏青以一句"叨在同性"向当时已在文坛崭露头角又颇有架子的张爱玲约稿，日后两人成为好友，张爱玲的一些如今成为名篇的散文，如《公寓生活记趣》、《谈女人》、《童言无忌》、《我看苏青》等几乎都发表在《天地》上。她们的作品除了以生动的笔触呈现大众在都市中悲欣交加的世俗生活外，还大胆讨论女性从传统向现代转变过程中所遭遇的相关问题，嬉笑怒骂间，以女性的意识和立场对传统和转型中的现实社会作出独到的审视、批判。《天地》从1943年10月10日创刊，到1945年6月1日出版最后一期，共出了21期，在《天地》发行的两年，苏青从职业女作家成功转型为出版女强人，或者说同时是一位事业型女强人，因为她并没有因办刊、经营出版社而停止写作。她的社会影响力从文坛蔓延至整个上海滩，是当时大众熟稔的一位文化女名人。《天地》的成功是值得为之记下一笔的，它为市民阶层提供了重压下放松心灵的谈资，或文化消遣的途径，让一般大众尤其是普通家庭的妇女增长了见识，为张爱玲等一些女性作家的写作提供了发表园地，也为和普通百姓一样有着柴米油盐压力的都市知识妇女示范了一条事业之道。

　　以女性为宗旨并为女性介入的都市出版值得提到的还有上世纪30年代创办于上海的女子书店，及其出版的《女子月刊》。其时商务出版的《妇女杂志》已于1931年停刊，正是在这个当口，1932年，上海暨南大学教授姚名达与其夫人黄心勉创办了女子书店和《女子月刊》，一经面世，便引起妇女界的热烈回响。女子书店出版的书籍种类非常丰富，包括陈学昭的《时代妇女》、冯沅君的《卅前选集》、吕云章的《妇女问题论文集》等。据前三年的新书广告目录，出版物大致可归纳为妇女问题、妇女常识、妇女历史、妇女生活、妇女剧本、妇女书信、妇女小说、妇女诗歌、妇女文学史等多种类别。①《女子月刊》则提供更多女性发表的园地或女性问题的讨论。女子书店和《女子月刊》先后曾聘请多位女性任主编,曾担任过《女子月刊》编辑和女子书店总编辑的女作家赵清阁几十年后这样回忆说:"二十年代,'五四'新思潮在北京点燃了新文化的火炬,其中包括了妇女文化的光辉灿烂!到了三十年代,上海复旦大学教授姚名达②和他的夫人黄心勉,接过了新文化的火炬;为发扬妇女文化,创办了历史上唯一的一家女性中心的'女子书店';编辑、出版了有关妇女问题的书籍、刊物,在出版界独树一帜;一时间风靡海外,影响深远。"③

从作家到出版人,女作家不仅从切身感受出发去关注、言说都市语境下一系列的女性问题,写作、编辑、出版的并行不悖更使她们得以开辟女性自主表达和自存于世的空间。她们成功搭建了自己的出版平台,主动参与公共讨论,在现代都市的文化生产中努力发出自己的声音,除了担当起唤醒女性意识,关注妇女问题等职责,还提供她们各种实用的都市日常生活知识技巧,一言以蔽之,这些一身两任的女作家们,凭借掌握的出版资源,大胆挑战传统,悉心呵护同道,致力于塑造现代都市的新女性。这一举措既为当时的女性大众从精神上提供了支持,也对塑造城市的文化品格起到了积极作用。

5、被置于舆论中心和熟稔市场的女作家

出版市场的繁荣,提供了现代女性一展身手的机会,与此同时,女作家们独特的性别身份和传奇经历,在现代都会的语境下,也是出版市场重要的操作对象。和当时的电影女明星等等一样,女作家也常常被置于舆论的中心,成为市场可靠的利润来源。而和阮玲玉等女演员

---

① 徐柏容:《姚名达与女子书店、〈女子月刊〉》,《中国编辑》2005年第4期。
② 因暨南大学1949年后合并于复旦、交通等大学,故赵清阁在上世纪90年代回忆时直接将姚名达称作复旦大学教授。
③ 赵清阁:《女子书店与姚名达》,《文汇读书周报》,1994年12月3日。

迫于"人言可畏"的被动不同,女作家们相对独立的意识和个体写作方式,使她们有可能对此作出主动的反应。尤其是上世纪40年代从"烂熟"的都会文化中成长起来的苏青、张爱玲等职业女性写作者,她们对市场的操作其实是颇为熟稔的。

1932年,田汉创作了话剧《暴风雨中的七个女性》,描写了"九一八"和"一·二八"事变中的几个女作家,有人说是以陈衡哲、丁玲等为模特,引起陈衡哲的不满。她写信给丁玲,丁玲则给《文学月报》的编辑写了信(刊于1932年11月15日的《文学月报》),说"这里奉上一封陈衡哲女士写给我的信。希望能把它全部在《文学月报》上发表。因为这是陈女士自己的意见。我没有什么意见可说,只希望编者站在编者的立场,尤其是在常做理论批评文章的编者,能够趁这机会,为田汉先生的作品作一公正的估价。再者,也可以站在编者的立场,对陈女士的信,作一简单的回答。因为这不能只看作一个个人的申明而已。"①《文学月报》按丁玲的建议用编者按的方式公开答复了陈衡哲,解释"不一定完全是影射着某人吧"。而丁玲虽自称自己没有什么意见可说,而她的郑重其事,本身便已说明了她对知识女性人格尊严的维护。

1933年,丁玲为国民党特务秘密拘捕,生死未卜。5月17日,在丁玲被捕后的三日,上海《大美晚报》首先刊登《丁玲女士失踪》的消息,紧接着上海的《中国论坛》、《晶报》,天津的《庸报》、《益世报》、《大公报》等等也纷纷报导,舆论大哗。良友图书印刷公司则认为,"社会上都知道作者已失踪被捕,现在发售作者亲笔签名本,肯定会大大轰动",于是他们用丁玲被捕前、当年于约稿时预先签上名字的一百张空白纸,作为封衬页,裱在布面精装书的封面背后,制成丁玲长篇小说《母亲》的"作者签名本",然后接连在《时事新报》和《申报》上"刊登了

---

① 转引自王增如、李向东编著:《丁玲年谱长编:1904—1986》,天津人民出版社2006年出版,第84~85页。

性别视角下的上海都市文化

大幅广告"。售书之日,读者"蜂拥而入,签名本一抢而光",《母亲》"立刻成为《良友文学丛书》中的最畅销的图书。第一版印四千册,一个月

上 "良友文学丛书",《良友》画报,第78期。
下 "中国文坛最负盛誉之女作家丁玲女士,于五月十四日突告失踪,或传被捕遇害,纷疑不一。"《良友》画报,第70期。

销光,十月和十二月各再版二千册,这在当时书业界简直是个奇迹"①。上海现代书局也迅速出版了她的短篇小说集《夜会》。由于对丁玲失踪的关注,丁玲成名前后的故事也被挖出来成为热议的话题,当时上海的大小报纸上刊载着丁玲和洪深的交往,丁玲由洪深介绍而尝试作电影演员的银幕照等,②可见普通读者对女作家的好奇心。沈从文也及时地出版了《记丁玲》一书,向读者讲述他所了解的"圆脸长眉大眼睛的女孩子"的"大方洒脱的风度"。然而,上世纪30年代,当《真美善》杂志的编辑为了出版女作家专号向丁玲约稿时,却被丁玲拒之门外,她当时的回答是:"我卖稿子,不卖女字。"③

应当指出的是,30年代丁玲被置于舆论的中心,主要起于她的被捕,良友公司等值此之际赶印她的作品,除了出版人的商业敏感之外,同时含有控诉黑暗政治的意义和意味。相较之下,40年代苏青、张爱玲的被大小报刊热议,则更多出自文化市场本身的动力。《精华》、《上海滩》、《风光》、《海花》、《是非》、《上海滩》、《大观园周报》、《东南风》等报刊都曾报导过张爱玲与胡兰成的"绯闻",一些周刊小报甚至将张爱玲的个人爱好、一举一动都拿来大做文章。如《上海滩》上诸葛托潘柳黛之口称"张爱玲嗜吃臭豆腐干",《大观园周报》的李曾在《买豆腐干要涂脂抹粉,张爱玲的古怪脾气》一文中则称自己亲眼所见张的所作所为,两篇文章就张爱玲化妆后去买臭豆腐干的细节几乎雷同,不知道谁抄袭谁,显然是只要能吸引读者而不及它顾了。苏青比张爱玲出名更早,她将"饮食男女,人之大欲"重新标点为"饮食男,女人之大欲",以及她一系列无顾忌地谈论婚姻恋爱、生男育女的作品而一度被

---

① 赵家璧:《重见丁玲话当年——〈母亲〉出版的前前后后》,《编辑忆旧》,生活·读书·新知三联书店1984年版,第85~87页。
② 参见张伟:《洪深和丁玲早年的一段交往》,《沪渎旧影》,上海辞书出版社2002年出版。
③ 丁玲:《写给女青年作者》,《青春》,1980年11月。

称作"黄色女作家"。她或真或假的生活琐事也成为各类小报为促畅销的猛料。苏青失窃、从商、离婚复婚、在按摩院洗脚、夜读《金瓶梅》、爱年青车夫等等,都被传得煞有其事,绘声绘色,《海风》甚至大张旗鼓地刊登"貌似苏青的女票友"图文,以更多吸引读者的眼球。

力捧张爱玲的《杂志》月刊在女作家的宣传方面似乎要稍靠谱些,它除了积极刊载各类关于女性作家的报道之外,也将女作家请出来以座谈的方式让她们亲自发言。一篇名为《女作家聚谈》的文章就详尽记录了张爱玲、苏青、潘柳黛、关露等女作家的对谈内容。座谈会是把女性作家从幕后转到台前来的一种新形式,在谈话过程中,不仅每个人的举手投足、言语表达都被一一收录,读者的阅读反应也参与到了讨论之中。有意思的是,杂志除了刊登女作家自身的照片外,还会登载读者寄来的自创漫画——奇装异服臂中夹着时尚杂志的张爱玲,拎着公文包的职业女强人型的苏青,以及手舞长蛇面目狰狞的潘柳黛……①从这些漫画中可以看出女作家们在读者大众心目中角色类型的划分,也可见出当时女性作家明星化的文化现象。她们的穿着打扮、饮食偏好、购物习惯、经常出没的场所地点等一系列生活细节都是人们关注的焦点。

"小姐作家"群的出现也很好地说明了文学刊物对消费市场的呼应。当时,一些在读或刚刚毕业的女大学生的写作很受文字功夫深厚的前辈们的赏识与青睐,像《小说月报》的"学生文艺",《万象月刊》的"学生文艺选",都不吝刊载她们的作品。《紫罗兰》的主编周瘦鹃则在发现了张爱玲之后又推出以施济美、程育真为代表的新一代学生作家主力。后来这些大都出身上层、写作风格婉约的年轻女性写作者渐渐被归为别具一格的"小姐作家",因为这些女作家大都年轻而摩登,有的且正是前代作家的后人,如周瘦鹃的女儿周玲,当年以"令玉"为笔

---

① 参见《杂志》月刊第 15 卷第 2 期,第 71 页,1945 年 5 月。

名,程育真则是侦探小说家程小青的女儿。她们不似苏青的泼辣,也不如张爱玲的犀利,所擅长的是个人郁结的情感故事的书写和琐细的家庭生活的雕刻,传统与现代在她们优雅温婉的文字间接续。这些小姐作家在当时的青年读者中很有影响力,曾有上海的一份杂志以大中学生及职业知识青年为调查对象,评选"你最钦佩的一位作家",结果施济美排在巴金、郑振铎、茅盾之后名列第四名。[1] 陶岚影的《闲话小姐作家》一文,反映了社会对女作家的某种兴趣所在。这篇"闲话",对施济美三姐妹、俞昭明、汤雪华、程育真、杨琇珍、邢禾丽、郑家瑷、周玲、练元秀等作了简要介绍,突出的是她们的"花容月貌"和生活琐事。仿佛这"小姐"的身份要胜过其作为"作家"的努力,因为她们是小姐,却能写出好文章来,这才为人津津乐道。[2] 当然,这不过是一般社会男性的见识,其实无论如苏青那样大胆无忌的"黄色作家"也好,花容月貌的"小姐作家"也罢,一旦她们有感而发,她们的写作必然连带起和现实社会的关系,透露出时代的信息。其写作既和她们的性别身份有关,又常常超出一己的性别身份。她们虽以个人情感、闺中生活为长,但也不乏物价飞涨中投机商人的略图,更不要说职场新女性的烦恼。

值得指出的是,女作家们虽然常常被传言评说,但她们并非是全然被动地被裹挟于舆论传闻中。对都会出版文化中商业成分的心领神会,也使她们常常巧妙地借机(势)扩大自己在市场中的份额。作为职业作家,张爱玲熟谙读者和出版市场的一些操作要领。在谈到短篇小说集《传奇》的封面设计时,她曾说炎樱设计的这幅画面如果有使人感到不安的地方,那正是她希望造成的气氛[3]。这种气氛是张爱玲刻意的追求,旨在吸引读者大众,她希望自己的作品成为一种潮流之外

---

[1] 陈青生:《年轮:四十年代后期的上海文学》,上海人民文学出版社2002年版,第103页。
[2] 陶岚影:《闲话小姐作家》,《春秋》,1944年5月。
[3] 张爱玲:《有几句话同读者说》,《传奇增订本》序,山河图书公司1946年出版。

性别视角下的上海都市文化

的独特存在,就像她"不合时"的奇装异服。张爱玲还亲自为小说人物绘制插画,她令人惊异的文字结合着一个个诡秘的角色及其画像,紧紧抓住了大众的眼球。她发表在1943年8月《杂志》月刊第11卷第5期的《到底是上海人》,以犀利的洞察和文化体认对"传统中国人加上近代高压生活的磨练"以及由"新旧文化种种畸形产物的交流"而来的上海人做了很中肯的赞美,文章结尾是:"我为上海人写了一本香港传奇,包括《沉香屑》、《一炉香》、《二炉香》、《茉莉香片》、《心经》、《玻璃瓦》、《封锁》、《倾城之恋》七篇。写它的时候,无时无刻不想到上海人,因为我是试着用上海人的观点来察看香港的。只有上海人能够懂得我的文不达意的地方。我喜欢上海人,我希望上海人喜欢我的书。"非常巧妙地为自己即将上市的小说作了一个预告,并跟读者打了一声亲切的招呼。为了赢得读者,张爱玲不但心思周密地思考自己的文章如何合乎读者心理:(一)说人家所要说的,(二)说人家所要听的,更是竭尽全力维护自己在读者心目中的形象:"我的小说集里有照片,散文集里也还是要有照片,理由是可想而知的。纸面上和我很熟悉的一些读者大约愿意看看我是什么样子,即使单行本里的文章都在杂志里读到了,也许还是要买一本回去,那么我的书可以多销两本。我赚一点钱,可以彻底地休息几个月,写得少一点,好一点;这样当心我自己,我想是对的"①。为了保证自己的卷首玉照的质量,张爱玲叫印刷的师傅几次打样,并且决定模糊一点,为的是不要给人"恶劣的印象"。

苏青因《结婚十年》而名噪一时,她的大多数作品都是谈论男人、女人、婚姻和家庭问题的,且态度坦率毫不遮掩。诚如谭正璧所言:苏青有着海阔天空的胸襟,大胆直爽的性格,她所感到的想到的都毫无嫌避,毫不掩饰地在她笔下抒写出来。② 而苏青为什么要钉牢男女

---

① 张爱玲:《"卷首玉照"及其他》,1945年2月《天地》月刊第17期。
② 谭正璧:《论苏青与张爱玲》,见《苏青文集》,上海书店出版社1994年版。

问题做文章呢?一方面自然是她自述的人生阅历有限,另一方面也不免是她的写作策略,因为饮食男女是最大众的话题,容易引起人们的兴趣。苏青为了生计,曾在大雪天坐了辆黄包车,载了一车的《结婚十年》,各处兜售。被同样是通俗小说家的周楞伽撰文揶揄说:"作为一个宁波女人,比男人还厉害!""不但会写文章,而且会领配给纸、领平价米,做生意的本领更是高人一等。发行人想赚她个折扣都不易,竟然狠到自己挑着《结婚十年》等著作拿到马路上去贩卖。"最后还有一打油诗:"结婚十年,应懂做人,出言吐语,自己谨慎。"①面对对方的冷嘲热讽,泼辣的苏青不甘示弱,奋起还击,声称"情愿不当什么女作家,实在咽不下这口气!"后来苏青在《续结婚十年》的自序中回应了质疑和攻击她作品和为人的各种声音,提及周楞伽讽刺她的"锱铢必较",她说到:"因为我的负担很重,子女三人都归我抚养,离婚的丈夫从来没贴过我半文钱。还有老母在堂,也要常常寄些钱去,……我的'不慷慨'并没有影响别人,别人又何必来讥笑我呢?至于讨书款,我的确是一分一厘一毫都不肯放松的,这是我应得之款,不管我是贫穷与富有。"②这番中肯的话提供给人们理解苏青及当时同样栖身于"市场"与"生存"间的女作家们的另一种角度。

三、女性意识和都市意识的交织互渗

近代以来不绝如缕的女性解放思潮和都市背景提供了女性写作的可能,与之相关,她们鲜明的性别特色则确立了女性写作于五四以来的中国文学发展中的独特地位,鲁迅等男性作家在评说女作家的创作时无不重视"女性越轨的笔致"及其特有的时代意义,对于读者大众来说,女作家的作品则因其独特的身心经验、观察角度和对传统的挑战而带给他们别样的新鲜与震惊。然而,如果说在五四时代,女作家

---

① 1945年4月,周楞伽用"危月燕"的笔名在《社会日报》发表《与苏青谈经商术》。
② 苏青:《关于我——代序》,《续结婚十年》,四海出版社1947年2月出版,第11页。

独特的性别视角主要表现在对母爱、"爱的哲学"(如冰心)和恋爱自由的倡导、追求,以及对父权制的强烈反叛(如庐隐、冯沅君等等)方面,那么,随着30年代上海等地都市化进程的提速,五四时期从父亲之家出走的她们则日益面临着都市生活的新考验。曾经,都市是挣脱父辈束缚的新地,都市是追求自由人生的舞台,都市是获取新知识新观念的理想国,都市也提供了她们自主表达和某种解放的可能,而如今,已然置身都市的她们比在故乡更多感受到传统与现代的冲突,窥探到都市的诡异和复杂。尤其是生的压力,给20年代末以后登上文坛的女作家们带来新的、也更复杂老练的看待现代都市的眼光。她们的创作因而更多地深入到都市的内部,无论是对市井人生的描摹,还是对物质世界、婚姻爱情的关注探索,都显示出新的意向。她们的经验里深切地融入了都市生活的影响,这种影响或进一步激发、磨炼了她们的女性意识,也时常遭遇到其自我意识的质询和置疑,都市意识和女性意识因而在她们的作品里发生着积极的互动抑或更深的纠缠。

1、都市女性生存本相的描写和发掘

都市曾经作为自主婚姻和爱情的庇护所,收容了无数受到新思想启蒙的年轻男女。很多现代女性最初正是为了逃婚而来到都市,希冀得到一个自由的生命。而都市社会的商品化特征以及根源于传统社会的世俗力量又对女性形成新的威胁,女性商品化、爱情的世俗化和知识妇女的出路问题等等,在在影响着女性的生存状态。女作家们敏锐地感觉到了相关问题,她们在奋力投入都市生活,描摹大都市的景象,为其间的小市民画像,与芸芸众生谈论"衣食住行"的同时,也时时回顾着自己的生存本相。她们以敏锐的观察和切身的感悟所记下的这些女性生存的状态,不仅对现代女性的命运适时地提出了诘问和思考,于现代都市的氛围和历史而言,也是一种极有价值的"厚描"。

丁玲的《梦珂》、《莎菲女士的日记》可谓是这类描写的开创者,以及她之后的《阿毛姑娘》、《在暑假中》和《一九三〇年春上海》等等,都不无意识地呈现了现代女性面对都市欲望和异化自我拯救的轨迹。从农村来到城市的梦珂陷入了都市的情欲追逐中,虽然是现代都市的新式学校或新家庭新男性,女性却依然处于了被看、被侮辱的位置,被"纯肉感"的都市异化了的梦珂被迫着、同时也藉此学会了循男性的目光重新审视自己的身体。和初来乍到的梦珂不同,莎菲是一位性格孤傲、鄙视现实的女性,同时似乎对都市的情感交易也已经熟稔,她像要糖果一样希冀着有着一身"好丰仪"的男性给她带来性爱的愉快,以为是遇上了一个超凡脱俗的男性,结果却发现,这个好丰仪的男性所要的不过是能在客厅里帮助应酬买卖的年轻太太和白胖儿子,留学哈佛、做外交官,或继承父业做橡胶生意成资本家!于是,在终于得到他的吻的一刻,她张大着眼睛,一边想着"我胜利了!我胜利了!"同时又鄙夷自己了。莎菲决定要到无人认识的地方,"悄悄地活下来,悄悄地死去!"梦珂却在种种挫折后深切地意识到,所谓现代女性的出路,其实唯有在这纯肉感的社会中"隐忍地"生存下去,"慢慢地可以不怕,可以从容,使她的隐忍力更加强大……"。对女性在现代都市被商品化处境的清醒意识,以及以一个狂狷孤傲女性发出的对市侩哲学的鄙视,是这两篇作品最有价值的部分。这一以女性的独立意识、敏锐感受对现代资本主义商业法则所作的尖锐洞穿和批判,代表了现代中国的女性意识所曾达到的高度,时隔几十年,其意义却依然不减。《一九三〇年春上海(一)》显示了丁玲对现代女性出路的新的思考,女主角美琳,曾经沉浸于两人世界的幸福中,但与社会的脱离以及已然投身大众运动的朋友的影响,使她开始怀疑仅仅婚恋自由是否能给女性带来真正可称之为"完全解放"的东西。这一思考固然受到当时"革命加(减)恋爱"写作风的影响,但也显示出她对都市与小资产阶级女性的关系始终有着清醒的意识,并不妄想女性的情感和独立可以脱离都市的现实而实现。

事实上丁玲的关切不止于小资产阶级女性,底层女性在都市的处境也是她的关注点之一。或许在她看来,都市对女性的诱惑是无处不在的,某种情况下,从乡村到城市,都市诱惑性的骤然呈现对底层女性的打击可能更是致命的。《阿毛姑娘》中,从山里嫁到杭州城西湖边的阿毛,被夜晚湖上水天交界处灿烂着的繁星蛊惑了,"那明亮的一排繁星,好像一条钻石宝带","她知道那就是城里"。阿毛被都市的诱惑日夜牵引,"环境竭力拖着她望虚荣里走,她的欲望在一天天增加,而苦恼也就日甚一日了"。而理想或幻想与现实的失衡,则使她无所依托地走向迷失和毁灭。阿毛羡慕、希冀着在山上度假、养病的来自城里的青年男女的生活,以为凡都市人即是生活在天堂里,却不知那里"也有自己烧饭,自己洗衣,自己呕心呕血去写文章,让别人算清了字给一点钱去生活",忍耐着在这纯物质、趋图小利的时代艰难困苦地生存着的写作的女人。最终,阿毛从城里来的、曾被她认为是"幸福的人儿"的小资产阶级女性的不幸遭际中意识到,"幸福只是在别人看来或羡慕或嫉妒,而自身始终也不能尝着这甘味",以吞火柴头自尽的激烈方式表达了对这个社会和生活的失望。阿毛姑娘的毁灭象征了都市诱惑的另一个面相。向来,关于《阿毛姑娘》,评论者都着力于阿毛的虚荣和虚幻。其实,这篇作品所要讲述的不仅是阿毛这样的乡村女性,如何为都市的诱惑而走上不归路,也巧妙地借阿毛的眼光、想象,再度观照了小资产阶级女性的生存状态,那些在她看来美妙无比的城里人,其实同样有着难以为人言说的"呕心呕血"的辛酸,其手法可以说是"一举而两得"。相比之下,在《庆云里中的一间小屋里》,丁玲的同情心更多集中于主人公本身,也多少给出了底层女性在城市生存的可能性,当然更点出了其中深深的无奈。阿英进城做起了妓女,但对自己的生活倒是颇为满意的,并不以之为耻,因为种田的丈夫陈老三"能养得起一个老婆吗?"

和丁玲执着于小资产阶级女性或阿毛、阿英这样的底层女性不同,张爱玲的女性生存图更多上层阶级的背景。她用参差对照的笔触、苍凉的风格雕塑了一座传统和现代交杂的都市女像陈列馆,她们中有太太、姨太太、小姐、交际花以及没有名分的妻子和母亲。由于她的故事大都发生在现代都市的没落家庭,于是,那些女性"为门第所限,不能做女打字员,女店员……做'女结婚员'是她们唯一的选择"(《花凋》)。而出身贫穷的霓喜虽然宁愿忍受男人的辱骂,接连不断地为他们生儿育女却始终得不到妻子的名分,易言之,连做"女结婚员"的资格也没有(《连环套》);曹七巧为了金钱先是嫁给瘫在床上的富家子弟,继而为了金钱看透爱情,最后异化成一个容不得看见儿子女儿幸福的寡老太太(《金锁记》);三十六岁的敦凤作了五十九岁的米先生的姨太太,为了生活忍受千疮百孔的所谓爱情,还要争风吃醋地赢得男人(《留情》);白流苏更是为了寻到吃饭的饭票摆脱娘家人的白眼,不顾范柳原的花花公子本性,用尽心计与他周旋,庆幸在炮火中终成夫妻(《倾城之恋》)。在张爱玲的笔下,爱情的浪漫和真挚完全让位给各种利益的较量和权衡,感情、女人都是可以交易的商品。但张爱玲并不认为功利主义在都市是畸形的,而恰恰是一种常态,这就使她不仅对女性生存状态的描摹染上了某种浓重的悲凉感,对都市的本相亦有了透彻的勘破,都市即功利,功利是都市的唯一法则,这是张爱玲较一般女作家更多或更深地认识的要点。

如果说丁玲描写的大都是走上社会的小资产阶级女性的孤独愤懑,张爱玲熟悉的是旧家庭婚姻关系中的女性,那么苏青某种程度是两者的结合,或各有沾染。她的《结婚十年》及其续作,刻画了一位走出校门走进婚姻又出离婚姻,独自在都市中寻求经济独立的女性新形象。女主人公怀青从女学生变成少奶奶,姑嫂间难堪的相处、生女儿的困境、丈夫的移情别恋、小家庭经济的窘迫,终于逼迫她作出自谋生路的抉择。从家庭到社会,她的命运依旧多舛。无论是投稿卖文还是应聘小职员,都市给女性的生存空间其实有限并充满荆棘。苏青另一部小说《歧途佳人》中的符小眉,因为丈夫胡作非为只能离异。她带着一双儿女,为生计进豪门巨族做家庭教师,辗转于两三个男性之间,一边为了生存帮助上海滩浪子设赌局谋人钱财,一边又良心自责企图摆脱,但为了稻粱谋,还是继续着这类都市特有的交际。苏青笔下的都市女性比张爱玲的"结婚专员"要独立得多,她们的生活范围已经超越家庭,来到了社会,但她们的处境并不比张爱玲的"女结婚员"好多少,也不比丁玲笔下的小资产阶级女性更少愤懑,或许少了些感伤,因为她们更世故,却更多了无奈,她们常常为了生存既奋力抗争又不得不与这个男性主导的社会时时妥协。

婚姻和生存问题在40年代的女性写作中占有相当的份量,除了说明"嫁汉吃饭"依然是女性的宿命(如张爱玲反复描写的),也透露出随着时间的推移,当年为追求恋爱自由离家出走进入都市的娜拉们此时正面临着爱情婚姻的新关口,都市的环境却变得日益复杂起来。1934年前后,一些戏剧团体纷纷把五四时期牵动众多青年男女之心的《娜拉》重新搬上舞台。由于演出众多,这一年甚至被称作为"娜拉年",当时的《申报》称:"今年可以说是娜拉年,各地上演该剧的记录六千数十起。"[1]数字虽然明显夸张,却反映了现代中国走出家庭的"娜拉"们的出路问题在现实生活中正经受着严重的考验,颇能博得社会的眼球。1935年6月底,上海业余剧人协会由章泯导演,金山、赵丹、蓝萍主演的话剧《娜拉》上演后,一些报刊(如《上海民报》上)立即刊载了相关评论,如陈鲤庭的《评〈娜拉〉之演出》,[2]《申报·妇女园地》也刊出署名"茜"的《看了〈娜拉〉归来——便答〈中国的妇女在哪里呢〉》[3]的文章。在电影领域里,也产生了像《新女性》、《三个摩登女性》这样专门讲述都市女性处境的影片。苏青的《结婚十年》虽然不是这一时

---

[1] 《娜拉大走鸿运》,《申报》,1935年6月21日。
[2] 《上海民报》,1935年6月29日至7月1日。
[3] 《申报》,1935年6月30日。

期的产物,和当时讨论中左翼阵营所给出娜拉的出路在于"走向第四阶级",或只有第四阶级的女性才当得起"真正的新女性"①的结论也不是同一路数,却难说不是这一潮流和问题的延续,或乃是具有自传性质的另一种讨论和回答,向人们呈现着那些不为人知或不为关注的新女性于现代都市里进退两难的生存本相。其实,相较于五四作家笔下那些为追求恋爱自由而逃离父亲之家的女性,《结婚十年》中的女主人公包括作者苏青本身,倒是更接近易卜生笔下从丈夫之家/婚姻中出走的娜拉,其所经历的是和一个似乎同样是新青年出身的男性组成家庭后所发生的危机,面临的是较封建家长制的压抑更为复杂的包括了与经济相关联的独立的难题,因而具有新的时代意义。

和苏青《结婚十年》的自传性相似,上世纪40年代另一位女作家潘柳黛的《退职夫人自传》同样有着浓重的自叙色彩。小说描写一个从破裂的家庭中出走的女性柳思琼跨越十年的生活历程,她辗转于古都北京和现代上海之间,在各类社交场合中穿梭,随后又经历了给她带来巨大精神折磨的婚姻,小说以柳思琼提出离婚而告终。恰似作者本人的经历,小说中来自异乡的年轻女性来到成长中的现代都市,在复杂的都市环境里为求生存而努力挣扎。潘柳黛和苏青一样,前所未有地公开谈论女性的个体体验和一系列性别话题,她们的声音、作派引发了大众极大的关注和兴趣。其中不可否认地有着商业性的追求和市场操作的痕迹,而女性能够自述身世或"隐私",这本身即是现代都市的产物,是她们冲破传统婚姻家庭的压抑束缚、进入到都市的陌生人社会后才可能的。潘柳黛后来离开上海去了香港,在香港推出了《明星小传》(1953年)、《妇人之言》(1956年),这两部作品收录了当时的一些影星的访谈录和摘自报刊社会版的笑话故事等,一如张爱玲的

---

① 参见当时有关新女性的讨论,如尘无:《关于〈新女性〉的影片、批评及其他》,《中国左翼电影运动》,中国电影出版社1993年出版。

小说缔造了沪港两地的双城传奇,潘柳黛同样为联系上海、香港的都市文化提供了某种途径。

2、女性意识和都市日常的描写

现代都市和女作家的崛起是两条纠缠前行的历史曲线,它们的交点是女性和都市的一种近乎"天然"的相通性——都市化过程中人群的迁徙和流动、日益发展的欲望化的空间、消费文化的兴起、趋于精细的审美感知方式等等,凡此种种,都提供了女性写作的丰富题材。尤其是在都市日常的描写方面,女作家因其独特的观察和结实、切身的感受,事实上并不比她们关于自身生存本相的揭示来得生疏,倒常常是更具优势。

苏青的《结婚十年》和《续结婚十年》,固然是以婚姻生活为主题的作品,但又不仅是狭义的婚姻生活的讲述。作品大胆生动地描写了一个受过现代教育的女性在半新不旧的都市男性社会里挣扎求生、争取经济独立和人格独立的故事。其中,作品以巨大的热忱对都市的日常生活——诸如新旧合璧的婚礼、小家庭的衣食住行、生儿育女、社会交往等等——作了几近"纪实"的叙述。特别是《小家庭的咒诅》一章,对上海的小家庭生活,包括做饭、生煤炉、招待客人、和二房东的相处等等,描画得历历如见,细致而生动。比起小说,苏青的散文更加直接地表达了她对以"饮食男女"为核心的日常生活的喜爱。她发表的第一篇文章就是谈论女性生活经验的《生男与育女》。在编辑陶亢德的鼓励下,她一发不可收,写出了《科学育儿经验谈》、《谈女人》、《谈男人》、《论夫妻吵架》、《论离婚》、《再论离婚》等等散文佳作,似乎都不出两性关系,而这些两性关系在她的笔下同时是结实的日常生活经验,而不是单纯的"性别之争"。苏青以个人的生活体验为基础,将女性的自我意识和实用主义的市民哲学相交错,从而成功地将自己打造为当时

"新市民小说"的代表作家①。

相比于苏青,张爱玲少一点女性意识的直接阐发,更多对都市日常生活的敏锐感受或意识。张爱玲喜欢都市,对于现代都市的物质生活有着别样的爱好和发现。在她的作品中,公寓生活、有轨电车、电影院、咖啡馆、舞厅已然是熟稔的故事背景。她所有的小说和散文几乎都在讲述都市里的女人和男人们"朝生暮死"又"生生不息"的日常故事,以及都市生活的点点滴滴。如她的《公寓生活记趣》巧妙地表达了对都市自由宽松生活氛围的喜爱和赞赏;在《童言无忌》一文中,她幽默地坦陈:每一次看到"小市民"的字样就局促地想到自己,仿佛胸前佩着这样的红绸字条;在《更衣记》里,她畅谈"三百年来"女性的服装,对女性时装的变迁如数家珍,于时装与时代关系的认识更是敏锐独到;她谈女人,谈有女同车,谈道路以目,谈看书,谈音乐,谈庶民食物草炉饼,谈洋人看戏,谈中国人的宗教,谈香港公共汽车站牌的文句不通和上海小学徒的文字清通,谈"中国的日夜"和"到底是上海人"……。相比于苏青,她的都市日常不仅同样亲切自然,也更多一些传奇。《金锁记》、《倾城之恋》、《红玫瑰白玫瑰》都同时透露着"传奇"的信息。她将自己的第一本小说集命名为《传奇》,说自己为上海人写了一部香港传奇。传奇与日常似乎是不相谐的,其实却是她对都市本质的另一种勘透。因为都市日常的庸碌繁琐,如西西弗般推倒又重来,无始无终,所以一个时代沉落了,也"不知道哪个是因,哪个是果"(《倾城之恋》),而对传奇的追求是都市日常得以维持的根本。更有研究者指出,对传奇的追求是上海现代性的表征之一;或者说上海现代性的特征之一便是传奇。② 因鸦片战争的失败而开埠的上海,是中国传统

---

① 参见刘轶:《现代都市与日常生活的再发现:1942~1945年上海新市民小说研究》,云南大学出版社2011年出版。
② 姜进:《追寻现代性:民国上海言情文化的历史解读》,《史林》,2006年第4期。

中的一个异数,华洋杂居,五方相处,商业繁荣,男女授受而亲,身处其中的人们既"对社会的现代转型感到威胁和困惑",也对现代化这一西方事物充满了新奇感,或因未来的不确定而焦虑不安,胼手胝足于庸常忙碌的同时,也不时感受到"惘惘的威胁"。换言之,张爱玲传奇与日常交错的书写,比一味的凡俗或出奇更为深刻地揭示了都市的本质。而她那些"时代是仓促的,已经在破坏中,还有更大的破坏要来"(《〈传奇〉》再版序》)的预言,则以其特有的敏感,构成了对现代都市中占主导地位的线性时间进步观的置疑。

杨绛的戏剧同样犀利地揭示了都市的世俗人生,《称心如意》和《弄真成假》两剧都围绕着婚姻家庭的主题展开。但和五四时期庐隐等追求自由恋爱的心声不同,也和《结婚十年》等对知识女性生存本相的自我描写不同,《称心如意》和《弄真成假》呈现的是市民阶层由物质金钱所主导的家庭和婚恋关系,其风格形式是风俗喜剧型的。外表温和的杨绛以喜剧的形式生动深刻地揭示了都市中不同文化品格的纠葛,展现了沦陷时期的上海由环境压力和市侩人性纠集而成的市民阶层勾心斗角、嫌贫爱富的众生相。《称心如意》以孤女李君玉为线索而贯穿其他几个家庭,描绘了一派市侩生活图景,其中几位贪婪愚蠢的夫人形象被刻画得细致传神;《弄真成假》上演了一连串嫁娶阴谋,把现代都市里金钱婚姻的本质尽显无遗。杨绛善于挖掘凡俗生活中的平民心态,她的戏剧主题和人物都来源于当时上海特殊的社会风尚和文化冲突,人与人之间充满铜臭味的关系使得梦想和荒谬仅一步之遥。对于这种具有普遍性的都市情态,杨绛以喜剧的方式尽情地揶揄讽刺了一番,却不失蕴藉平和。在杨绛看来,喜剧不只是用夸张的手法去讽刺嘲笑丑恶落后的现象,还应有趣和意味深长。这使得她的讽刺喜剧同时充满了都市生活风俗图的韵味。她的喜剧作品可说是提供了人们审视都市文化的别样视角,打开了女性作家通过戏剧创作洞察、刻画都市生活的新局面。当时中国的话剧喜剧,几乎都是改编自外国的作品,杨绛"喜剧双璧"的出现,因此令人眼前一亮。李健吾先生便曾赞赏说:"假如中国有喜剧,真的风俗喜剧,从现代生活提炼的道地喜剧,我不想夸张地说,但我坚持地说,在现代中国的文学里面,《弄真成假》将是第二道纪程碑。有人一定嫌我过甚其词,我们不妨过些年头来看,是否我的偏见具有正确的预感。第一道纪程碑属诸丁西林,人所共知;第二道我将欢欢喜喜地指出,乃是杨绛女士。"[1]

上述的"小姐作家"在都市生活的描写上也不无特色。她们不热衷于书写小市民的卑琐细碎,不以"饮食男女,人之大欲"为主旨,倾心的是那些在世俗的纷扰中坚持独立人格的都市女性。施济美可说是这一倾向的代表。虽然她的《十二金钗》中也有着沉溺于世俗物质而发生人格异化(如胡太太那样)的人物,但她笔下更有特色的人物形象是在都市中不断抗争的知识女性,她们执着追求女性独立的人格、尊严、自由、爱情,坚守自己的女性立场。《蓝天使》描写了一个经受了城市生存严酷考验的女子对于现代都市生活惊异困惑的心理,显示出知识女性对都市人生的质疑态度。《晚霞的余韵》写一个女子在民族危难之际,舍弃安逸生活,奔赴抗日战场。《十二金钗》中独身未婚的韩叔慧努力打破男性中心社会中的女性定位,积极投入各种社会活动,其所作所为甚至被认为是"一个近乎男性的人物",人称"韩先生"。但最后她的理想或幻想还是在无情的现实面前破灭了,显示出知识女性要在都市获得尊重、坚持独立人格的不易。以《凤仪园》为代表,施济美的一系列具有"闺秀风"的短篇小说和散文,则以淡淡的哀愁和怀旧,为知识女性在时代边缘中的生活筑起了精神的后园。她的那种不向世俗俯首的唯美理想主义的写作特征,一方面显示了当时女性意识和女性写作的多元化,与此同时,也向人们呈现了和物欲横流的都市生活不同的另一种日常生活图景,丰富了上海书写和人们对现代上海

---

[1] 罗银胜:《杨绛传》,文化艺术出版社2005年出版,第150页。

的认知,是不应忽视的存在。

藉现代出版文化、社会变迁和妇女解放思想之力,现代中国的一些女性走出了一条以写作为生或在现代都市的语境下安身立命的道路。她们以写作为自我意识表达和社会参与的途径,也深切体会到了"呕心呕血"地写作、卖文为生的艰辛。她们的写作活动丰富了女性解放的实践,同时也对出版文化市场的繁荣、都市意识的建构产生了积极影响。尤其是在上世纪三四十年代,女性作家所感受到的愈益严峻的生存压力,对都市化进程中现代生活高压的敏锐感受,以及对细节的偏好和与日常生活的密切关系,都使她们的创作更多深入到都市的内部,对都市的世事人情、物质面貌以至历史进程、"文明的毁灭"作出别具一格的描述和"预言"。她们所掌握的资源和话语权虽然依然有限,但她们与市场、都市文化建构的关系决不是一味被动的。而她们所经受的,无论是困顿也罢成功也好,或奇迹般地崛起,呈现的与其说是个人的遭遇,不若说是中国现代化或都市文化形成中不无标本意义的历史缩影或侧影。

第三部分

阶级意识与性别呈述:也谈左翼电影的政治性

一、性别政治与左翼电影的政治性

包括左翼电影在内的中国早期电影由于"中国电影一百年"的契机和重新的数码化,上世纪末以来受到了海内外学界持续不断的关注。同时,晚近学界普遍的"文化转向"或"新文化史"研究方法的兴起,也使这一时期的中国电影被更多地放到了与上海的都市文化相关的场景中来探讨。在这一视野下,中国早期电影的制作和发行,影迷杂志、海报广告和明星制等等受到了和电影本文同样多的重视,影院的建筑、装潢及街道商店、茶楼舞厅、咖啡馆等等的都市空间也成为重要的考量对象。在影片本文的研究上,则突破了单一的意识形态分析,更多地关注它与中国传统戏剧、好莱坞电影及"鸳鸯蝴蝶派"为代表的现代通俗文化的关系。研究者们力图通过对中国早期电影发展中相关"情节"或"细节"的重新发掘,呈现一部比既往的记叙更为感性也更多历史感的现代中国的都市文化史。但在这一充满了"跨文本"/"跨媒体"的实践、力图对中国的现代性发展作出更为深入说明的研究中,左翼电影的政治性或另一种与"革命和反抗"相关的现代中国的现代性却被省略了。恰如有研究者所指出的,近年来有关的研究中出现了某种"去政治化"的趋向,一些解读在强调左翼电影与鸳蝴派文学及"摩登上海"的关系时,有意无意地取消了它的政治锋芒。但"如果取消了左翼电影的'政治性',那么它在中国电影历程中的独特地位将如何来界定呢?"[①]

其实,这不仅是左翼电影在中国电影史上的地位问题,也关系到"新文化史"的研究在何种程度上是拓展了而不是"窄化"了对历史复杂性的把握。如果所谓"新文化史"的研究只专注于发掘中国早期电影的商业环境和通俗文学的资源,而忽视现代中国复杂的民族与阶级矛盾,避而不谈半殖民地中国内忧外患的严重局面,那么,这样的研究或许寻找到了某些失落的环节,重绘了上海的文化地图,却同样造成了视野的缺省和历史把握的无力。五卅运动及20世纪30年代以来发生于中国和上海的一系列民族与阶级的矛盾无不表明,左翼电影运动的兴起不仅是左翼阵营反抗意识的产物,同时有着深厚的现实基础,与全民族的情感声息相通,并相当程度影响了都市的氛围和历史走向,其"政治性"因而无论如何不是可以在现代中国的历史或左翼电影的构成中简单删除的。同样,"恢复"左翼电影的政治性,不仅关系到它的历史地位,也是为了在着重"文化"和"微观历史"的"新文化史"研究的一侧坚持必要的"宏大历史"观。

在这一过程中,相关研究以《神女》为例,对左翼电影的阶级观点、底层视角和社会分析如何转化为影片的影像策略、叙述技巧和意识形态功效进行了有力的分析。论者以为,《神女》在中国电影史上的地位是毋庸置疑的,同时作为左翼电影的代表作也不会有什么争议,而它

---

① 罗岗:《左翼思潮与上海电影文化——以〈神女〉为例》,《江西社会科学》,2008年第6期。

令人瞩目的不仅仅是它的故事,"为母亲的妓女"在当时的银幕上并不是什么新鲜题材,早在1930年,明星公司就已出品了相类题材的《倡门贤母》。但后者明显地带有"鸳鸯蝴蝶派"的市民趣味,女主角的妓女身份被作为都市奇观而供人猎奇,"大团圆"的结局则表露了与现实的妥协。《神女》却明显不同,不仅把妓女从都市奇观放回到普通人,而且回溯性地重写了有关上海城市、阶层和金钱等重要的现代性问题。更为重要的是,它不是机械教条地搬用阶级分析的话语,而是在这一话语的刺激下产生出了中国电影史上从来没有过的"新的语言"和"新的形式"。这样的分析无疑深刻并具有启发性,但若从论述的"全面"考虑,依然是有待推进或值得进一步商讨的。

首先,批评者在以《神女》为例说明左翼电影的政治性时,也呈现出某种过于"整体"的趋向,似乎所有的左翼电影都达到了如《神女》那样阶级意识与电影叙事的"完美"结合。这多少封闭了对左翼电影包括其政治性的反思。论者似乎忘记了左翼电影起步的艰难,不仅左翼作家"转型"担纲电影这一新艺术的创作时不无为难,限于当时的社会条件,左翼电影人成熟的阶级意识和社会分析能力的获得也十分不易。加上左倾路线的干扰,左翼电影的状况就更加复杂了。事实上《神女》的政治性在当时并没有获得左翼阵营的充分肯定。左翼的电影评论人虽然肯定它对社会的暴露,同时则认为影片还不能够"紧紧地把一切问题的中心——社会关系把握着",尤其是对不合理社会的"摧毁"之心,那种从制度上解决的要求,"在《神女》中是没有的"[①]。而这样明显"偏激"的评论在左翼影评中并不是绝无仅有的。如果考虑到左翼影评在左翼电影运动中的特殊地位,它某种程度是以评论的方式对左翼电影的创作进行"意识"方面的指导,那么我们更不难理解

[①] 尘无:《〈神女〉评一》,转引自《中国左翼电影运动》,中国电影出版社1993年版,第552页。

《神女》之外的相关左翼电影所表现出来的"政治偏差"。夏衍晚年在谈到左翼电影的发展时便曾指出,在当时"发生了一个矛盾,就是政治思想上很左,而在电影艺术方面可以借鉴的却只能看到美国和英、德、法等国的影片。因此,三十年代初期的中国电影,在电影艺术——特别是叙事法、结构、电影语言等方面受到西方电影的影响是很深的"。①他还在别处回忆说"我们经常是通过看电影来学习电影表现手法。坐在电影院里,拿着小本、秒表、手电筒,先看一个镜头是远景、近景还是特写,然后分析这个镜头为什么这样用"。②因此,左翼电影的政治性和电影艺术之间的关系并不总是"平衡"的,由于左倾路线等等的原因,它的阶级分析也不总是有力的,这或许是我们今天重提左翼电影的政治性时不应回避而有必要首先正视的。因为只有同时意识到左翼电影包括其政治性中的"不足",才能更好地回应相关研究中的"去政治化"倾向。

此外,"性别政治"这一左翼电影重要的叙事内容和手法也未被纳入到"政治性"的讨论中。这使得所谓左翼电影的政治性多少显得有些"狭窄",也使论者虽然有力地论证了《神女》如何在现代都市的背景下,通过呈现妓女来表达新的、技术化的底层经验,却未及回答和触及一个似乎"肤浅"却不无意味的问题:为什么"新的、技术化了的'底层'经验"是由女性/妓女来表达的? 而不是由影片中同样是社会底层的流氓赌徒来实现的? 论者以为,《神女》中的流氓并非只是偶然地被同时描绘为一个"赌徒",而是为了显示出其和妓女的同构性,赌徒对金钱游戏的迷恋和挥霍,与妓女的自我出卖一样,是现代都市社会商品拜物教的一种异化表现,两者的地位也是相同的,同属于社会的底层

---

① 夏衍:《答香港是中电影学会问》,香港《中国电影研究》第一辑,香港中国电影学会1983年版。
② 伊明:《继承发扬中国电影评论的优良传统——〈三十年代中国电影评论文选〉前言》,《三十年代中国电影评论选》,中国电影出版社1993年版,第14页。

并共同地服从于来自另一世界的"物的逻辑"——但他/她们之间为什么又有着某种"压迫和被压迫"的关系?进一步地说,流氓对妓女的压迫究竟是加深了影片对"物的逻辑"的揭示,还是游离或无关于影片的这一主题实现?以下将在诸多既有研究的基础上,从阶级意识和性别呈述的角度,对上述问题或《神女》及相关左翼电影的政治性作进一步的探讨。

二、《神女》的阶级意识和性别呈述

"神女"是妓女的婉转说法,但在影片中这个"身兼母亲、商品、性劳工为一体的妓女真的成了神:她是物恋的来源,该物恋将'原初'文化的迷信活动和像上海这样的现代化都市的严酷社会现实联系在一起了。"①"物恋"的揭示无疑是《神女》的政治性中最为深刻的方面,而在上述"物恋"的两大来源中,"原初"显然更为"首当其冲"。所谓"原初",以周蕾的定义,即现代传播技术的发展或媒介民主化过程中"大众"和"女性"的浮出:"如果阅读与写作被电影媒体的来临去中心化,那么文学符号也同样被民主化地动摇与驱除了,亦即从精英阶级生活记录代言者演变为民众生活纪录的代言者","这一民主化过程——既包含从文学语言中解放出来,又意味着将民众引入文学——以我所称的'原初的激情'为结构","'第三世界'同样有一种相似的原初化运动:这里所抓取的原始材料乃是社会上受压迫的阶级——特别是女性——她们变成了一种新文化学的首要组成部分"。② 早期的中国电影同样如此,且因为电影本身的特点或优势,甚至比文学更为鲜明地利用和表现出了这一"原初的激情"。中国的电影创作虽然是从搬演《定军山》这样的传统戏剧开始的,但自上世纪 20 年代中期以来,与急

---

① 周蕾:《原初的激情:视觉、性欲、民族志与中国当代电影》,台北远流出版公司 2001 年版,第 45 页。

② 同上,第 41 页。

性别视角下的上海都市文化

邅的社会变迁相呼应,中国电影日益将现代大众的日常生活和喜怒哀乐作为主要的呈述对象,左翼电影更是将底层大众作为关注的重点。简言之,"原初的激情"产生于社会变迁加剧的时刻,由于技术的发展和传统秩序的瓦解,指涉系统也发生了重大的变化,以往不具文化合法性的"大众"和"女性"便这样浮上了历史或社会象征的前台;或者说,它们从一开始就介入到了现代历史和媒体的变革中,构成了现代性的"内在"部分。但仅此理解《神女》中的性别呈述显然是不够的,《神女》对"原初的激情"的开掘富有创意的不仅是对妓女的运用,更在于它把妓女的遭受与都市严酷复杂的社会环境联系在了一起,从而成为"思考不能思考的东西的方式"①或"物恋"的写照。

周蕾以为,无论以马克思还是弗洛依德的观点来看,妓女都是一个迷恋物。就马克思而言,妓女是现代社会劳动异化的象征,她把自己的身体作为商品出卖以换取金钱;而从弗洛依德的理论说,妓女的身体所代表的"性"或"性的迷惑",正是文明社会所要压制同时又备加迷恋的,影片中不断出现的"神女"身体的不同部分,如笑容、大腿、手臂、发式和华丽的衣服,都是社会被置换的欲望的所在地。而这两者其实并不能分开,正是因为后者、男性社会对女性的欲望存在使"神女"的身体出卖成为可能;而现代社会"物的逻辑"和传统性政治的结合,则在根本上决定了她们身体的商品化。这构成了《神女》的阶级意识和性别关系互为"勾连"的基础层面,也是为什么"新的、技术化了的'底层'经验"是由女性/妓女来表达的"原因之一。它把现代资本主义最为核心的商品交换逻辑,通过妓女的身体和社会欲望的"互换"而直观地呈现或"转喻"出来了。在资本的逻辑下,没有什么是不能交换的,如马克思所说,它撕去了传统温情脉脉的面纱,把一切都纳入了交

---

① 周蕾:《原初的激情:视觉、性欲、民族志与中国当代电影》,台北远流出版公司2001年版,第43页。

换的范畴。但这种"赤裸裸"的关系法则却同时发展起了一套隐秘而复杂的方式,其运作是极其"技术化"的。以波特莱尔的说法,现代性就是化妆术,一切的现代美都是"理性与计算的结果",而化妆的目的不仅是为了遮掩脸上的瑕疵,更重要的是要造成或激起引诱的魅力,进而令人因"惊艳"而成交。"神女"无疑是这一"现代性"或"现代美"的最好体现和象征,对将身体作为商品出售或投入到交换战场的她们来说,显然必须把自己包装成是富有性的魅力的。就此而言,影片中阮玲玉饰演的"神女"的举手投足,她在夜幕下的街道上"放荡"的走路姿势和口吐烟圈,以及挂在简陋的房间墙上的有数的几件旗袍和出门前的化妆,就有了不同寻常的意义,它们某种程度表现了她作为一个职业妓女的"惯习"。而以布迪厄的说法,"惯习"或"习性"之类的东西是在特定的场域中形成的,并本身即是场域的一部分,场域的稳定与惯习的支持不能分开,而惯习同样也是个体在场域中活动的必要资本。就身兼母亲的"神女"来说,她的"惯习"其实是远为复杂的,因为她的生活是分裂的。但为了获得现代商品世界的认可,无论"分裂"与否,她都必须"习得"或"表演"出相关的惯习,而现代上海也提供了她快速地获得这一惯习的氛围或条件,"神女"这一令人"迷惑"的形象从而不仅在都市的宏观场域上,也在"惯习"的微观层面上揭示和表征了"物的逻辑",将现代商品世界必须隐藏起的信息个人化和显形化了。

但《神女》发人省思的显然不止于此。妓女出卖身体换取金钱本是符合"物的逻辑"的,所谓"笑贫不笑娼",但她为什么又被这个"物的逻辑"所支配的社会所"污名"?"神女"希望通过出卖身体而供儿子上学,学校却因为她妓女的身份开除了她的儿子。而这也是《倡门贤母》的情节之一,其中母亲为了让聪明好学的女儿上学,偷偷走上卖身的道路,结果女儿却被学校除名,并因为埋怨母亲而离家出走。由此来看,妓女的悲剧不仅在于她们出卖了自己的身体,很大程度上还在于被任意地"污名化",这是父权社会特别"赋予"女性的惩罚,其对女性的伤害并不比资本主义异化劳动轻。但对于这一"惩罚",《神女》和《倡门贤母》的反应则明显不同。和后者中母女最终重新相认的"大团圆"正相反,"神女"则在一连串间不容发的打击下走向了绝路,身陷囹圄,与孩子生生分离。"与《倡门贤母》相比,《神女》的高明之处当然不仅在于超越了'大团圆'的结局,更重要的是发现了并揭示出两个世界——在电影中表现为妓女的世界,和购买妓女身体的世界——之间的对立",论者以为,从更深的层面来看,《神女》还暗含了对五四启蒙主义的"置疑":"神女"深为这个购买她又污名她的世界所损,却仍然期望着用自己卖身的钱使孩子"读书成材",有朝一日进入到那个购买她的世界中去,而儿子一旦进入了那个世界,或接受了它的逻辑,却极有可能加入到歧视她的行列中,或带来新的痛苦。如果说《神女》以此揭示了妓女的世界和购买妓女的世界的对立,反思了"启蒙"(教育)的局限,那么这样的"置疑"在《倡门贤母》中已经出现,甚至比《神女》表现得更为突出,其中女儿在得知母亲情况后的离家出走便有力地触及了这一问题。《倡门贤母》并不乏对五四式"启蒙"的"疑问",所缺乏的乃是像《神女》那样的对现代都市的整体把握。而在《神女》中,这样的把握很大程度上是经由其对现代商品世界与性别政治间深切的同谋关系的"窥破"而实现的,其中既涉及了"物恋"、"惯习"和"污名化"等等的问题,也包括了"流氓赌徒与妓女"的纠葛。

恰如流氓在影片中并非只是偶然地被同时描绘成一个赌徒,他也不是偶然地插入到"神女"的生活中的,虽然在影片中他似乎是"神女"在慌不择路时偶然撞上的。流氓的身影也出现在稍后的《船家女》、《马路天使》等影片中,而前于此的《倡门贤母》中则有一个受人唆使卖掉亲生女儿的"穷酒鬼",由此可见,"赌徒流氓与妓女"之类的纠葛并非空穴来风,它毋宁是左翼电影这一全新的媒介对现实关系的一个敏锐的把握。宏观地说,对上海这样一个在1910年~1930年间人口增长了三倍的城市来说,人群的混杂和社会的不靖是必然的。大量的来

现代性的姿容

自农村的人口,包括城市的贫民,在上海这样充满了高度的不稳定性和贫富悬殊的空间里艰难求生,既失去了传统的庇护,又未能获得新的足以生存的基础,他们中的一些人从而发展出了种种包括成为流氓赌徒在内的"非正常"的生存方式,正是"情理"中事。换言之,和妓女一样,流氓赌徒根本上也是上海这样的大都会的产物和肌理。在经济地位和社会的尊重程度等方面,流氓赌徒和妓女的境遇可以说是相近的,但令人奇怪的是,前者却握有了某种程度的对后者的"生杀予夺"权,如《神女》中的流氓所做的那样,他在强迫她与其发生性关系后,转身成了为她拉皮条的,并不断地从她身上榨取钱财。那么,是什么赋予了流氓如此的权力?

表面来看,似乎是流氓的体力赋予了他欺压妓女的资本,其实不然,而是女性主义所指出的男性对女性的"天然"的支配权力或"内部殖民":"在我们的社会中,尚无人认真检讨过,甚至尚不被人承认(但又是十足制度化了)的,是男人按天生的权利对女人实施的支配,通过这一体制,我们实现了一种十分精巧的'内部殖民'"。[1]女性主义认为,这一支配关系比任何形式的种族隔离都更坚固、更严酷,也比阶级的壁垒更普遍、更持久,它既存在于上层阶级的男性对同一阶层或不同阶层女性的支配中,也存在于底层阶级的男性对同一阶层的女性的欺凌中。就流氓与"神女"的关系来说,流氓虽然不是"神女"悲剧命运的始作俑者,却是重要的推力之一。以现代社会"物的逻辑","神女"如果还有一点钱,当她为周遭世界逼迫时就有可能带着孩子到别处另寻生路,流氓却将她的这一希望也毁灭了。可以说正是在"神女"私藏的准备用来救急的卖身钱被流氓洗劫一空从而使她变得"逃无可逃"之时,现代商品世界"物的逻辑"对"神女"这样的底层女性的迫压被以一种"图穷匕首见"的方式顿显出来。毋庸置疑,在"神女"走向绝境的过

---

[1] 凯特·米特利:《性的政治》,钟良明译,社会科学文献出版社1999年版,第38页。

性别视角下的上海都市文化

程中,"物的逻辑"和性别政治共同发挥了作用,而流氓之所以在影片的一开始就和"神女"发生了纠葛,除了他本是"神女"的生存环境之一外,也是为了以他的强力和无行将现代商品世界的本质更好地凸现出来。事实上流氓对"神女"的控制,也从一开始就不仅是传统的"男性权力"问题,同时和"物的逻辑"密切相连。

这样的理解似乎是把现代社会严峻深刻的阶级压迫导向了"简单"的性别问题,《神女》问世之初,即有左翼的电影评论指出,影片将流氓那条线画得太强了,结果"形成了喧宾夺主的形态","使包括在社会体制里面的一种偶尔的不幸和因这不幸而引起的纠纷"代替了全剧的主线,似乎压迫女主角最残酷的,并不是整个社会体制,而只是章志直这个流氓的存在。[①] 这一批评的"不足道"之处在于,它不仅低估了"男性天生的权力"与"物的逻辑"、阶级压迫间的深刻交织,而且忽视了流氓赌徒身上所具有的丰富的社会历史信息。把流氓赌徒仅仅看作是现代社会中"偶然"出现的现象或一二个"坏人",恰恰是简化了现代都市社会体制和压迫的复杂性。

三、左翼电影性别呈述的多种倾向和复杂性

性别呈述之所以在《神女》等左翼电影的阶级分析中起到了重要的作用,乃是在于,首先,性别关系本身即是权力关系的一种。由于两性关系是人类最早发生也是最为基本的社会关系,因而它也是一切权力关系的起始。性别(gender)不仅是"以两性之间可见的差异为基础的社会关系"的组成元素,还是"指向权力关系的一种首要方式",[②] 而以恩格斯的说法,"在历史上出现的最初的阶级对立,是同个体婚制下的夫妻间的对抗的发展同时发生的,而最初的阶级压迫是同男性对女

[①] 魏育:《苦言抄——关于〈神女〉与〈桃李劫〉……》,见《中国左翼电影运动》,中国电影出版社1993年版,第554页。

[②] 琼·斯科特:《性别:历史分析的一个有用范畴》,转引自周蕾:《妇女与中国现代性》,台北麦田出版有限公司1995年版,第104页。

性的奴役同时开始的"。①在漫长的父权历史中,社会不仅在两性的物质分配上明显不等,且发展出了一整套以两性的"差序"为参照的社会象征系统。性别概念作为一组参照物或社会生活细致的象征性组织,从而被有力地组织到社会的统治中,不仅为现实的权力关系提供了必要的"依据",并进一步影响了权力概念的形成。②性别因而既是象征建构,更是现实的社会权力关系。回到《神女》产生的时代,性别作为社会支配与被支配关系的"源/码"不仅依然存在,且因为"物的逻辑"而变得更为复杂,它一方面延续了传统的男性对女性的支配,一方面又超出了这一支配体系,而和现代都市的阶级、"物恋"等问题更为深切地联系在一起,这使得有关性别的呈述可以用来作为阶级分析的支点,或透视更为广阔的商品世界的一个有利的入口。作为一部无声片,《神女》很少用字幕来表达它的倾向,影片的风格也称得上简约,"稀疏而直接的电影语言同样改变了人物和戏剧细节使用的经济学",但在对有数的几个人物——"神女"、儿子、校长、流氓和同样可数的一些场景地点——她所租赁的房子、夜晚的街道、儿子读书的学校和她最后被关押的监狱的掠影式的呈述中,《神女》却发展起了一种整体性的社会批判的眼光,以周蕾的说法,"乃是具有原型效果的对宏大社会问题的鲜明描绘",③究其原因,和其对性别政治的深刻洞察显然不无关系。且不说随着情节的开展,现代都市的"物的逻辑"由于"神女"所遭受到的一系列性政治的逼迫而愈益鲜明地呈现出来,当某晚她安顿好年幼的孩子,敷粉易容、摆动腰肢走向灯火阑珊的街头,继而为躲避夜巡的警察左奔右突,并因此误入了流氓的住处,便已然构成了有关

---

① 《马克思恩格斯选集》第4卷,《家庭、私有制和国家的起源》,人民出版社1972年版,第61页。
② 参见皮埃尔·布尔迪厄著,刘晖译:《男性统治》,海天出版社2002年版。
③ 周蕾:《原初的激情:视觉、性欲、民族志与中国当代电影》,台北远流出版公司2001年版,第46页。

性别视角下的上海都市文化

现代上海的时间、地点和阶级当然也包括性别关系在内的丰富涵义。

其次,在当时严酷的环境下,阶级意识并不能被正面提及和宣扬,也使得性别呈述成为左翼电影重要的叙事手法。1927年,上海租界方面率先建立了电影检查制度,以防止和"禁止影片作不利于本地之宣传或蓄意鼓动破坏本地现时普遍公认之稳定安宁状态"①。30年代初,国民党当局也颁布了电影和出版审查法等等,1933年还发生了艺华影业公司被"影界铲共会"捣毁一事。在这样的状况下,性别问题(尤其是底层女性的生活处境)因其本身在当时社会的令人触目及与阶级意识的相通而成了左翼电影首选的叙事内容或方式之一。恰如1934年的一则左翼影评所概括的:"因为客观环境的关系,一年来以女性为主的暴露影片就成了中国电影的主流","这种内容和形式一致的影片中,假使容易找出三张1934年最佳的作品,那么,《人生》、《女人》以外,这张《神女》是可以算的。"②而稍早的《天明》也同样在性别呈述和阶级意识之间建立了联系。影片讲述来自农村的少女在被资本家榨取剩余价值的同时还遭到资本家一方性剥削的故事。后者为了达到霸占的目的,还将她同在工厂做工的未婚夫以莫名的理由开除了。凡此种种不仅为男女主人公走上反抗的道路奠定了基础,并激起了广泛的义愤:因为在深层次上,资本家一方的强暴行为触犯了中国道德的禁区——对处女贞洁的剥夺,在浅层次上,"趁人之危"的做恶方式也破坏了民众共同遵守的道德戒律,③影片的阶级意识从而得到了鲜明而"合法"的表达。

但左翼电影的性别呈述并非总是值得夸赞的,恰如有研究者所指

---

① 转引自汤惟杰:《上海公共租界电影检查制度的建立》,《上海文化》,2009年秋季增刊。
② 尘无:《〈神女〉评一》,《中国左翼电影运动》,中国电影出版社1993年版,第551页。
③ 参见袁庆丰:《左翼电影的道德激情、暴力意识和阶级意识的体现性与宣传性——以联华影业公司1933年出品的左翼电影〈天明〉为例》,《杭州师范学院学报》(社会科学版),2008年第2期。

出的,左翼电影"同时抵制、置换、复制着中国当时存在着的其他父权意识形态和男性意识形态",[1]这一倾向在那些有关职业女性的故事中表现得尤为分明。《野草闲花》是较早触及这类女性人物的影片。其中的女主人公在相恋的男主角的帮助下成功地登上歌唱舞台,却在事业将成时突然失声,显示出"在 20 世纪初的中国,对于职业女性的颠覆力量,男性有着深深的恐惧"[2]。和五四以来大部分的知识分子一样,左翼的男性电影人一方面同情和主张女性的解放,但对她们走出家门后的变化却同时怀有某种"隐秘"的担忧:原本依赖家庭和男性的她们一旦走上社会,谁知道接着会发生什么呢?"不是堕落,就是回来",是鲁迅曾经的设想,但人们却常常忽略了鲁迅同时还指出了经济的独立是"娜拉走后"的根本问题。当女主角失声后,为了不让她伤心,男主角慨然地表示:"这算不了什么,以后就让我做你的声音吧。"论者以为,这一宣称在很多方面都值得注意:作为有钱人家的少爷,男主角不顾家庭的反对坚持和出身贫寒的女主角相恋,标志了爱情的力量胜过了金钱和父权的力量;而"从性别角度来看,它支持男性用电影话语来遏制新女性具有的潜在颠覆因素"[3]。也即是说,这一宣称同时表露了编导者和社会的某种无意识:对于女性进入社会场域并独立地发出自己声音的要求,包括左翼电影人在内的社会男性其实并不那么认同。

"摩登女性"或"新女性"是左翼电影的性别呈述中另一组重要的人物形象。但同样如有学者所指出的那样,在这些影片中,那些所谓的新女性常常不是一个能按照自我意志行动的新主体,而是一个需要

---

[1] 张英进:《中国现代文学与电影:空间、时间与性别构形》,江苏人民出版社 2007 年版,第 197 页。
[2] 同上,第 198~199 页。
[3] 同上,第 199 页。

性别视角下的上海都市文化

男性不断规约管控的对象或有待掌握的知识。[①] 这甚至影响了影片的呈述方式——自《三个摩登女性》起,相关的左翼电影就热衷于以分类的方法来界定"摩登女性"或"新女性"。如田汉晚年的回忆所说,当时社会上有所谓"摩登女性"的说法,但在他看来这些女性其实并不是在思想、革命行动上走在时代的尖端,而只是在形体上争奇斗艳,自甘于没落阶级的装饰品,他"很可怜这些头脑空虚的丽人们,也很爱惜'摩登'这个称呼",因此创作了《三个摩登女性》,"但其中的人物不是平列的",而分别代表了虚荣享乐、恋爱至上和理智勇敢三类不同品质的女性类型。吊诡的是,被男主角最后确认为是"真正的摩登女性"的,乃是他最初逃婚(包办婚姻)的对象。这似乎是在说:包办婚姻或所选择的其实倒是不错的。之后的《新女性》继续了"三分"的思路和方法,据相关影评人的说法,编导者的目的也是为了表现"转形期中的三种不同的女性"。[②]与此相对,同是左翼阵营的女性编导者艾霞则以《现代一女性》命名自己的影片。对她来说,有意讲述的乃是"这一个"的故事,而不是某种可以被概念化的对象或知识。被认为成功塑造了女性新姿容的《体育皇后》同样表现出了对"新女性"的隐忧和规训约束的意图,不同的只是规约者的焦虑同时被表现为被规约者本身的焦虑,如女主角在每一次的"犯错"后都会急切地说:"云先生,一切的事,只要你肯教训我,我都听……"而在无声电影的时代,女主角的这一"呼唤"其实并不能让观众亲耳听到,而是由男性的影片制作者写在字幕上呈示给观众看的。

克拉考尔指出,"电影所反映的不是显而易见的见解,而是心理倾

[①] 张英进:《中国现代文学与电影:空间、时间与性别构形》,江苏人民出版社2007年版,第202页。
[②] 尘无:《关于〈新女性〉的影片、批评及其他》,《中国左翼电影运动》,中国电影出版社1993年版,第572页。

向——那些集体意识很深层面、意识层面以下的那些东西。"① 由于"左翼"和"男性"的双重身份,男性为主的左翼电影人在他们所编导的影片中既颠覆同时也复制改写着某些传统的男性中心意识或"意识层面之下"的东西,这并不奇怪,重要的是,它与左倾关门主义其实不无内在的联系。20 世纪 30 年代残酷的白色恐怖和左翼运动中的宗派主义,使得偏激的"左"倾情绪急剧增长,一切不同于左翼观念的人和事都被归入了对立的一方,反映在电影中,便是如上和现代都市有着千丝万缕联系的"摩登女性"或"新女性"被视作了必须"矫正"甚或抛弃的对象。这一趋向在《新女性》中得到了淋漓尽致的表达。影片的结尾,为了救治女儿而决定"去做一夜的奴隶"的小学教员兼女作家气息奄奄地躺在医院的病床上,但致她于死地的并不是卖身救女这一选择本身,而是前来购买她的正是早就觊觎于她而被她几次拒绝的校董王博士。"巧合"和羞愤摧毁了她的自尊心,也昭示出像她那样的"出走的娜拉"在现代都市的险恶处境。她们为钱所困,也为情所困,却仍然希望保持一份自由的意志,这便在她们的生活世界中造成了极大的冲突。她们的处境生动而深刻地映现了现代都市中"物的逻辑"与"自由意志"的较量,但从《新女性》的结尾来看,似乎这一切都不过是她们的"咎由自取",因而不值得"同情"或"一顾"。影片最后结束于一个不无意味的场面:一大群由工厂女工组成的人流匆匆涌过,她们整齐而有力的脚步将印有女作家私生活报导和照片的报纸碾得粉碎,暗示了像女主角这样的小资产阶级女性在现时代已经或必须被抛弃,她们的生活经历连同其创作都如同烂纸一样毫无价值。问题在于,这样的宣示并未能加强影片的政治性,恰如张闻天当年针对"第三种人"的争论所指出的那样,"排斥这种文学,骂倒这些文学家,说他们是资产阶级的

---

① 转引自张英进:《民国时期的上海电影与城市文化》,《二十一世纪》网络版 2008 年 4 月号。

走狗,这实际上就是抛弃文艺界的革命的统一战线,使幼稚万分的无产阶级文学处于孤立,削弱了同真正拥护地主资产阶级的反动文学做坚决斗争的力量"①。将现代都市中身心俱创从而对现存制度具有潜在反抗性的小资产阶级女性视同烂纸,同样削弱了与真正的反动势力相抗争的力量。影片问世后左翼内部曾引发了究竟"谁是真正的新女性"的讨论,相关的评论一方面固然是为了充分肯定影片的成就,却未尝不可以说同时也已隐约感到了或无意中呈现了其中的问题:当一群"整齐得象作战的士兵的女工们,高唱着雄迈而制肃的进军歌,践踏着那些悲剧的扮演者的尸骸","连瞥也不瞥一瞥的走着自己的路",这时不但女主角所指代的小资产阶级女性已经"轻若尘埃",就是片中另一位被编导者用来作为"真正的新女性"代表或象征的女工李阿英也"殊为寂寞"了。②《新女性》在很多方面利用了《现代一女性》中的剧情或材料,而后者对"爱情是要钱和用钱来维护的"体认,以及以出卖身体而维护爱情的"出格"行径,其间的"吊诡"和对现代商品世界的揭示其实并不比《神女》来得"浅"或简单;而其"深处"由于涉及到女性情欲或个人情感在男性社会的合法性,迄今而止仍没有得到足够的正视和意识。

概言之,左翼电影作为产生于民族危亡之际以抵抗内外统治者为主旨的文化实践,毋庸置疑地有着鲜明的政治性,其所体现的不仅是左翼电影有别于其他类型的影片如市民电影的根本特性,同时连结了一段不可抹去的广阔历史。左翼电影因而不能被"去政治化",事实上也不可能被简单地去政治化。因为即使是以新文化史的思路甄别、梳理出左翼电影中诸多鸳蝴派的因素或现代都市文化的影响,也必须回

---

① 张闻天:《文艺战线上的关门主义》,《张闻天选集》,人民出版社1985年版,第8页。
② 尘无:《关于〈新女性〉的影片、批评及其他》,《中国左翼电影运动》,中国电影出版社1993年版,第572页。

答:在社会和文化市场并不缺乏上述因素的情况下,左翼电影为什么别有一种吸引力?尤其是广泛地争取到了青年学生、店职员等城市人群的认同?事实上,对于上世纪30年代国产电影的总体格局来说,离开了左翼电影也不能成立。但如同历史本身的复杂性,左翼电影的政治性也不应一概而论,其某种程度的"关门主义"和"偏激"倾向是我们今天重提左翼电影的政治性时不应也不能回避的。在本文的视野中,这一切同时和它性别呈述的"高下"密切相关。如果说左翼电影在其时复杂的社会条件下同时颠覆或复制、改写着男性中心的父权与夫权意识,那么其不同倾向的性别呈述也同时促进或削弱着它的政治性。左翼电影阶级意识的旋律中夹杂着男性中心的杂音是一个不争的事实,尽管如此,我并不认同相关研究将左翼电影鼓励女性勇敢理智、关心大众看作是宣扬没有性别的男女人物[①]的观点。可以说,这种似乎是基于"性别视角"的说法本身是"反女性"的:为什么"勇敢理智"和"大众的事业"不可以是"女性的"呢?将大众和个人分别对位于男性和女性,除了重蹈男性中心话语的复辙外,并不无"本质化"思维的嫌疑。左翼电影的"性别盲点"不在于它对女性"勇敢理智、投身大众"的鼓动,而在于否认小资产阶级女性在其时存在的合法性,缺乏对她们的处境和反抗性的深刻认知,以及居高临下的规训意图和"教诲"姿态。而这一"本质化"的思维从根本上来说乃是和"新文化史"研究中过度的"去政治化"有关。当政治被视作历史的"多余"或"外围"之时,女性和大众及社会公共事务间的关系也被肢解了。而这正是论者试图借鉴的性别分析或女性主义所要改变和反对的。

[①] 见张英进:《中国现代文学与电影:空间、时间与性别构型》第7章中"中国电影语言的性别化和政治化"一节。

性别视角下的上海都市文化

中国早期女电影人和中国电影的现代性

有关中国的早期电影,以往一般笼统地指涉1949年以前的电影,近年以来,随着研究的深入,对中国早期电影历史的分期更为精细。而本文所谓的"早期电影",特指中国电影萌芽时期至1932年中国左翼电影运动兴起以前的中国电影。在对早期电影的研究中历来存在这样一个看法:认为中国电影史的"正史"乃是从上世纪30年代初左翼的"电影小组"成立开始的,此前的历史乃是电影的"史前史"。电影的"现代性"是30年代之后的存在,"早期的国产电影,不容一笔抹煞。但就总体而言,鸳蝴气和文明气,封建文艺的流风余韵,是笼罩银幕的主要倾向,和新文化主流泾渭异途,却是一个分明的历史事实"[①]。早期中国电影与鸳蝴派和文明戏有密切的关系,这是不争的事实。但据此便推定早期中国电影是"旧电影",与"现代性"无关,却不免简单。就"鸳蝴派"来说,其"被压抑的现代性",在近年的文学研究中正在获得越来越多的关注。此外,对早期电影是否具有"现代性"的判断亦不能仅仅从意识形态/思想性这一维度来衡量,电影和文学是两种不同的介质,不同的介质就有不同的表达功能和艺术特质。有关文学与电影的现代性表现,需要更细致的分析。上世纪90年代以来,一直不被主流话语和精英文化重视肯定的中国早期电影得到了不少电影研究者的关注,有关中国早期电影的研究也取得了许多开拓性的研究成

---

① 柯灵:《试为"五四"与电影画一轮廓——电影回顾录》,陈纬编:《柯灵电影文存》,中国电影出版社,1992年版,第290页。

果。在许多研究成果中,以美国学者为主的"感官文化学派"对上海早期电影的研究,由于他们与传统电影研究方法不同的思路、特殊的视角和所关注的问题,引起了海内外学界的广泛重视,也引发了不少争议。[1] 然而早期女电影人在电影这一新兴的文化产业中究竟扮演了什么样的角色,有何独特的价值和意义,对中国电影现代性的形成有何关联和贡献等等的问题依然没有得到足够的研究,或尚有不少空间。

本文拟以性别视角和文化研究的方法,探讨中国早期女电影人与中国电影现代性的关系。对中国电影的现代性的考察,我认为应该从两大方面来进行。一是从电影艺术本体来说,看其是否具备影像叙事和电影表演艺术的基本形态,二是从电影作为文化产业和文化商品来看,看其从生产到发行和消费的组织是否具备了产业/商业运作的一些特征。在我看来,20世纪30年代前的中国早期电影在上述方面已经具备了相当的现代特征:因为1921年~1923年摄制的第一批长故事片在叙事形态和表演形式上已经具备了现代电影基本的艺术形态的特征;电影工业"成型"的另外一个重要表征就是明星制的建立,中国早期电影明星制虽然没有好莱坞成熟和完善,但明星制的一些运作手段已经渗透在早期电影产业的各个环节。这是中国电影现代性的重要组成部分。而作为早期电影生产的主体之一的早期女电影人,她们在银幕上的出现本身就是电影现代性的一大表征,在电影产业的各个方面她们都是参与建构电影现代性的重要的主体之一。本文将尤其着重从性别的角度来探讨早期女电影演员与中国早期电影艺术形态形成的关系,以及早期电影女明星在早期电影明星制的运作策略中的地位和作用。另外除了电影表演之外,王汉伦和杨耐梅等早期女电

---

[1] 参见米莲姆·布拉图·汉森:《堕落女性,冉升明星,新的视野:试论作为白话现代主义的上海无声电影》,李欧梵:《上海摩登》,张真:《〈银幕艳史〉——女明星作为中国早期电影文化的现代性体现》等。

影演员,还以制片人的身份角色参与了相关电影从制作到发行放映的整个过程。她们身兼数职的尝试有何独特的价值与意义,本文试图通过对这样一些问题的分析和研究,探视中国早期女电影人对中国电影现代化的独特贡献和价值。

一、女电影演员的出现和中国电影艺术形态的成型

1895年,法国人卢米埃兄弟发明了电影,隔年便传入了中国,因此中国的电影放映与西方几乎是同步的。1896年8月11日,上海的徐园内的"又一村"放映了西洋影戏。从当时的《申报》、《游戏报》、《趣报》等提供的广告或文章来看,当时放映的外国电影多为杂耍集景、打闹逗趣、风光新闻一类短片。[①]当时人们把这些外国短片称作"西洋影戏",这些"西洋影戏"不仅带给国人"视觉的震惊",也让国人感受到了电影这一西方事物的神奇,对这种新兴媒介感兴趣的人于是开始学拍电影。但由于电影技术、资金和从业者的匮乏,直到1905年国人才拍了自己的第一部电影《定军山》——戏曲短片。自此,中国早期电影人开始了自制电影的探索实践阶段。

1905年京剧《定军山》是我国最早的戏曲电影短片,后来还相继拍摄了一些著名演员的京剧片断。这些影像记录,实际上只是把演员在舞台上的演出如实记录在胶片上,除了能够看到京剧中的做打之外,由于当时电影技术的局限,京剧中最重要的表演要素——唱念却无法复现。因而,除了能够满足当时一些人对电影这一新兴媒介的好奇感和新鲜感之外,客观地讲,电影拍摄的传统戏曲片段的表现形式还比不上舞台上传统戏曲艺术本身有魅力。虽然戏曲片后来也成为了中国电影中特有的一种类型片,但是,从严格的意义上来说,戏曲以歌舞

---

① 徐园在1896年8月10日及14日的上海《申报》副张广告上刊登广告,还有1897年9月5日《游戏报》74号上刊登的一篇题名为《观美国影戏记》以及1898年5月20日上海《趣报》上所发表的《徐园纪游叙》等。可参见程季华主编:《中国电影发展史》,1963年版。第1卷,第8~9页。

演故事的叙事方法,以及场景、道具和表演形式等方面的高度假定性和写意性,与电影的写实性毕竟有着太大的距离。因此早期电影戏曲短片——一种传统戏曲的影像复制品自然不可能成为中国早期电影的基本艺术形态的代表。除了戏曲片之外,早期的电影人也制作了一些纪实性的风光片、时事片和教育片等。如上海早期制片公司拍摄的表现上海地区生活的记录短片:《美国红十字会上海大游行》、《军舰下水》、《上海焚毁存土》、《霞飞将军游上海》、《上海龙华》、《上海风景》、《第五次远东运动会》等,早期记录短片由于受到当时的拍摄技术和电影技术的限制,同时由于记录短片的内容形式并不符合中国观众的文化欣赏习惯,因而也没有成为最为大众欢迎和流行的电影形式。早期的电影人制作的另一类影片则是滑稽短片。主要以传统戏曲剧目、民间通俗故事或市民生活为题材,以喜剧或闹剧方式描写各种人情世态的滑稽故事。这些滑稽故事短片对电影的叙事功能做了一定的尝试和探索,但无论在商业地位和艺术的成熟性上讲,都还无法与传统戏曲和其时盛行的文明戏相抗衡。历史的记载也证明了许多早期拍摄的电影短片只能沦为欣赏传统戏曲或文明戏的"余兴"。徐耻痕在《中国影戏之溯源》中说:"时上海影院,均为外商所经营。专映舶来片。亚细亚之出品,当然无在影院开映之价值,仅于每晚民鸣社戏毕,假该台附映一两套,或时出现于青年会,作会场之余兴而已。"[①]而明星公司成立之初在张石川兴趣主义为主的思想指导下拍摄的滑稽短故事片——"打闹喜剧","在营业上并不怎么成功"[②]。早期影评人潘毅华在《近年电影观众之趋向》一文中也说道,当时的影片"最长者不过二卷,亦无情节可言,观众见银幕上,有人影憧憧,忽而高山,忽而大河,

---

① 徐耻痕:《中国影戏大观》第1集,上海:合作出版社,1927年。
② 郑君里:《现代中国电影史略》,《近代中国艺术发展史》,上海良友图书印刷公司,1936年上海出版。引自《电影创作》,1989年第2期。

性别视角下的上海都市文化

于是奇其所睹,叹为绝作焉,既久生厌"。"拍摄的各种滑稽短剧,以博观众之心,顾不久又落寞。"①由此可见缺乏叙事因素或叙事、情节太过简单的影片还无法得到都市大众的普遍欢迎。

从电影的表演模式和形式来看,在20世纪20年代以前中国早期电影的初始发展中,由于电影还没有处于都市娱乐文化的主导地位,也还没有专职的电影演员,演员绝大部分来自新剧舞台。在性别表演的模式上,延续了传统戏曲的做法,惯用男演员饰演女角,这一时期银幕上几乎没有出现过真实女性的身影,也影响了电影在表演上难以形成不同于传统戏曲的独立的艺术形态。

早期电影中女演员的"缺席"和中国的性别文化有关。中国传统社会对女性的性别规范要求她们"莫窥外壁,莫出外庭,出必掩面,窥必藏形"。②中国的性别制度一直是男"外"女"内","女正位乎内,男正位乎外,男女正,天地之义也"。女性长期被排拒在公共领域和空间之外。传统戏曲中以男伶为主的情况一直到清代京剧依然维持着。虽然在传统戏曲舞台上也出现过女性伶人的身影,但她们在舞台上的出现是以丧失良家妇女的身份换来的,与正统的性别制度秩序是相悖的。清代康熙和乾隆年间,曾颁发禁止女伶登台的命令。③早期的皮黄舞台上没有女演员,演戏是男人的专利。到了清朝末年才有女演员出现,有了所谓"坤班",1913年,北京政府又下令禁止男女演员同台演出,"乾班"与"坤班"只能分别演出。因此,性别反串——男扮女、女扮男成为了中国传统戏曲中最主要的表演模式。另外传统戏曲的表演形式主要是以歌舞演故事,在场景、道具等方面也并不追求真实性,无

---

① 潘毅华:《近年电影观众之趋向》,《电影杂志》,《中国早期电影画刊》,全国图书馆文献缩微复制中心,第1887页。
② 转引自罗苏文:《女性与中国近代社会》,上海人民出版社,1996年,第36页。
③ 王利器辑录:《元明清三代禁毁小说戏曲史料》,上海古籍出版社,1981年版,第20、23、26、29、47、81页。

论是演员的化妆、唱、念、做、打都与现实生活有一定的距离,由此造成了传统戏曲在表演模式和表演形式上的艺术特征——假定性和写意性。在早期电影短片的尝试过程中,一些电影戏曲短片完全是对传统戏曲中性别表演模式和表演形式的移植,因此电影独立的表演艺术形态根本无从谈起。如《天女散花》和《春香闹学》是由著名的男花旦梅兰芳主演,但由于当时的电影技术还在无声时代,所以也无法移植和复制传统戏曲中最精彩的"唱白"。在辛亥(1911年)前后,中国新兴的文明戏开始成为都市主要的娱乐文化形式之一,文明戏虽然是对外国话剧的模仿,但其性别表演模式依然采用的是男扮女这种反串的传统模式。由于早期电影人大都与文明戏有一定的渊源,如郑正秋、张石川以及多数演员都为新民、民鸣社成员,[1]因此在中国叙事电影的初始发展中,演员绝大部分来自新剧舞台。像亚细亚公司拍摄的《难夫难妇》等11部短片,全都由"新舞台"文明戏班的男演员担任。剧中的女角也都由男演员饰演。[2] 正如郑君里所云,"文明戏是现代中国表演艺术的起点。与中国的程式化的传统表演(如京剧和地方曲艺)相较,它在形式上比较写实逼真,自然而自由,可以反映当代人的丰富多彩的生活面貌,这是它进步的一面。可是同时是一种重刻板的、造作过火的演技。"[3]

文明戏(亦称新剧)是中国早期话剧形式,在当时虽然已经是最接近生活自然形态的表演形式了,但其表演模式与表演艺术和电影艺术的特性——真实性和生活化——依然是有差距甚至是不相容的。进入20世纪20年代,由于好莱坞影片的大量输入,国人对电影的欣赏要求越来越高。中国电影中承袭的传统性别表演模式已经越来越不

---

[1] 参见黄飚:《海上新剧潮:中国话剧的绚丽起点》,上海人民出版社,2003年版。
[2] 王汉伦:《感慨话当年》,北京:中国电影出版社,1984年,第3页。
[3] 郑君里:《角色的诞生·新版自序》,北京:中国电影出版社,1981年出版,第3页。

符合电影观众的欣赏趣味。文明戏的表演由于舞台距离和演员的浓妆粉墨可以淡化性别表演的缺陷,然而电影拍摄技术的精确性,却使男扮女无法通过化妆来掩盖其真实面目。"反串男演员们的胡碴与喉结,在特写镜头下变得无可遁形"。① 传统戏曲的观众更注重听觉的享受——听戏,而无声电影中的表演完全依靠演员的动作和姿态,所以观众重在"看"。由于默片每秒16格的拍摄速度略慢于生活中的正常速度,从而使细微表情和内心变化被充分展示甚至放大,文明戏演员的表演常常带有过重的舞台表演痕迹,因此20世纪初的早期电影中承袭的性别表演模式和文明戏的夸张化表演形式遭到了许多有识之士的批评。如有人批评说:"至于表演方面,确是无理取闹,再加女子由男演员扮演,本已扭捏作态,又复化妆恶劣,不知色彩和胶片的关系,仍以胭脂染颊,变成两个窟窿……"② 鸳鸯蝴蝶派的代表周瘦鹃在《影戏话》一文中批评说:"海上有亚细亚影戏公司者,鸠集新剧人员,映演《黑籍冤魂》,及短篇趣剧多种,剧中妇女,仍以旦角乔装为之,装模作样,丑态百出,情节布景,亦无足观,不一年而消灭,持较百代、林发诸大公司之影片,正如小巫之见大巫耳。"③ 1920年从美国回国后受聘于中国影片公司的洪深更是直言:"对于男子扮演女子,是十二万分的厌恶。"④ 当时很多人都坦言不喜欢国产影片,原因也在于此。

从上所述我们不难发现这样一个历史事实的存在:在女电影演员出现以前,中国的早期电影虽然经过了十几年的摸索,但是无论从电影的影像叙事方面还是电影表演艺术的模式与形式上,现代电影基本的艺术形态特征还没有形成。

在经过了电影短片的摸索尝试以及从电影放映的市场反馈中,早

---

① 郑正秋:《新剧家不能演戏吗?》,《明星特刊·冯大少爷号》,1925年3月第4期。
② 谷剑尘:《中国电影发达史》,载《中国电影年鉴》,1935年上海出版。
③ 周瘦鹃:《影戏话》(1),《申报》1919年6月20日,第15版。
④ 洪深:《我的打鼓时代过去了吗?》,《良友画报》第108期,第12页。

期电影的从业者开始认识到,没有故事的电影只能满足市民观众一时的好奇心和新鲜感,而很难长久地吸引观众和得到市民观众的普遍认可。因此,他们对"影戏"的"本质"有了更加明确的认识。"影戏是不开口的戏,是有声有色的戏,是用摄影术照下来的戏"①。"戏乃艺术,凡不能立足艺术之上,咸不得谓之戏。影戏虽无声,讵能外此原理?"②虽然对何谓"戏"没有明确的说明,但显而易见这里的"戏"绝不是指传统戏曲或是当时文明戏的翻版和复制。郑正秋明确提出影戏的"戏"必须具备的八大要素,其中就是"有系统的事节",③也就是故事情节。正如有研究者指出的那样,影戏的戏的实质并非传统戏剧,而是现代传奇性的故事。④ 同时早期电影人也认识到,作为重在"写实"的电影艺术如果继续沿用传统的性别表演模式和表演形式,电影艺术的最基本的"真实性根本无法实现"。中国影戏研究社的顾肯夫在1920年的《影戏杂志》的发刊词中认为,"戏剧中最能逼真的只有影戏","影戏是写生式的,样样都要逼真,不能表情过度"。越来越多的人认识到,无声电影中的表演完全依靠演员的动作和姿态,"真"和"美"是最关键的因素,而女子出演女主角无疑是最真最美的。因此,改变传统的性别表演模式,开创一种新的性别表演模式和表演艺术形态已经势在必行。因此,无论从电影叙事,即用影像叙述故事的方面来说,还是从电影表演的形式特征要求来讲,如果没有女电影演员参与电影制作,要想实现电影叙事和电影表演模式和形式的现代转型几乎是不可能的。一言以蔽之,无论是电影艺术本体的发展要求还是观众的观赏需求都呼唤女电影演员在银幕上的出现。

---

① 周剑云:《影戏杂志·序》,载《影戏杂志》第1卷第3号,1922年上海出版。
② 周剑云:《影戏杂谈》,载《申报》1922年3月13日。
③ 郑正秋:《明星公司发行月刊的必要》,丁亚平主编:《百年中国电影理论文选》(上册),北京:文化艺术出版社,2003年版,第14页。
④ 虞洁:《早期中国电影:主体性与好莱坞的影响》,《文艺研究》,2006年第10期,第105页。

性别视角下的上海都市文化

　　1921年故事长片《阎瑞生》拍摄,为了追求影片的"真实性",这部影片全部使用了非文明戏演员,特别值得一提的是剧中被害女主人公妓女王莲英,由一位已经从良的妓女王彩云来饰演。这位出身青楼的王彩云成为了第一位电影女主角。① 这部影片放映之后受到观众的极大欢迎,当时就有人对电影和演员表演的生活化和真实性给予了高度评价:"剧中情节,编制尚紧凑。一切布景皆与西片相仿,演男女各员,均能适如其分。"② 还有影评者对影片在性别表演模式上的突破也给予了肯定。"男演男,女演女,男女同台,男女合演,这在封建制度尚盛、男女授受不亲的当时,(更是)非同一般"。③ 正是《阎瑞生》开启了男女演员以自然性别扮演角色并同台合演的先河,由此奠定了中国叙事电影的基本表演模式。随后两年间又有了《海誓》、《红粉骷髅》和《孝妇羹》等8部故事长片的陆续问世。爱情故事长片《海誓》中女性人物形象成为了整部电影的中心,特别是女主角扮演者殷明珠,由于其扮演了一位敢于追求爱情的时髦女性,吸引了大批观众一睹其芳容。"卖座之盛,超过了舶来片"。④ 到了1923年年底明星公司推出的《孤儿救祖记》(10本),由于影片的故事情节组织得颇为曲折动人,特别是影片着力塑造了代表中国普通观众的理想女性模式的女主人公形象——她的美貌、专情、善良、勤劳和明理,赢得了中国市民观众的普遍认同。剧中女主人公的扮演者王汉伦,因其自然、真实、生活化的出色表演赢得了观众的交口赞誉,使她一举成名。当时便有人评价:"全片富于影

---

① 1913黎民伟拍摄短片《庄子试妻》(2本),其妻严姗姗扮演了片中扇坟的使女一角,成为中国影片中出现的第一位女演员,但她出演的戏份很少,而片中妻子这一重要的女主角仍由黎民伟自己反串扮演,故短片的性别表演模式未有很大的突破。
② 木公:《顾影闲评》,载《申报》,1921年7月1日。
③ 转引自杨远婴主编:《中国电影专业史研究》电影文化卷,中国电影出版社,2006年版,第445页。
④ 郑逸梅:《从海誓谈到上海影戏公司》,王汉伦等:《感慨话当年》,北京:中国电影出版社,1984年,第24页。

戏色彩,减少新剧化动作"。① 后来著名电影人郑君里评价说,"当时渐渐有一些不假助舞台经验而成功了的新的电影演员(如王汉伦女士),而且,这种成功,在电影的技术观点看来,是跃出了文明戏演技的体系的一种新颖的、比较写实而自然的形式。"② 由于明星公司的《孤儿救祖记》在舆论评价和营业效益两方面都获得了巨大成功,以至于那些(在中国)"开影戏院的洋人,居然也改变他看轻中国影片的眼光"③。更有人认为:"电影界要是没有明星公司的《孤儿救祖记》,也不会后来盛极一时,造成了空前的国产电影运动。"④ 在我看来,第一批国产故事长片能够在商业上和艺术上获得成功,与女电影演员参与电影的叙事和表演密不可分,她们的表演活动促使了中国电影的艺术形态在较早的时期即得以基本成型。

《孤儿救祖记》,明星公司1923年出品,王汉伦主演。

正如张爱玲曾指出的那样,"中国观众是难应付的,一点也不低级趣味或是理解力差,而是他们太习惯于传奇"。⑤ 在中国传统的传奇叙事模式中有关家庭伦理和言情传奇是最为普通读者和观众欢迎的。历史事实也证明,由女电影演员参与创作的第一批剧情长片受到了广

---

① 舍予:《观明星摄制之〈孤儿救祖记〉》,《申报》,1923年12月26日。
② 郑君里:《再论演技》,原载《联华画报》1935年第5卷第9期至第6卷第5期。丁亚平主编:《1897—2001百年中国电影理论文选》(上册),北京:文化艺术出版社,第240页。
③ 郑正秋:《请为中国影戏留余地》,《明星特刊》1925年第1期。
④ 谷剑尘:《中国电影发达史》,载中国教育电影协会编:《中国电影年鉴》,1934年版。
⑤ 张爱玲:《〈太太万岁〉题记》,载《大公报》,1947年12月3日。

大市民阶层的广泛欢迎和认可,尤其是以现实生活中的女性叙事为中心的家庭伦理故事和言情传奇故事获得了现代市民观众的特别青睐。因此,以家庭伦理、言情为主的题材成为了早期电影的主要叙事模式,同时女性为中心的电影叙事传统也由此开始确立。在20世纪20年代初中期以文艺片为主导的"国产电影运动"中,许多电影基本都是关于近现代都市的家庭伦理与情感传奇的内容,特别是以包天笑、周瘦鹃等为代表的鸳鸯蝴蝶派开始从文坛转向电影制作,更是强化了现实题材电影的言情叙事模式。即使是1926年开始盛行的古装片、武侠片、神怪片,女性人物或女侠依然占据着不可或缺甚至是中心的地位。可以毫不夸张地说,正是女电影演员在电影中的出现以及她们在参与电影创作中的成功表现,使中国早期电影艺术形态或电影艺术中占主导地位的"叙事"性得以实现和确立。同时女电影演员在电影中以自然性别的身份参与表演,开创了传统性别表演模式之外的另外一种表演模式,她们生活化的表演和形象使追求写实和逼真的电影艺术得以实现。如果没有女电影演员的参与,写实性和生活化的电影表演模式和形式是不可能形成的。由此可见,女电影演员的出现,为早期电影艺术形态的成型和确立提供了必要的条件和发展的契机。

与此同时,由于第一批女电影演员在银幕内外的成功,引发了许多年轻女性投身银幕的愿望。据早期电影史料记载,大中华影片公司为拍片招聘一女演员,出现了万余人应聘的追捧局面,仅此一例可见当时女电影演员名副其实成为了"万人瞩目"的职业。自殷明珠的《海誓》和王汉伦的《孤儿救祖记》后,短短几年时间,女电影演员便成为了一个新兴的职业群体。而随着具有主导性的中国叙事电影艺术形态的确立,并由此带来商业上和艺术上的成功,女电影演员在新兴的电影产业中的地位和作用也日益增强,她们的影响力也开始渗透到都市文化的其他方面。

二、聚焦女演员：中国早期电影工业"明星制"的运作策略

1927年，早期电影人徐耻痕就曾为20世纪20年代前半期的33位女电影演员做了《女演员之略传》①。书中记录的这些女电影演员基本都是当时有着相当知名度的女电影明星。那么，中国早期女电影演员是如何成为"女明星"的呢？她们在中国早期的"明星制"中又扮演怎样的角色，处于什么样的地位，有何作用？

亲身经历美国电影明星制起源过程的弗兰克·E.伍兹曾这样描述美国早期明星制的形成，伍兹说，观看电影的观众想要知道他们在银幕上看到的人物的名字，但制片商却要对演员的姓名严格保密，以避免给剧团经理带来向演员支付高薪的麻烦。观众的对策是给他们喜欢的演员取名，然后要求他们出演。由此电影公司发现了演员的经济潜力，卡勒姆影片公司首先顺应了观众对明星了解的渴望，利用各种手段制造了第一个电影明星劳伦斯。②随后，各大电影公司终于屈服明星效应并效法卡勒姆公司的做法，纷纷成立专门机构，培养影星，研究和发明各种方法提升演员的知名度、美誉度，借助明星演员的巨大影响力和票房号召力将电影推向市场，从而获得巨大利润。在20世纪20年代，好莱坞就逐步建立起以明星为中心的电影生产机制。随着美国电影工业的进一步发展，明星制也在好莱坞进一步完善，并一直延续至今。中国早期电影业虽然无论在资金、技术还是在表演等方面都还无法与好莱坞早期电影相提并论，但好莱坞的时髦做法很快

---

① 徐耻痕：《女演员之略传》，《中国影戏大观》，上海：合作出版社，1927年。
② 据说世界上第一位通过明星制生产出来的电影明星是弗洛伦斯·劳伦斯。那是1910年，劳伦斯本来在比沃格拉夫影片公司效劳，因为影片中不出现演员名字，她只能与公司其他女孩一样被叫作"比沃格拉夫女郎"。独立制片公司的领袖卡尔·莱默尔许诺给她高薪和更高的个人公开度，把她挖到了独立影片公司。莱默尔通过报纸发布假消息说劳伦斯因车祸身亡，接着又宣称这是对手制造的谎言，同时在报刊上刊发劳伦斯出现在舞台上的图文报道。这被认为是电影演员的名字第一次为公众所知。劳伦斯的这一行动是"代表电影明星的第一个公开表演"，被看作"明星制的起源"。

就会被中国电影界效仿。中国早期的明星制主要就是对好莱坞明星制的一种模仿和借鉴,当然可能还沿用了中国传统戏曲文化中"名角"制的一些方式。

好莱坞的明星制是制片商为了顺应观众了解明星的渴望,同时也为了商业利益而利用各种手段建立起来的,美国学者本杰明·汉普顿则更强调观众在明星制产生过程中的作用。他认为"电影界的明星制实际上是观众建立的"。[1] 在明星制没有完全确立和成熟的时候,某种程度上确实可以说是观众建立或者说催生了明星制。20世纪20年代初期中国电影明星制还没有完全确立,中国最早的电影明星如《海誓》中的女主演殷明珠和《孤儿救祖记》的女主演王汉伦,由于她们塑造的银幕形象以及自身的真实形象,得到了广大市民观众的喜爱和追捧,从而一举成名。当时就有人分析《海誓》轰动的原因是因为剧中女主人公的扮演者殷明珠,"天生丽质,在银幕上更是光彩照人,人们都以一睹时髦小姐的芳容为快,因此影片十分轰动"[2]。特别是王汉伦,无论是在十里洋场的高等戏院,还是酒楼茶肆,甚或窄巷棚户,人们都在谈论这位将悲情戏演绎的淋漓尽致的女演员。尹民在《中国演员将来有为大明星之希望者》一文中把王汉伦推举为"中国演员将来有为大明星之希望者"[3]中的第一位。

如果说女电影演员的出现对中国电影主导艺术形态的成型和确立提供了必要的条件和发展的契机,那么电影女演员在明星制的形成中其作用和影响显然同样重要和巨大。她们在明星制形成中的作用不仅体现在她们与电影艺术本体的关系上,还体现在电影作为文化产业的其他各个方面,如正因为殷明珠和王汉伦两位最早的电影女明星

---

[1] 参见《明星制的起源》,《世界电影》1995年第2期,第63、65页。
[2] 杨远婴主编:《中国电影专业史研究》,电影文化卷,中国电影出版社,2004年版,第445页。
[3] 尹民:《中国演员将来有为大明星之希望者》,《电影周刊》第15期,1924年6月。

的市场号召力,使明星公司和其他电影公司更清楚地认识到女电影明星在整个电影业中的重要价值和作用。事实上,早期电影产业的许多运作手段和策略大都是以电影女明星为中心而进行设计的。

在好莱坞早期明星制中,演员一旦被定型包装成"明星",她/他所饰演的角色通常是类型化的,她/他的社会公众形象是模式化的。某些演员的性格气质一旦与类型电影的角色模式相符合,她/他就获得了出演这些影片的机会,她/他的某些特点会被强化和突出,而其他不相关的性格气质就被弱化和摈除,当一部类型电影获得成功后,其中演员的明星形象也从此确立,成为今后银幕表演的范本和市场票房的保证。20世纪20年代的中国早期电影明星制虽然没有好莱坞明星制那么成熟和完善,但在明星定位模式上与好莱坞有相似之处。由于女电影明星在观众中享有广泛的知名度,而电影观众也渴望能不断地在不同的影片中看到自己喜爱的女电影明星,从观众认同电影女明星的心理出发,电影公司常常会根据女明星的主要性格气质以及她们的人生经历等决定她适合扮演的某类角色,有时甚至就以她们的人生经历为蓝本改编影片剧情并让她们担纲出演,使女电影明星的形象在银幕内外合二为一。如早期名扬上海的"四大金刚"——王汉伦、杨耐梅、宣景琳、张织云,电影公司就是根据她们不同的性情气质和人生经历安排或塑造适当的角色的。

由于王汉伦的外在形象气质端庄娴雅,符合中国传统审美观念中对大家闺秀和少奶奶的形象气质的规范,因此从拍第一部影片《孤儿救祖记》开始银幕形象基本被定型化为"贤良"女性。《玉梨魂》、《空门贤媳》、《好寡妇》等中女性形象都是那种符合传统伦理观念和男性欣赏规范的女性。而1924年长城画片公司出品的《弃妇》这部带有一定女权色彩的影片,因片中的女主人公与现实生活中王汉伦的人生经历和生命体验相仿,因而获得了王汉伦的偏爱。而当时的相关电影报道也有意强化这部电影故事与女明星真实生活的相似性。

另一位女演员杨耐梅虽出生在大富之家,但不愿顺从父亲的意愿和安排,不愿循规蹈矩做大家闺秀,从学生时代起就热衷于一切时髦而新鲜的事物,杨耐梅是公认的时髦女郎,几乎左右着上海滩最炫的时尚。现实生活中的杨耐梅非常欣赏和认同名扬全球的"性感女神"玛琳·黛德丽,有时甚至会模仿玛琳·黛德丽的举止装束。在杨耐梅毛遂自荐参与拍摄的第一部影片中,她扮演的筠倩便是个妩媚妖娆的女性,于是她被冠以"浪漫女星"的雅号。后来在电影公司为她量身定做的《诱婚》中,她扮演一个摩登时尚的少女,在物质欲望的漩涡中沉浮,最终被吞没。杨耐梅在影片中大胆外露的表情与姿态是过去中国电影中从未出现过的。在之后接拍的《新人的家庭》《空谷兰》《四月里的蔷薇处处开》《湖边春梦》等,她都饰演了形形色色的交际花或时髦艳丽的美妇。杨耐梅虽然在不同的影片中有不同的名字,但其实大都是根据她的主要性格气质建构的类型化的女性形象。因此,善演放浪妖艳的"艳星"形象几乎成了她的"标签",而喜爱杨耐梅的观众恰恰就是迷恋她时髦、美艳和性感的形象,而现实生活中的杨耐梅也乐于维持自己风流美艳的称号。因此,银幕内外,杨耐梅都恣意地绽放着她的美艳、性感,她在银幕内外用一种另类甚至极端的方式有意或无意地对抗着男权社会对女性主体性的压抑。她用镜像外张扬自我的现实形象和镜像内的美艳风流的银幕形象,建构了20年代的一种"摩登女性"形象,从而成为了公共空间里令人侧目或"无人不谈"的中国最早的女明星之一。

宣景琳早期扮演的角色不少都是根据她的人生经历改编而搬上银幕的,如《上海一妇人》《银幕艳史》等,因此宣景琳大都本色出演。张织云的哀艳娇柔的性格气质则被塑造成了"悲情圣手"的银幕形象。

明星制不仅要在影片叙述空间中提供适合不同明星的表述空间,同时也要为明星开辟其他的空间。如配合影片上映的海报和广告影片的衍生品、与观众见面、影迷活动中签字、发放照片等,这些"操作"

是明星制中不可缺少的手段。从早期电影史料中我们发现,20世纪20年代的中国早期电影明星制已经运用了这些"操作"方式。如上海影戏研究社专门发行的《电影杂志》(1924年)电影特刊《晨星》,1925年的《明星画报》、《明星特刊》都以影星特别是女明星做封面或扉页,另有明星小传,如早期有影响的明星FF(殷明珠)、AA(傅文豪)、王汉伦、杨耐梅、张织云、宣景琳等都有专文介绍。同时杂志还及时发布女明星参与拍摄的电影和女明星的拍摄花絮。1926年的《杨耐梅画报》,则是比较特殊的一种刊物,不定期地专为一位明星推出,带有广告宣传性质。主要是明星公司想借当时正在走红的杨耐梅做招牌,扩大本公司及公司所摄影片的影响,以广招徕。内容自然离不开杨耐梅主演的影片剧照、生活照和其他相关文字。后来明星公司还为胡蝶发过特刊。从现有的早期电影史料记载来看,只有女电影明星才享有这样的特刊,女电影明星在早期电影明星制中的地位和作用由此可见一斑。

特别是20世纪20年代中后期,随着好莱坞电影文化的进一步传入,国内的许多影片公司更加认识到电影女明星在整个电影产业链中的重要作用,因此电影女明星为中心的机制得到了进一步的发展。电影女明星成为电影市场运作的中心环节,其中群众性的电影明星评选活动就是从好莱坞引进的明星制的一个重要机制。早在1926年上海新世界游艺场就举行了让电影观众评选电影皇后的活动,初选女明星12人,最后评选出了中国的第一位电影皇后张织云。[①] 1926年《申报》上的电影广告开始大量以电影女明星为招牌进行宣传,以此吸引观众。如张织云主演的《未婚妻》,广告词云"东方最著名之女明星,七大明星与之合作",[②] 而且还刊登张的时髦照片。殷明珠主演的《还金

---

① 12位电影女明星是张织云、徐素贞、殷明珠、徐素娥、丁子明、黎明晖、杨耐梅、王汉伦、宣景琳、毛剑佩、林楚楚、韩云珍。
② 《申报》,1926年9月4日。

记》,广告词则云"中国发迹最早之女明星,由五大电影明星配演"①。1926年,天一公司还拍摄了《电影女明星》,在当时的《申报》上连续刊登广告:"本片叙述电影界三女明星一段轶事,并揭示电影公司之制片内容,情节曲折奥妙,布景富丽堂皇,演员系最著名之男女明星,为国产影片之伟大杰作。"②利用女明星的声势造人,使得影片吸引了众多的观众。王汉伦还带着《电影女明星》赶赴南洋做影片宣传。王汉伦的明星效应在南洋的初始阶段确实发挥了巨大的效应。她的签名照一小时内就卖掉了两百多张,电影女明星开映前一个小时,观众就蜂拥而至,票价最高达100元。但南洋之行由于片商的利欲熏心,对明星效应的利用过度和不当,也对明星造成了巨大的伤害。③还有由杨耐梅主演的《良心的复活》一片,其发行放映宣传形式,当时就赢得了不少影评人的关注。如柳今在一篇文章中写道:"当时尚无国产有声片,杨耐梅在《良心复活》一片上映时,首次于放映中亲身登台,其时银幕升起,她在与银幕画面相同的舞台场景中哼唱主题歌《乳娘曲》,从而使无声片'局部有声',造成极大轰动。据说她在北京也采用了同样的'映唱'形式,观众受好奇心驱使,趋之若鹜,票价居然高于梅兰芳。后来她还挟《上海三女子》之片到北平,始演于新明大戏院,彼时都中娱乐界中,惊为新举,舆论沸腾,毁誉参半"。④由此可见女明星效应在电影发行放映宣传时的巨大作用和影响力。

中国早期著名电影演员龚稼农在其回忆录里曾这样写道:"影业界以女星为制片中心的不正确观念是极为浓厚的,以女星为营业保障的传统作法,亦为大家所遵循。所以,在基本观念上,男演员无形中被认为能与红牌女星合演,收绿叶扶衬之功,即是艺术创造的极限。无

---

① 《申报》,1926年9月23日。
② 《申报》,1926年9月29日。
③ 参见沈寂:《影星悲欢录》,上海书店出版社,2001年版,第67～79页。
④ 柳今:《杨耐梅…朱素云》,《小小日报》,1930年7月16日。

论是否为全剧的中心人物,排名居次亦是理所当然。"①从这段话中我们可以看出作为男演员的龚稼农对女电影明星中心制度颇有微词。但从另外一个角度我们也可以看到,到20世纪20年代中期,电影女明星在整个电影的制作、宣传、发行、放映等方面都确实起到了关键作用,真正成为了中国早期明星制中不可缺少的主角。

Annette Kuhn指出,"研究明星现象时,我们不只在处理一个拥有某些特性(天赋、美貌、个人吸引力、大众魅力)的人物或形象,同时也在处理一套复杂的文化程序。"②这就是说,明星不仅作为演员存在于各部影片文本之间,而且作为社会名人存在于各种话语之间,明星的身份就在这些互动文本中得以体现。必须指出的是,以电影女明星为中心的早期电影明星制虽然使女明星处于众星捧月的耀眼地位,但也让她们处于公众的凝视之下,成为了"公共空间"言说的焦点。虽然"明星制的组成部分之一是由不断进行的报道形成的互文本场",③明星身份便是由各种互文本制造的,但问题是对电影女明星的各种言说往往聚焦于女明星的私生活和她们的身体形象上,特别是各种小报(如《罗宾汉》、《晶报》等)对女明星的私生活和电影外的花絮大肆渲染,而且还用欲望化的语言描述电影女明星的身体容貌,虽然满足了不少中下层影迷对女明星的了解欲望,并吸引了更多的影迷走进影院,但也使电影女明星成为了欲望化和色情化的客体。这里仅举《工人之妻》一片的广告:"三大明星主演。此片以劳工神圣警惕虚荣为主旨,剧情颇出奇,以电影闻人陆剑芬、周空空为主角,陆女士向以娇艳闻沪上,在国产电影界颇著声誉,……周空空于电影界中向有'药料里的甘草'之绰号,盖喻无剧不有其色相也……"由此可见以电影女明星

---

① 龚稼农:《龚稼农从影回忆录》,转引自朱剑著:《电影皇后:胡蝶》,兰州大学出版社1996年版,第69页。
② Annette Kuhn:《明星》,《电影欣赏》总108期,第29页。
③ 转引自《明星制度的起源》,《世界电影》,1995年第2期,第71页。

为中心的早期电影明星制对电影女明星来讲是一把双刃剑,她们既是这种机制的得益者同时也是受害者。

三、不甘受操控:早期女电影制片人的产生及意义

中国早期的电影制片公司以1922年明星公司成立为标志,电影公司迅速增长兴起。1923年有出品的中国电影公司只有3家,1924年、1925年分别为11、34家,1926年猛增多达100家,电影公司热到1927年以后降温,1927年~1930年基本维持在二三十家左右。[①] 由于电影产业在资金、电影设备、技术到生产、发行、放映是一个比较复杂的运作体系,作为电影生产的重要主体之一的电影制片人必须懂得电影生产到发行销售的整个流程的运作,因此20世纪20年代初期电影制片公司的创办人和电影制片人清一色是男性电影人,没有女性电影制片人的身影。直到1926年和1927年,电影女明星王汉伦和杨耐梅相继成立电影制片公司并拍摄影片,才打破了男性制片人一统天下的局面。虽然从数量上来讲,女性电影制片人还不足以与男性制片人相抗衡,但女电影制片人的出现在早期电影史上是史无前例的,她们的出现对电影产业的结构性变化有着重要的象征意义。

那么,王汉伦和杨耐梅为何会在男性一统电影制片的领域里敢为天下先,独立创办电影公司并拍摄电影?从她们的文章和相关的史料记载中我们可以了解其动机和缘由。

1925年,王汉伦曾在《电影杂志》上发表文章,追溯自己从影的经历:"我们中国旧时风俗习惯,女子是倚靠男子过活,并且往往受家庭中之痛苦,无法自解。究竟是何缘故?就因为女子不能自立。此种情形,是我极端反对的,我喜欢我们女子有自立之精神,自立两字,就是自养,所以做女子要自工,必须谋正当职业。假使没有正当职业,那自

[①] 程树仁编:《中华影业年鉴》,中华影业年鉴社,1927年版。转引自沈芸:《中国电影产业史》,中国电影出版社,2005年版,第36页。

立两字,便成为空谈。……我想另寻一条路,做一件轰轰烈烈的事,为我们女界在名誉方面争点光荣,后来便想投身电影界……"①从王汉伦的表白中,我们可以清楚地了解到王汉伦自觉的女性独立意识,可以说这种独立意识是王汉伦日后创办电影公司的基础。在王汉伦后来的回忆文章《我的从影经过》②一文中,我们还可以了解到她创办电影公司并拍摄影片的一部分重要的原因。王汉伦为"明星"和"长城"等影片公司拍电影,给公司带来了丰厚的经济效益,特别是《孤儿救祖记》于1923年12月21日上映后大获成功,这是与王汉伦出色的表演分不开的。但明星公司并没有给王汉伦更高的待遇。后来王汉伦加入"天一"拍《电影女明星》并去南洋作影片宣传,作为在南洋受欢迎的女影星,却依然落到被利用被欺骗的境地。离开"天一"后王汉伦加入了许诺给她"高薪"的"长城"画片公司,但最终"长城"还是没有按合同付酬金。虽然法院判决公司按照原定合同付酬,但王汉伦拿到的只是空头支票。在"新人影片公司"和"中华影片公司"所拍的电影,基本都属友情出演,报酬相当少。从这些情况中我们可以看到,即使是当红女明星,在演员和电影公司的商业合同机制并不成熟和规范的情况下,女演员的经济权益是很难得到保障的。正如王汉伦所言,"片子是我拍的,但它并不属于我。"由于不甘心把自己的命运维系在他人的手里,王汉伦决心自己拍片子。无疑,经济上的权益无法得到保障是王汉伦想自创公司自己拍片的一个重要的原因。杨耐梅的一部分原因与王汉伦的想法相同:一是长期受雇于人的不自由让生性自由放纵的她无法忍受,另外就是拍片赚来的钱大部分归公司所有。通过了解王、杨创办电影公司的动机和缘由后,我们不难发现,她们创办电影公

---

① 王汉伦:《我入影戏界之始末》,《电影杂志》,1925年3月第13期。
② 王汉伦:《我的从影经过》,《感慨话当年》,中国电影出版社,1984年版,第51~60页。

司是与她们的经济意识和现代商业意识的进一步觉醒分不开的。

最终促使王汉伦和杨耐梅自创电影公司并拍摄影片的深层动因,在我看来还并非于此,还在于作为女演员的她们都不甘心处于被动的地位和处境中。王汉伦和杨耐梅以她们自身的性格气质和塑造的银幕形象获得了广大观众的喜爱和认可,同时也奠定了她们在电影公司的明星地位。作为明星演员,虽然她们在电影的市场运作中作用巨大,但是在选片和扮演角色上她们并没有很大的自主权,决定权最终取决于电影制片公司。

王汉伦参加拍摄第一部影片《孤儿救祖记》时才 20 岁,在"天一"公司拍摄《女电影明星》时也只有 23 岁,但在当时的电影界已经算老演员了。与她配戏的演员是日后大红大紫的影后胡蝶,虽然当时"二八年华"的胡蝶只是初露头角的年轻演员,但已经被"天一"公司开始重用。王汉伦敏感地意识到了自己在"天一"公司的地位和处境。特别是作为主演的《电影女明星》在南洋宣传发行遇到挫折后,王汉伦在"天一"的地位更大不如前。胡蝶已经受到追捧,成为"新生代"的明星。作为第一位职业女演员的王汉伦已经像过气人物,几乎无人问津了。虽然后来在一些小公司拍摄了几部影片,但作为职业演员的王汉伦清楚地意识到自己在演艺事业的上升空间已经受到极大的限制。25 岁的王汉伦不甘心自己的演艺事业就此结束,因此她决定自创电影公司拍摄电影,从而摆脱被动处境,主动掌控自己的命运。

杨耐梅与王汉伦的情况虽然并不完全相同,但选片的不自由,受制于人的感受是相同的。1927 年杨耐梅在报纸头版新闻里发现了一个最具个人色彩的传奇女性人物——余美颜,她想把这个"奇女子"的传奇故事搬上银幕。然而她的这个想法却并没有得到"明星"公司的认可。"明星"公司张石川直言不讳地告诉她,公司不会拿钱来投资这样一部毫无意义的电影。所有人都觉得选择和拍摄这样的题材只是她自恋倾向的一个典型表现,他们坚信观众不会耐着性子去看一部关于"疯女人"的电影的。面对公司和所有人的反对,杨耐梅拿出了当年叛逆家族的果断勇气,作出了一个令所有人吃惊的决定——自己开电影公司,专拍让天下人称奇的女人。如果说王汉伦的抉择多少带有一点自救成分的话,那么杨耐梅的决定更多的则是对男性电影人的"反抗",女性的主体意识无疑更为鲜明。

  王、杨自创电影公司拍摄影片的创举是对男性电影制片人一统电影界的僭越和挑战,是她们不甘心电影公司对其经济上的盘剥和影片、角色选择等的被动处境后作出的选择,也可以说是她们主体意识觉醒后的一种自觉选择。当然王、杨能够独立筹办电影公司和拍摄影片,与当时电影产业的历史语境是分不开的。20世纪20年代电影产业在资金的投入以及电影的生产、发行、放映等方面还没有达到规模化和标准化的程度,这恰恰给早期女电影人创办电影公司拍摄影片留下了"缝隙"。那么,作为女电影制片人的王汉伦和杨耐梅,在当时的电影产业的历史语境下,究竟在哪些方面体现出了女电影制片人的独特价值呢?这可以从电影剧本的选择、电影的制作、宣传、发行过程等方面来考察。

  首先,从剧本的选择角度看,王汉伦和杨耐梅都没有盲从当时武侠片、古装片和神怪片的商业电影主流。王汉伦买下了鸳鸯蝴蝶派作家包天笑的剧本《盲目的爱情》(即《女伶复仇记》),这部言情剧本通过描写女主角的爱情悲剧,反映了女性在男权中心社会里的真实处境。影片中塑造的男女主角的形象包蕴了相当耐人寻味的含义。原先的剧本名字叫《盲目的爱情》,本身的题目就大有含义。"盲目"一词既有实义,即剧中男主角双目失明这一事实;另外就是通常的喻义:对事实认识不清楚。文本中最耐人寻味的一幕是,当"失明"的男主人公用手抚摸女主角幽兰的脸颊、头发后勃然大怒,斥责蔡君(剧中的一位配角)用一个老丑的妇人冒充幽兰欺骗自己。无论蔡君如何解释,男主角俞汝南拒不接受眼前的事实。在这个"拒不接受女主角"的细节背后，其实反映了男权社会把女性物化的"爱情"观，即使是"失明"的男人在有意识或无意识中，依然把女性的容颜是放在首位的。由于男主人公"拒不相认"，女主人公最终取刃自刎，这是爱情绝望后的一种极端而无奈的选择，也是对男权观念的一种绝望的反抗。影片放映时更名为《女伶复仇记》，这一更名客观上使影片中女性的反抗意识更加鲜明了。但是在一个男权中心意识的社会里女性追求爱情的结果却只有两种：不是"被囚"[①]就是"死亡"。虽然这部影片是由包笑天编剧，但是王汉伦买下它，想必她对剧本的内容还是比较满意的。而且王汉伦自己担纲女主角，在塑造女主人公形象的过程中自然渗透了她对这个女性人物的再理解和再创造。

杨耐梅拍摄的言情片题材显然比王汉伦大胆。从某些方面来看，女性意识也更为激进。虽然影片编剧是郑应时，但可以说内容基本上是杨耐梅授意的。

《奇女子》是根据当时轰动一时的新闻人物余美颜的传奇故事改编而成的。讲的是号称"广州四大天王"之首的余美颜，该女在1928年蹈海而死，死前坊间曾传说她与数千名男子上过床。在一般人眼里余美颜是"放辟邪侈"的"荡妇妖女"，杨耐梅当然不会认同当时的男权中心观点，相反她可能更加认同当时这样的观点，"以一女子而能趋役须眉之人"，"女同胞如能自拔于玩之地位，虽如奇女子何害"。对余美颜的人生经历，特别是对她用"身体革命"的方式直接对抗男权社会的极端方式和某些惊世骇俗之举颇有惺惺相惜之感。如余美颜对一富豪由于没有如约付足她提出的嫖资数目，当场把嫖资向窗外抛洒，引起路人的疯抢，她则纵声大笑，这样狂放不羁和惊世骇俗的行为，在

[①] 剧中男主人公俞汝男的情敌尤温因妒击伤了俞的眼睛而导致其失明，女主人公王幽兰立誓要为俞汝男复仇。尤温闻讯，派其党羽在路上拦截，自己乔装相救，将王幽兰骗至家中。尤温屡次欲图非礼，幽兰誓死不从。尤温无计可施，遂将幽兰关进土窟监禁。

《奇女子》中作为重头戏,杨的表演也如真实生活中的余一样惊世骇俗,大胆而露骨,她以演绎余美颜的"身体革命"的方式,以一种戏里戏外"双重的身体革命方式",向男权中心社会对女性的主体性的压抑作出了一种另类而极端的反抗。

王、杨对电影题材的选择,在不同程度上体现出了她们有别于当时主流的电影题材的女性主体意识,这样的女性电影题材在早期电影史上的独特价值和意义是不该被忽视的。

其次,从电影的制作、宣传和发行、放映来看,王汉伦和杨耐梅的成功让我们看到了女性被男权社会压抑的多种才能的体现。

《女伶复仇记》的导演是卜万苍,但这部电影最终并非由他完成。最终还是由王汉伦自己买了一部放映机,"一个人在家里放一点接一点,搞了四十多天才成功"。① 因此,从电影制作到发行、放映,王汉伦身兼数职于一身——制片、主演、剪辑、发行,可以说是电影史上女电影人的首次多方面的尝试。

银幕上由王汉伦扮演的女主人公幽兰向男权社会的挑战:从复仇到死亡,结局悲凉而凄凉。所幸的是银幕外作为制片人、演员兼剪辑、发行人的王汉伦却获得了巨大成功,王汉伦带着这部片子从上海到苏州、常熟、无锡、宁波、杭州、青岛、济南、天津、北京、沈阳、长春、哈尔滨以至大连去宣传发行。在放映休息期间,王汉伦登台与观众见面。像这样一种发行模式虽然并不是王汉伦首创,但她很好地借鉴了电影明星亲自与观众见面所带来的明星效应,很多地方包括国外都向她订购这片子。王汉伦以自己的多重身份进行宣传发行的影片,在票房上获得了巨大的成功。

由杨耐梅独资筹拍和主演的曾不被男性电影人看好的电影《奇女子》也获得了很大的成功。杨耐梅对如何宣传发行影片,吸引观众前

---

① 王汉伦:《我的从影经过》,《感慨话当年》,中国电影出版社,1984年,第59页。

性别视角下的上海都市文化

来观看的发行方式是相当熟悉的(文章前面提到过《良心的复活》、《上海三妇人》等发行放映的方式在当时曾引起轰动),她深谙电影发行宣传时女明星的明星效应。早在电影制作前,公司就在"申报第一张"第一版上刊登招聘启示,"耐梅影片公司招请《奇女子》剧中之三大天王","凡年龄在十八岁至廿四岁身材活泼风姿潇洒有志银幕之女士请于本月五号至九号每日下午二时前往金神父路三百号本公司接洽"。[1] 此举引起了人们对影片的极大关注和兴趣。《奇女子》以题材的另类以及新闻效应,再加上杨耐梅表演的大胆,赢得了奇高的票房。

王、杨的成功说明女电影人在表演之外的领域里同样有很大的潜能,但有一个事实是我们不能不正视的,那就是为什么作为电影制片人的王汉伦和杨耐梅,在推出了她们的第一部也是唯一的一部电影后就偃旗息鼓了呢?对于这个问题,很少有人将其放到当时电影产业发展的历史语境下来进行分析。

从早期电影史料中我们可以发现,中国早期的电影制片公司虽迅速增长兴起,但许多电影公司不是名存实亡就是难以为继。"其中忽起忽落,时来时闭,记不胜记。有公司成立而尚未有出品者,谓其已闭也,而公司尚存。有已闭者,而机会一至,则又重震旗鼓而制片矣。有已出片者,而公司尚在停顿之中。故何者成立,何者已闭,何者已有出品,何者尚未制片,诚至难强为之别也。"[2] 电影作为一种新兴的文化产业,资金是决定电影公司经营能否持续和发展的命脉。"明星"公司、大中华百合、天一、长城等比较有影响的公司,大部分采用的股份制的合作形式或者家族制式的经营方式,完全靠个人投资制作、发行影片甚至获得很大成功的是少之又少。特别是到了 20 世纪 30 年代

---

[1] 转引自李道新:《民国报纸与中国早期电影的历史叙述》,《当代电影》,2005 年第 6 期,第 30 页。
[2] 程树仁:《中华影业年鉴》,中华影业年鉴社,1927 年版。转引自沈芸:《中国电影产业史》。

电影产业的"标准化"和"规模化"趋势已经势不可挡,像王汉伦、杨耐梅这样的完全靠个人投资的影片公司很难再有立足之地。

1926年8月6日,有声电影第一次同美国观众见面,获得了极大的商业成功,从此美国就放弃了无声片的制作。有声电影在美国正式公映仅四个月后就来到了中国,1930年,明星、友联等影片公司开始从事国产有声电影的摄制。虽然当时无声电影的拍摄和放映在电影产业中依然占据着主导地位,但电影界的有识之士都认识到有声电影是电影业未来发展的方向。有声片的拍摄,从电影技术、资金、电影人才等方面的投入和要求与无声片的制作根本不可相提并论。作为独立制片人的王汉伦和杨耐梅,从资金、电影技术、电影人才等方面都不具备有声片的制作条件,作为默片时代成长起来的女演员王汉伦和杨耐梅,由于语言等方面的原因也很难与新崛起的胡蝶、阮玲玉等年轻演员抗衡。因此,王汉伦选择美容事业退出影坛,杨耐梅也知难而退选择了婚姻。毋庸讳言,作为女电影制片人先驱的王汉伦和杨耐梅的现代商业意识和经营能力与当时的男性电影人还无法相提并论,随着电影产业的规模化和标准化程度的提高,留给女电影制片人的尝试"缝隙"也几乎没有了。

作为第一代女制片人的王汉伦和杨耐梅,虽然她们的电影公司只是"一片"公司,但她们在1926年~1930年武侠片、古装片、神怪片三股商业电影创作的热潮中,没有盲从主流,在创办电影公司和整个电影制作过程中所体现出的女性主体意识,以及她们身兼数职多方面的成功尝试都是不可小觑的,在中国电影史上的价值和意义也不容忽视。

早在1930年,有评论者就认为杨耐梅的"表演艺术虽然尚未至于上乘,然以一弱女子,在中国女权极衰之际,国产影片不盛之时,只身奋斗,闯荡南北,其勇敢也如是。创办耐梅公司,热心电影事业,其提

性别视角下的上海都市文化

倡也又如是。呜呼！耐梅其我国之影界先进！我国影界之伟人也夫！"①这样的评价或有些过誉,但也并非完全吹捧。从王汉伦和杨耐梅自筹资金创办电影公司和拍摄电影,到今天已经有80多年了,女电影制片人的生存处境依然面临着来自许多方面的挑战。因此,早期女电影人王汉伦和杨耐梅的尝试和探索显得尤为难能可贵。她们在电影表演之外的多种尝试,对后来参与电影制作的女电影人不无借鉴和启发的作用。

---

① 1930年7月,北平曾误传杨耐梅"香销玉陨",1930年7月12日的《小小日报》就刊出相关消息并对她的演艺事业作出了上述评价。

谁是"真正的新女性":《现代一女性》与《新女性》的比较阅读

上世纪 30 年代,中国历史走到了一个新的关口,一方面是社会日益加剧的阶级分化,一方面则发生了震惊中外的"九一八"事变。诸种内忧外患,使正在兴起的中国电影面临着新的考验和变化的契机。20 世纪 20 年代末期,各种单纯以娱乐为本的古装、武侠、神怪片电影基本退潮,不仅如此,自 1932 年下半年起,左翼文化人开始介入电影,作为大众文化的电影艺术开始呈现出新的态势。当时就有评论者指出,"中国银坛,受了电影刊物与先进批评家的严格工整的批评,事实呈现着国产的电影已经由封建、武侠,超脱到采取现实为题材的影片,这不仅是三大公司有了这样极度的转变,就是素浸在封建氛围里的小公司,也能积极的改变了作风"。[①]

经过一段时间的努力,1933 年,左翼文化人参与编剧的电影开始陆续上映。其中相当一部分是以农村或灾荒为题材的影片,如《狂流》(夏衍编剧、程步高导演)、《铁板红泪录》(阳翰笙编剧、洪深导演)、《春蚕》(夏衍改编、程步高导演)、《盐潮》(阿英改编、徐欣夫导演)。但影片放映后的实际效果却差强人意,未能达到左翼电影人的预期效果,票房都很不理想。所以连左翼电影评论者也不能不承认"作者和观众

[①] 武生:《邵醉翁不拖尾巴》,《电影时报》354 号,《时报》,1933 年 5 月 22 日。

性别视角下的上海都市文化

之间却有一层厚墙障住,我们认为是最大的遗憾"。①

那么,"障住"左翼电影创作者和观众之间的那层"厚墙"是什么呢? 从电影市场的实际出发,电影公司和左翼电影人都或多或少开始意识到过于明显的政治话语或仅靠左翼思想无法占领电影市场,同时,电影作为现代都市的文化,它的主要的观众还是城市的市民阶层。如蔡楚生就认为,"现在的工人和农民能够有机会观电影的很少很少,而观众中最多数的,则还是都市的市民层分子"。② 蔡楚生明确指出,电影的商业性质,加上观众的大部分又都是都会的人们,因此描写接近他们的生活的影片,更比较能引起他们的兴趣。20 世纪 30 年代是上海的都市化发展最为迅猛的时期,大众对现实都市的兴趣远远超过了其他题材,同时市民观众的审美习惯和欣赏趣味也使他们对过于"硬性"的电影——影片中那些过于明显直露的政治话语无法接受。洪深亦反思道:虽说"良药苦口利于病",左翼电影为什么不能"用透明的薄纸或者糖皮包着,使病人容易吞下"?③ 蔡楚生则"更坚决地相信,一部好的影片的最主要的前提,是使观众发生兴趣",电影"在正确的意识外面,不得不包上一层糖衣"。④ 因此,左翼电影人为了适应大众对都市生活的观看热情,不仅将叙事主题从农村转向都市,还将都市和女性结合起来,创造出一种都市和女性相结合或以女性为中心的左翼电影叙事模式,因为女性显然已是当时都市生活中不可忽视的群体和力量,她们的生活状态能够激起大众更多的关注。于是,自 1934 年

---

① 凌鹤:《评〈中国海的怒潮〉》,陈播主编:《中国左翼电影运动》,中国电影出版社 1993 年 9 月出版,第 523 页。

② 蔡楚生:《会客室中》,陈播主编:《中国左翼电影运动》,中国电影出版社 1993 年 9 月出版,第 135 页。

③ 转引自葛飞:《市场与政治:1930 年代的左翼电影运动》,《文艺理论与批评》,2002 年第 5 期。

④ 蔡楚生:《会客室中》,陈播主编:《中国左翼电影运动》,中国电影出版社 1993 年 9 月出版,第 135 页。

起，左翼电影中出现了一系列以都市和女性为表现对象的影片，且大都取得了商业和思想艺术上的双重成功。

然而，如果说以都市和女性为叙事的中心已经成为左翼电影人不乏普遍的"共识"，那么在具体的实践中却因为影片生产主体（编剧、导演）本身的性别差异而多有不同，甚而隐含某种性别政治的角力。本文将以有"影坛才女"之称的艾霞执笔编剧并主演的《现代一女性》以及之后由孙师毅编剧、蔡楚生导演的《新女性》为例，并结合当时的影评人和后人对这两部影片的评论叙述，探讨不同性别的左翼电影人在现代女性或"新女性"形象形构上的异同，以及这些形构背后的意识形态和叙述策略。

一、《现代一女性》的产生背景

也许只是历史的巧合，1928年，18岁的艾霞选择了"娜拉式"的道路只身来到上海。① 由蔡楚生介绍，艾霞加入了南国社，也正是在这一年，由田汉主编的《中央日报》的副刊《摩登》创刊。② 1928年秋冬，陈白尘、赵铭彝等人组织了名为"摩登社"的文艺社团，并于1929年6月创办了《摩登》杂志，而"摩登社"的成员大多同时属于南国社。可见"摩登"之风在上海已经逐渐兴起，而艾霞一到上海便为摩登一词所裹挟。恰如有人所指出的，自不知什么人将英文中的"现代"一词翻译为"摩登"以来，社会万物便"有物皆'摩'，无事不'登'！"③"摩登女性"也随之出现，并成为各种话语争论的焦点。1929年底～1930年底，天津《大公报》和上海《民国日报》连续刊登多篇讨论"新妇女"的文章，引起

---

① 参见《旧情侣庄君来沪发表艾霞自杀之真因》，1934年2月22日《大晚报》"火炬"副刊。

② 参见张勇：《"摩登"考辨——1930年代上海文化关键词之一》，中国现代文学研究丛刊，2007年第6期。

③ 转引自忻平：《从上海发现历史：现代化进程中的上海人及其社会生活》，上海人民出版社1996年出版，第360页。

了人们热烈的讨论和争论。①李欧梵认为,在通俗的五四话语中,"摩登"就意味着"新",②还有学者指出,在1910年至1939年,中国文学和电影中常以"摩登女性"和"新女性"这两个可以互换的词来吸引更多观众。③因此,其时所谓"新妇女"的讨论,也即是关于"摩登女性"或"新女性"的讨论。尤有意思的是,其时各种势力、媒介都力争"摩登女性"的命名权。如云裳在《论摩登女郎之所由产生》中把摩登女郎分为两种:一种是新式女子,她们"具有充分的科学常识,合乎现代革命潮流的思想,改革旧制度建设新事业的行动方面的毅力和勇气,健全的身体,勤俭而能耐劳的习惯和气质,慈爱为怀的母性";另一种妇女,则被抽象成烫发、用香粉口红、穿高跟鞋、出入电影院、"对方不明确的怀孕"、玩弄男性等等一类的女性。④可见其时所谓"摩登女性"一词虽然热门,却并没有统一的认知。

在诸种有关摩登女性的分辨中,田汉执导的《三个摩登女性》(1932)无疑是最有影响力的。他在回忆创作电影剧本《三个摩登女性》的动机时说:"那时流行'摩登女性'(Modern Girls)这样的话,对于这个名词也有不同的理解,一般指的是那些时髦的所谓'时代尖端'的女孩子们。走在'时代尖端'的应该是最'先进'的妇女了,岂不很好?但她们不是在思想上、革命行动上走在时代尖端,而只是在形体打扮上争奇斗艳,自甘于没落阶级的装饰品。我很哀怜这些头脑空虚的丽人们,也很爱惜'摩登'这个称呼,曾和朋友们谈起青年妇女们应该具备和争取的真正'摩登性'、'现代性'"。他毫不讳言地说出自己在塑造"摩登女性"时的意识形态考虑:《三个摩登女性》不是平列的,而是

---

① 旺丹:《女性潮汐》,天津人民出版社1998年出版,第238页。
② 转引自张英进:《中国现代文学与电影中的城市》,江苏人民出版社2007年出版,第196页。
③ 张英进:《中国现代文学与电影中的城市》,江苏人民出版社2007年出版,第196页。
④ 转引自颜湘茹:《现代的聚焦视角:都市女性建构》,艾晓明主编:《世纪文学与中国妇女》,天津人民出版社2008年出版,第50页。

有所突出的。我们批判了追求官能享受的资产阶级女性虞玉和伤感的殉情的小资产阶级女性陈若英,而肯定了热爱劳动、为大众利益英勇奋斗的女接线员周淑贞。在阶级分析上,应该说比《母性之光》进了一步。① 换言之,作为知名的左翼电影人,田汉表现出重新定义"摩登"的意图,并以影片具体实践了这一意图。在《三个摩登女性》中,他通过三个女性不同的生活经历和遭遇的演示,为人们揭示了理想的"摩登女性"的样板。

影片中的第一个摩登女性是虞玉。她拥有汽车洋房,穿着时尚,善于在交际场上酬酢应对,并且无视传统中国妇女的道德规范,主动大胆地向男主角张榆示爱,并对男性表露出极强的占有欲望。但影片通过表现她对时代的冷漠及与张榆分手后迅速的移情别恋告诉人们,这样的摩登女性乃是"假摩登",尤其对男性来说只能是一个危险的陷阱。

片中的第二个摩登女性人物是陈若英。这是一个"追星族"形象的女中学生,为了能见到心目中的偶像男明星张榆,长途跋涉来到上海,在示爱遭到拒绝的同时又获得了和心上人同拍一场戏的机会,陈若英假戏真做以身殉情,死在水银灯下。她死亡的意义就是让张榆忽然悟到:"原来感情是这么严肃的事情!"但她短暂的生命也告示人们,这种狭隘而狂热的个人情感追求也不是真正的"摩登"。

第三个女性人物也即摩登的"范本"是女接线员周淑贞。由于不满包办婚姻,周的丈夫离家出走了。东北沦陷后周淑贞流亡到上海,做了电话女接线员,同时意外地与先前离家出走、现已成为电影红星的丈夫张榆重逢。重逢后张为了弥补之前离家出走的歉疚,带着周出入灯红酒绿的繁华场所;而周则带张访问港口、贫民窟、夜校,以此唤

---

① 田汉:《三个摩登女性与阮玲玉》,《田汉文集》第 11 卷,中国戏剧出版社 1984 年出版,第 464 页。

醒张榆日渐麻木的灵魂。用张榆的话说就是,"你给我上了一课,对人生很有益的一课"。在虞玉举办的社交晚会上,当衣着朴素、不施粉黛的周淑贞勇敢地站出来,批评这些人的醉生梦死,号召他们觉醒时,张榆走到宴会场地的中心,以权威的语气大声宣布:"只有真正自食其力,最理智、最勇敢、最关心大众利益的,才是当代最摩登的女性!"

影片通过对周淑贞这一自食其力、朴实勇敢的"理想"的"摩登女性"形象的高度肯定,否定了虞玉所代表的都市流行文化中的"摩登"含义,以及陈若英所代表的小知识分子女性所追求的恋爱至上式的"摩登"。有研究者指出,"张榆定义中所指的那些价值(自立、理智、勇敢),在中国文化被建构时带有强烈的男性色彩,因此这一重新定义,实际上是要求摩登女性接受男性化的洗礼。"[①]笔者以为这样的看法是值得商榷的。其实女性的性别意识不应该有预定的本质化的固定模式,性别构造和女性认知本身不是固定不变的,而是具有很强的历史性,女性主体和女性意识是在历史环境的不断变化中产生的。同时性别意识与政治意识形态也并非完全相悖。正如研究者所指出的,"自立、理智、勇敢"等等的品质是社会的文化建构所赋予男性的,因此这些品质并不先天专属男性,一定条件下也可为女性所有。由于左翼男性电影人注意到在当时都市摩登文化影响下,一些女性出现了某种物欲化的倾向,从而特别提出并倡导女性的自立、理智、勇敢和关心大众利益等意识,应当说在当时特定的历史文化语境中不无积极的意义。但毋庸讳言,左翼男性电影人在重新定义"摩登女性"或批评小资产阶级女性的意识落后时,也有明显的简单化或过度政治化的倾向。这从他们对艾霞《现代一女性》的态度也可明显看出。

艾霞是20世纪30年代左翼电影中可说重要的女电影演员。

---

① 张英进:《三部无声片中上海现代女性的形象》,《二十一世纪》第42期,1997年8月。

现代性的姿容

1932年,中共为了加强左翼在电影领域的力量,委派瞿秋白负责,在电影界成立了党的电影小组,其任务除了促使进步电影剧本的产生外,就是把一些以剧联盟员为主的进步文艺工作者陆续介绍到各个影片公司中去。艾霞就是在这种背景下,同王莹、沈西苓等一起加入到上海明星影片公司的。进入明星公司后不久,艾霞即主演了影片《旧仇新恨》,其清新的风格与真挚的表演很快引起了人们的注意,该剧作者乾白高兴地说,"庆幸我的剧本得人!"1933年是艾霞的"高产"年,在这一年里她连续演了七部电影,其中包括夏衍根据茅盾小说改变的《春蚕》,夏衍、郑伯奇、阿英合编的《时代的女儿》,以及她自己编剧的《现代一女性》等等,已然一颗冉升中的新星。艾霞还能诗会画,常有文章登载在报刊上,因而有了"明星作家"之称。1934年1月的《良友》画报曾以《银幕上的十个热女郎》为题,检阅当时中国具有号召力的女演员,艾霞名列其中,并获得"性感野猫"的称号。换言之,作为一个活跃的女明星兼作家,艾霞对当时各种有关摩登女性的话语不会不了解,包括"新感觉派"作家的"摩登女性"想象,对艾霞来说也决不陌生。艾霞不像其他左翼电影人那样排斥"新感觉派"的文人(两方曾发生激烈的软硬电影之争①,她曾把自己的一篇文章《恋爱的滋味》发表在刘呐鸥主编的《现代电影》的创刊号上。虽然其时艾霞并没有直接发表过有关"摩登女性"的言论,但不难想象她在面对当时各种摩登女性言说时必定有过困惑和矛盾。可以肯定,以她的独特的个性和身世、立场,艾霞对那些把"摩登女性"抽象化和狭隘化的空洞言说是不会认同的,曾有位记者在采访她时,称她"始终是位摩登女性"时,她只是漠然一笑。②虽然她没有当面拒绝或反驳这样的称呼和命名,但在笔者看来

---

① 1933年~1936年,中国电影界以新感觉派和左翼阵营为代表,曾发生了"软硬电影"之争。详见李今:《海派小说与现代都市文化》,安徽教育出版社2000年出版,第181~189页。
② 流星:《艾霞女士的忧郁》,《时报》副刊"电影时报",1933年7月1日。

这"漠然一笑"的背后,其实是艾霞对"摩登女性"这一无论是褒义还是贬义的命名和标签的不认同。

在"南国社"的时候,艾霞曾得到田汉的赏识,她的思想和创作多少受到田汉的影响,如上所举,加入明星公司后,她参与演出的一些影片也大都为左翼电影人编剧,因此艾霞对当时"左转"意识形态下重塑"摩登女性"的主要方向和要求应该是相当了解的。作为与左翼影剧有诸多关联的一分子,艾霞也自觉要求转变。艾霞在《一九三三年我的希望》一文中充满希望地表示:一九三三年可以说是我开始新生命的时期,同时我希望电影同人都在一九三三年开始他们的新生命,走上建设的路。艾霞清楚地认识到1933年同1932年的电影,是划分时代的电影。她明确表示谁也不甘落伍,谁都要上进,希望自己渐渐变成一个时代的姑娘。①

然而作为一名重视自己女性的生命和情感经历和体验的作家,事实上艾霞又无法完全遵循当时左翼主流意识形态对"新女性"的定义、"规训"。与当时同样享有明星作家美誉并一同加入明星公司的王莹、胡萍、左明、陈波儿等相比,艾霞具有更为强烈而鲜明的个性特征,同时又充满了思想的矛盾。正如有友人如此的评价,艾霞是"一个厌恶着平凡而又不平凡的人们所了解的最聪明最热烈也许是最愚蠢最疯狂的女性"。在离开了南国社后,"许多人对她是十分地不了解而且也不谅解……说她是太浪漫了,太随便了,甚而至于说她是堕落了"。理解者则认为,这正是率真的表现:要爱就爱,她不会做偷偷摸摸的事……,只要能满足她的需要,她不管别人的批评,更不管别人的了解与不了解!② 在有的人眼里,她是只"野猫",在有的人眼里她是只"小鸽子",作为同一个"被看"的客体,给"观者"留下的却是如此不同的认

---

① 艾霞:《一九三三年我的希望》,《明星月报》第1卷第1期,第8页。
② 乾白:《我所认识的艾霞》,《电影画报》第9期,1934年3月15日(衍期出版)。

知,足见艾霞在思想、情感和性格上所具的矛盾性和多重性。复杂矛盾的心态使她"忽而想嫁人,但'人'不易找。忽而想写作,去求教于一位前进的文学家,但文学家给她的答案是希望她修养十年,她又觉得为期太远。忽而想集资拍摄一部影片,由她自己编剧导演兼主演,……忽而想和她爱人旅行去……,忽而想奔赴 X 区,从事革命……"①

　　正是这样一种矛盾而真实的生命状态,使艾霞编剧的《现代一女性》呈现出与当时流行文化及左翼意识形态既疏离又迎合的复杂形态。从艾霞对其作品的命名来看,显然艾霞拒绝对她笔下的女性人物贴上"摩登"或"新"的标签。从中可以看出艾霞对当时那些抽象化或简单物化"摩登女郎"话语的无声抗拒,也不无对左翼阵营"真正的摩登女性"言说的怀疑。"野猫"的个性特质决定了艾霞不会轻易地被规训或"驯服"。那么,在 20 世纪 30 年代几乎清一色的由男性代言的都市女性叙事的影片中,作为唯一一部由女性执笔并有相当自传色彩的《现代一女性》,究竟塑造了怎样的女性形象?这是我们首先要搞清的。之后,我将结合在艾霞自杀后,由孙师毅以艾霞生活经历为蓝本编剧的《新女性》(蔡楚生导演),主要从性别政治的角度来进一步讨论艾霞笔下的"现代一女性"与当时左翼所倡导的"真正的摩登女性"或"新女性"形象之间的不同,以及造成这些不同的原因。

　　二、《时报》上的电影小说《现代一女性》

　　艾霞是左翼电影阵营中颇有影响力的女演员,同时她又是中国电影史上集编剧与主演于一身的第一人,但其在中国电影史上的身影却十分模糊。研究者对其自编自演的《现代一女性》相对比较关注,但是这些研究都存在一个普遍的问题,那就是史料的缺乏或对原始文本的忽视。由程季华主编的《中国电影发展史》(初稿第一卷)是一部经典的电影史著作,虽然由于受到特定的历史文化语境以及意识形态的制

---

① 李沙:《忆艾霞女士》,《电影画报》第 9 期,1934 年 3 月 15 日(衍期出版)。

约,对中国早期电影史上有些电影以及重要的电影人的评价不够客观公允,但在史料运用的丰富性上是众所公认的。这本电影史著作在描述和评价20世纪30年代"面目一新的明星影片公司创作"时,在论及艾霞的《现代一女性》时这样写道:"《现代一女性》叙述一个希望用爱情的刺激来填补'空虚之心'的女性的经历,写她在被捕入狱后如何在革命女性启发下,从恋爱的迷梦中觉醒过来,走上'光明之路',也有一定的意义,但作者的创作思想很模糊,女主角的转变过程也写得很牵强。"[①]书中并没有相关影像图片,也没有相关注释,因此无法断定编者是根据何种文本得出此评价的。而1993年由陈播主编的堪称集左翼电影大成的《中国左翼电影运动》一书中,则根本没有收入这部接受过左翼电影人指导的电影。台湾女学者周惠玲的《"性感野猫"之革命造型:创作、行销、电影女演员与中国现代性的想象,1933－1935》一文中,作者说明艾霞的《现代一女性》电影胶片已经不复存在,她依据的是1933年6月第1卷第2期《明星月报》上刊载的《现代一女性》电影本事(电影梗概),[②]电影本事全文大约只有1500字左右。在2008年8月出版的《戏剧、革命与都市漩涡——1930年代左翼剧运、剧人在上海》一书,在有关《艾霞:波希米亚人与新女性》一节中,作者引用了大量的早期报刊史料,但在论及艾霞最为重要的《现代一女性》时,运用的史料依然只有《明星月报》上的《现代一女性》的电影本事。

由于程本的经典电影史著作中没有提供相应的史料依据,而后来的研究者所依据的史料又有很大的局限性,由此也造成了他/她们的研究的局限性。其实,艾霞的《现代一女性》除了在《明星月报》上的电影本事外,还有一个更为重要的电影文本,那就是发表在《时报》的电影副刊"电影时报"上的电影小说《现代一女性》。这个文本从1933年

---

① 程季华:《中国电影发展史》(初稿)第一卷,中国电影出版社1980年出版,第244页。
② 但其引文却将女主角蒋萄萄误作蒋葡萄。

现代性的姿容

《时报·电影时报》,1933 年 5 月 22 日。

5月22日《时报·电影时报》354号开始,一直登载至1933年6月27日389号结束,与刊载在同年6月《明星月报》上的"电影本事"相比,这个文本才是研究艾霞《现代一女性》不可多得的重要史料。虽然电影小说并不能完全等同于影片本身,我们也不知道电影的拍摄中多大程度参照了电影小说,但由于电影制作是集体创作的结晶,影片的完成既受到导演和演员等方面力量的影响,而导演因为各种原因也并不能完全复现/体现编剧的全部创作意图,加上《现代一女性》的电影的胶片现已不复存在,因此,相对来说,电影小说相对完整的故事情节和描写,则为我们提供了重要的分析依据,我们可以认为它比"电影本事"甚至影片本身更能真实反映编剧的创作旨意。

《现代一女性》的电影小说共有四部曲。第一部曲主要描写剧中女主人公蒋萄萄在一次酒会上巧遇男主人公俞冷(电影本事中为余

性别视角下的上海都市文化

《时报·电影时报》,1933年6月27日。

冷),这位曾经相识的旧友在一家报馆做新闻记者,而且已经为夫为父。但萄萄依然不顾一切的爱上了他,为此她拒绝了自己公司的老板史芳华的求爱。第二部曲主要描写了沉浸在热恋中的萄萄与俞冷忘情地游玩享乐,由于新闻记者的收入菲薄,而萄萄因拒绝老板的求欢,被公司炒了鱿鱼,因此两人的经济都陷入了困窘的境地,而此时恰逢俞冷的妻子带着生病的小儿子来沪就医,经济的窘迫使俞冷和萄萄都陷入了深深的烦恼之中。第三部曲主要描写萄萄为了帮助情人俞冷在经济上的困窘,同时也为了两人能够有钱维持恋爱所须的消费,萄萄主动投入了原先曾追求他的老板史芳华的怀抱,用身体换取金钱帮助情人俞冷给孩子看病等等。第四部曲主要写了俞冷的妻子在发现丈夫的婚外情后,毅然决定与俞冷离婚,决心自食其力,而萄萄则被史告上法庭,身陷囹圄。既不想失去妻子也不想失去情人的俞冷,一下子跌入了人生空虚的深渊。萄萄在狱中遇到了以前的朋友安琳,安琳耐心地开导萄萄不要执迷于恋爱至上的人生观,但萄萄一直拒绝这样的开导,她依然痴情地等待情人俞冷能够到狱中看望她,但俞冷却因为她"行为"不齿而厌恨,空虚的他从此一蹶不振,过着纸醉金迷的堕落生活,最后因打架而锒铛入狱。萄萄在对爱情的极度失望中,渐渐地与一直安慰开导她的安琳走近了。

程季华主编的《中国电影发展史》中说女主人公"在革命女性启发下,从恋爱的迷梦中觉醒过来,走上'光明之路'"。其实电影小说的结尾是这样写的:"当她走出监狱的大门,一排男犯挑着水横过去,她看见俞冷,心里一震,刚要叫他又缩住了,她走了几步,俞冷由她面前走过,漠然看了看她,她看看俞冷,就毅然决然地走了。"程季华的依据显然是来自电影本事的结尾,"走,头也不回,她走了。她是出了狱,恋爱的牢笼再也囚不住她了:前面有的是光明的路,走,海阔天空。如今的萄萄已不是从前的萄萄了!"[①]我们尚不知造成电影小说和电影本事在倾向、叙事语气等方面之差别的原因,但把两个结尾对比一下,可以发现电影小说结尾中的萄萄比起电影本事结尾中的萄萄似乎更为客观真实,更符合小说人物的性格逻辑,在俞冷的漠然面前,她才最终走了,但到底会走向何处,其实难于确定。程季华批评女主人公的转变

---

① 艾霞:《现代一女性》(电影本事),《明星月报》第1卷第2期,1933年6月。

显得有些勉强,其实《现代一女性》的电影小说把女主角的思想转变写得很真切也有分寸。面对安琳耐心的开导,萄萄却一直难以接受,她依然痴情地等待着与俞冷的重逢,直到俞冷无责任感地自甘堕落,对爱情的极度失望才使她和安琳渐渐走近了。

在艾霞创作《现代一女性》之前,上述田汉的《三个摩登女性》已经公映。田汉通过三个女性的不同生活经历,为当时的女性提供了关于"真正的摩登女性"的答案。但对田汉提供的周淑贞这个"标准答案",左翼的影评人却并不满意。在《三个摩登女性我们的批判》①一文中,左翼影评人批评其"暴露的地方有力",但"指示的方面尚空虚"。对剧作者认为最突出用力的女主角周淑贞,评论者认为,编剧者不写她是个下层的女工而写成她是个电话接线员乃是根本上的不稳固,主要的女主人公,不能"真的"代表下层生活者,认为影片反面的描写太多,而正面的描写太少。有人则指出影片中阮玲玉扮演的女主人公绝对不应该烫发。周的生活应该更苦些。对这些渗透着偏激左翼意识的批评和建议,艾霞应该不会一无所知。然而从她创作的《现代一女性》的电影小说来看,其与当时左翼的意识形态的要求依然存在着很大的裂隙。首先从题名来看,艾霞弃用"摩登"这一堪称20世纪30年代最流行、同时为左翼阵营/田汉重新定义的词语,而选择了"现代"这一词语,背后不难窥见艾霞的某种无声的抗拒。其次,从片名《现代一女性》来看,这应该是以一个女性为中心叙事的电影。如果顺应左翼影评的"规训",艾霞理应在田汉所指示的"摩登女性"的标准答案——"政治正确"的周淑贞的基础上继续"摩登女性"的新叙事。然而在《现代一女性》中作者重点描写的"一女性"是一位恋爱至上主义者,这类女性在田汉的《三个摩登女性》中正是要被批判的女性,而有着"正确

---

① 苏凤、鲁思:《三个摩登女性我们的批判》,陈播主编:《中国左翼电影运动》,中国电影出版社1993年出版,第407~409页。

的政治意识"的女性人物王安琳只在艾霞电影小说的最后一部中才有一部分描述（当然，篇幅的原因，电影本事中王安琳的戏份看上去更少了），在整个电影小说里有关王安琳的叙事还不如另外一个女性人物——男主人公俞冷的妻子玉如所占的比重多。从中我们不难推测出作者的创作动机和意图，王安琳显然不是作者想要刻画的中心人物。有研究者认为："剧中的安琳无疑是当时左翼电影的主要共识，若按照左翼理想，这个角色理当取代女主角那样、沿袭五四新女性以爱情为自我实践的三十年代摩登女郎。奈何在艾霞的脚本中，这个角色并没有获得足够的篇幅以体现其重要性；编剧明显地不想以这个战斗女性为典型楷模，她的存在充其量是要衬托女主角对爱情幻灭的觉悟，女主角却不见得会随着她的革命步伐起舞。于是一个可能被其他主流左翼电影力捧的现代革命女性，在艾霞的剧本里，反倒成了政治不正确的女主角的陪衬，轻描淡写地被搁在一旁。"[1]这样的看法有一定的道理，但也有值得商榷的地方，如把王安琳看作"女主角的陪衬，轻描淡写地被搁在一旁"就有些误解了作者的用意，或看低了"王安琳"的"指示"作用。据程季华的说法，左翼文艺工作者参加明星影片公司担任编剧顾问后，"在这一时期，'明星'所有的导演的创作，差不多都直接得到过编剧委员会的帮助，为他们讨论剧本、修改故事、提供素材、添补对白，从而使他们的作品，也在不同程度上表现出了新的倾向。"[2]因此，同样是由明星公司出品，由明星公司自己的导演、编剧、演员担纲的《现代一女性》无疑是受到过左翼电影编剧委员会帮助的，那么有关"王安琳"的叙事我们不难认为是艾霞间接或直接接受左翼意识形态影响的产物，而不一定是她有意地将其边缘化，把其作为女主

---

[1] 周慧玲：《"性感野猫"之革命造型：创作、行销、电影女演员与中国现代性的想象，1933—1935》，《文化研究月报》第8期，2001年10月15日。

[2] 程季华主编：《中国电影发展史》（初稿）第一卷，中国电影出版社1980年出版，第243页。

角的陪衬。但由于艾霞个体的生活经历和情感体验的独特性,也由于她思想的矛盾性或局限性,使得"王安琳"这一人物的塑造即便在这部"直接或间接得到左翼电影工作者组成的编剧委员会的帮助"的作品中依然没能达到左翼意识所期望的理想女性人物的效果,而显得单薄和"轻描淡写"。

相反,恋爱至上的女主角蒋萄萄却富有感性,令人印象深刻。她是一家地产公司的职员,同时又是一位喜欢用爱情的刺激来填补空虚心灵的摩登女性。她爱上了新闻记者俞冷——一位有妇之夫。"刺激要强,爱要彻底"的女主人公与男主人公俞冷忘情地恋爱着。她不假思索地拒绝了地产公司经理老史的求爱,致使被解雇。但恋爱是要钱的,当发生经济困难时,她又心生一计,决定用身体换取老史的金钱,以此解决自己和情人俞冷的经济困境。为了和俞冷外出旅行逍遥,在一次与老史进行身体交易时,她又顺手牵羊拿走了四千元的支票,因此被史告上法庭获罪入狱。

这是一位特立独行、敢于挑战传统道德观念,主动追求和满足自己的情爱与物质欲望的都市女性,她无视世俗的眼光,为了帮助情人摆脱经济困境也为了恋爱必须的物质需要,她甚至可以把爱与性、灵与肉截然分开。这样的形象与左翼着力倡导的"理想女性"显然存在着很大的距离,却可以看出艾霞对当时小资产阶级女性的"恋爱观"有着入木三分的把握,对她们为钱所困也为情所困,而在黑暗社会里依然保有一份对自由意志要求的困境有着深深的了解和同情,从而使这一人物有了超出一己的历史感。除了中心女性人物蒋萄萄和政治正确的革命女性王安琳之外,《现代一女性》的电影小说还细致地描写了另外一个女性人物——俞冷的妻子玉如。因此,"一女性"的标题下其实隐含了"三个她"的故事,从中我们可以发现《三个摩登女性》故事模式的潜在影响,但它同时也改变了田汉对女性人物的刻板印象——我们且来看艾霞是如何塑造俞冷的妻子——太太型女性的。

电影小说如此描写这位少妇:"玉如是现代社会的典型少妇,贤妻良母,她是世宦出身的小姐。她与社会确有一点隔膜,她憧憬着家庭,每天盘旋在她脑海的就是家庭的主人翁,也就是她的生命:她重视的丈夫,以及他们爱的结晶孩子。"耐人寻味的是艾霞在具体塑造这一"少妇"形象时并没有将其意识形态化或概念化。余妻并非只是传统型的妻子形象(不无对照意味的是,当时有男性文人为了表达自己对摩登女性的反感,特意在报纸上著文赞美自己"不解蟹行文字"、"不知社交、不能跳舞",只"以生男育女为目的"的传统型的贤妻良母型的妻子[①]),也与田汉笔下享受型的资产阶级太太不同,她是一位受过教育的女性,只是婚后才走上了相夫教子的家庭主妇的生活道路。当家庭经济拮据窘迫的时候,她主动对丈夫提出自己出去找份工作以贴补家用,但没有得到俞的同意。之后当她发现了俞的婚外情的时候,她并未像男性笔下的传统女性那样寻死觅活,而是主动提出离婚。她在离开时给丈夫的信中这样写道:"你既然有了爱人,我们又何必为了家庭桎梏着自己呢?末了,我希望你要认清你自己,不要忘记了人的使命,祝你努力。"当丈夫俞冷请求她原谅时,她说道:"忏悔是你的事,原谅是我的事,现在我要做我自己的人。"当俞冷问她今后怎么生活时,她反诘说:"我是一个人,又不是残废,什么事不能做?难道女人一定要靠男子过活?"

显然这是一位真正"娜拉"型的女性。从某种角度来说,这个女性人物形象也是艾霞的五四女性意识的自觉或不自觉的延续投射。作为一个亲身追求、实践过五四婚姻自主理想的知识女性,艾霞显然比男性作者更能懂得女性的精神和心理,即便是一位已然进入传统相夫教子窠臼的女性,艾霞也充分尊重和体谅她内心深处所有的自尊和自

[①] 参见刘慧英:《遭遇解放——1890—1930年代的中国女性》,中央编译社2005年出版,第166~167页。

强,而不是简单地把她归入落后分子,或任意宣扬她的"哭闹"。但这位"我要做我自己的人"的"娜拉"型人物与当时左翼意识所期望的"真正的摩登女性"显然也并不合拍。而从中我们则可以发现,曾经表示要做前进的"时代女儿"的艾霞,其实她的内心深处对五四新文化所提倡的女性独立和个性解放的思想依然认同甚至坚持,并不那么容易合"前进"的左翼时代潮流。

  《现代一女性》的女性意识不仅体现在女性人物的形象塑造上,还在男性的形象塑造上体现出来。电影小说以冷峻客观的叙述方式塑造了一位怯弱并最终彻底沉沦的男性人物俞冷。艾霞在塑造这一形象时显然不想与"男性导师"们妥协。与当时左翼电影中男性的堕落往往是由女性的诱惑所致不同(田汉《三个摩登女性》中的男主角张榆便因与虞玉的交往而一度堕落),在艾霞的笔下,俞冷最终的堕落是一种消极的自甘堕落和沉沦。与女主角蒋萄萄烟视媚行、敢做敢为的作风不同,也与"传统女性"余妻的自重有决断不同,《现代一女性》中的男主角俞冷是一位非新非旧、自私怯懦、不能自拔地自甘堕落沉沦的小知识分子的男性形象。电影小说如此描写俞冷的心理,他"很想占有萄萄及他的妻,如不然就双方都放弃。他怯弱,他没有勇气,没有决心"。这样一位男性人物却在某些时候又想充当萄萄的精神导师,当萄萄提出当时年青人面临的一个普遍问题——"前进、堕落、自杀,这三条路,哪一条路最容易走?"时,俞冷毫不犹豫地回答:"堕落自然是最容易走的一条路,自杀那是弱者的行为,没落了,前进自然是最难。"并对萄萄说:"希望你永久记着,前进前进,不断地前进前进。"当萄萄表示如果没有他的爱,便会非常空虚时,他又告戒她"不要太情感了,理智一点"。然而,就是这样一个经常劝告别人前进,不要太情感要理智的"精神导师",在自己失业、面临家庭经济困窘的时候却心安理得地接受萄萄的接济,对萄萄来历不明的钱也不闻不问。当萄萄偷钱的事东窗事发时,他愤恨她令人不齿的"偷窃"行为,俨然成为了道德审判的"法官";当妻子发现了他的婚外情主动提出离婚时,他声泪俱下地向妻子表达忏悔,同时又责怪妻子怎么忍心抛下孩子,想用孩子来"拉住"妻子。总是劝导别人要不断"前进","要理智"的"精神导师",最后当着大半为了他而身陷囹圄的情人面说说:"我已经忘了过去的一切,我现在最需要的是享乐,所过的就是最享乐的生活。"一个曾经的"精神导师",最终却走向了自甘沉沦和堕落。《现代一女性》所描写的这样一个不可救赎的男性形象,对左翼话语所塑造的勇敢、坚定的男性形象不啻是一种颠覆。然而,艾霞在《我的恋爱观——编〈现代一女性〉后感》中又明确指出,"《现代一女性》中根本没有坏人。萄萄、俞冷、史芳华,他们是被一般人认为坏的,其实这都是环境使他们这样,所不同的就是个性的强弱,假使他们都是强的,虽然与剧中同样的境遇,也许不会这样的。"①这一认知显然不同于男性的左翼电影人惯于对人物作明确的阶级划分,如田汉的《三个摩登女性》同时指称了三个不同阶级的女性,但另一方面,艾霞对于"环境与人物"关系的理解与左翼强调的社会制度对人的制约是一脉相承的。所不同的是,男性的左翼电影人往往对受环境压抑的女性有更多苛刻和严厉的要求。这多少呈现了艾霞作为一个左翼的女性电影人有意无意地呈现出来的阶级意识和性别意识的交织。她受到左翼思想的影响,也力图使自己的创作符合后者的要求,而她鲜明的个性和切身的经验又使她不能简单地全盘接受左翼的"帮助"或引导,而更倾向于真实地表现当时小资产阶级女性的苦闷。事实上即便是信奉"恋爱至上"的小资产阶级女性,她们的意识里也未尝没有革命的倾向和对旧制度的反抗,或者说,她们那种"彻底"无羁的个人主义,本身就是对旧传统旧道德的严重摧毁。

① 艾霞:《我的恋爱观——编〈现代一女性〉后感》,《明星月报》第1卷第2期,1933年6月,第4页。

三、《新女性》的创见与"改写"

1934年初春（2月12日），正当万物复苏之际，艾霞却留下"人生是苦痛的，现在我很满足了"的遗言吞烟自杀了。其时，艾霞已是一个颇有影响和才华的女演员，她的死于是立即成了轰动一时的重大新闻。影迷们争睹遗容，另有六七家报刊专门出了纪念特刊，明星公司则以艾霞的故事为蓝本拍摄了电影《新女性》。《新女性》由孙师毅编剧，蔡楚生导演，影片明显地沿用了"三个她"的故事模式，并在很多方面利用了《现代一女性》的剧情以及和艾霞的身世经历相关的材料，极大地激发了观众的观看热情，同时又有着多处重大的改写或新的创见。而从这些改写中，我们也再一次领略到了左翼意识对"真正的摩登女性"或"新女性"的定义和想象，或藉此进一步规训引导社会女性的意图。

首先，与《现代一女性》中的女主角萄萄的身份模糊不同，《新女性》的女主角韦明为了恋爱和婚姻自由离家出走，在自主婚姻失败后只身来到上海，成了一位独立自由的职业女性——小学音乐教员。同时她还是一位母亲。这是一位典型的"娜拉"型女性。现实中的艾霞当年也确曾为了婚姻自由从北京出走到上海，有与情人短暂同居的经历，但并没有孩子。从艾霞自述和友人的回忆性文字来看，艾霞并不喜欢教书这个职业。有人劝艾霞到机关工作，或是做教员，她认为，"教员职员那讨厌的工作是多么无味"，相较之下，影剧工作能够像"母亲似地给我安慰"、"能告诉我人生的一切"，因此艾霞选择了演员生活。[①] 而《新女性》中的女主角的职业是音乐教师，这种职业身份的改写显然是为了能更突出知识女性的特质。

如果说以上还不过是小小的身份职业方面的改动，那么《新女性》中女主角韦明对感情的态度，以及她为了维护尊严拒绝做"一夜奴隶"

---

① 艾霞：《艾霞自述》，1934年2月24日《民报》副刊"每周电影"第5期。

的情节改写则与《现代一女性》中萄萄或艾霞对感情的态度大为不同。不论是文本中的萄萄还是文本外的艾霞对待感情的态度,都充满了对世俗的贞操观、婚姻观、道德观的激烈挑战,这种挑战显然无法让以男性为中心的社会文化所接受,当然也无法让男性为主的左翼电影人所接受。因此,孙师毅对《新女性》中的韦明做了巧妙的"修正",恋爱至上的萄萄和艾霞被"修正"成了因自由恋爱的婚姻失败而对爱情和婚姻都不再轻易相信的韦明;为了爱情,在面对经济困境时可以把爱和性、灵与肉割裂开来的萄萄,在《新女性》中被改写成即使在孩子病危时,韦明面对校董王博士拿着硕大的戒指来"求婚",依然因厌恶其为人而拒绝了;为了筹措医药费,韦明迫不得已答应去做"一夜的奴隶",但当她看到她的服务对象竟然是校董王博士时,羞愤难当地夺路而逃。《新女性》中的韦明显然比《现代一女性》中的萄萄和"野猫"/艾霞"高洁"、"光亮"了许多。在连篇累牍的有关《新女性》的影评中,只有艾霞的知心好友王莹指出了其中"拒绝求婚"情节的"不近实际"。①

《新女性》对于女主角自杀的改写更令人玩味。艾霞在自杀时留下的绝笔是:"今天又给我一个教训,到处全是欺骗。现在我抛下一切,报恩我的良心。"②她在临死前还曾发出了"我现在很满足"的感叹。从这样的感叹里我们可以体察到艾霞把死亡看做是一种解脱。对于艾霞的自杀,左翼文化人的态度是比较复杂的。而其中较多的是谴责艾霞的"不觉悟",认为自杀是逃避现实。为了弥补艾霞自杀的消极性,《新女性》对女主角临死前的"感叹"重新作了处理。那就是当韦明临终前在阿英的开导下终于认识到自己的自杀是懦弱的行为,是自己小资产阶级根性的表现,进而迸发出"救救我!""我要活,我要报复!"的呐喊。应当说,这一"呐喊"虽然与原型人物的"本事"不同,但在当

---

① 王莹:《〈新女性〉的推荐》,《文艺画报》第 4 期,1935 年 4 月。
② 李传明:《艾霞服毒后的话》,1934 年 2 月 19 日《大晚报》。李为艾霞的姐夫。

性别视角下的上海都市文化

时的历史条件下,这样的"添加"或"修正"确实不无必要,多少可以减弱或消解女主角的自杀行为给社会大众(尤其是境遇相类的小资产阶级女性)可能带来的消极影响。

《新女性》不仅对女主人公做了许多观念意识方面的矫正,还对代表"革命"的理想的女性形象进行了重大改造。在《现代一女性》中具有前进/革命思想的王安琳是剧中张卫夫人(一位有产者的太太)的妹妹,而《新女性》中具有革命思想的李阿英本身即是一个工人。从《现代一女性》的剧照等资料图片上看,剧中王安琳的服饰发型与当时入时的都市女性并无二致。但《新女性》中具有革命思想的新型女性李阿英,穿着打扮朴素到几无都市女性特征的程度。电影中有一个细节也令人玩味,当韦明受到校董王博士的侮辱时,李阿英抡起拳头三下两下就把那个男人打得落荒而逃。与《现代一女性》中被狱友称做"小母亲"的王安琳相比,这是一个几乎没有女性特征,甚至比男人更有力量的"革命女性"。左翼电影人对《三个摩登女性》中周淑贞的批评,终于在《新女性》中的李阿英身上得到了的落实或"修正",左翼的"正确意识"也通过有着工人身份、朴素无华、充满力量、投身革命事业的李阿英而"完美"地体现了出来。

《新女性》对女性人物的另一大"修正"与"改写"还体现在"太太型"人物上。在《现代一女性》中,俞冷的太太并非只是一位传统型的贤妻良母,而是一位具有一定的女性自主自立意识的"娜拉"型女性。而《新女性》中的王太太(校董王博士的太太)——张秀贞则被改写成了一位完全丧失女性主体意识,只能依附丈夫才能生存同时又只知道消费享乐、没有丝毫独立自尊意识的太太型女性形象。

除了对女性人物形象的改写、修正外,《新女性》对男性人物的改写也非常明显而"刻意"。《新女性》中余海涛这一人物的设置可以说是对《现代一女性》中俞冷的"套用",但被重新改写。《现代一女性》中的俞冷是一位自私懦弱最终堕落沉沦的男性形象,《新女性》中的余海涛却成了洁身自好、追求进步的男性人物形象,虽然整个片子中这一人物形象并没有占据太多的戏份,但他俨然是一位意识正确的规训者,在韦明闲暇时间参加各种活动时,他都规劝她不要浪费时间;当韦明无钱为孩子医治时,他挺身而出,帮助她筹措药费——人们不难一眼看出这一情节与《现代一女性》中葡萄为俞冷孩子筹措药费和生活费的情节有着惊人的相似,只是原本是女性人物救助男性主人公的行为被移植转换到了男性人物——余海涛的身上。显而易见,与艾霞在《现代一女性》中对男性人物的负面暴露相比,《新女性》中的余海涛变得"正面积极"了,虽然《新女性》中的余海涛戏份要比《现代一女性》中的俞冷少得多,却明显地要比俞冷"完美",与艾霞对男性人物的"毫不留情"相比,孙师毅和蔡楚生却通过有意识的"手下留情",塑造了一个"正面"的男性人物形象,以此避免了剧中的男性人物全都丑陋的负面状况。

  《新女性》的结尾与《现代一女性》相比也有很大改变。《现代一女性》中只写到了葡萄的"个人觉悟",而《新女性》则描写了女工群体的觉醒力量。满怀新意识的女工们唱着李阿英作词的《新女性》:"不做恋爱梦,/我们要自重!/不做寄生虫,/我们要劳动!……不做奴隶,/天下为公!/无分男女,/世界大同!/新的女性,/勇敢向前冲!"与田汉《三个摩登女性》对"摩登女性"的重新定义一样,在李阿英创作的歌词里,我们也看到了影片对"新女性"的重新定义。其在继承田汉《三个摩登女性》中真正理想的摩登女性——周淑贞所具的自立、理智、勇敢、关心大众利益等特质的基础上,又对"新女性"提出了进一步的要求:新的女性,应当为了实现"无分男女,世界大同"的新社会而"勇敢向前冲"。有的研究者指出,"在李阿英的定义中,新女性与其他普泛化、无性别的术语(诸如大众、劳工和新社会的先驱)可以互换使用,那儿不再存在男性与女性间的差别,占永久统治地位的将是一种乌托邦的'大同'"。① 撇开其他的"大同"不谈,单就"男女无分"这"一同"而言,左翼的男性电影人对性别的思考确实存在着简单化和乌托邦的色彩,与《现代一女性》的性别意识形成了不无意味的对照。

四、厚"此"薄"彼"的背后:电影评论与"新女性"之争

再让我们来看左翼影评对《现代一女性》和《新女性》这两部不无关联的影片的评论。作为与左翼电影有诸多关联的艾霞,其自编自演的影片公映后,按理应该得到左翼影评人的积极关注。但在笔者看到的不到十篇的影评中,真正属于左翼影评人写的只有凌鹤的一篇简短的影评,而几乎所有的评论对影片中的女主人公形象都持否定态度。

凌鹤的《评〈现代一女性〉》首先指出了编剧者观念上的矛盾,他认为,影片中女主人公是一个放荡的女性,很难相信她会忠于情,女主人公最后的转变也是很勉强。他承认"这种描写了强烈个性的女人,在中国银幕上到底少见,然而如此'彻底的恋爱'对于中国社会,并没有何等补益"。② 还有评论者起了一个嘲讽性的标题《恋爱太彻底,有点吃不消》③,文中嘲讽性地说艾霞就是爱呀!也有评论者把一切罪责推到了女主人公身上,"《现代一女性》原来是表现一个情绪浪漫的其心目中无所谓社会的道德,更无所谓女子的贞操,只知道要求性的满足与及物质的享受,终至于身入囹圄,而被其所爱的男子鄙弃痛恨的一个女子。葡萄因为认错了恋爱的意义,不但害了自己,而且余冷为她失去了职业,拆散了家庭,余冷也被他牺牲了。"对电影中的男主人公,批评者却百般偏袒,"余冷虽然是一个意志薄弱的青年,但他终究是有

---

① 张英进:《三部无声片中上海现代女性的形象》,《二十一世纪》第 42 期,1997 年 8 月。
② 凌鹤:《评〈现代一女性〉》,《申报》"申报本埠增刊",1933 年 6 月 16 日。
③ 小弟弟:《恋爱太彻底,有点吃不消——观〈现代一女性〉后》,《时报·电影时报》,1933 年 6 月 16 日。

识者,他不能谅解萄萄,这不能说他的不是。"①在这些评论中,论者对女主人公的批评相当严苛或刻薄,对男主人公却多持同情和偏袒的态度,充分反映了男性中心批评的观念和价值。

在几乎清一色的指责声中,唯有绿漪的《〈现代一女性〉观后感》一文指出,"以一个女性来划出一个女性的生活,那是更体贴入微了"。作者特别指出"也许是自己编剧之故,艾霞在这里是出人意外的成功的",艾霞的表演自然,她"非但表露了一个富有热情,视恩爱如生命的女子的心绪,而且生动地告诉了我们女主人翁的性格"。②从这一评价中,我们可以看到不同性别的评论者在批评观念和道德、爱情等价值观念上确实存在着相当巨大的差异。

其实,艾霞在《现代一女性》中关于女主人公的女性叙事可以说是一种颠覆性的女性书写。首先这种书写是对五四以来女性灵肉一致的爱情叙事的颠覆:萄萄爱她的情人,但为了帮助情人渡过经济难关,也为了可供恋爱必要的物质基础,她可以主动地用性/肉体来换取金钱。这样一种性与爱可以截然分裂的女性情爱叙事自然无法得到男性中心批评的认同。其次,这种书写又是对20世纪30年代以来消费文化中女性专注于物质享受叙事的颠覆。这种颠覆性主要体现在女主人公对待爱情与金钱关系的透彻态度上。《现代一女性》的电影小说里,女主角萄萄说得非常明白,她和俞冷都不是拜金主义者,但钱是维持爱所需要的,"有一百分需要爱,就有一百分需要钱","钱是万恶,也是万能"。女主人公的金钱观也可以说是艾霞金钱观的一种投射。在《我的恋爱观——编〈现代一女性〉后感》中,艾霞也明确地表示,"纯洁的恋爱,神圣的恋爱,恋爱是无条件的,这些都是傻子说的话,乳气很浓的毛小子或毛丫头才相信呢。这全是中了毒的,不然那就是假面

---

① 无畏:《现代女性流行病态》,《时报》副刊"电影时报",1933年6月20日。
② 绿漪:《〈现代一女性〉观后感》,《申报》"申报本埠增刊",1933年7月11日。

具。"艾霞表白自己不是拜金主义者,金钱不是恋爱的对象,但金钱有破坏恋爱的可能,也有维系恋爱的能力。作者对"恋爱与金钱"/"爱情与物质欲望"的关系持这样一种客观的叙事态度,不仅与流行的对摩登女性的物欲指责不同,与左翼对"爱情与金钱"激烈的批判态度也很不相同。因此,在左翼影评人看来,《现代一女性》有意识地维护了女主人公的"任性"——就是投降环境,使她成为应当原谅的女性。[1] 其实,萄萄/艾霞的认知并不是什么新的发现,鲁迅早就说过,"自由是好的,否则钱是重要的",[2]"人必生活着,爱才有所附丽"。[3] 只是艾霞的认知别有一种小资产阶级女性心理感知的真切性。

与左翼影评人对《现代一女性》的漠视以及否定批评相比,《新女性》公映后获得了左翼影评人的积极反应,左翼影评人写了大量的影评,批评观点也更加多元,由此还引发了"谁是新女性"的激烈论争。谁是影片中真正的新女性代表?女主人公韦明是一位新女性吗?

唐纳在《论〈新女性〉的批评》[4]中说:"其实韦明在她的反对古老的封建势力,而作为出走后的娜拉上场的一点,却的确是一个新女性,张秀贞当然更不是真正的新女性,然而她是一个'新式的'知识妇女。买办的太太是恣意享受着一切的享乐生活的资本主义女性。对于古老的封建妇女而言,也的确是新女性。不用说得:工人中的知识分子的李阿英,才是真正的新女性。虽则在环境的限制下,其次被限制于作者自身的缺陷,不能刻画得更明鲜。"

还有评论者指出:"剧作者在本片内创造了三个不同的女性,代表现代社会三种不同的女性典型:一种是浸沉在奢侈淫靡的恶习中,而

---

[1] 尘无:《中国电影中女性的探讨》,《申报》"申报本埠增刊",1933年7月13日。
[2] 鲁迅:《娜拉走后怎样》。
[3] 鲁迅:《伤逝》。
[4] 转引自尘无:《关于新女性的影片、批评及其他》,陈播主编:《中国左翼电影运动》,中国电影出版社1993年出版,第570页。

无健全的思想和知识。一种虽有新思想而实际却又是缺乏理智底判断力,致使环境处处阻碍了她该走的路,而使她无法自拔。一种是既有健美的体格,复有坚决的意志,判断力,而能决心实行'干'的,作者认为在这三种不同形式上底三个女性中,当然阿英才是'现社会中新女性典型'。"①

在《新女性》的发行广告上这样写道:"新女性有蓬勃的朝气,汹涌的思潮,冲出家庭的牢笼,走向广大的社会,站在'人'的战线,为女性而奋斗! 多种典型的女性,全成为此片描写对象,而陪衬出一个新的女性型。"②这个"新的女性型"显然指的是李阿英。

从上述代表性的评论中,我们可以发现影片中的"新女性"究竟指的是谁。左翼影评人的倾向和答案是比较明确的,那就是李阿英,当然对这个新女性,也有左翼影评人意识到"并不是一个有血有肉的真实的人物,而是一个理想的人","是特殊的想象的新女性而不是真正新女性。"③但总体上来说,对于李阿英这样的新女性,左翼电影人是基本认同的。争议最大的其实还在于对影片女主人公韦明——"娜拉"型女性的认识和评价上。

王尘无在《关于新女性的影片、批评及其他》一文中提出与唐纳颇为不同的看法。特别在对于女主人公韦明是否是新女性这一问题上,他指出,"所谓'中国出走后的娜拉'这一种从资本主义中产生而动摇的女性,是大时代中最苦恼的一群。她受了资本主义社会所给予的种种痛苦,她愤恨着给她种种痛苦的社会,但是她无法改造这种给她苦难的社会,她并不了解只有改造给她种种苦难的社会然后她们的苦难才能接触! 苦也吃尽了,难也受够了,于是她们的前途只有三种:1、积

---

① 《新女性演出后……(集纳上海各报之批评)》,陈播主编:《中国左翼电影运动》,中国电影出版社1993年出版,第578页。
② 《新女性》影片广告,《联华画报》第5卷第2期,1935年1月。
③ 尘无:《关于新女性的影片、批评及其他》,第570页。

极起来改造社会。2、拼命的享乐。3、自杀。"

第一种是大时代中的新女性,第二种是资本社会的新女性,而恰恰第三种像韦明那样却不成为一个新女性。王尘无虽然意识到"出走的娜拉"是大时代最苦恼的一群,却不认为她们有改变环境的力量,坚称她们不是"新女性"。在于他所推崇的新女性早在1933年发表的《中国电影中的女性探讨》中就已经表明过了,那就是《呐喊中的女性》中的女主人公——"她是贫农的女儿,经过了种种的迫害,而终于呐喊起来!",王尘无认为女性影片的制作,"必须跨过第一第二第三种典型,才能够正确表现中国女性最新的姿势。"①

在《新女性》公映后引发的"谁是新女性"的讨论之后,报刊媒体又引发了对"娜拉"型女性的讨论。② 可见"娜拉"型女性已经成了社会的"问题"或"多余"。如《娜拉三态》一文中,作者认为五四时期的娜拉"在那时的前进,还只是个人主义的思想,所争的只是个人的解放,个人的人格独立,个人的思想自由,然而在今日,个人主义久已发霉生锈,娜拉若还是墨守这些,进步的新人物将把她塞进垃圾堆里。"作者宣称只有"牺牲个人的一切,担负起历史使命的女人们,才是最现代的摩登女性"③。其中最有代表性的无疑是聂绀弩的观点:他宣称"娜拉"已经"不算这一时代的代表的女性"了,"新时代的女性,会以跟娜拉完全不同的姿态而出现。首先,就不一定是或简直不是地主绅士底小姐;所感到的痛苦又不仅是自己个人底生活;采用的战略,也不会是消

---

① 尘无:《中国电影中的女性探讨》,《申报》"申报本埠增刊电影专刊",1933年7月13日。作者在文中对第一第二第三第四种女性有明确的阐述。第一是封建势力下的被压迫者,这类女性,无论主观还是客观上都居于奴役或附属品的地位,她们没有觉悟,所以没有反抗。第二是资本主义造成的女性,她们对于本身的地位和任务一点也没有觉悟,只是处在优越的环境中,适应着资本主义的战胜对封建残余而脱出礼教的范围,不事生产,十足的成为寄生者。第三是小有产的女性(分成几种情况),第四种就是《呐喊的女性》中的女性。
② 1935年被称做"娜拉年",参见《娜拉大走鸿运》,《申报》,1935年6月21日。
③ 碧遥:《娜拉三态》,《妇女生活》创刊号第1卷,1935年7月。

极抵抗,更不会单人独骑就跑上战线。作为群集中的一员,迈着英勇的脚步,为宛转在现实生活底高压之下的全体的女性跟男性而战斗的,是我们现在的女英雄。"①

聂绀弩标举出来的"新时代的女性",具有这样一些特征:出身于"第四阶级",对现实黑暗有深切感受,具备改造社会的热忱,愿意为受压迫者伸张正义,把自己融入反抗的群体。他期待这样的"英雄"替代"娜拉",成为新的时代偶像。聂绀弩的意见,体现出 20 世纪 30 年代左翼文化思潮在女性问题上的倾向。就在《谈娜拉》发表的同一年,"中国左翼文化总同盟"1935 年编印的《文报》上,刊载了《中国妇女运动大同盟纲领草案》。草案明确提出:"我们认为被压迫妇女大众的解放运动,是和无产阶级的社会革命运动有着不可分离的联系。假使在资本主义社会制度底下要解决妇女问题,那是绝对不可能的事,只有在完全推翻私有财产制度的社会主义社会才能获得妇女大众的根本的解放。基于这一原则的认识,我们必须站在无产阶级的立场,把妇女解放运动作为整个社会革命运动的一翼,执行历史所赋予我们的特殊的任务,而在整个社会革命运动中要争取妇女大众的解放。"②

1918 年 6 月 15 日,《新青年》杂志以胡适的《易卜生主义》、袁振英的《易卜生传》为头阵,加上胡适与学生罗家伦翻译的《娜拉》(即《玩偶之家》)、陶履恭翻译的《国民之敌》等,出刊了"易卜生专号"。庶几同时,胡适又在《美国的妇人》③一文中提出"新妇女"一说。自此,"娜拉"

---

① 聂绀弩:《谈娜拉》,1935 年 1 月,原载《太白》第 1 期,第 41~42 页,收入《蛇与塔》。
② "中国妇女运动大同盟常务委员会":《中国妇女运动大同盟纲领草案》,《文报》第十一期,1935 年 10 月 25 日,转引自孔海珠:《左翼·上海》(1934—1936),上海文艺出版社 2003 出版,第 391~402 页。
③ 李大钊在胡适《〈美国的妇人〉跋》中这样写道:适之先生这篇演稿写成,持以示我,谓将寄登某杂志。我读之,爱不忍释。因商之适之先生,在本志发表。我的意思,以为第一可以扩充通俗文学的范围;第二可以引起国人对于世界妇人运动的兴味;第三可以为本志开一名家讲坛的先例,为本志创一新纪元。我故附识数语,谢谢适之先生。守常。载《言治》季刊第 3 册,1918 年 7 月 1 日。

和"新妇女"成为互相补充且可以互相交换的"同义"词,成为中国妇女追求的榜样。然而,20世纪30年代的社会舆论(包括左翼政治)对娜拉的看法已经有了很大改变,时代的女性话语生产发生了新的变化。那些沿袭着五四传统,从旧家庭出走的娜拉已经赶不上"新女性"的"趟",她们对个人理想、恋爱自由的追求已经不被鼓励和肯定。同样是"新女性"的称谓,但此时的"新女性"已不复是五四时代的新女性,而直指第四阶级,或唯有第四阶级才有充任"新女性"的资格。这里自然有形势变化、国家危亡等因素的作用,在一片内忧外患下,个人的幸福、爱情追求、职业理想都显得"相形见绌"、无关紧要。而从文化控制权和政治领导权的角度,左翼阵营也有必要将女性纳入政治动员的范围,提倡一种不受个人主义影响的新女性。

然而,出走的娜拉的问题并没有消失,中国女性的解放进入了一个困窘的时期,"娜拉走后怎样"的问题在现代都市的发展中不仅依然存在,且倍加严峻。她们的自由意志正面临金钱、经济、社会政治的新的考验。恰是在这样的情景下,左翼阵营试图通过电影的方式重新为困窘中的时代女性指明道路,并集聚革命力量。但是他们的帮助和批判却往往不得其所,且不说其对小资产阶级女性的严苛要求和对何谓"新女性"的狭隘的定义,都显示出左倾关门主义的影响或偏向,男性的左翼电影人不自觉的男性中心主义,也使他们的批评、评论显得不切实际、不无隔膜而没有力量。尤其是那种把国家危亡归结于女性的虚荣落后、沉溺爱情的看法,和传统的"祸水论"以及其时普遍存在的"厌女症"其实并没有什么两样。而女性由于各种条件的限制,很少能对此作出有力的反抗,就此而言,艾霞的《现代一女性》值得我们倍加重视。它不仅是对其时不合理的社会制度的控诉、冲击,是出走的娜拉在20世纪30年代的现实处境的记录和写照,也是与左翼的"政治正确"和男性中心主义的一种不无意味的"协商"。从艾霞的《现代一女性》到之后的《新女性》,以及评论界对两部影片不同的反映,其褒贬不一或许不完全(或主要)是出自性别的原因,却多少呈示了性别政治的角力。其中既包含了同为写作者的女性评论者(如王莹和绿漪)对男性为主的左翼评论的"不认同",更体现在《现代一女性》对左翼主流意识的"欲迎还拒"和《新女性》对前者的改写上。

在一片对"摩登"的抢注风中,《现代一女性》不为所诱,不空谈摩登,而以可谓坦率的态度直面了"谁是真正的新女性"或"真正的摩登女性"的问题;或者说,更为真实切近地呈现、讨论了五四以来的新女性/"出走的娜拉"在新时代里的处境。而出演《新女性》的阮玲玉继艾霞之后再次以自杀的方式回应社会的压迫,也再次证明了《现代一女性》和艾霞以自己的生命所提问题的现实意义。在中国都市化的进程中,现实物质和传统势力的交织压迫,都使中国女性注定要为之付出较男性更为沉重的代价。所谓"谁是真正的新女性"的问题,在当时的条件下其实并没有确定的答案。这一方面是因为上世纪30年代的中国,虽然现代化正在发展进行中,而"中国往何处去?"乃是一个悬而未决有待开展的问题,引起于30年代初期、前后历时六七年之久的中国社会性质大讨论便是这一"不确定性"的明证。而要在一个社会性质前途本身尚不明朗的情况下作出"谁是真正的新女性"的结论未免是勉为其难之举。与此同时,阶级矛盾和民族矛盾的日益尖锐,却使人们对中国现代化的前沿上海及现代女性的认识产生了不同于20年代的微妙变化。在民族主义高涨的30年代,上海城市在吸收西方文明时比先前多了一重负疚感,所谓"新女性"却"总是与为她们提供机会的现代城市联系在一起,她们既是现代知识的新对象,也是可以引发社会变革的新主体",[①]她们某种程度成了社会的"不安定"因素或各种矛盾的焦点。因而,围绕着"谁是真正的新女性"的话语争夺,事实上

---

① 张英进:《中国现代文学与电影中的城市:空间、时间与性别构形》,秦立彦译,南京:江苏人民出版社,2007年,第196~197页。

隐含着来自不同的政治势力对国族命运、社会矛盾的关注,以及解决之道的构想,而对女性本身的处境、在现代都市的命运却关心甚少或根本不予考虑。当左翼电影宣示抛开个人投入大众的"真正的新女性"时,蒋介石政府的新生活运动则试图让都市女性重回传统的规范。惟因如此,如《现代一女性》那样"我手写我心"的现代女性的"自叙传"值得我们认真倾听和记取。

现代性的姿容

《体育皇后》的都市、性别和阶级叙事

　　现代中国的身体有着相当政治化的内涵,鸦片战争以来日益危急的国情,激起了一波又一波的改革运动,身体也被纳入其中。1895年,严复在《原强》中提出了著名的三民主张,并将"鼓民力"置于"开民智"和"新民德"之前,随后的几十年里,"体育救国"成为政治家和知识分子屡屡提及的口号,梁启超、孙中山、蔡元培、毛泽东等人均认为要"保国"须"强种"。[①] 清末民初的废缠足、开女学和军国民运动等等的发生,无非是这一理念的具体实践。现代体育的引入,尤其是辛亥革命后全国性运动会的多次举办,则将体育和国家形象的建构直接联系起来。孙瑜编导、联华影业公司1934年出品的《体育皇后》无疑是建立在这一历史和话语的基础之上的。

　　影片以远东运动会的预赛为背景和情节组织之一,其中的一些片断直接取用了1933年10月在南京举行的全国第五届运动会的情景。片中精心拍摄的运动会上的升国旗仪式和各省运动员的入场式,清晰地呈现出体育所承担的民族国家建构和想象的意味。影片中角色人物对体育救国的理念也有直接具体的谈论,女主角林璎曾与其父亲这样交谈道:"爸爸,知道为何中国不强大了。主要原因是我们体格太弱。"林璎的教练也说:"任何人种要自强,其驱动力都是健康的体格。"影片有力地捕捉了运动会上男女运动员的出色表演和观众的高涨热情,一系列的镜头传递出的信息十分清晰:解决民族危机需要强健的

[①] 参见本书下篇《男性形象、气质与中国现代化》。

性别视角下的上海都市文化

体格。影片尤其对女性身体及其在民族自强计划中扮演的角色饶有兴趣,其设想也为一些电影杂志所预告:"联华公司导演孙瑜拍完了'小玩意'一片后,便计划拍一部以学校体育为背景的'体育皇后',主角已定了黎莉莉,素来健美的甜姐儿,对于这一个角色,一定更为适合了。"[①]20 世纪 20 年代的中国还鲜有女性从事运动项目,但自 19 世纪晚期始,女性体格的健美已成为民族自强话语的一部分。所以,作为中国电影史上第一部以体育为题材的影片,《体育皇后》将其主角设定为女性不是没有用心或无关紧要的。

但这部 1934 年出品的影片,不仅沿袭和依托了近代以来"强种保国"的启蒙话语,也成为左翼电影以女性为中介,创建新的启蒙话语和都市想象的实践与尝试。片名"体育皇后"一词本身便充满了都市时尚的意味。上世纪 30 年代,都市化气息浓重的上海流行着各种各样以"皇后"为指归的选秀活动:电影皇后、女校皇后、舞会皇后……无所不有。[②]《体育皇后》的不同之处在于,它一方面借助了这一背景和氛围,一方面又是"反皇后"的,力图在介入都市时尚的同时又对它进行批判反思,并借此对女性形象作出新的想象。以下从影片的都市想象和新女体塑造、阶级意识、外来资源和性别话语的协商等方面,分析影片在都市、性别和阶级叙事上的特点,及其社会历史意义。

一、都市想象与新女体的塑造

《体育皇后》制作并公映于中国电影产业发生重要变动的时代。上世纪 20 年代末,风行一时的武侠片在中国电影市场上走向了没落,社会风尚的变化和矛盾的加剧,使得人们不再为武侠片的"天马行空"、"乱力神怪"所吸引,而期望着一种与现实有更多关联的新影片的

---

① 《玲珑》1933 年第 2 卷,第 114 期。
② 如 1930 上海举行了规模颇大的选举"上海小姐"的活动,夺冠者为永安公司郭氏家族的大小姐。1933 年,《明星日报》发起评选"电影皇后"的活动,胡蝶以 21334 票当选。这一风气和机制甚至影响到了女学生,女校里也开始盛行选"皇后"。

产生。"九一八"事件和"一·二八"事变的发生,促使了这一不同以往的新影片的及时出现。1932年,一些共产党人或左翼人士纷纷进入电影界,直接参与电影的创作和生产,试图以电影唤起大众救亡的热情,救中国于日本的侵略威胁之下,并推动国内经济、政治和社会问题的解决。先是在5月间,沈瑞先(夏衍)、钱杏村(阿英)、郑伯奇三人接受明星公司的邀请,开始担任编剧顾问。随后,阳翰笙、田汉、孙师毅、聂耳等人分别进入联华公司和天一公司。田汉还帮助组建了艺华公司。7月,左翼剧联成立了"影评人小组"。共产党自己的电影小组也于1933年成立。同年,还成立了中国电影文化协会,选出郑正秋、周剑云、姚苏凤、卜万苍、孙瑜为常务委员,沈端先、聂耳、沈西苓分别担任文学部、组织部、宣传部的负责人。① 经过这一番努力,1933年,一批以农村破产为题材的现实主义影片如《狂流》、《铁板红泪录》、《春蚕》、《盐湖》和《丰年》等相继问世。但这些倾注了左翼电影人诸多心血的影片却未能得到观众的认可。改变自茅盾小说的《春蚕》,虽然被左翼影评人认为是中国电影史上的重要收获,但它纪录片般的风格却被观众认为是教人"怎样养蚕"的,首映维持了5天,而《铁板红泪录》只3天就结束了。1934年1月号《明星月报》的新年"题词"在回顾刚刚过去的1933年时因而发出了这样的提问:

  这一年中,制作者采用最多的剧本是以农村破产为题材的,为什么不约而同的采用了这一种剧本?对于观众的影响如何?在另一方面,这一年中,国产影片的营业渐见衰败,为什么会得到这样恶劣的结果?这些,我们都当仔细估量一下,以来决定未来的路线。②

---

① 见《中国电影图志》,珠海出版社1995年出版。
② 《前题·明星月报》,1934年1月。

正是在这样的背景下,1934年的左翼电影中出现了一系列以都市生活为表现对象的影片。上世纪20年代末以来,上海迅猛发展的都市化,使得大众对现实都市的兴趣已经远远超过了其他类型的题材:几乎就在《春蚕》遭遇"滑铁卢"之时,蔡楚生自编自导的《都会的早晨》却创下了连映18天的记录。适应大众的观看热情,将政治意识结合进都市叙事,是1933年以后的左翼电影必要的抉择。而农村破产造成大量农民进入城市加入"都市寻梦"的现实,也为左翼电影的"都市转向"提供了现实的基础。袁牧之编演的《都市风光》曾以喜剧的方式触及了这一变故。影片开始时一对农民夫妇带着他们的女儿女婿随众人涌向火车站,准备到上海去;而因为在等车时意外地看了一出西洋镜,或被西洋镜里所呈现的"都市风光"所震慑,结果在火车到来时却误了上车,暗示了"乡下人"都市寻梦的曲折。而更多都市题材的影片则以都市女性为故事主角,如《脂粉市场》、《神女》和《新女性》等等。创下了国产片首发连映84天记录的《渔光曲》,以生长于海边的渔家儿女为主要叙述对象,却将故事的大部分场景安排在了上海,此中意味不难读解。不同于以上各片或其他以都市底层被侮辱被损害的女性为主角的影片——如果说它们通常把对生活的有害因素归之于城市,在故事的结构上也多少融入了传统"苦情戏"的因子——那么,《体育皇后》则别有"生面",无论在人物形象的塑造上还是都市的叙事和想象方面,都更具"现代性的姿容"。《体育皇后》开始于"一艘从浙江开来的船到了它长途赛跑的终点"的一刻,女主角被从乡村直接带入了中国第一大都市上海,一个将成就其运动生涯并促使其拥有独立个性的城市。最先进入镜头的是黄浦江与外滩;紧接着,一位年轻女性,即女主角林璎,出人意料地爬上了轮船上高耸的烟囱,以更好地欣赏都市的天际线。镜头采取了码头上聚集的人群的视角,人们纷纷仰头观看、追随着林璎的身体,林璎则俯视着整座城市。而影院里银幕前的观众也在凝视着她。对于初来乍到的女主角来说,上海都市、黄浦江外滩的景象是一个可看的对象,而对于银幕内外的观众和摄影机镜头来说,少女攀高的动作和灵动的身体本身即是都市景观的一部分,是和都市一样"值得一看"的对象,具有令人震惊的力量。

劳拉·莫尔维指出:"在常规的叙事影片中,女性的在场是奇观中必不可少的因素",当《体育皇后》的镜头朝向攀爬的女性身体,追随着林璎的裙子时,年轻女性的身体正在成为奇观。莫尔维还指出:"在一个由性的不平衡所安排的世界中,观看的快感在主动的/男性和被动的/女性之间发生分裂",[①]但这一观点并不完全适用于《体育皇后》。当林璎处于镜头和观众的凝视下之时,她是被动的都市奇观的一部分;但与此同时,她又是从外部观看城市的主动者。换言之,林璎既是电影的客体,也是电影的主体——电影意识的中心之一。林璎上岸后和家人一起坐上了一辆小汽车,小车一路顺畅地沿着外滩驶去,镜头以林璎的视角展

《体育皇后》,孙瑜编导,联华影业公司1934年出品,黎莉莉主演。

[①] 劳拉·莫尔维著,周传基译:《视觉快感与叙事性电影》,李恒基、杨远婴编:《外国电影理论文选》,上海文艺出版社1995年出版,第267~268页。

示了一座座呼啸而过的摩天大楼。对于眼前的景象,林瓔既震惊又好奇;与此同时,她亦成为影片正在展示的都市景观。影片内外,林瓔和观众都在惊异于它(她)们所具有的现代性:当林瓔为上海都市的外观现代性所震惊时,观众则被林瓔身体的现代性"俘获"了,而她则叠映在都市的景观里——影片一开场便将女主角和上海城市巧妙地"合而为一"了。

作为一部1934年出品的左翼电影,①《体育皇后》毋庸置疑地对上海城市的贫富差异和半殖民地性有着敏锐的观察。林瓔下车进到屋内后不久,其父问她对一路所见的上海有何感想,她直率地答道:"上海真是个奇怪的地方,有些房子好得像皇宫,有些房子又破得像狗洞……人也是很奇怪!有些瘦得像骷髅,有些却又吃得像肥猪!"20世纪30年代的上海正处于急遽都市化的亢奋中,无论上海一地还是上海之外的人,都对它的繁华"赞叹"不已,有人记载说,"上海人到内地,总喜欢夸言上海的洋房怎样高,上海的马路怎样阔,上海的女人怎样时髦。内地人逛了一圈上海而回到故乡,也往往喜欢眉飞色舞地介绍给他的同乡人听,上海的洋房怎样高,上海的马路怎样阔,上海的女人怎样时髦。没有到过上海的人,而想起上海的整个来,也总往往是上海的洋房不知怎样的高,上海的马路不知怎样的阔,上海的女人不知怎样的时髦"。②《体育皇后》则对这一"传闻"作出了"反拨"。影片选择从小和祖母生活在乡下的富家小姐的视角来对上海作出批判,符合左翼主流的纯洁的乡村/堕落的都市的话语,但其富家小姐的身份却和它的阶级话语不无龃龉。而随着情节开展,这一"龃龉"很快被消解或"纠

---

① 有人以为,这个"左翼"标签在某种程度上是被误导的,在于导演孙瑜是接受过美式教育的电影诗人,他本人被认为是一位左翼的、进步的电影导演,然而他的电影作品却受到左翼电影批评家的极大质疑,受到了严厉批评。这未免简化了左翼电影的评价标准,或者忘却了左翼电影内部本身的复杂性。

② 徐国桢:《上海的研究》,世界书局,1929年,第8页。

正"了：当林璎不顾教练云先生的劝阻坚持赴某阔少爷之约且不守时归来，云先生的第一个反应便是："她是一个有钱的小姐！"也就是说她的阶级身份尚有待改造。影片中林璎的两位追求者一个颓废洋派如足球明星胡少元，他曾试图在舞会上骚扰林璎，另一个则是刚从国外回来的林璎婶婶（伯母）的亲侄子，满嘴密死（Miss）和屁人（鄙人）。影片对两位追求者的西化身份以及上海的都市氛围显然都不无揶揄。

尽管如此，它却同时将上海更多地呈现为一个充满活力的、对女性的个体解放和成长具有积极意义的都市。女主角林璎是一个乡下女孩，却在摩登上海得到了充分的成长。她在上海一家体育学校求学，个人天赋被及时地发现和培养，很快成为了一名创造短跑纪录的运动员，短短时间里接连打破女子 50 米和 100 米的全国纪录，又向 200 米的全国记录冲击。更有意义的是，正是在都市里，她经受了名利的考验，逐渐认识到被富人阶层利用的"体育英雄"已经扭曲了体育运动的本来意义，所谓的"体育皇后"不过是锦标主义的工具，真正的体育精神应是通过强健自己、队友乃至全体国人的体魄而达到强国的目的。于是，在一次"关键性"的评选"体育皇后"的比赛中，她不顾个人声誉的损失，毅然放弃了唾手可得的冠军称号。"哼！皇后！一切想做皇后的，一切捧皇后的，让我们有一天把他们都埋葬掉！"影片用如上字幕表达了她的感悟和决心。

影片不仅表现了女主角意识的成长，也呈现了一种全新的女性身体。事实上，年轻女性的身体在《体育皇后》中不仅是影片"观看"/"进入"都市的方式，也是它主要的表现对象。影片提供、塑造了一个年轻而新型的摩登女郎形象，她甜美、讨人喜欢、健康且充满生命力。影片开始时，林璎身着及踝长裙，影片进行到十分钟后，她已换成了及膝裙，而纵观全片，百分之八十的时候她都穿着短裤，以运动装的形象出现。影片暗示林璎天真健康的形象和她童年时代的乡村生活有关，当其父责怪她才到上海就捅出"漏子"（爬烟囱）时，她回答说，那有什么，

性别视角下的上海都市文化

在乡下时哪天不是要爬十几回树玩呢;当然也和她进入城市后的身份相符合。如果说成长于农村的经历使她举手投足间全无都市的"扭怩作态",那么体校学生的身份则为她大方耀眼地露出大腿提供了合法性。影片还几次出现了集全体女运动员之力,以她们健美的大腿为焦点排演出的健康、性感并富于装饰性的队形。这些镜头中同样不乏上述莫尔维所指出的"奇观":"决定性的男性凝视把它的幻想投射到照此风格化的女性形体上"。① 但如果考虑到影片产生的年代和背景,将这些画面放到当时的社会条件

女主角林璎百分之八十的时间都穿着短裤。

下来考察,那么则会发现这些身体的呈现可说另有寓意,而不是"决定性的男性凝视"可以简单解释。1933年10月,第五届全国运动会在南京举办,当穿着泳装的女子游泳队出场时,一些遗老遗少被吓得慌忙离座退场。②《体育皇后》的身体呈现因此可说用心良苦或"别有用

---

① 劳拉·莫尔维著,周传基译:《视觉快感与叙事性电影》,李恒基、杨远婴编:《外国电影理论文选》,上海文艺出版社1995年出版,第267页。

② 1933年10月,国民党主办的第五届全国运动会在南京中央体育场揭幕。这次运动会,第一次把女子五项游泳列为正式比赛项目。由于第一次有女子参赛,因此轰动一时,好些清末遗老遗少亦拄着手杖步入泳池,见到女子运动员穿着泳装出场,顿时想起"非礼勿近,非礼勿视"的古训,慌忙离座退场,喃喃自语:"罪孽!罪孽!女子洗澡,还招人来看,真是人间不知有羞耻事。"引自《南方都市报》,2006年4月29日。

427

意"。它一方面遵循或利用了男性对女性的凝视,同时也充满了挑战性,让人们得以一睹对旧势力有着极大冲击力的全新的女性形象。

女性形象在现代中国的历史或文化生产中,常常被用来表现、象征国家和城市的形象;而电影,由于它"逼真、写实"的特点,则使它的新女性想象从一开始就和新女体的追寻、"认知"纠缠在一起。1921年,中国影戏公司拍摄了中国首部长篇剧情片《海誓》,因为在其中担任女主角的是由其时有 FF(foreign fashion)小姐之称的殷明珠,人们为一睹她的"外国作派"蜂拥前往观看。1928 年,报纸上出现了有关社会新式女性无所顾忌地穿半西式的服装、着短裙的报道。而到了 20 世纪 30 年代,一种新的女性形象在中国城市的中心流行开来,并登上了电影屏幕:曾经"严冷方正"的旗袍开始变得合身,裙身时短时长,叉则越开越高,裸露出部分身体,并和流行的画眉、烫(卷)发、抹口红和高跟鞋相伴随,成为当时都市女性的经典形象。以至当时的银幕上,无论是地位低下的妓女还是接受过教育的新女性,都一样的旗袍裹身,脂粉浓厚(如阮玲玉主演的《神女》和《新女性》)。而与此同时,纤弱无力、病态美还是中国女性的主调。20 世纪 30 年代女学生们几乎人手一册的《玲珑》上,一篇题为《新女性的两大训练》曾这样写道:"无论我国的女子,怎样学时髦,穿高跟鞋,但总有弱不禁风的缺点。病态美是一向给我们独占有的称号。林黛玉式的女子是我们的耻辱。"[1]虽然阮玲玉的出现,使中国电影有了自然真切的女演员和女性形象,但恰如有人对其主演《新女性》的评论:影片的背景与阮玲玉自己的背景相去何其之大,她也许无法呈现新女性的坚毅激昂,但她却费心经营出一个犹豫哀怨婉转的形象,让这个形象另有深度。[2]"犹豫哀怨"既

---

[1] 佩方:《新女性的两大训练》,《玲珑》1932 年第二卷,第 76 期。
[2] 周慧玲:《表演中国:女明星 表演文化 视觉政治 1910—1945》,台北:麦田出版 2004 年版,第 98 页。

是她个人演艺风格的纹印,也透露出中国女性普遍的"病态美"的信息。

左翼电影人力图改变这一状况,用另一种新的女性形象和身体语言来改变或批评这种摩登而病弱的都市女性形象。这种新的形象最先被认为存在于(或想象其存在于)农村的底层阶级之中,他们尝试从中国底层的农村妇女中来寻找新女体的来源。这在1933年一些反映农村经济破产的电影中表现得尤为分明。胡蝶、严月娴等当时以饰演富有人家的太太小姐见长的演员,都被安排在其中扮演底层农村女性,胡蝶便曾在《盐湖》中饰演了一个辛苦劳作的农场妇女。孙瑜在筹拍《体育皇后》之前,也曾有过这种向底层寻求的尝试,但和《春蚕》、《盐湖》中辛劳、愁苦、不苟言笑的农妇不同,孙瑜努力塑造的是富有朝气的农村年轻女性,《野玫瑰》(1932)中王人美饰演的小凤一角,黎莉莉在《天明》(1933)中饰演的菱菱以及《小玩意》(1933)中的珠儿,这些孙瑜电影中的人物,无一不是体格健硕、性格活泼的农村少女。[①] 在关于《野玫瑰》的导演手记中,孙瑜这样说道:"有了健全的身体,然后才有奋斗的精神,和向上的朝气。"[②]在说到他的另一部电影《火山情血》时,孙瑜也表明:"我始终提倡青春的朝气,生命的活力,健全的身体,向上的精神",并认为一个人只有身体强健了才能为正义奋斗。[③]

如前面已经提到的,孙瑜所强调的向上的朝气或国家强盛有赖于个体健康的理念,在19世纪末的中国已经产生,虽然在20世纪的头

[①] 然而在一些左翼电影评论看来,孙瑜的这些活泼迷人的农村少女尚未出"旧式的天真人物"的范畴。见《火山情血》评三,《晨报》"每日电影"1932年9月,转引自《三十年代中国电影评论文选》,中国电影出版社1993年版,第139~141页。

[②] 孙瑜:《导演〈野玫瑰〉后》,载《电影艺术》第1卷,1932年7月出版。

[③] "《火山情血》片里的青年农子,具有着十分健全的身体。也能忍受那常人不能忍受的艰苦和刺激","他不是一个思想家,但他能认识他自己的力量……在法律不能替他报仇的时候,他自己就很痛快地把仇自己报了。"孙瑜:《导演〈火山情血〉记》,《晨报》"每日电影"1932年9月12日,转引自《三十年代中国电影评论文选》,中国电影出版社1993年版,第131页。

20年里,还少有女性参加正式的体育运动,但20世纪20年代的下半期以后,情况有了很大变化。1924年于华北举办的第三届全国运动会上,开始有女运动员的身影出现;1925年,金陵女子大学新设了四年制的体育系。第四届全国运动会1930年4月在杭州举办,这也是南京国民政府成立以来的首届运动会,具体筹办此次活动的浙江省政府特别重视,特聘蒋介石为名誉会长。从这次全运会开始,女子组开始设锦标,并比前次增加了田径项目。至1933年南京举办的第五届全国运动会上,女子运动员已达706人,比赛项目在上届的基础上另加了女子游泳。① 女子运动得到了广泛的重视,报刊杂志上也出现了大量运动方面的女性形象。在这一背景下,运动员型的新女体渐渐成了可能的方向。与《体育皇后》同年出品的《新女性》中,虽然影片将"真正的新女性"落实在了工厂女工李阿英的身上,而女主角韦明女儿的玩具——作为"希望的象征"——却是一个女运动员造型的"不倒翁"。而以孙瑜一贯的对青春朝气、健全身体的倡导和追求,《体育皇后》的产生更是顺理成章。据黎莉莉的回忆,孙瑜塑造这一形象就是为了将当时银幕上的才子佳人比下去。②

《体育皇后》提供了一种全新的女性形象和女性身体的样式。女主角林璎的形象在中国电影史上极为少见,甚至可以说是从未有过,她年轻、健康、活泼又性感。她完全不同于当时银幕上那些身穿旗袍、珠光宝气、涂脂抹粉的都市摩登女郎,剧中有几次她穿上了旗袍,则表示了她暂时的"迷失"。她不是套路化的摩登女郎;她也非古典的纤弱美人,她爱运动,时常被汗水浸湿了衣衫。她也不是传统的女性受害者,不是被侮辱被损害的,甚至有别于作者之前作品中小凤等"旧式的

---

① 参见陈晴:《中国近代女子体育与妇女解放》,《武汉体育学院学报》,1999年第4期;喻丙梅:《论中国女性体育的发展历程》,《漳州师范学院学报》(自然科学版),2008年第01期;杨和峰:《近代中国历史上全运会述略》,《理论导报》2011年第3期。
② 崔永元:《行云流水——悼念黎莉莉老人》,《新京报》2005年8月9日。

天真"少女。她是一个崭新的形象,既保持了乡野的气息,又得到了现代城市多方面的锤炼,因而她更健美、更活泼,也更理想。在整个影片中,她都一直在微笑、跑动,并且充满了活力。如果我们意识到传统中国的等级制度不仅体现在社会一系列的尊卑秩序中,也印刻在女性的面容和举手投足上,在数千年来束缚女性的纲常伦理和"妇德、妇容"的规训下,中国女性已经养成了集体性的"不苟言笑"的惯习,那么影片中林璎裸露着胳膊和大腿的蹦蹦跳跳,其健康灵动的身体和一直的"微笑"就不是简单无意义的事,而称得上"非凡"。早在20世纪初,中国妇女解放的先驱秋瑾即已提出了"使我女子生机活泼、精神奋飞"的希望和目标。清末民初,许多传统置于女性的枷锁已经打开,像有关女性衣着的规定,包括缠足的破除,但换了新装的她们脸上的表情却仍是矜持与拘谨的,颔首、含胸还是她们基本的身体特征。[①] 上世纪二三十年代,在都市化和欧美时尚的影响下,中国女性中的一部分人有了脂粉浓厚的新妆面,但"弱不禁风"、"哀怨"的神情并没有就此消失。所以,当林璎/黎莉莉以一个充满活力、无拘无束、素面朝天的年轻女性/女运动员的形象出现于银幕之上时,长久以来中国女性"以柔弱为美"和被动、谦恭的形象便被颠覆超越了。

在中国电影的发展史上,女性形象通常被理解为城市形象,表现城市病态生活的载体一般也是女性角色,城市的堕落通常通过妓女形象来表达,《神女》(1934)和《马路天使》(1937)无不如此。《体育皇后》则展现了健康充满活力的女性形象,由此表达了另一种对城市的理解。林璎来自乡村,却在现代都市获得了成长,是一个克服了"时弊流俗"而兼收并蓄了传统中国的乡村美与现代都市美的崭新形象。与大多数的左翼电影不同,《体育皇后》所呈现的并非是人间炼狱的城市形象,虽然影片同时指出了现代上海明显存在的贫富差异,并明确意识

---

① 参见李子云、陈惠芬主编:《百年中国女性形象》,珠海出版社2003年版。

到这是一个深受西方影响的城市,批评了都市体育中的锦标主义,而其所呈现的城市形象却更多是光明的、充满了生机和多种可能性,至少对年轻女性来说是这样。这在影片对体校女生生活的表现上亦可见一斑。片中有两分钟是关于体校个人卫生的表现:林璎和她的队友早晨起床后,先在她们的帆布床上做柔软体操,然后排列着在水池边刷牙,影片对林璎的刷牙进行了特写。有人认为这未免是对其时正在展开的"新生活运动"卫生条例("早睡早起,保持面部、手部清洁,务必刷牙并保持头发整洁")的"点头称是"。但从影片中多次出现的几位校工对体校女生生活饶有兴趣的观望来看,也可以说是影片为了借此展现体校女生的生活风貌,以及现代都市的生活方式。恰如有论者所指出的,像刷牙、洗浴这样的生活习惯或方式在当时完全是一种新事物,只有少数群体和阶层才能享受得到。即便在几十年后,口腔卫生对于中国民众尤其是农村社会,依然是一个需要政府大力倡导普及的科学知识和健康生活方式。最形象的例证就是路遥发表于1982年的小说《人生》,在村民眼里,主人公高加林每天清晨都要刷牙无疑是件过于与众不同的事。[①]

更为重要的,任何将此与新生活运动联系起来的看法都被这一事实所扰乱——《体育皇后》在整体上呈现出的对青春气息的推崇,以及女主角林璎一刻不停的跃动,总是在微笑和运动中,以及裸露的双臂和大腿,健康和性感,对新生活运动试图让女性回归到端庄、安静、谦卑以及屈从的传统角色中去的目标,如果不是一个直接的反驳,那么也是一种间接的摧毁。影片同时强调了女主角与农村的联系,提醒我们她是"在乡间长大"的。因为能够被认同的新形象不仅应当是健康活泼充满生机的,还应当是"中国"的。而乡村历来被认为是中国的正

---

① 袁庆丰:《对市民电影传统模式的借用和新知识分子审美情趣的体现——从〈体育皇后〉读解中国左翼电影在1934年的变化》,《浙江传媒学院学报》,2008年第5期。

统,左翼电影和文学通常也以乡村的"纯洁"而抵抗都市的"堕落",孙瑜因此有必要强调她的"乡间出身"。因而如果说影片想象了一种只有在城市才得以充分发展的新现代都市女性,那么它也提示说,只有发源于中国乡村本土(因为它是未腐化的中国身份的依据或所在之地)的个体和品格,才能够抵御像上海这样的大都市的侵蚀,从而成为能真正代表中国的新女性。

二、阶级意识、外来资源和性别政治的协商

《体育皇后》想象了一个发源于中国乡村本土的、但同时只能在城市才得以充分发展的新的女性形象。无疑,影片是要塑造一个超越所有中国既有的女性类型,无论是传统佳人型的还是现代脂粉型的,从而能给民族的振兴以希望的新形象。但多少有些"吊诡"的是,这一被认为有别于一般的都市摩登、来自"未经污染"的乡村、因而是纯粹中国产的新女体,其实借鉴了如好莱坞的"飞波姐儿"那样的外国女性形象。也就是说,建构这一形象的资源很大程度上其实并不是来自中国本身。

影片运用了一系列电影语言来凸显角色"乡村野丫头"的身手和品质,把她无拘无束的性格表现得淋漓尽致。她活泼可爱、充满活力,第一次到上海,船才靠岸,她已不怯生地爬上了轮船的大烟囱;进到伯父家后不久,即和随身带来的小狗嬉闹起来,楼上楼下旋转奔跑,将场面和气氛搞得十分活跃。影片试图赋予她的这些举动以天然的中国乡村的行为方式的意义,但她不断地扭动胯部、挥舞双臂、旋转奔跑的形体动作却令人想起好莱坞电影中那些"飞波舞动高举的双臂"、踩着鸟儿般的舞步跳起快乐的 Charleston 舞的"飞波姐儿"。1933 年第五届全国运动会上,来自香港年仅 15 岁的杨秀琼囊括了全部女子游泳的金牌,引起了巨大的轰动,人称"美人鱼"。其清新健美的形象想必给孙瑜留下过印象,或因此启发了《体育皇后》的拍摄,但林璎灵动的

现代性的姿容

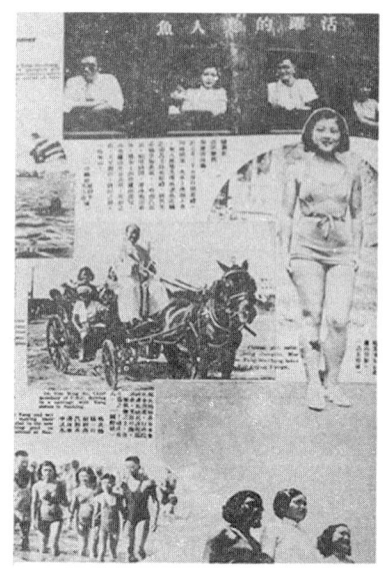

1933年于南京举行的第五届全国运动会上,来自香港年仅15岁的杨秀琼囊括了全部女子游泳的金牌,引起巨大轰动,被称为"美人鱼"。

舞姿显然更多借鉴了飞波姐儿的形象。一首流行歌曲曾这样描写美国爵士乐时代那些被称作"飞波姐儿"的年轻女性:"跑步、蹦跳、游泳、航海和步行","她精力充沛、毫不动摇、魅力无穷、逍遥自在,一个运动型女孩!"[1]飞波姐儿也是20世纪20年代好莱坞电影的主角,有评论认为扮演《激情年轻人》的考琳·摩尔是一个"光辉四射的年轻摩登女,她想方设法以少女永恒不变的甜美长相伪装自己的摩登女的魅力",她的"短头发和充满调皮的眼睛看上去和这个角色完全合拍"。[2]而在好莱坞的另一部名为《IT》的电影中,克莱拉宝饰演的飞波姐儿"从没有好好走过一步路,动辄跳跃奔跑,双手也是不停地飞舞波动着,似乎是将她在跳舞场里大跳查而斯顿舞的生活方式,直接转换成

---

[1] 参见乔舒亚·蔡茨著,张竝译:《摩登女》,上海人民出版社,2007年版,第145页。
[2] 同上,第240～241页。

银幕角色的肢体语言"①。这一情景也完全适用于《体育皇后》中黎莉莉饰演的林璎。影片试图予林璎以中国农村牧歌式的天真与力量,却借鉴了20世纪20年代美国"飞波姐儿"的形象。

夏衍晚年曾这样回忆当年左翼电影人借鉴西方电影技术的困难:"我们经常是通过看电影来学习电影表现手法。坐在电影院里,拿着小本、秒表、手电筒,先看一个镜头是远景、近景还是特写,然后分析这个镜头为什么这样用"。②相比之下,孙瑜对西方电影的学习则要"直接"得多。孙瑜毕业于清华大学,1923年赴美留学,先后在威斯康辛大学、纽约摄影学院以及哥伦比亚大学学习过戏剧、编剧、导演、剪辑和摄影。从上述林璎"与狗同舞"一节看,就可以知道孙瑜对好莱坞电影如它的宠物文化是极为了解的。同样,他对好莱坞的飞波姐儿们也是稔熟的。《IT》中克莱拉宝饰演的角色或许便是孙瑜塑造林璎时借鉴的来源。《IT》由美国专栏女作家葛林(Ekinor Glynn)的同名畅销小说改编而来,公映于1927年,此时,孙瑜已经回国,而从相关的报导来看,20世纪30年代的中国媒体和观影大众、包括孙瑜等电影人对克莱拉宝和她主演的这部影片都并不陌生。1934年1月号的《良友》画报上,曾刊登了一篇名为《银幕上的十个热女郎》的摄影漫画报导,英文标题为"Ten 'Its' in Filmland",报导将克莱拉宝、琼克劳馥等5位好莱坞女星和王人美、艾霞等5位中国女演员相提并论。黎莉莉虽然未在榜单上,但和她"同出一门"的王人美榜上有名却透露出孙瑜电影与"飞波姐儿"的另一重渊源关系。

1931年冬,联华公司筹拍《野玫瑰》,孙瑜选择了当时正在明月歌舞团任歌舞演员的王人美扮演女主角小凤。小凤虽是一个下层女子,

---

① 周慧玲:《表演中国:女明星 表演文化 视觉政治 1910—1945》,台北:麦田出版2004年版,第138页。
② 转引自伊明:《继承发扬中国电影评论的优良传统——〈三十年代中国电影评论文选〉前言》,《三十年代中国电影评论选》,中国电影出版社1993年出版,第14页。

现代性的姿容

《银幕上的十个热女郎》,《良友》画报1934年1月。

但却不是司空见惯的多愁善感的弱女子,而是一个散发赤足、朝气蓬勃的野姑娘。影片被其时的电影评论称为"中国电影转变方向的第一部"。[①] 1934年,当黎莉莉在《体育皇后》中饰演女主角林璎之时,王人美拍摄了《渔光曲》,在其中饰演一个"穿短裤,光着脚,蹦蹦跳跳的,粗犷的、撒野的"的渔家少女小猫。《渔光曲》1935年2月在莫斯科举行的国际电影节上获得"荣誉奖",左翼电影界因此纷纷给予她"极其生动自然"、"自然流畅的演技"的赞誉,王人美自己却说这一表演风格"是从舞台上混出来的"。[②] 明月歌舞团是有"中国流行音乐之父"之称的黎锦晖于1927年在上海创办的,黎莉莉也是该团的团员,明月歌舞团的很多团员后来都成为中国电影的重要演员,王人美、黎莉莉之外,著名的还有周璇、徐来。黎锦晖把西方的爵士乐和中国的民间小调相

---

① 《晨报·每日电影》1933年3月,第296号。
② 《我的成名与不幸:王人美回忆录》,上海文艺出版社1983年出版。

436

结合，创造了很多为人欢迎的歌舞，担纲表演的正是王人美、黎莉莉这样的年轻演员。黎莉莉曾自述说："我在舞蹈上比较强，而王人美的歌唱在团里十分突出。"[①]而从一张明月歌舞团的演出剧照上，我们看到，演员们的表演和"飞波姐儿"所喜爱的查尔斯顿舞颇为相似。

或许，正是曾有的舞蹈经历和经验，使黎莉莉很好地实现了孙瑜对"飞波姐儿"的借鉴。但以上种种的分析，不仅是为了说明好莱坞电影中的这一女性形象以及将西洋爵士乐与中国民间小调结合一体的"明月歌舞"，如何提供了黎莉莉/林璎灵动活泼的身姿造型的基础，也是为了进一步讨论"飞波姐儿"这一外来资源如何在《体育皇后》中被左翼的阶级意识所改造，而呈现出新的面貌。"飞波姐儿"是在20世纪20年代美国的就业市场上崭露头角的摩登女的代表，包括了各种职业类型的年轻女性，是妇女投票权运动成功后女性劳动力日益增长的标志，因而也被看作是妇女参政运动后又一次女性解放的表征。她们不仅爱跳查尔斯顿舞，而且富有购买力和崇尚打扮。一个评论说道："女营业员已经毫无判断力了，她们的两颊就像盛开的牡丹，她们的双唇红得吓人"，[②]好莱坞电影更是常以浓妆艳抹、奇装异服来塑造这一形象，强调"飞波姐儿"对传统伦理的蔑视，将她们描绘成离经叛道、招蜂引蝶的轻浮的年轻女子。

但"飞波姐儿"的这些特点在《体育皇后》中不是消失了，就是被改写了。《体育皇后》强调现代女性重要的是健康的体魄，而不是服饰妆容。林璎从小生长在农村，天真纯朴，但来到上海后很快也学会了都市里的一套。但纵观全片，影片有意要让人们看的，并不是她和一般都市女性相同的时髦打扮，而是她不同于众的健美的体格和活泼的个性，在大多数的时候她都不施粉黛，一派清纯。反之，每当她流俗地像一般的都市女性那样装饰打扮时，便会遭致教练的不满和批评。影片

---

① 见"你是明星"之黎莉莉，http://www.mtime.com/group/13774/discussion/377810/。
② 乔舒亚·蔡茨著，张立译：《摩登女》，第210页。

中林璎正在进行跑步训练,教练云先生骑着自行车跟在一旁,训练休息时,林璎拿出化妆包来准备补妆,这时云先生难抑心头的不满,眉头紧皱地问道:"这些东西是从哪来的?",并明确表示,"一个学体育的学生是不需要香粉和胭脂的!"影片断然拒绝了花俏的服饰和夸张的妆容,影片中虽也出现了几处林璎的摩登装扮,但大都是作为被批评的消极面而存在的。

这就使林璎和好莱坞的飞波姐儿拉开了距离。但在《体育皇后》之前的《天明》中,粉盒并没有成为救亡的障碍,反而是抗争的手段和表达爱国精神的工具,女主角菱菱以摩登的妆面行走于都市中,济贫扶危,既令人瞩目也令人起敬。影片的结尾处,女主角在英勇赴死前特意涂抹了口红,将化妆的意义作了更为正面肯定的宣示。[①] 曾有左翼影评批评孙瑜影片的"政治不正确",比如,其人物竟然有这样的看法:"女人只要有灵魂,便是涂涂脂,抹抹粉也是不妨的。"[②]但这一批评并不是针对《天明》的;反之,《天明》却是拍摄于上述批评之后。因而,《体育皇后》的"丢弃"粉盒或视女性的摩登妆面为"多余"并不是对相关批评的回应,毋宁说是影片本身为了构造、想象一种全新的不假修饰而充满青春活力的女性形象而作的探索。

但《体育皇后》的这一尝试虽然并非(不一定)是对左翼批评的回应,却多少联系、折射了当时社会上一种普遍存在的"女性嫌恶症"。20世纪30年代的上海,作为列强激烈争夺的市场和中国民族工业的基地,一方面,城市正快速发展,而与此同时,农村经济的衰败迫使大量人口涌入上海,则带来了新的社会矛盾和问题。东北三省的沦亡,日本侵略者的步步紧逼,将民族危机推向了更为严峻的境地,进一步引发了社会的焦虑。而20世纪初以来不断扩大了身体和行动自由的女性,却似乎在都市化和不断发展的商品经济的影响下变得日益"摩

[①] 米莲姆·汉森认为《天明》女主角菱菱的表演(亦是黎莉莉饰)类似玛莲·底特莉齐(Marlene Dietrich)在 Dishonored 中的表演,尤其是结尾临刑的一段。见《堕落女性,冉升明星,新的视野:试论作为白话现代主义的上海无声电影》,《当代电影》2004年第1期。
[②] 鲁思:《〈火山情血〉评二》,见《三十年代中国电影评论文选》,第141页。

登"和亮丽。她们在现代资本主义制度下扮演的消费者的角色也使传统家庭中的男性地位/父权、夫权明显式微,并且,随着女性经济能力的增强,她们的社会地位也得到了提高。这便使男性(尤其是社会的保守势力)产生了莫大的焦虑和不安。这一不安在1934年的"妇女国货年"和"新生活运动"中得到了集中的爆发,其时的报刊上充满了对摩登女郎的声讨,矛头直指她们摩登的妆面和衣饰,认为她们好用洋货和奢侈品的选择正和"卖国"无异,"厌女症"成为都市不无普遍的氛围。

《体育皇后》亦未能"免俗"或远离当时社会氛围的影响。影片中云教练对林璎化妆的警觉多少反映出对都市摩登女郎形象的焦虑,或与当时普遍存在的社会情绪的联系。由于影片将女性设想为都市堕落力量当然的腐蚀对象,因此显而易见的,她也必须要得到进步男性的指导。如前面已经提到的,当林璎不顾教练云先生的劝阻坚持赴阔少爷的约会时,云教练的第一个反应是:"她是一个有钱的小姐!"其逻辑和潜台词便是——由于她富有且身为女性,因此她的思想必然是不正确的。这显示出影片不自觉的男性中心主义以及左翼阶级观念的影响。事实上,孙瑜并不是第一次以有钱人的子女为主角,在他之前的影片中,那些"有钱人的少爷"如《闲草野花》和《野玫瑰》中的男主角都是同情下层、富有人道精神的正面力量的代表,而林璎,却因为她"富小姐"的身份,就被云先生将其和都市堕落毫不犹豫地联系起来。而每一次的"犯错"后,林璎也都会急切地说道:"云先生,一切的事,只要你肯教训我,我都听的……"反讽的是,在无声电影的时代,林璎的这一"誓言"并不能让观众实际地听到,而是由男性的影片制作者写在字幕上呈示给观众看的,它与其说是表达了女主角的心声,毋宁说更多地泄漏了编导者的意愿。

但左翼的阶级意识和社会分析无疑也在影片中发挥了积极作用。影片的结尾处,林璎突然宣布放弃比赛,不想去争冠军的称号;之后在云先生等人的劝说下,才本着"自始至终"的做事精神上场,而在接近终点时她有意放缓速度依然不去争那个第一名;而此前则已发生了林璎的队友、竞赛对手萧秋华因受人怂恿,带病参赛并意欲夺冠而猝倒在比赛场上的一幕。有研究者以为,影片的这类"高潮迭起"的结构方式,表现的正是左翼电影在 1934 年的新变化:在表达政治诉求的同时,更多地引入和借助了新市民电影的叙事模式和表现手法,情节曲折,人物设置奇特,故事超常规发展。因此,不应片面强调影片的左翼性质,而更应该看到它所融入的新的质素。那么,新市民电影的叙事模式为什么会为左翼电影所吸取呢?因为"不管电影和政治的关系多么密切,但归根到底,它是一种企业行为,是在经营渠道(投资制片、发行放映、观众购票、收回投资并获利)中运行的,因此,赢得观众也就是赢得了电影营业的胜利"[1]。这样的说法自有其合理性,但不可忽视的是,影片之所以产生了"扣人心弦"的效果,其情节发展的动力正是来自左翼的阶级意识和社会分析所揭示的"悖论":一个来自农村的穷人家的女孩,期望通过在体育上的"成功"而改变命运,结果因为争夺名次引起心脏病发作而付出了生命的代价。这一情节的设置具有相当的社会意义,上世纪 30 年代,体育运动的状况其实已经不无复杂,一方面,它一如既往地联系着国人救亡图存的理想,同时又相当程度上演化为都市时尚,或成了一部分人(如片中的富家子弟)博取名利的途径和"特权",并影响到了下层阶级的生活幻想,如萧秋华病危之际的告白:"我的妈妈……小弟弟都在乡下,他们很穷……(都在)盼望我出名就好了。"

虽然影片表现出某种程度的"居高临下",大部分的叙述都是出自左翼男性的视点,但在林璎放弃夺冠这一节上,影片却并未安排云先生对女主角的"教诲"。相反,林璎的决定出乎云教练的意料,令他吃惊和讶异,虽然他很快理解了她的想法并予以肯定。正是在这里,我们看到了影片的阶级意识和性别话语的重新"协商"。影片中女学生/男教练的人物设置,很容易地就使前者成为被规训的一方,但在影片

---

[1] 李少白:《影史榷略:电影历史及理论续集》,北京:文化艺术出版社,2003 年版,第 118 页。

的结尾处,借助于市民电影对情节变化的爱好,女性不再是纯粹受规训和被动的一方,而变得能够"自作主张"起来;而林璎之所以会有放弃夺冠的想法,乃是因为她亲眼目睹了萧秋华的悲剧,意识到了其中所隐含的意味,经历了精神的成长。就此而言,我们可以说,《体育皇后》的阶级意识(如视"富小姐"天然地是应该受规训的)并没有完全遮蔽女性个体的主体意识,虽然某种原因(如对女性自我觉悟的隔膜),影片没有对林璎的决断和意识变化作更多的展现或描绘。

三、《体育皇后》的历史文化意义

20世纪30年代上海急遽的都市化,促使了左翼电影将社会关切推衍到都市的范畴,《体育皇后》正是产生于这一背景之下。它将外来资源、都市想象和新女体塑造结合一体的尝试,开创了左翼电影阶级、性别和都市叙事的新篇章。影片想象了一个来自中国乡村的土生土长的新女体,但这个健美、活泼并不无自主意识的新女性却借鉴了外国资源,与好莱坞电影中的"飞波姐儿"有着千丝万缕的联系,并且,这个新形象的根基虽然被设想为乃是在未经污染的中国乡村,却只有在都市里才能得到充分发展,当然如上海这样的现代都市必须更多地解决贫富悬殊以及过分的异域化。左翼的阶级意识和社会分析帮助影片有选择地汲取外国资源,成功地实现了对飞波姐儿的改造或"去好莱坞化"。虽然影片大部分的时候是从左翼男性的立场和视角出发,表现出某种程度的教诲姿态,但作为对20世纪来不断增长扩大的女性意识和行动自由的认可和回应,以及对女性的新希望,影片也为女性的自主意识留出了空间。影片中充满了民族、阶级、城市和性别等多重话语,它们互为交织并进行了有效的协商,从而创造出林璎这个不同于以往的全新的中国女性形象。

《体育皇后》公映后,当时的报刊杂志上如《良友》画报出现了很多以黎莉莉在影片中的表演为"模本"的运动型的女性形象,以及类似影片中具有装饰性的"集体表演"画面。但《体育皇后》之后,整个20世纪40年代的中国电影,都没有再出现或提供过与其相似的健康性感、活泼灵动而有吸引力的女性形象。除了当时的左翼电影自《新女性》

现代性的姿容

问世后,基本上已把"真正的新女性"锁定在其中李阿英这样体格健壮而气质粗犷的女工身上——从当时的左翼影评来看,林璎型的新女体并没有得到太多的鼓励或喝采,相反,李阿英这个在银幕上尚显单薄的形象却让左翼影评著墨甚多①——之外,《体育皇后》所宣扬的生机活泼的新女体不是一朝一夕所能养成的,也是原因之一。如我们所知,她相当程度是外来的,虽然黎莉莉很好地"出演"了她,而表演的资源并不完全是本土现实的,同时像黎莉莉这样可以出演这类形象的女演员在当时的中国影坛如果不是独一无二的,也多少是可遇不可求的。生机活泼、健康健美气质的形成需要更好的社会环境。尽管如此,这个新形象却毫无疑问地冲击了长久以来"西子捧心"式的"病美人",并为中国女性形象进一步的演变提供了资源和参照的系数。在新中国初期那些昂首阔步、充满朝气和主体性的女性形象②中,我们多少看到了这一形象的影响。谢晋1957年导演的电影《女篮五号》,也某种程度承继、延续了《体育皇后》所开的道路。

---

① 虽然左翼电影内部有关"谁是真正的新女性"不乏分歧。参见尘无:《关于〈新女性〉的影片、批评及其他》,《中国左翼电影运动》,中国电影出版社1993出版第572页。
② 参见20世纪50年代的《人民画报》、《中国妇女》。

第四部分

女性形象与社会变迁

20世纪是中国社会发生翻天覆地的大变革的时代,也是中国女性的生活和形象发生鲜明而巨大变化的时代。张爱玲曾经感慨说:满清三百年的统治下,女人竟没有什么时装可言,一代又一代的人穿着同样的衣服而不觉得厌烦。其实,迂缓、呆板、没有变化可言的不仅是服装,也是那一时代女性整体的生活和形象。中国女性的生活和精神都曾长期地处于沉闷和凝滞的状态之中,然而,在20世纪的风云变迁中,中国女性不仅在精神上,而且在视觉形象上,也都已不复为传统的女性可比拟。和满清三百年竟没有什么时装可言不同,20世纪是中国女性着装的黄金时代(姑且排除"文化大革命"时期),各式时装风起云涌,其形象也在时装的衬托和刺激下一变再变。法朗士曾形象地说道:如果他获准从他死后的一百年出版的那些书中进行选择,他将既不选择小说,也不会选择历史著作。因为当历史给人带来某种趣味的时候,它也不过是另一种小说。为了看看他死后年代里的妇女如何打扮自己以及社会的变化,他会直接挑选一本时装杂志。"她们的想象力所告诉我的有关未来人类的知识将比所有哲学家、小说家、传教士或者科学家的还要多。"①20世纪中国女性服饰、形象的变化证实了法朗士的看法,并提供了我们观察现代中国历史和社会转型的有力视角。

一、政治与时尚:时代女性的双重敏感

综览历史,我们发现,女性形象和社会政治的变革有着十分密切的关联,其"异动"不仅预示着时代的"风雨欲来",某种程度上还和重大的历史事件相伴而行,时髦女性对于时尚变化和"改朝换代"往往有着双重的敏感或"悟性"。辛亥前后的状况是一个突出的例子。辛亥革命以"驱除鞑虏"为口号推翻了满清政权,于是,不仅"达拉翅"、"花盆底"等旗女装束"一夜间"销声匿迹,而且,"三百年来没有什么变化"的汉族妇女也乘机一改以往的面貌和规矩。"辛亥革命以前,中国妇女一直深居简出。置于她们身上的约束可以从她们包裹的小脚和笨重的袍子看出来,这是她们的肉体和精神和外部世界隔绝的象征"。②然而变动发生了,辛亥革命骤然而起,废帝制,创民国,剪发辫,易服色,女性的服饰和形象也借此而变,一时间,去头饰、放缠足,蔚然成风。辛亥前后的十余年间,社会政治变动频繁,而这一时期也是中国女性的服装样式发生空前变化的时期,"文明新装"、长马甲、披风、蕾丝长裙、心形领、圆角衣摆,无所不有。可以说,中国女性的形象装扮从来也没有像此时这样纷繁过,而它的一个根本的特点便是殊无体例,不囿成规。如果说以往服饰上的森严等级是与专制统治相呼应的,那么其时女性服装的这种不囿成规正是专制制度被打倒或瓦解的表征。许地山先生的《近三百年来底中国女装》指出,"依律例,女人用

---

① 《法朗士自身》,费城 J. B. Lippincott 公司 1925 年出版。
② 玛里琳·霍恩:《服饰:人的第二皮肤》,上海人民出版社 1991 年 10 月出版,第 94 页。

性别视角下的上海都市文化

底衣服材料不但是受规定,甚至装饰品,如用珠,翠,金,银,宝石,等,都不能随意。所以在帝制底下底装束很不容易改变。'奇装异服'固然是不许有,即如'时式艳装'也之限于少数人。"[1]而在辛亥革命发生后,女性服饰的体例一下被打破了。1912年,民国临时政府颁布了民国的服饰法令,但关于女性的服饰只简单说明了其礼服为"长与膝齐"的中式绣衣加褶裥裙,[2]其他什么"公服、常服"的规定都取消不谈了。[3]

时髦女性对于政治和时尚的双重"敏感",在20世纪的下半叶里其实也屡有表现。1949年,随着政权易帜、发源于农村的秧歌队进入城市,"上海滩美女"为代表的摩登女性们很快便脱下旗袍换上了列宁装。虽然旗袍在短时间里并没有绝迹,但"列宁装"显然更为"合时",代表了新的时代风尚和美学倾向。杨绛小说《洗澡》中回国投奔光明的"标准美人"杜丽琳,虽然一时还未能将身上的西装套裙爽快地脱下,可也早已添置了两套制服,一俟革命群众提出:"为什么杜先生和我们中间总存在着一些距离",她立即把头发剪得短短的,并把簇新的列宁装制服"用热肥皂水泡上两次,看似穿旧的,穿上自在些"。[4]

直接的社会政治的影响外,女性解放的思想无疑也是造成女性形象变迁的动因之一。值得注意的是,在中国,初期的倡导者大都为男性。金一的《女界钟》便说道,"十八、十九世纪之世界,为君权革命之时代;二十世纪之世界,为女权革命之时代。"晚清的废缠足、开女学同样如此。1897年,谭嗣同、梁启超、康广仁等维新志士在上海发起了"不缠足会",广东、福建、湖南等地也起而响应。1907年,上海士绅接

---

[1] 许地山:《近三百年来底中国女装》,《大公报》1935年6月15日。
[2] 见《服制》,《中华民国法令大全》,商务印书馆,民国四年[1915]印行。
[3] 许地山:《近三百年来底中国女装》。"公服是命妇底服装,自皇后以至七品命妇都有规定,礼服从人民说可以分为吉服与丧服两种。"
[4] 杨绛:《洗澡》,生活・读书・新知三联书店1988年出版,第224页。

现代性的姿容

收了由在华外籍妇女发起的"天足会",此会成立于1895年,在中国的反缠足运动中发挥了持续的中坚作用。至1912年,孙中山领导的民国临时政府通饬全国劝禁缠足,束缚了中国妇女几百年的缠足从此失去了它的"合法性"。足的解放不等于人的解放,却是中国女性解放的必要一步。当女性的生活世界因为"举步维艰"而备受局限时,其足的解放就是"举足轻重"的。在风气渐开的沿海地区(如上海),社会上很自然地认定,民国纪年以后生下的女儿概不缠足。由足的解放带来的女性生活世界的变化,在都市的商业美术里得到了鲜明而迅疾的反映。上世纪20年代前后,月份牌广告上出现了以女学生的游泳、骑马、射箭、跳舞等活动为中心的"女性运动图",呈现了女性解放的"初步"效果。

与此同时,西方教会和革命党人等各种社会力量在全国各大城市竞办女校,掀起了一股女性解放的热潮。1844年,基督教伦敦会在宁波开设了第一所在华女校,庶几同时,美以美会也在福州等通商口岸开办了女学。1890年,美国监理会创办的中西女塾在上海汉口路成立,仿中西书院规制,以培养亦中亦西的女中"通才"为目标,初期学制10年。教会女校外,国人自办的第一个女校正经女学(或桂墅里女学堂)[①]也在百日维新的热潮中诞生。1904年,北洋女子公学于天津成立,为近代中国最早的官办女学堂;1906年,女子公学改为北洋女子师范学堂,其他一些女子师范学校也先后出现。及至五四新文化运动的大学开女禁和留日放洋的风行,更多女性接受或获得了现代教育的机会。伴随着女学生们的日渐成长和走出校门,社会上出现了第一批以自己的能力服务于社会及为稻粱谋的知识职业女性。"妇女社会地位的根本改变和其他类型的社会变革一样有着相同的效应。在那些保持女子属于男子的文化中,认可的服装样式在几代人中相袭不变,有

---

① 种种原因,女学堂的正式名称现已无法确定。

性别视角下的上海都市文化

时甚至是几个世纪",英国维多利亚时期如此,中国满清三百年也是如此;但是,"当妇女拒绝接受这种无足轻重的地位,开始寻求和男子一样的平等身份时,就会发现妇女服饰风格的迅速变化"①。秋瑾的喜作男装是一个例子,"身不得,男儿列,心却比,男儿烈",男装乃是她"竞雄"志向的承载和象征;吕碧城的"放诞风流"是另一个显著的例子。吕碧城23岁出任北洋女子公学总教习,曾任袁世凯秘书,后留学美国哥伦比亚大学,1922年回国。她喜好"时式跳舞"(交际舞),曾著文倡导,服饰新潮,个性洒脱。有人记叙她"放诞风流,有比诸红楼梦的史湘云,沾溉西方风俗,擅舞蹈","开上海摩登风气之先"。②

然而,在这场中国女性改变自身形象或旧身份象征的革命中,除了秋瑾等少数女性先驱外,走在前列的或比她们更有广泛影响的乃是晚清上海妓女。由于她们是其时仅有的能够无所顾忌地出入茶楼、戏院、公园等各种公共场合的女性群体,广泛的社交活动和较少的礼教束缚,以及商业敏感,使得她们往往能够率先发出对于旧规则的冲击。事实上晚清妓女对于社会服饰等级的僭越和淆乱早在辛亥前即已发生,《点石斋画报》中一幅描绘妓女应召的出行图,其中人物的着装全无规矩:旗装、日装、汉族男装、道姑装、男式西装、女式洋装,无所不有。她们的"奇装异服"且对社会普通女性的衣饰妆扮造成了广泛影响。1898年,《申报》的有关文章曾记载说,19世纪的六七十年代,普通妇女和妓女在装扮上尚有区别,而到了90年代,由于社会上流行"女衣悉听娼妓翻新,大家亦随之",人们已经不能从妆扮上简单区分两者。③晚清上海妓女对于时尚变化的追求可说是既敏感又大胆,这种敏感和大胆为社会的动荡提供了一个富于象征性的指数。服装文化

---

① 玛里琳·霍恩:《服饰:人的第二皮肤》,第136页。
② 转引自刘慧英:《遭遇解放:1890—1930年代的中国女性》,中国编译出版社2005年出版,第160页。
③ 熊月之主编:《上海通史·晚清社会》第八章,上海人民出版社1991年出版。

史家指出:如果妇女的服装(如晚礼服)突然变为紧身裤或显露出抛弃以往的礼仪标准时,清醒的社会观察家就可以把它当作一次真正的社会动乱的标志。① 晚清上海妓女主导的"女装革命"可说如此。1910年左右,裤衫组合是最为流行的样式,以张爱玲的说法便是,"长袄的直线延至膝盖为止,下面虚飘飘垂下两条窄窄的裤管","铅笔一般瘦的裤脚妙在给人一种伶仃无告的感觉"。② 更为重要的是,不管裤装还是她们的其他时装,都明显地表现出抛弃以往礼仪标准的倾向。

然而,20世纪初中国女性形象变迁的一个至为重要的方面,并不在于是普通女性还是地位特殊的妓女充当了变革的"先锋";也不在于她们连续、"突然"的变化是否表征了正在或即将发生的社会骚动(袁世凯篡权、张勋复辟、"军阀来来去去");而在于,一切的变化皆是在一个新的格局中产生。19世纪中期以来,西方资本主义的商业文明在坚炮利舰的先导下,如惊涛拍岸,步步逼来。随着上海等通商口岸的相继建立,西方的各种货物源源而来,冲击和占领着中国这个广大的市场(晚清上海妓女的"先锋性"很大程度上便是源自其对洋货的率先使用)。各种新的思潮和力量也随之而入,社会的结构、意识、文化和生活方式都发生了极大改变。凡此,都提示了中国女性形象的变迁不仅是政治变革的促动或女性解放思想影响的结果,而和国门、市场大门的打开,外来文化的影响、中国与世界关系的变化或格局的重建有着更为密切的联系。

二、消费、传媒、西方时尚和商业文明的全方位影响

毋庸置疑,中国女性形象在由传统向现代的转变中,不仅受到社会政治、女权思想的驱动和鼓舞,而且得到了现代文明的有力支持和"怂恿"。自海禁打开以来,西方资本主义在中国的渗入已经十分便

---

① 玛里琳·霍恩:《服饰——人的第二皮肤》,上海人民出版社1991年出版,第135页。
② 张爱玲:《更衣记》。

性别视角下的上海都市文化

利。19 世纪末,一位来华为英国皇家园艺学会作茶叶引进的植物学家曾这样报告他对于上海的观察:"上海是中华帝国的大门,广大的土产贸易市场","上海港内各式大小船只云集,从事于内陆运输。自从港口开放以来,这些船舶运来大批茶叶和蚕丝,并且满载着他们交换所得的欧美工艺制品回去……","上海距汉口、苏州、南京等大市镇的地点相近,构成一个有利条件"。[①]这也是西方资本主义的物质文明进入中国的主要路线。尤其是上世纪 10 年代以后,先施、永安等百货公司在上海南京路的相继出现,使得上海不仅是西方物质文明进入中国的主要通道,而且成为显示这一文明的最为重要的窗口。一本英文版的"上海大全"(All About Shanghai)由此写道:置身于上海的繁华中,几乎要使人不知道该说上海是东方的巴黎,还是巴黎是西方的上海好了(What odds whether Shanghai is the Paris of East or Paris the Shanghai of the Occident?)。有人则发出这样的惊叹:

> 最新款式的劳斯莱斯驶过南京路,停在堪与牛津大道、第五大街、巴黎大道上的百货公司媲美的商店门前!游客一上埠,就会发现他们家乡的所有商品在上海的百货大楼里都有广告有销售。猎装和 BVD 内衣陈列在一起,'HOUBIGANT'香水下面,'FLORSHEIM'鞋又紧紧地吸引着顾客的视线,上海百货公司里的这种世界格局足以在中外商店前夸口它是"环球供应商"……[②]

正是在这样的时空里,"摩登女性"这一新的形象在上海诞生了。20 世纪 30 年代,随着"现代化"、"现代文明"等词汇在中国的流行,英

[①] 罗兹·墨菲:《上海——现代中国的钥匙》,上海人民出版社 1986 年 10 月出版,第 81 页。

[②] 转引自李欧梵:《上海摩登:一种新都市文化在中国》第 1 章,牛津大学出版社 2000 年出版。

449

语中的 modern 一词被音译为"摩登"来特别地表示具有时代特色和"先进性"的事物(虽然有论者认为,"摩登"作为 modern 的音译,其实承载了和"现代"不同的义项,但在现代上海,"摩登"毫无疑问地同时是和"新"联系在一起的,而在时人的意识里,"新"即是"先进"的),摩登女性则特指那些站在时代生活风尚的前列,代表了文明的最新成果,同时具有时髦外表的都市女性。她们的出现,无疑和正在兴起的现代消费有关,尤其是受到了先施等百货公司的催化、培育。① 上海百货公司"环球供应商"的身份和能力,使得其时的人们可以在其中买到几乎世界上所有最新最时髦的商品,而欧美最新物品在上海的及时登场,则使得上海的摩登女性在时尚的追赶上没有丝毫的焦虑,她们流行的节拍永远踩在点上。但这一切与其说是摩登女性们的"先进"和灵敏,不如说是资本的"魔力"和胜利。

经济学家的研究表明,中国社会在 1928 年至 1936 年间,尽管战事频仍,而现代工业的平均增长率却仍然高于 8.4%。② 其中,摩登女性没有"功劳",也有"苦劳";不是直接的生产者,却是有力的促进者。由于女性在社会和家庭消费中的特殊地位,不仅她们本身成为商家重点跟踪和"包装"的对象,而且被赋予了远为广泛的消费的"形象代表"的使命:从柯达软片到永备电池、菲力浦无线电、可口可乐、天厨味精和司各脱鱼肝油,以及桂格麦片、力士香皂、高露洁牙膏和四七一一佳古龙香水,这些代表着文明的最新成果,标志了现代工业增长的产品,哪一样不曾为当年的摩登女性展示(代言)和"消费"过呢?③ 20 世纪上半叶,英美烟草公司在中国取得了四亿美元之巨的利润,与此同时,中国的电影屏幕和报刊广告上,大都有着一个吞云吐雾的摩登女性。

---

① 详见前章、上篇(五)和下篇第一部分。
② 小科布尔:《上海资本与国民政府》,中国社会科学出版社 1988 年出版,第 9 页。
③ 上述商品的广告多见于《良友》画报、《申报》等。

性别视角下的上海都市文化

哈德门牌的香烟广告上赫然写道:"她俩说,吸来吸去还是他好",似乎现在轮到女性来评品男性了,其实不过是资本的"花招"。

消费以女性为代表的过程,也即是资本和各种社会力量"塑造"时代美女的过程。清末民初,女性形象已渐为日益兴盛的商业文化所关注,月份牌广告则是一个鲜明而有趣的例子。月份牌广告最初由洋商为商品的宣传而输入,19世纪末、20世纪初开始在中国流行,其方式是由外商在境外印制,然后运来和商品一起发送,画面大都为西洋的人物或风景。1911年,英美烟草公司率先引进了胶版印刷机,以便在中国当地就能印制月份牌广告。为了更好地宣传商品,1915年,该公司又在上海浦东设立了颇具规模的美术学校,以训练专门为产品作广告宣传的美术、摄影人材。与此同时,公司还设立了广告部,除了从国外请来专门的设计人员外,也延请中国的画家加入,中国的山水人物、风俗历史遂开始进入"舶来"的月份牌广告中。受此影响,其他中外资本也纷纷建起了广告部或直接向海上的画家们定制月份牌广告。

但月份牌广告真正重要的改革并不在于它的"本土化",而是它的"时尚化"。事实上,早在中国画家涉足月份牌广告创作之初,意识敏锐的海派画家们就不仅是用传统的中国美女来取代遥远的异域美女,而且很快把目光投向了时代的新潮。月份牌美女最初的原型不少是妓女,她们装束新潮,身姿却不出执扇、点腮和含胸、领首的格局。上世纪20年代前后,女学生成了引领风尚的代表,于是,海派的月份牌画家们开始了新一轮的创作,纷纷以女学生为表现的中心,画面上的女学生们常常也像当时西方的女性一样裸露着双腿,间或也露出胸脯,进行着游泳、骑马、射箭等各类时髦的活动。而到了30年代,居于月份牌广告中心的已不是昔日风华正茂的女学生,而换作了丰满性感的摩登太太。原因无它,只在于从发展消费的需要来看,具有相对自主权的太太显然比女学生们更具消费的能力,她们成熟的形象也更适合作为一系列新式产品的代表。太太们虽是摩登的代表,在月份牌画家的笔下,相夫教子却仍然是她们的重要职责。当然,这不仅是月份牌画家们的想象,也是社会的期许和定位。

如果我们意识到时代美女的塑造乃是一个多种因素合力的结果,那么,"技术"——月份牌广告特有的擦笔淡彩法也是一个值得注意的方面。所谓擦笔淡彩法,即是用炭精粉先在纸上擦出一个底子,好比打下一个素描的架子,然后涂以不同层次的水彩。一般认为,这一画法是杭州画家郑曼陀在上世纪10年代初的发明,却根本上是时代的产物,或者说是海派的商业画家在过渡的时代里,孜孜向西方学习"明暗、立体、色彩"的结果。海派画家的月份牌广告于是虽然还留有明显的从传统年画脱胎而来的痕迹,而他们"揉合"了西洋画法的擦笔淡彩却使笔下的美女鲜明柔和,细腻可触。由于月份牌广告的踪迹遍及广袤的大小城乡,其中的形象也成为小城或更为广大的乡村女性模仿的对象,其影响可谓广泛而深远。

如果说月份牌美女体现了海派画家的知识背景和审美想象,那么,电影则提供了更为"洋气"的关于时代美女的样板。1895年,法国人卢米埃尔发明了电影,一年后,1896年8月,上海徐园的又一村便放映了"西洋影戏",之后,北京、上海等地都出现了既可演戏又可放映电影的影戏院。1927年的一个统计报告说,中国当时有106家电影院,共68000个座位。它们分布在18个大城市,这些大城市大都是通商口岸。"①这106家中,上海就占了26家。而至30年代末,上海的电影院已经发展到了36家左右,其中既有以亚洲"洛克赛"(ROXY,当时美国最豪华的影院)著称的南京大戏院,也有新改建的新大光明电影院,以及国泰、夏林匹克、恩派亚等其他的一流电影院。上海成了电影的"天堂",拥有着最为先进的设备,其时,几乎欧美所有的大制片公司都在上海有代理和发行人,好莱坞等欧美电影大量进入上海,1925

---

① 转引自李欧梵:《上海摩登:一种新都市文化在中国》,第3章。

年,美国第一影片公司的东方代表克拉克便曾报告说,"近二年来中,中国人往观美国影片者,其比例已由百分之二五至六十。"①

  作为一种新的艺术与娱乐样式,电影不仅满足了人们的新奇感,它还是宣传摩登生活的最好工具,各种各样的服装、发式、居住环境、消费场所和社会意识,都可以通过电影宣示于众,西方的流行风尚不少便是通过电影而传入。米莲姆·汉森的研究也指出,早年上海的女性观众常带着裁缝一同上电影院,以及时获得时新的样式,方便"依样画葫芦"。② 上世纪30年代,也是中国电影的发展时期,天一、明星、联华等中国重要的电影公司都已先后建立,并出现了一批有影响的女明星。她们不仅在银幕上扮演各类新式摩登人物,日常生活也以西方流行为尚。她们对西方时尚的着力追求和她们的银幕实践、演技一起成了她们个人声誉的组成部分或来源之一。欧美的流行风尚通常经由她们的融会吸收和效仿改造,进而影响到全国各大城市,天津、北京、广州、汉口和东南亚等海外各地。因而,其时中国各大城市的"女性美"构造虽然略有不同,却大都不出某种流行的"西化"谱系,尤其是在上海,郭建英(新感觉派画家兼作家,曾任《妇人画报》主编)因此感叹道:"被欧美习俗深染了的上海街头,欲觅求一个纯粹的中国女子固有的美,确是一件不易的事情。"③

三、"美"的等级和权力网络

  无庸讳言,20世纪上半期中国女性的形象建构,很大一部分的参照是来自西方。1929年,南京国民政府新制定的《服制条例》中,规定了女子的礼服分袄裙和旗袍两种。但并没用到"旗袍"的称呼,只描述

---

① 杨金福:《上海电影百年图史》,文汇出版社2006年出版,第55页。
② 米莲姆·汉森:《堕落女性,再升明星,新的视野:试论作为白话现代主义的上海无声电影》,《当代电影》2004年第1期。
③ 郭建英:《求于上海的市街上》,陈子善编:《摩登上海:30年代的洋场百景》,广西师范大学出版社2001年出版,第190页。

了它的特征:齐领,前襟右掩,长至膝与踝之中点,与裤下端齐,袖长过肘与手脉之中点,质用丝麻棉毛织品,色蓝,纽扣六。[1]《良友》画报上,一幅宋庆龄1927年在汉口国民政府阅兵观礼台上所穿的碎花袍装,其形状庶几与此描述相同。[2] 之后,旗袍置袄裙于不顾,一枝独秀,被认为是中国女性的标准服装。但它在上世纪10年代中期和20年代末的出现并趋于成型,和欧美当时的流行风尚其实也不无关系。上世纪20年代初,西方最为流行的女性形体是和男性相接近的流线型身材,这一方面是因为在第一次世界大战中,西方妇女担负了以往由男性担当的工作和岗位,角色和眼光都发生了变化,一方面也是正在兴起的现代艺术的影响,当时的汽车、摩天大楼等无不显示出流线型的审美倾向。同时代的审美艺术会在不同的领域里互相呼应,"在服饰设计者身上发挥的力量同样影响着建筑师、画家、雕塑家、作曲家、作家、诗人和室内装饰设计者","简洁的形式和流动的装饰出现在服饰、家具和建筑中。女性形体的流线形从来没有像最初的十年那么明显","新艺术运动的飞动曲线和流动线条产生了1910年代的'流线形'女士"。[3] 西方女性于是极力地使体型呈现为流线型,服装样式便以管状为时髦。在西方流行女装的这一"启发"下,本为满清帝国象征的旗袍由于它的"管状"基础而得以化腐朽为神奇,从一片的混乱中脱颖而出。

后帝制时代的中国妇女"寻求一种既符合她们新的被解放的身份,又不至于背离传统太远的中国式的混合服装",于是,"约在1912年和1915年间,出现了一种向新的民族样式过渡的服装,它由老式的衣裤变化而来,不像早期那么宽松笨重,又便于自由地活动"[4]。张爱

---

[1] 《服制条例·百度文库》。
[2] 《良友》画报,第13期,1927年3月30日。
[3] 玛里琳·霍恩:《服饰——人的第二皮肤》,第376~377页。
[4] 同上,第94页。

玲也谈到1921年左右,中国女性普遍穿上了长袍,"五族共和之后,全国妇女突然一致采用旗袍,倒不是为了效忠于满清,提倡复辟运动,而是因为女子蓄意要模仿男子","因此初兴的旗袍是严冷方正的"。① 但除了男女平权思想的影响外,恰如服装史家指出的,"那个时期的中国妇女还受到其他两个因素的影响。和她们的西方姐妹一样,中国妇女开始更为积极地进入日益广阔的体育世界;其次,20年代在欧美流行的管状时装短裙影响了中国女装的设计。西方的女装似乎完全是为了显示大腿和使体形呈现管状。然而,裸露膝盖的西式裙子,在中国人看来是欠庄重的;但是同样的效果可以用加长上衣的长度并在两边开叉来获得。这种单件的服装被称之为'旗袍'。中国妇女终于获得了一种代表这个时代重要价值的基本服饰。"②

而"启悟"并未就此结束,"新生"的旗袍还将经历一次次西化的"改良",才能成为公认的"时装"。上世纪20年代,美国女性裸露着大腿,充满了活力,但是并没有裸露出她们的脊背和胸部,而到了30年代,女性的无背晚礼服却袒露了过去从没有袒露过的部位。③ 李欧梵认为同时期中国女性的旗袍却不像好莱坞电影中的女星那样坦胸露背,性感毕现,始终领口紧扣。但不难发现旗袍的腰身更紧了,胸省开始出现,叉则几乎开到了臀下。与西方风尚的变化尤其"若合符节"的是,20世纪20年代的中叶,西方女性裙子的长度在以往的历史中是最短的,从1929年到1932年,裙子的长度一英寸一英寸地逐渐变长,从膝盖以上加长到了小腿以下,在以后的三四年中保持着一种稳定。从1936年到1939年,裙子的长度重又收缩到膝盖,三年以后,人们本来预测裙子又会加长,但这时巴黎被德国占领了,欧美的时尚由于战时

---

① 张爱玲:《更衣记》。
② 玛里琳·霍恩:《服饰——人的第二皮肤》,第94～95页。
③ 同上,第80页

现代性的姿容

织物的短缺而受到限制,时尚的变化于是突然中止了①,而这几乎也就是中国女装——旗袍在上世纪30年代长短变化的节奏和"旋律",②不同的只是因地缘、信息传递而产生的稍稍的"时间差"。

显然,自国门在上世纪中叶被打开以来,随着与世界关系的日趋紧密和都市化进程的加剧,社会塑造时代美女的机制已经十分丰富和成熟,环球百货、月份牌广告、好莱坞电影、欧美时尚等等,无不以一种巨大的力量构造着中国女性的"崭新"形象。与此同时,先锋艺术、流行画报等等也在有/无意中参与了这一新形象的构造。1915年,刘海粟主持的上海美专第一次使用人体模特,引起轩然大波,1920年,美专的西画系又一次雇佣人体模特,招致了更为强烈的攻评,而女性裸体却从此不仅作为艺术探索的对象,也成为一种时髦而进入社会生活的视野,著名的杭穉英画室等就曾应广告商的要求而制作裸体美女的月份牌。1926年,作为中产阶层流行文化代表的《良友》画报在沪创刊。《良友》辟有世界新闻、社会时事、欧美最新时尚等专栏或专题报导,在种种的关于富足、文明、进步等等的宣示中,也有力地建构起了一种新的社会认同和期望的女性形象。画报在每期以电影女明星、名媛名太等摩登人物作封面女郎外,还专门开辟妇女和儿童栏目,刊登"小家庭学"等有关知识技巧,以教导普通的中产阶级女性如何学习做一个既入得厨房又上得厅堂的"标准女性"。在这一过程中,"名媛"这一新的身份和称呼产生了。上世纪20年代下半期的《良友》画报上,名人之女大都被称作"女公子",而到了30年代,时兴的却是"名媛"一说。"媛"在中国的词典虽然古已有之,然而被用来特指为现代商业文明所包装的中产或资产阶级之女却是时代的创造。1930年,上海举行了一

---

① 玛里琳·霍恩:《服饰——人的第二皮肤》,第215页。
② 《良友》画报1940年1号(总150期)以"旗袍的旋律"为题记载摄影了历年旗袍的长短变化。

场规模颇大的名媛选举,夺冠的永安公司郭氏家族的大小姐同时被冠上了"上海小姐"的头衔,新一轮的都市选美风也开始兴起。上海自清末民初以来曾出现过多次小报选举"花界状元"等选美活动,而如果说此前所开的"花榜",体现的是鸳蝴派文人的审美趣味,那么"上海小姐"的选举则带有了更多的"都会摩登"或"半殖民地文化"的色彩。1933年,《明星日报》发起评选"电影皇后"的活动,胡蝶以21334票当选。这一风气和机制也影响到了女学生。此前,上海的女校里最为盛大的节日是运动会,现在则添了选"皇后",①而那一款款"皇后照"上的姿势和眉眼神情,像极了画报上的某个明星。

罗兹·墨菲的《上海——现代中国的钥匙》曾富有洞见地指出:"中国的经济变革,像中国民族主义运动一样,在黄浦江边,充分地生长出现代的根苗……它的成长促使不断扩大的变革在全国范围内推广","就现代商业、金融、工业都市的最后成熟阶段而论,上海提供了用以说明中国已经发生和即将发生的事物的锁钥"。② 上海都市化过程中摩登女性的起起落落,对20世纪中国女性形象的变迁同样影响深远。自"上海小姐"诞生后,"天津小姐"、"汉口小姐"等等也应运而生。③ 考虑到上海等通商城市的"世界主义"(如李欧梵所言),那么并不奇怪,1932年选出的"天津小姐",是一位白俄后裔。而"上海小姐"的发明,说到底,也无非是"美国小姐"的"翻版"或变异。现代化在中国的开展乃是一个权力的网络,表现在"美的构成"或女性的形象上,便呈现为如下的图像或"等级":一方面,上海的摩登女性以西方为楷模,欧美时尚的每一次流变都在她们中间引起了"飓风"般的反应;而另一方面,"飓风"之余绪或"翻版"则成了中国其他大中城市或小城女

---

① 《良友》画报刊载的照片上便常注明为××女校的皇后等。
② 罗兹·墨菲:《上海——现代中国的钥匙》,第5页。
③ 参见1930年以后的《良友》画报。

现代性的姿容

性模仿的对象。

摄影与20世纪中国女性形象的关系也再一次显现了这一权力的等级。如果说"变迁"是形象之所以能成为"历史"的关键所在,那么恰是摄影,使急遽的变迁得以"凝固"和保存。和历史上无数个"失落"的女性相比,20世纪女性的一个"得天独厚"的方面,便是生逢摄影这一现代技术的发明。正是由于摄影术的发明,她们的面目才免于湮没而得以留存,其喜怒哀乐也才有了直观的记录。中国女性的形象在摄像镜头中的出现是和摄影术在中国的传入几乎同时发生的。然而我们发现,虽然同处于一个摄影发明的时代,中国女性在镜头前的命运和遭际却很不一样。当晚清的后妃们频频地在摄影机前"梳头、穿净面衣服",恣意地享受和尝试这一最新的文明成果时,底层女性大多只是被动地落入了猎奇者的镜头中。1903年,慈禧为了次年的70寿庆,曾照相30种共786张,其中"梳头、穿净面衣服、拿团扇圣容"一式的至今尚存103张。[①] 20世纪上半期,中国女性在镜头前的这种"差异"其实是远为广泛和深刻的。当都市女性的形象成为时尚的代表时,小城和乡村妇女对时尚的追随和复制却可能只是显出了一种更为突出的"乡气"。事实上她们甚少有机会出现于照相镜头前,以至今天我们讨论中国女性的形象变迁,所能得到的大都是城市女性的影像。因此,如果我们要对20世纪中国女性形象和社会变迁的关系作一个简单的评说,那么可以说,这种城乡的对立或"摩登"和"乡气"的差别正是中国社会经济、现代化发展不平衡的一个鲜明表征,以及在女性形象上的"刻画"和呈现。

[①] 见《故宫珍藏人物照片荟萃》,紫禁城出版社1995年出版。

性别视角下的上海都市文化

男性形象、气质与中国现代化

1901年,经历了庚子事变的满清政权在一片内外交困中开始实行"新政"。但新政的实施并没有能挽救这个摇摇欲坠的政权,反而加速了它的败亡。满清的败亡的意义已不同于中国以往历史上历次的改朝换代,它开启了中国从没有经历过的全新时代。李鸿章敏锐地感受到这其中的"不一般",他称这是"数千年来未有之变局"。[①] 然而,未有的变局实质何在呢?据唐德刚的"三大阶段,两次转型"史观,近现代中国正处于由"帝制"国家向"民治"国家转型的阶段。[②] 可以说,从满清的败亡始,中国开始迈开步伐走上了百年现代化漫长而坎坷的路途。

这一百年的现代化的探索、尝试的丰富景象可以从种种学科,如政治、经济、法律、文学、历史、哲学等的角度来考察。也可从性别的视角来打量,尤其是近些年来,西方女性主义思潮的输入与接受,使得以女性为研究的对象、研究的视角、研究的立场的相关研究蔚然成风,"人必有所缺,这才想起他所需"[③]。女性主义是对女性在国家、社会、家庭中的相对弱势地位的吁求和反思的一种理论视角,也可以说,女

[①] 李鸿章:《筹议海防折》,顾廷龙、戴逸主编:《李鸿章全集》(6),安徽教育出版社2008年版,第159页。

[②] 唐德刚:《晚清六十年(第1卷)·自序》,台北:远流出版事业股份有限公司1998年版,第8页。

[③] 鲁迅:《南腔北调集·由中国女人的脚,推定中国人之非中庸,又由此推定孔夫子有胃病——"学匪"派考古学之一》,《鲁迅全集》(第4卷),人民文学出版社2005年版,第521页。

性主义的时兴正反映了历史上国家、社会中男性地位的尊崇和强大,这一强势的地位和作用向来就被视为"当然",却不意味无需讨论,相反,时至今日,却极有讨论的必要。

那么,作为"国家的建设者"、"民族的代言人"、"历史的推动者"、"改革的实践者",中国男性的形象和气质百年来有何变化,与现代中国的历史又有何交集?事实上百年中国男性形象的变化之大不仅令人咋舌,更与中国现代化的历史须臾不离,关系密切,甚至可以说,百年来中国革命的成败、国家的盛衰、民族的存亡、思想的开闭、改革的成败,很大程度上正体现在男性形象和气质的改变和重塑。明乎此,便可以知晓对男性气质与国族想象的考察的必要性所在。限于篇幅,本文主要讨论清末民初男性形象和气质的变化与国家兴亡的关系,及其历史文化涵义。

一、剪辫:政治革命、文化革命、生活革命

满清溃亡的一面是几千年封建制度的哀歌,另一面是国家和民族重生的战歌,虽说武昌首义打响了武装推翻满清统治的标志性一枪,但实际上,这种对满清统治的反抗和革命早在留东学生剪辫时就已展开,可以说,男性发式、服饰的改变正是一段革命的前奏,一场没有硝烟的战斗。

Victoria Sherrow 在谈到头发的文化历史涵义时说,"自古以来,中国人就注重包括头发养护在内的个人修饰,发式可以反映一个人的社会阶级、年龄、性别、宗教、财产状况和社会习俗。"[1]发式、服装、礼俗等都包含着一个人的身份、政治、社会的种种信息。辫子与革命能联结在一起的原因正在于此。

清季时的男性"剪辫"具有以下几重涵义。

---

[1] Victoria Sherrow. *Encyclopedia of hair: a cultural history.* Greenwood Press, 2006, 79.

其一,剪辫与否在民族矛盾尖锐冲突的气氛中具有鲜明的政治涵义。

在满汉关系三百年的历史中,统治与被统治,屈服与被屈服的政治关系集中体现在男性脑袋后的一根辫子上。当年,"留辫"成为满人对汉人统治和征服的标志,如今,"剪辫"成为汉人反抗满人统治进行革命的标志。对统治者满族人如是,对革命者汉族人亦如是。于是,"留发",还是"留头",成为一项血腥而痛苦、悲壮而耻辱的选择,鲁迅曾说:

> 对我最初提醒了满汉的界限的不是书,是辫子。这辫子,是砍了我们古人的许多头,这才种定了的。①
>
> 假如有人要我颂革命功德,以"舒愤懑",那么,我首先要说的就是剪辫子。②

对革命者来说,政治革命首先体现为推翻"异族"统治,唤醒汉人心底耻辱记忆,并鼓动汉人进行暴力的民族革命。孙中山领导的革命党亦正如是。正如《兴中会宣言》和《同盟会宣言》中所声称的那样,"倡率义师,殄除外房,此为上继先人遗志,大义所在,凡我汉人,当无不晓","驱除鞑虏,恢复中华……我汉人为亡国之民者二百六十年于斯。满洲政府穷凶极恶,今已贯盈,义师所指,复彼政府,还我主权"。这一民族主义革命性质决定了要清除近三百年来被残暴和武力给中国男性烙上的辫子印记。阿Q的名字中的"Q"本来就是留着辫子的中国男性的形象和象征,他对无辫的"假洋鬼子"的篾视和羡慕,他于是用筷子将辫发盘至头顶,正是普通百姓对革命与辫子的关系的朦胧

---

① 鲁迅:《且介亭杂文·病后杂谈之余》,《鲁迅全集》(第6卷),人民文学出版社2005年版,第193页。

② 同上,第195页。

意识。"1911年辛亥革命的领导人通过服装和个人外表所表现出的民族主义视觉认知,来推进和强化他们的政治进程,命令中国男人剪去辫子是新政府的首要举措之一。"①辛亥革命后,革命党便在城门口设点强行剪辫,"七斤"正是"进城便被人剪去了辫子"的。②

而清末民初时分,革命与满族亲贵的反革命、革命与康有为的保皇、革命与张勋的复辟等种种势力的反复较量和磨合都反映在辫子的留剪与否之上。所以,对在入城时被革命党强行剪掉辫子的"七斤"来说,"皇帝坐了龙庭"的传闻对他造成的恐惧也正是对"书上都一条一条明明白白写着的"清朝律法的恐惧,这正体现着民族主义革命气氛中辫子的政治意义。

其二,剪辫与否在中国人的传统天下观中具有深厚的文化涵义。

兴民国,剪发辫。

虽说清季时分,革命是在"驱除鞑虏、恢复中华"的民族主义旗号下进行的,却不是那种与"异族"誓不两立,不能相处共存的极端民族主义思想,民族革命的反满不是排满,他们反对的是满人将汉人不当人看的等级制度和特权制度,并不是要"驱除"、"殄灭"他们,孙中山曾纠正过那种"排满"的看法,他说,"惟是兄弟曾听见人说,民族革命是要尽灭满洲民族,这话大错。民族革命的原故,是不甘心满洲人灭我

---

① 葛凯:《制造中国——消费文化与民族国家的创建》,黄振萍译,北京大学出版社2007年版,第73页。
② 鲁迅:《呐喊·风波》,《鲁迅全集》(第1卷),人民文学出版社2005年版,第495页。

们的国,主我们的政,定要扑灭他的政府,光复我们民族的国家。这样看来,我们并不是恨满洲人,是恨害汉人的满洲人。"①这是因为"中国、中国人不是各族观念,而是文化观念。"②因此,虽然汉族是中华民族的主体民族,但我们向来不是以民族、种族、地域等因素来分别你我、区分中外,其区别的标准则是文化。

古之夷狄之别,其实质只是文野之分,而中国又自视为文明礼义之邦,所谓"文",即合乎中国之文化礼义规范者也,所谓"野",即不合乎中国之文化礼义规范者也。"夷狄进入中国,则中国之",正如钱穆所云:"能接受中国文化的,中国人常愿一视同仁,胞与为怀"。"两汉的对待匈奴、西羌诸族,招抚怀柔,引之入塞。南北朝时北方士族与诸胡合作,大率多抱有此种思想。"③远有蒙元,近有满清,都是例证。蒙满两族虽在军事上征服了汉人,但在典章制度、思想伦理上却承袭了前朝汉人的种种模式,这是汉人能够接受他们统治,也是他们能够维系其统治之因。

留发与剪辫也正是两种异质文化,或者说文明与野蛮文化的冲突。中国向来就有蓄发的传统,即"束发于顶"④是也,也许这与中国固有的祖宗崇拜有关,在这种文化传统下,"孝""顺"被提升成为道德的基础,甚至成为一个国家统治的基础,《大雅》云:"无念尔祖,聿修厥德",而父母所赋予的身体被抬升并赋予了无上的道德意义,这时,身体不只是自己的,更是父母的,于是保养并爱护身体,并使之完整无伤被视为孝之最基本的要求。《孝经》云,"身体发肤,受之父母,不敢毁伤,孝之始也。"⑤因此,"去发"的"髡刑"这种现在看来身体无痛苦的刑

---

① 孙中山:《孙中山文集》(上),孟庆鹏编,团结出版社1997年版,第23页。
② 王生平:《序言》,见梁启超:《清代学术概论》,中国书籍出版社2006年版,第3页。
③ 钱穆:《国史大纲》(下),商务印书馆1994年版,第848页。
④ 《服饰刍议》,《申报》,1911年11月19日,6版。
⑤ 胡平生译注:《孝经译注》,中华书局2007年版,第1页。

罚之所以成为一种刑罚,正是建立在其文化意义之上,这种给犯罪之人去发的习惯在今天仍在延续。

满族男性前薙发,后留辫是满民族的文化、习俗、身份认同的标志。满人留辫足有两千年的历史,而留辫最早则是出于实用的考虑。"由于传统上满人是猎人,他们要在山间骑马驰骋,剃掉头前面的头发有助于他们看得更为清楚,而脑后的辫子可以盘成一个垫子来保护头脑,满人相信人的灵魂都寓寄在他们的辫子里,因此当一个战士或军官死后,他的辫子就会被送到家乡埋葬。"[1] 可见,满人的辫子初始于实用,久而久之,便形成满族的一个重要的文化特征、身份特征。

这不同的文化习俗使得头发具有了更深远、更根本的一层文化涵义。而在中国固有天下观中,只要你接受我的文化传统,我可以不介意你来治理国家,但你要毁坏、抛弃我的文化传统,我则是万万不能答应和接受的。也就是说,国亡虽沉痛,但尚可接受,但文化亡则绝不能接受。"只要政体不变更,王室推移,无关重要,至于衣冠文物,则为民族文化之象征,不肯轻变。"[2] 与一党一姓之兴亡相比,文化实系中华民族之魂,更其根本。故钱穆云:

> 中国人言天下,乃指社会人群,兴亡则指文化道统。反而求之一身,反而求之一心,我身此心即天下万世人之心。[3]

他在晚年还说,"全部二十五史,天下高于国,社会高于君"。[4] 在人们看来,国家是统治者的国家,是政治意义上的,国家灭亡,不足为惜,而天下是每个人的天下,是文化意义上的,天下丧亡,则万万不能。

---

[1] Victoria Sherrow. *Encyclopedia of hair: a cultural history*. Greenwood Press, 2006, 82.
[2] 钱穆:《国史大纲》(下),商务印书馆1994年版,第849页。
[3] 钱穆:《晚学盲言》(下),广西师范大学出版社2004年版,第512页。
[4] 钱穆:《晚学盲言》(上),广西师范大学出版社2004年版,第166页。

当年康有为为光绪辩护时亦是以此为立论的,他说:"一国之存亡在其历史风俗教化,不系于一君之姓系"。① 其意思便是,满清不是接受中华文化了吗?因此,你们也就不要"驱除鞑虏"了吧。

辫子的有无可不是小事一桩,它代表着两种文化的差异和交锋,人们对辫子的敏感正是对汉族文化被迫屈服于满族文化的敏感,当时清朝的薙发令激起南方强烈的抵抗,即为一例。鲁迅在小说《头发的故事》中说:

> 我们讲革命的时候,大谈什么扬州三日,嘉定屠城,其实也不过一种手段;老实说:那时中国人的反抗,何尝因为亡国,只是因为拖辫子。②

他将国家与天下,政治与文化的关系说得甚是明白了,以阴柔见长的南人在面对满人的锋镝时居然如此刚烈的原因正在于此。钱穆亦称汉人不剃发正体现了国人的一种"深厚的文化意义",汉人对满人的反抗和承认都基于此,后来汉人对满清皇帝的接受在很大程度上也是满清采取了传统汉族政治制度、风俗文化等,鲁迅曾不无讥讽地说,"大莫大于尊孔,要莫要于崇儒,所以只要尊孔而崇儒,便不妨向任何新朝俯首。"③要新朝俯首与否与尊孔崇儒大有关系。

其三,剪辫与否在中西社会两相对比中具有是否适合现代生活的涵义。

经过清初血腥的军事镇压,辫子终于在中国人脑袋上生根,二百多年来,辫子在中国男性心里留下的创痛已不复存在,反而成为中国

---

① 康有为:《文钞·君与国不相关,不足为轻重存亡论》,转自萧公权:《中国政治思想史》(第3卷),辽宁教育出版社2001年版,第655页。
② 鲁迅:《呐喊·头发的故事》,《鲁迅全集》(第1卷),人民文学出版社2005年版,第485页。
③ 鲁迅:《花边文学·算账》,《鲁迅全集》(第5卷),人民文学出版社2005年版,第542页。

现代性的姿容

男性的身份标志。"辫子很少被认为是一种'征服的标志',更多地被认为是一种民族和身份的标志",[①]人们"见惯者不怪,对辫子也不觉其丑",觉得辫子既怪又丑的时候是清末中国青年留学海外的时候。"不幸的是所谓'海禁大开',士人渐读洋书,因知比较,纵使不被洋人称为'猪尾',而既不全剃,又不全留,剃掉一圈,留下一撮,打成尖辫,如慈菇芽,也未免自己觉得毫无道理,大可不必了。"[②]

清末中国青年走出国门、留学海外的经历,使得他们切身体会到辫子形象与现代文明、卫生习惯格格不入。在这么一个强烈的形象对比中,尤其是日本国民——日本因"政俗、文字同,则学之易;舟车、饮食贱,则费无多"[③]等原因成为中国青年留学的首选之国——健康的卫生习惯,干练的精神面貌,与自身拖沓萎顿的形象相比,使得中国男性显得相形见绌。

同时,辫子在现代生活的不便利之处便开始被感觉并放大。鲁迅曾借小说人物之口说道,"我出去留学,便剪掉了辫子,这并没有别的

孙科与孙中山

[①] 葛凯:《制造中国——消费文化与民族国家的创建》,黄振萍译,北京大学出版社2007年出版,第91页。

[②] 鲁迅:《且介亭杂文末编·因太炎先生而想起的二三事》,《鲁迅全集》(第6卷),人民文学出版社2005年版,第577页。

[③] 任达:《新政革命与日本:中国,1898—1912》,李仲贤译,江苏人民出版社2006年版,第48页。

性别视角下的上海都市文化

奥妙,只为他不太便当罢了。"[1]他曾不无嘲讽地说清国留学生散开的辫子可谓是"油光可鉴"。"油光可鉴",并不是用了什么高档的洗发水护发素后的效果,更多的是一种邋遢肮脏的形象。鲁迅自己也感受到辫子在现代生活中的不便,他说,"最初在实际上感到不便的,却是那辫子",他甚至说他的剪辫与革命无涉,而事关方便与否:

> 我的剪辫,却并非因为我是越人,越在古昔,"断发文身",今特效之,以见先民仪矩,也毫不含有革命性,归根结蒂,只为了不便:一不便于脱帽,二不便于体操,三盘在囟门上,令人很气闷。[2]

经过甲午大败、庚子国变等事件后,清朝统治者也认识到国将不国的危势,于是不得不放下自尊自大的虚架子,主动向"西方列强"学习,"派学生出洋去留学"是措施之一,而"派官出洋去考察"[3]是另一措施。

鲁迅1902年赴日留学,不久即剪掉了辫子。

同样,当这些体制里的改革派官员一旦置身于一个科学发达、社会进步、生活现代的西方世界时,拖着长长的辫子的中国官员即使再顽固、再阿Q,也会自惭形秽、心虚气短的。然而,辫子又是满清政权的标志之一,于是,与那些革命派将剪辫视为革命行为不同的是,出外考察的满清官员刻意将这种联系有意淡化,认为没有必要将辫子的有

---

[1] 鲁迅:《呐喊·头发的故事》,《鲁迅全集》(第1卷),人民文学出版社2005年版,第486页。
[2] 鲁迅:《且介亭杂文末编·因太炎先生而想起的二三事》,《鲁迅全集》(第6卷),人民文学出版社2005年版,第579页。
[3] 同上,第578页。

467

无与反满情绪联系在一起。他们认为,"辫子和现代化形象协调,和讲究卫生(留辫子结果之一是会在衣服后背留下深黑色的印痕)以及生活便利是矛盾的。对于这些改革的鼓吹者来说,这样的形象改革是在清王朝权限内试图保护它的国民的幸福,没有必要认为这是反满情绪的标志。"[①]因此,就是连从海外归来的皇室成员载振"也迫切要求放弃辫子和民族装束,因为这种习惯与现代世界充满活力的生活不适应"。[②] 就"老新党"康有为在1898年戊戌奏稿中《请断发易服改元折》中建议清朝改变服制以适应现代生活的需求,他说,"今为机器之世,多机器则强,少机器则弱……且夫立国之得失,在乎治法,在乎人心,诚不在乎服制也。然以数千年一统儒缓之中国,褒衣博带,长裾雅步,而施之万国竞争之世……诚非所宜矣。"[③]

这时,在中西社会对比的氛围中,辫子成为文明与野蛮,丑陋与卫生,先进与落后的衡量标准。中国男性曾经威武异常的"神鞭"终为八国联军的炮火打断意味着辫子的悲剧不只是中国男性的个人悲剧,也是一个国家、民族在列强环伺的世界格局下的悲剧。男性外在形象的变革与否,被认为与一个社会发展、政治体制、国民素质、文明程度等现代化因素联系在一起。于是,从这一方面来看,剪辫也是大势所趋。

清末民初男性形象的转变突出地体现在剪辫这一事件上,而辫子也因而在民族革命上、传统的天下观上、中西社会对比上被赋予了政治、文化、生活的三重涵义。它的剪除宣示了中国推翻了中国两千余年的封建帝制,摆脱了二百六十余年异族的压迫,开始艰难地融入这世界文明大潮之中。

[①] 葛凯:《制造中国——消费文化与民族国家的创建》,黄振萍译,北京大学出版社2007年版,第85页。

[②] 同上,第86页。

[③] 康有为:《不忍杂志汇编》(初集),台北:华文图书公司1987年版,第413页。

二、尚武：强弱即曲直

民国的建立对中国人来说是千古未有之革命。但对列强来说,尤其是近临的日本,中国仍旧是案上鱼肉而已。1914年,一战的爆发让西方列强在欧洲土地上忙于互相厮杀,而使中国有得以喘息的机会,但同时也给日本提供了挤蜕列强在华利益的天赐良机,他们以天时、地利之便,单独控制中国,并欲逼使中国最终成为其附属国。这些国际之间的优胜劣汰、弱肉强食的丛林法则,使得中国自晚清以来就为如何避免列强瓜分中国而焦虑和忧心。

在这样的国际形势下,对国家民族命运的忧惧自然而然地转化为武力的提倡和崇尚,这最终落实在对男性国民身体状况的改善,即通过体育锻炼、军事训练、生活革新等方式来强健体魄,一改中国手无缚鸡之力、软弱阴柔的形象。虽然在长枪短炮的战备装备下,再强健的身躯都是无济于事的,但即使这样,那种认为强壮的体格必然会带来强大的中国的逻辑却还是被认为是讲得通的。于是,对身体的彪悍和民风的粗粝的追求成为朝野上下的共识。

其实早在清季时期,政府对此就有所重视。清末的教育宗旨有五项,忠君、尊孔、尚公、尚实、尚武,其中的"尚武"正是针对国民柔弱的体质和精神而言的。民元之时新颁教育宗旨亦承袭了晚清的这一思路,政府要"以军国民主义垂示国人"。[①] 1928年,北伐成功对当时的军事首脑蒋介石来说是一个新时代的开始,在10月10日这一天,中国才算真正拥有一个形式上统一的全国性政权,蒋介石首任国民政府主席,他以国家元首的身份发表《国庆日告同胞文》,在文中,他"列举四端与同胞共勉之",其首端即云:"发育国民强毅之体力,以挽救委靡

[①] 转自罗厚立:《国家与世界:五四时代读书人的徘徊》,《南方周末》,2008年6月19日,D23版。

现代性的姿容

文弱之颓风"。① 国家对国民体格上的要求正反映了官方对国族前途的一种焦虑。

相对于西方国家的"大力士"形象,中国向来被外人目为"东亚病夫"。后来被演绎为民族英雄的霍元甲一举打败"俄国大力士",正是一个通过强健体格,提升体质来力挫洋人、为国争光的顺理成章的诠释,这一诠释使国人扬眉吐气,并一直绵延至今。

蒋介石亦认同霍元甲的故事的意义。据其次子蒋纬国回忆,上世纪20年代,蒋纬国在上海外滩大马路(今南京路)转角处看到一中国人与英国人相撞,中国人被撞倒在地,而英国人则拿着手杖打中国人的情景,蒋介石对他说,"'一个外国人和一个中国人走在转角处,谁也没有看到谁,两人互相撞了一下,为什么中国要倒在地上,为什么不是那个洋人倒在地上?是我们中国人自己不争气,所以我们要好好锻炼身体,把身体练好才是真的。'此外,父亲还讲了精武门(霍元甲)的故事给我听。总之,中国人自己不强大起来,一定会遭受外侮。父亲也鼓励我要好好练功夫,后来我到了苏州以后,便找了一位老师,正式练功夫。"② 蒋纬国习武,以后被送往德国这个军事强国从军也许正体现了蒋介石对尚武精神的一个期待。

1935年7月8日,蒋介石在出席成都四川大学扩大纪念周时的演讲中,说到"国家独立"、"民族自由"与强身健体的关系,并迫切地号召青年学生积极锻炼身体,并养成强健的体魄。他提出:

> 我们要能尽到救国救民的非常责任,必须具备的重要条件,当然很多,但是最要紧的一个条件,就是要先有强健的体魄,有了强健的体魄,然后有强健的精神,能够任重致远,刻

---

① 张秀章编著:《蒋介石日记揭秘(下)》,团结出版社2007年版,第471页。
② 蒋纬国口述,刘凤翰整理:《蒋纬国口述自传》,中国大百科全书出版社2008年版,第46页。

苦耐劳,完成伟大的事业,这是很明显的道理,大家也一定知道的。

正如他所担心的那样,就在他演讲仅不到一个小时,而且是早晨太阳还不很强烈的时候,就有一些学生昏倒,可见中国青年的体格之差,"如此体魄不好,试问何能救国?"他接着说道:

> 你们要晓得,现在人家外国一般青年学生,无不整天整年的和日光空气水斗争,无论怎样热,怎样冷,风怎么紧,水怎么深,雨雪怎样大,总在外面练习赛跑、负重爬山或游泳这些事情;而且天气愈冷,或是愈热,雨雪愈是大,他们愈是精神奋发练习得起劲。所以人家一般青年能够体魄强健,精神畅旺,整个国家民族也因此很强盛。所以我们今后要做伟大的事业,要救国家,亦非加紧锻炼体格不可。①

他对青年的体格尤其重视,甚至建议通过种种训练和运动,如课外竞赛、露营演习、劳动服务、生产教育等,来强化青年的体魄。

除过国家对尚武精神的号召之外,知识精英也为"尚武"呐喊呼吁。早在日本留学时,鲁迅便鼓吹争斗,贬斥平和,因为只有敢于争斗,勇于争斗才有生气,才能存活。他说万事万物看似和风细雨,其实原初之时却是暴风骤雨。

在物来说,"平和为物,不见于人间。其强谓之平和者,不过战事方已或未始之时,外状若宁,暗流仍伏,时劫一会,动作始矣。"②在人来说,"平和之名,等于无有。特生民之始,既以武健勇烈,抗拒战斗。渐

---

① 蒋介石:《中国青年之责任》,《先总统蒋公对青年的训示》,台北:正中书局1986年版,第14页。
② 鲁迅:《坟·摩罗诗力说》,《鲁迅全集》(第1卷),人民文学出版社2005年版,第68页。

进于文明矣,化定俗移,转为新儒,知前征之至险,则爽然思归其雌,而战场在前,复自知不可避,于是运其神思,创为理想之邦,或托之人所莫至之区,或迟之不可计年以后。"①在国来说,"夫人类之不齐,亦当悟斯言之非至。夫人历进化之道途,其度则大有差等,或留蛆虫性,或猿狙性,纵越万祀,不能大同。……则甲兵之寿,盖又与人类同终始者已。"②在物、人、国诸方面,鲁迅都论及了万物"不齐"的本质。那么,不能,或不敢直面("惨淡的人生")、正视("淋漓的鲜血")不齐而带来争搏,交锋,甚至是"相残"这一事实,一味地漠视、逃避、"欺"和"瞒",塑造一个理想平和状态,是鲁迅这代学人所不能接受的。

如果鲁迅只是告诉大家自然、人类、社会其实不是想象的那么平和,而是自始至终伴随着甚至是残酷的争斗,并以之来截断国人尚柔的退路的话,那么随后发生的欧战使得知识精英亲眼目睹了,并明白了弱肉强食才是真正的国际准则,这一方面使中国知识精英知道了弱国的败亡的结果,另一方面也使他们看到了在这败亡之前可能的努力途径,为了唤起国民好勇斗狠的本能,知识精英不惜鼓吹战争,并声明厌恶和平。

民国肇建不久欧战的进行,尤其欧战初期德国的军事胜利对知识精英启发颇大,德国"西拒英、法,远离国境;东入俄边,夺地千里;出巴尔干,灭塞尔维亚。德土二京,轨轴相接",③他们用羡慕不已的眼神,思考着这个国家胜出的原因,并似乎依稀地看到了自身的崛起的希

---

① 鲁迅:《坟·摩罗诗力说》,《鲁迅全集》(第1卷),人民文学出版社2005年版,第68页。
② 鲁迅:《集外集拾遗补编·破恶声论》,《鲁迅全集》(第8卷),人民文学出版社2005年版,第34页。
③ 陈独秀:《一九一六年》,《新青年》1卷5号,张宝明等主编:《回眸〈新青年〉》(社会思潮卷),郑州:河南文艺出版社1997年版,第173页。

望。同时,"强弱即曲直"①、强权即公理、胜利者决定一切这一蛮横霸权思路对他们以强烈震撼。由于他们对民族的存亡抱着敏感而警惕的心态,于是不打算存疑地认同这一思路,不惜摒弃、颠覆所谓公理、正义、道德、法则,以来鼓吹蛮强和铁血,唤起国民的好勇头狠、"善斗不屈"的"兽性主义"。

陈独秀在《今日之教育方针》中称"教育儿童,十岁以前,当以兽性主义;十岁以后,方以人性主义。"他说:

> 强大之族,人性,兽性,同时发展。其他或仅保兽性,或独尊人性而兽性全失是皆堕落衰弱之民也。②

而中国正是他所说的深受"人性"之害,没有强悍的兽性的"堕落衰弱"之民族。刘叔雅则是将这一情绪发挥至极致:

> 无疑,战争者,进化之本源也。和平者,退化之总因也;好战者,美德也;爱和平者,罪恶也。欧洲人以德人为最好战,故德意志在欧洲为最强;亚洲人以日本人最好战,故日本在亚洲为最强。③

此可称为"一战启示录"。

"国力荼弱,武风不振,民族之体质,日趋轻细。此甚可忧之现象也。"后来成为新中国的缔造者、共产党领袖的毛泽东当年亦认同强身即强国这一逻辑,他1917年远在湖南时,便给《新青年》投稿《体育之研究》,比较全面地论述体育之真义、价值、效用,甚至设计了运动之方法

---

① 刘叔雅:《欧洲战争与青年之觉悟》,《新青年》2卷2号,张宝明等主编:《回眸〈新青年〉》(社会思潮卷),郑州:河南文艺出版社1997年版,第198页。
② 陈独秀:《今日之教育方针》,《新青年》1卷2号,张宝明等主编:《回眸〈新青年〉》(社会思潮卷),郑州:河南文艺出版社1997年版,第328页。
③ 刘叔雅:《欧洲战争与青年之觉悟》,《新青年》2卷2号,张宝明等主编:《回眸〈新青年〉》(社会思潮卷),郑州:河南文艺出版社1997年版,第196~200页。

等,以提倡体育运动来改变国人那种"偻身俯首,纤纤素手,登山则气迫,涉水则足痉"的柔弱体格。

通过蛮拙粗野的运动养成强健膘悍的身躯,如何与精神的强大,乃至国家的强大关联起来,这是论证的关键所在,这就得阐明生理与心理的关系。在毛泽东看来,体育能"强筋骨",进而能"增知识",因为"认识世间之事物而判断其理也。于此有须于体者焉"。进而能"调感情",因为"理性出于心,心存乎体",进而能"强意志",恒久的耐力足以发达其意志。就这样,生理与心理,物质与精神得以联系起来,而且前者是后者的基础和前提,在这一点上看,毛泽东早就是一名"唯物主义者"了。他说:

> 肢体纤小者举止轻浮,肤理缓驰者心意柔钝,身体之影响于心理也如是。体育之效,至于强筋骨,因而增知识,因而调感情,因而强意志。筋骨者,吾人之身;知识、感情、意志者,吾人之心。身心皆适,是谓俱泰。故夫体育非他,养乎吾生、乐乎吾心而已。①

后来,他所提出的"发展体育运动,增强人民体质"的口号,也可以说是当年他对体育重视和提倡的自然延续。

然而,对"强身即强国"发出疑问的人正是鲁迅。他早年是鼓吹铁血精神、兽性精神、争斗精神的,他自己也曾起了一些多少体现他那尚武精神的名号,诸如"戛剑生"、"戎马书生"、"绿林书屋"。在南京求学时他也时常练习骑术,后来,到日本留学时,他的职业选择也正是以救治、修复、治疗、呵护身体为职责的医生,倘在和平时,可以救治像他父亲那样的病人,倘在战争时,可以作军医。然而,在日本课堂里的那次著名的幻灯片事件使得他对强健中国国民身体的思路有所反省。在

---

① 二十八画生(毛泽东):《体育之研究》,《体育学刊》1997年2期,第2页。

性别视角下的上海都市文化

他看来,幻灯片上那个日本人砍杀的和围观鉴赏这一砍杀盛举的中国人的身体何尝不健硕,然而,他们的精神却是麻木的,这对他的震动很大,并致使他放弃了学医的打算,因为在他看来,"凡是愚弱的国民,即使体格如何健全,如何茁壮,也只能做毫无意义的示众的材料和看客"[1]。于是通过文艺来唤醒、改变国人的精神,而不是通过体育、武术、锻炼、医术塑造并维护国人一个"强壮的体格"在他认为更为根本。关于这一看法,他在另一次还这样说,"现在的强弱之分固然在有无枪炮,但尤其是在拿枪炮的人。假使这国民是卑怯的,即纵有枪炮,也只能杀戮无枪炮者,倘敌手也有,胜败便在不可知之数了。这时候才见真强弱。"[2]

在他看来,只有身体的强壮是不行的,更为重要的是要有精神的觉醒和强大。

总之在民国建立之后,尤其是一战初期"强弱即曲直"对国人的刺激和启示,无论是官方,还是知识精英,无不推崇尚武精神,并呼吁、鼓励国民练就一付强悍的体格,以此强盛国家,使国家免于危亡。

三、新生活运动:衣食住行与"国族复兴"

对国民男性形象和气质的重塑往往要具备两个条件:在内,要有一个强有力的政府来提倡,在外,要有一个危机形势的激发。前者是前提,后者则是诱因。

自北伐以来,熟谙政治权谋的蒋介石经过与冯、阎、李等势力的反复较量,到 30 年代,中国已经形成一个集中统一的政府(除租界外),蒋介石本人也已能傲视群雄,号令天下了。但同时,对蒋介石政权来说,他又面临着两方面的军事压力,一是日寇,二是共产党势力。"方

---

[1] 鲁迅:《呐喊·自序》,《鲁迅全集》(第1卷),人民文学出版社 2005 年版,第 439 页。
[2] 鲁迅:《华盖集·补白一》,《鲁迅全集》(第3卷),人民文学出版社 2005 年版,第 107 页。

今赤匪充斥,内乱未已,版土日蹙,外侮频仍,帝国主义者与汉奸赤匪,内外勾结,皆挟其全力,以压迫我民族,破坏我国家。"①

自1931年九一八事变以来,日本步步紧逼,侵吞中国的野心昭然若揭,蒋介石日日自我磨砺,天天发誓"雪耻"。比如,1934年,日本外务省发言人天羽英二发表声明,如果中国利用他国势力以图排斥日本,必遭反对,日本亦反对他国对中国财政及技术援助,包括售卖飞机,修建机场等,次日,蒋在日记4月18日中写下:"我国宜如何发奋图强,以雪此耻也?"如何发奋图强,以雪此耻呢?这是他要考虑的问题。相对于外房的威胁,"赤匪充斥,内乱未已",更令他揪心的是共产党势力的发展壮大,尤其是在江西瑞金成立的"红色政权",更是成为他的心腹之患。

正是这两个条件的具备,1934年2月19日在南昌行营扩大总理纪念周上蒋介石作了《新生活运动之要义》的演讲,拉开了新生活运动的帷幕。蒋亲自布置并发动的"新生活运动"看来并非是一时兴起之物。1934年2月11日,蒋在日记中记有,"余之赞美耶稣者五:一曰牺牲精神,二曰忍耐精神,三曰奋斗精神,四曰纯一精神,五曰博爱精神。"②似乎此时,他已注意到人的精神气质问题,这也许是基督教的精神资源对他的一个启发和触动。不同的是,他将这种精神融合到中国传统的孔孟道德观中,并加以诠释,成为新生活运动的核心内容和指导纲领,后来他在日记中也写道:"礼是规规矩矩的态度,义是正正当当的行为,廉是清清白白的辨别,耻是切切实实的觉悟。"③这正是他的新生活运动的实质内容,所有的内容阐发都莫不围绕在这四句话展开。

这里要说明的是,新生活运动虽是针对全体国民的,但其实在很

---

① 蒋介石:《新生活运动纲要》,《新生活运动促进总会会刊》第1期,温波:《重建合法性:南昌市新生活运动研究(1934-1935)》,上海:学苑出版社2006年版,第283页。
② 张秀章编著:《蒋介石日记揭秘(下)》,团结出版社2007年版,第492页。
③ 同上,第493页。

大程度上是针对男性国民的。比如,蒋说他看到江西的中学生,"几乎无一个不是蓬头散发,有扣子不扣,穿衣服要穿红穿绿,和野蛮人一个样子",而在南昌的街上,他"看见一个小学生吸纸烟",有一回在建瓯,他"发现一个十岁左右的小孩子,在街上吸烟,虽穿了很好的衣服,还是一点教育也没有"①。可见促使蒋介石下决心实行改变国民精神风貌的新生活运动很大程度上是中国男性之"驼背曲腰,低头斜眼,奄奄一息,毫无生机","精神颓唐、体质孱弱、麻木不仁、萎靡不振"的形象和气质,这一方面固然男性与女性相比更显邋遢,另一方面女性在日常生活、社会生活、政治生活中往往是缺席的,这从秋瑾女士投身革命时刻意地女扮男装就可以看出女性在当时中国社会生活中之地位。而且新生活运动实施的方式就正是,"父训其子,兄教其弟;夫妇相劝,朋友互励",这里面女性的身影几乎无有。因此,新生活运动虽是针对全体国民,但最终是落实在男性国民身上。

值得注意的是,"新生活运动"讲求的是"礼义廉耻",却落实在"衣食住行"等日常生活之中。日理万机的蒋介石甚至为国民制定了一套细致入微的关于吃饭穿衣居住行路的"新生活须知"。

新生活中之食

饮食养生,人之大欲;食贵定时,莫恣口腹。饮具须净,食物须洁;要用土产,利勿外溢。遇酒毋酗,食量有节;饮嚼无声,座必正席;饭屑骨刺,毋使狼藉。宴客聚餐,相让举筷。注意微菌,生冷宜戒。鸦片屏绝,纸烟勿吃。耻养于人,自食其力。

新生活中之衣

衣服章身,礼貌所寄;莫趋时髦,朴素勿耻。式要简便,

---

① 蒋介石:《新生活运动之要义》,《总统蒋公思想言论总集·演讲》,温波:《重建合法性:南昌市新生活运动研究(1934—1935)》,学苑出版社2006年版,第299~300页。

料选国货;注意经用,主妇自做。洗涤宜勤,缝补残破;拔上鞋跟,扣齐钮颗;穿戴莫歪,体勿赤裸。集会入室,冠帽即脱。被褥常晒,行李轻单。解衣赠友,应恤贫寒。

新生活中之住

住居有室,创业成家;天伦乐聚,敦睦毋哗。黎明即起,漱口刷牙;剪甲理发,沐浴勤加。建筑取材,必择国产;墙壁勿污,家具从简;窗牖多开,气通光满;爱惜分阴,习劳勿懒。当心火烛,谨慎门户;莫积垃圾,莫留尘土。厨房厕所,尤须净扫;捕鼠灭蝇,通沟清道。和洽邻里,同谋公益;互救灾难,种痘防疫。国有纪念,家扬国旗;敬旗敬国,升降循规。

新生活中之行

行是走动,行亦作为;举止稳重,步武整齐。乘车搭船,上落莫挤;先让妇孺,老弱扶持。走路靠左,胸部挺起;两目平看,端其听视。拾物还主,相识见礼。遇丧知哀,观火勿喜。喷嚏对人,吐痰在地,任意便溺,皆所禁忌。公共场所,遵守纪律。就位退席,鱼贯出入;莫作吵闹,莫先抢说。闻党国歌,肃然起立。约会守时,做事踏实;应酬戒繁,嫖赌绝迹。[①]

单从这些文字来看,"新生活运动"何尝不值得肯定和鼓吹,这似乎不外乎以现代文明的生活方式来替代过去的陈规陋习。问题在于,作为一国之主的蒋介石,在国内外双重危机的重压之下,竟有此等时间、精力和闲情来敦促人们践行他所说的这一套文明的生活规范、日常礼仪、卫生习惯。

在他看来,这虽是身边细碎的"生活革命",但却是事关"民族复

---

① 蒋介石:《新生活运动纲要》,《新生活运动促进总会会刊》第1期,温波:《重建合法性:南昌市新生活运动研究(1934—1935)》,学苑出版社2006年版,第284～285页。

兴"的要事。要想从根本上强大国家,复兴民族以消弭"内忧外患",已不在于单纯地强化军事力量,而要从国民日常生活的"衣食住行"一点一滴重新革新和规范,与军事力量相比,这后者显得更为根本,更为重要。他说,"一个国家和民族的兴亡,军队还只能负一部分责任,最大的责任,还是在社会上负有教育的一般人身上!今后我们建设国家复兴民族,除发展教育外,再没有旁的根本方法,所以教育乃一种至高无上的救国复兴的根本事业。"[①]而日常生活教育正是这根本的教育之一。他说,"我们现在要建立新的国家,要报仇雪耻,不要讲什么强大的武力,就只看在衣食住行上能不能做到日本人那个样子。"[②]比如日本人早晚洗冷水脸,每天都吃冷饭,我们就做不到。

正因为此,他亲自发表演说,撰写文章,阐释并拟定这一运动的纲要,包括推行新生活运动的主旨、目的、内容、组织、程序、方法等。他亲自担任南昌新生活运动促进会会长,要求"省市县会应由省市县中最高行政长官主持之"。

可以看出,他对日常生活中穿衣戴帽、坐立行走、卫生习惯等细节格外重视,那么,日常生活的点点滴滴与一个国家的强弱有何关系呢?蒋介石以另一个集权国家德国为例阐释了这其中的逻辑。他说,"德国也是一个国家,中国也是一个国家,德国没有武力而能与各国平等,中国虽有武力,依然不能求得平等,这是什么道理?没有旁的,完全是由于我们一般国民的知识道德不及人家。"因此,要提高国民的知识道德,"国民知识道德的高下,即文明和野蛮,从什么地方可以表现出来呢?我们要提高一般国民的知识道德要从什么地方着手呢?这就单讲到一般国民的基本生活,即所谓'衣食住行',这四项基本生活,包括

[①] 蒋介石:《新生活运动之要义》,《总统蒋公思想言论总集·演讲》,温波:《重建合法性:南昌市新生活运动研究(1934—1935)》,学苑出版社2006年版,第300页。

[②] 同上,第302页。

全部日常生活,是个个人时时刻刻不能离的,一个人或一个国民的精神、思想、知识、道德,统统可以从基本生活的样法,表现出来。"①武力不是决定因素,知识道德是根本因素,而这知识道德又是从日常生活中反映出来,所以,从日常生活着手改变国民是蒋介石推行新生活运动的内在逻辑。当然,军人出身的蒋介石最终还是要将之落实在武力之上,在一个月后的演讲中,他说到"新生活运动的意义和目的"就是"要使全国国民从衣食住行等日常生活上,表现我们中国礼义廉耻固有的道德习惯来达到行动一致的目的",至于整齐划一,就是"军事化"。②

因此,蒋介石推行的新生活运动的"礼义廉耻"看似是一个生活问题、道德问题、习俗问题,实则却是一个政治问题、经济问题、军事问题。而胡适却在看那些不厌其详、不厌其繁的"新生活运动须知"后不理解蒋介石所推行衣食住行的规范与救国、复兴民族、报仇雪耻的关系,他说,"《须知》小册子上的九十六条,不过是一个文明人最低限度的常识生活,那里面并没有什么救国灵方,也不会有什么复兴民族的奇迹。……救国与复兴民族,都得靠知识与技能——都得靠最高等的知识与最高等的技能,和纽扣碗筷的形式绝不相干。……过分夸张这种常识运动的效果,说这就是'报仇雪耻'的法门,那是要遗笑于世人的。"③而在蒋看来,风俗影响之大、之广、之深优越于政教。提倡"礼义廉耻","使反乎粗野卑陋之行为,求国民生活之艺术化";"使反乎争盗窃乞之行为,求国民之生活生产化";"使反乎乱邪昏懦之行为,求国民之生活军事化"。是为问题的实质。

更要命的问题在于,所谓的"礼义廉耻"的衡量标准有时异化为蒋

---

① 蒋介石:《新生活运动之要义》,《总统蒋公思想言论总集·演讲》,温波:《重建合法性:南昌市新生活运动研究(1934—1935)》,学苑出版社 2006 年版,第 298 页。
② 同上,第 309 页。
③ 胡适:《为新生活运动进一解》,《胡适文集》(第 11 卷),欧阳哲生主编,北京大学出版社 1998 年版,第 420 页。

性别视角下的上海都市文化

所领导的党、国家的利益、方针、命令。与之相合,则礼义廉耻;与之相悖,则无礼无义无廉无耻。或者说,新生活运动正是生活掩护政治,用政治绑架生活的一个运动。

要之,蒋介石是想通过提倡新生活运动塑造一种守纪律、重秩序、"规规矩矩"又面貌一新的国民形象,从而化解他的内外交困的危势。

回看近现代中国历史进程,对男性形象与气质的塑造无不与国家、民族的前途和命运等历史大关节、历史大脉络息息相关。清末民初男性形象转变突出地体现在剪辫这一事件上,而辫子也因而在民族革命气息中赋予了政治涵义,传统的天下观中赋予了文化涵义,中西社会对比中赋予了生活涵义,它的剪除宣示了中国推翻了两千余年的封建帝制,摆脱了二百六十余年异族的压迫,开始艰难地融入这世界文明大潮之中。在民国建立之后,尤其是一战初期"强弱即曲直"对国人的刺激和启示,无论是官方,还是知识精英,无不推崇尚武精神,并呼吁、鼓励国民练就一付强悍的体格,以此强盛国家,以解救国家于危亡之中。20世纪30年代中国表面上的大一统,当政者蒋介石是通过发动"新生活运动"试图塑造出一种守纪律、重秩序、"规规矩矩"、又面貌一新的国民形象,从而"建设国家,复兴民族",一方面化解日寇的步步进逼,另一方面控制共产党势力的发展。

从以上这三个历史阶段三种对男性形象与气质的改造,可以看出中国近现代历史文化的另一侧面。

四、余论:"上海男人"与上海文化

1949年新中国成立后,男性形象、气质的变化虽没有清末民初剪辫运动那样明显激烈,但也变化深刻。建国以来的历次政治运动,尤其是"文化大革命"的发生,使男性尤其是其中的知识分子、文化人、思考者受到前所未有的打压,男性的棱角被左倾政治的磨石打磨平,骨

梗之士或遭拘捕,或以死抗争,而那些见风使舵、明哲保身或独善其身的男性,虽然在政治的风吹雨打中幸而得以保留其"身",但也只是一个失去男性雄风的"末全之身"。这一定程度上为"文化大革命"后、改革开放30年来男性形象和气质的讨论埋下了悠长的伏笔。张贤亮发表于1985年的长篇小说《男人的一半是女人》将这种政治压抑与男性阳气缺失的关系极具象征性地一笔点破。1986年,沙叶新的剧作越出知识阶层的范围,激起了更为广泛的社会反响。他以"寻找男子汉"为题写了一出28岁的"剩女"舒欢执意寻找一个可谓"男子汉"的如意郎君而不得的"悲/喜剧"。剧作家通过让女主角舒欢分别与数名男性的一一约会,夸张地、漫画式地展示出当代种种"非男子汉"的形象。如受到母亲千呵万护,弱不禁风的"没断奶的超龄儿童"司徒娃,外强中干、畏惧权势的"缺钙儿"周强,惟洋是尚、丧失自尊的"洋奴"A,平庸世俗、不学无术的B,当然,这一切都与"真正的男子汉"相去甚远。关于剧本的主旨,沙叶新日后曾这样说道:

> 其实女主人公并不是在寻找事实意义上的如意郎君,而是在招魂,是在召唤民族之魂,是在召唤阳刚之气,是在寻找精神层面上的男子汉。所以女主人公在该戏的结尾时说,她要在中国登一则《寻人启事》,男主人公问她,寻谁?谁丢失了?她说,中国丢失的是男子汉。这里所说的男子汉。当然是一种民族精神的象征。①

上世纪末,正当上海以浦东开发开放为契机,开始新一轮的与国际接轨、建设国际性大都市之际,龙应台的散文《啊,上海男人!》引发了又一波有关中国男性形象和气质的讨论。1997年1月7日,龙应台

---

① 沙叶新:《天下几人是男儿》,http://www.aisixiang.com/data/detail.php?id=12501(爱思想网沙叶新专栏),2012年7月19日。

性别视角下的上海都市文化

在《文汇报·笔会》发表《啊,上海男人!》一文,冠上海男人为男女平权的先锋和"世界稀有品种"的美名。文章盛赞上海男人体贴妻子、熟稔家务,买菜、烧饭、洗碗、洗衣,无所不能或不为,同时批评在公领域里,社会的资源和权力仍旧掌握在男性的手里,"两性权力分配的均匀只是浅浅的一层表面,举世皆然。"

文章甫一刊出,立即引起了巨大反响,批评者(主要来自上海读者)认为作者缺乏对上海男人的全面观察和深刻体会,以偏概全,所谓"世界稀有品种"是作者的杜撰。一些海外(加拿大)上海读者投书抗议刊登此文的《文汇报》:作为有上海特色的且在中国有一定影响的报纸,竟公然在本乡本土登载侮辱调侃上海男人的文章,损害了家乡父老尤其是上海男人的感情!也深深伤害了许许多多在海外的上海男人的心!而据龙应台的介绍,瑞士、日本、英国、美国等一些西方国家的读者则表示了对其所描述的上海男人的赞同和认可。"'上海男人',已成为一种普遍的'好男人'类型,它不再受限于上海或任何一个地区。做家事绝对不会抹煞了他们的大丈夫气概。"[①]

"我的文章引起辩论是常事,引起完全离谱的误解倒是第一次,而这误解本身蕴藏着多重的文化意义,令人玩味。"[②]龙应台试图从中西、两岸对妇运问题的不同追求去解释其中的文化误读:几十年来台湾妇女和西方妇女艰难地寻找走出家庭走向社会的权利,而新中国从一开始就让大陆妇女有了和男人一样的工作权利,从而影响、改变了两性的传统气质。她认为,中西、两岸不同的性别文化和妇运路径,或是造成误读的主要原因。但上海男人或上海女人的问题不仅是性别问题,性别关系无疑同时也是社会历史和城市文化的问题。恰如本次论争

---

① 孙康宜:《龙应台的"不安"和她的"上海男人"》,《我的不安》,南海出版公司2001年出版,第71页。
② 龙应台:《上海男人,英国式》,《我的不安》,南海出版公司2001年出版,第61页。

中有上海男性所指出的,"上海男人在世纪初率先接受文明、世纪中适应社会转型、世纪末重新投身开放热潮的种种不寻常经历将它铸造成了一个特殊的性别种族。上海从前是、今天又再次成为全国乃至世界的文、经重镇,与上海男人的这种性格内质不无关系。"上海常被包括龙应台在内的各路人士称作"迷人"的城市,"难道这'迷人'之中就不包括上海男人这一项精美而别致的人性软性?"[1]

上海自开埠以来,有关上海城市和上海人的品格就一直是人们议论的对象,相关论述层出不穷,江南文化、西方影响、世界主义、移民社会、南北差异[2]以至地理决定论,[3]都曾是比较的尺度和论述分析的支架。而"洋、商、女"则是其中不可否认或相关讨论共同关注到的要点,恰如叶文心的《1843—1945年的上海文化史》所指出的,从文化逻辑的角度来看,上海开埠后,"洋"、"女性"及"商"三者的交织,组成了一个全新的文化秩序,[4]反映出性别关系从一开始就参与了现代上海的建构和重组,在前所未有的社会/历史转型中,女性的浮出和崛起尤其引人注目。而由沙叶新的《寻找男子汉》和龙应台《啊,上海男人!》引发的风波则表明,在上海发展的一些关键时刻,上海男性比上海女性更容易引起人们的关注,成为讨论的话题,他们的性格、气质往往成为社会反思过往、探寻发展前景的引擎。[5] 事实上沙文和龙文所引发或要讨论的都不仅仅是社会主义模式下男性的气质或男女平等的问题,还是上海城市的空间和文化特质,牵涉到社会政治、经济历史等一系列

---

[1] 吴正:《理解上海男人》,原载《文汇报》,转引自龙应台:《我的不安》,南海出版公司2001年出版,第20页。

[2] 杨东平的《城市季风》较早在改革开放后有意识地重提了这一议题。

[3] 张君俊的地理人种学认为,北纬33度以南的次热带气候不利于民族的生机和健康,久居必流为"饶具女性的民族"。而上海正位于北纬31度。

[4] 叶文心:《从都市"奇观"到"辉煌"景象——1843—1945年的上海文化史》,原载《文汇报》2006年6月12日。

[5] 其实,男性形象成为社会关注焦点由来已久,如本书导论部分和本节所论述的清末民初男性形象变革所引发的社会震动和变动。

有关城市前途的问题和方面。就此而言,无论是上世纪 80 年代由《寻找男子汉》引发的讨论,还是 90 年代末因《啊,上海男人!》所引起的反响,都不仅再一次生动地表明了性别与上海都市文化的密切关系,而且凸显了上海文化重建的迫切性。上海文化的重建不仅有赖于上海的经济和社会转型,还难免(或必然)与性别有关。① 这其实不仅是上海城市和文化更新的题中必有之意,也是具有"普世"性的倾向性问题。吉登斯指出,晚近广泛的经济和社会变革正导致一场世界范围内男性气质的危机,男性的传统角色正在受到侵蚀,人们对男性气质的变化因而更为关注。② 易言之,新世纪以来世界已然或正在发生(并将进一步)发生的变迁不能不同时包括了性别关系和性别气质的重建或更新。如此来看,上海男性气质的形成和重建不仅与上海的城市历史、社会文化有关,还是一个与全球性的变化遥相呼应而值得备加关注的问题。

---

① 想想上世纪 80 年代以来从电视剧《渴望》开始的大众文化不断以上海男性或上海女人为"话题",这一关系就愈加明显了。
② 安东尼·吉登斯:《社会学》第 4 版,北京大学出版社 2003 年出版,第 175 页。

参考文献

(一)著作、文集

罗钢、王中忱主编:《消费文化读本》,中国社会科学出版社,2003。

让·鲍德里亚:《消费社会》,刘成富、全志钢译,南京大学出版社,2008。

安东尼·吉登斯:《现代性与自我认同》,赵旭东、方文译,三联书店,1998。

安东尼·吉登斯:《社会学》,赵旭东等译,北京大学出版社,2003。

乔纳森·弗里德曼:《文化认同与全球化过程》,周宪、许均主编,商务印书馆,2004。

琳达·麦道威尔:《性别、认同与地方——女性主义地理学概说》,徐苔玲等译,台北群学出版有限公司,2006。

凯特·米特利:《性的政治》,钟良明译,社会科学文献出版社,1999。

皮埃尔·布尔迪厄:《男性统治》,刘晖译,海天出版社,2002。

戴维·斯沃茨:《文化与权力——布尔迪厄的社会学》,陶东风译,上海译文出版社,2006。

凡伯伦:《有闲阶级论》,蔡受百译,商务印书馆,2002。

约翰·伯格:《观看之道》,戴行钺译,广西师范大学出版社,2005。

马歇尔·麦克卢汉著:《理解媒介:论人的延伸》,何道宽译,商务印书馆,2000。

约瑟夫·斯特劳巴哈、罗伯特·拉罗斯:《今日媒介:信息时代的传播媒介》,熊澄宇等译,清华大学出版社,2002。

齐奥尔格·西美尔:《时尚的哲学》,费勇、吴燕译,文化艺术出版社,2001。

周宪、许钧主编:《现代性的碎片》,商务印书馆,2003。

陈嘉明:《现代性与后现代性十五讲》,北京大学出版社,2006。

郭庆光:《传播学教程》,中国人民大学出版社,1999。

赖瑞·泰伊:《公关之父伯奈斯:影响民意的人》,刘体中译,海南出版社,2003。

玛里琳·霍恩:《服饰——人的第二皮肤》,上海人民出版社,1991。

乔舒亚·蔡茨著:《摩登女》,张竝译,上海人民出版社,2007。

罗兹·墨菲:《上海——现代中国的钥匙》,上海人民出版社,1986。

小科布尔:《上海资本与国民政府》,中国社会科学出版社,1988。

李欧梵:《上海摩登——一种新都市文化在中国1930－1945》,毛尖译,北京大学出版社,2001。

周蕾:《妇女与中国现代性:东西方之间阅读笔记》,董之林等译,台北麦田出版社,1995。

周蕾:《妇女与中国现代性:东西方之间的阅读政治》,蔡青松译,上海三联出版社,2008。

周蕾:《原初的激情:视觉、性欲、民族志与中国当代电影》,台北远流出版公司,2001。

张英进:《中国现代文学与电影中的城市:空间、时间与性别构形》,江苏人民出版社,2007。

周慧玲:《表演中国:女明星 表演文化 视觉政治 1910－1945》,台北麦田出版社,2004。

葛凯:《制造中国:消费文化与民族国家的创建》,黄振萍译,北京大学出版社,2007。

高彦颐著:《闺塾师——明末清初江南的才女文化》,李志生译,江苏人民出版社,2005。

孙绍谊:《想象的城市——文学、电影和视觉上海(1927－1937)》,复旦大学出版社,2009。

史书美:《现代的诱惑:书写半殖民地中国的现代主义(1917－1937)》,江苏人民出版社,2001。

姜进:《娱悦大众:民国上海女性文化解读》,上海辞书出版社,2010。

张真:《银幕艳史——都市文化与上海电影1896－1937》,上海书店出版社,2012。

马军:《一九四八年:上海舞潮案——对一起民国女性集体暴力抗议事件的研究》,上海古籍出版社,2005。

黄金麟:《历史 身体 国家:近代中国的身体形成(1895－1937)》,新星出版社,2006。

李长莉:《中国人的生活方式:从传统到现代》,四川人民出版社,2008。

张小虹:《在百货公司遇见狼》,台北联合文学,2002。

谈社英:《中国妇女运动通史》,妇女共鸣社,1936。

王绯:《空前之迹1851－1930:中国妇女思想与文学发展史论》,商务印书馆,2004。

罗苏文:《女性与近代中国社会》,上海人民出版社,1996。

杜芳琴、王政:《中国历史中的妇女与性别》,天津人民出版社,2004。

刘慧英:《遭遇解放:1890～1930年代的中国女性》,中央编译出版社,2005。

艾晓明主编:《世纪文学与中国妇女》,天津人民出版社,2008。

宋素红:《女性媒介:历史与传统》,中国传媒大学出版社,2006。

姚玳玫:《想象女性:海派小说(1892－1949)的叙事》,中国社会科学出版社,2004。

游鉴明主编:《无声之声(Ⅱ)近代中国的妇女与社会(1600～1950)》,"中央研究院"近代史研究所,2002。

罗久蓉、吕妙芬主编:《无声之声(Ⅲ)近代中国的妇女与文化(1600～1950)》,"中央研究院"近代史研究所,2003。

周叙琪:《一九一〇～一九二〇年代都会新妇女生活风貌——以〈妇女杂志〉为分析实例》,台湾大学出版中心,1996。

乐正:《近代上海人社会心态》(1860～1910),上海人民出版社,1991。

忻平:《从上海发现历史:现代化进程中的上海人及其社会生活》,上海人民出版社,1996。

夏晓虹:《晚清社会与文化》,湖北教育出版社,2001。

罗苏文:《近代上海:都市社会和生活》,中华书局,2006。

唐振常主编:《上海史》,上海人民出版社,1989。

熊月之主编:《上海通史·晚清社会》,上海人民出版社,1999。

熊月之主编:《上海通史·晚清文化》,上海人民出版社,1999。

熊月之主编:《上海通史·民国社会》,上海人民出版社,1999。

熊月之主编:《上海通史·民国文化》,上海人民出版社,1999。

王东霞编著:《从长袍马褂到西装革履》,四川人民出版社2002。

潘君祥编:《中国近代国货运动》,中国文史出版社,1996。

上海社会科学院经济研究所编著:《上海永安公司的成立、发展和改造》,上海人民出版社,1981。

《上海的将来》,中华书局,1934。

马光仁:《上海新闻史(一八五〇～一九四九)》,复旦大学出版社,1996。

叶再生:《中国近代现代出版通史》,华文出版社,2002。

宋原放主编:《中国出版史料(近代部分)》,湖北教育出版社,山东教育出版社,2004。

范慕韩主编:《中国印刷近代史(初稿)》,印刷工业出版社,1995。

张静庐编:《中国近代出版史史料初编》,上海书店出版社,2003。

张开沅、罗福惠主编:《比较中的审视:中国早期现代化研究》,浙江人民出版社,1993。

李家驹:《商务印书馆与近代知识文化的传播》,商务印书馆出版社,2005。

《1897—1987商务印书馆.九十年:我和商务印书馆》,商务印书馆出版社,1987。

侯杰:《〈大公报〉与近代中国社会》,南开大学出版社,2006。

任继愈主编:《中国科学技术典籍通汇》,河南教育出版社,1996。

高晓星:《民国空军的航迹》,海潮出版社,1992。

蔡洪生主编:《广州与海洋文明》,中山大学出版社,1997。

刘善龄:《西洋风:西洋发明在中国》,上海古籍出版社,1999。

刘登阁、周云芳:《西学东渐与东学西渐》,中国社会科学出版社,2000。

上海摄影家协会、上海大学文学院:《上海摄影史》,上海人民美术出版社,1992。

佘惠敏:《雅俗中国丛书:仕女》,山东画报出版社,2004。

高居翰:《画家生涯:传统中国画家的生活与工作》,杨宗贤等译,三联书店,2012。

刘伯仙:《往事——晚清明信片透视》,人民出版社,2001。

刘建美:《百年中国社会图谱——丛传统消遣到现代娱乐》,四川人民出版社,2003。

孟建:《读图时代:视觉文化传播的理论诠释》,复旦大学出版社,2005。

华梅:《服饰与中国文化》,人民出版社,2001。

卓影:《丽人行·民国上海妇女之生活》,古吴轩出版社,2004。

毕克官、黄远林编著:《中国漫画史》,文化艺术出版社,2006。

李今:《海派小说与现代都市文化》,安徽教育出版社,2000。

李楠:《晚清、民国时期上海小报研究:一种综合的文化、文学考察》,人民文学出版社,2005。

谢其章:《漫话漫画》,新星出版社,2006。

殷国明:《女性诱惑与大众流行文化》,华东师范大学出版,2008。

姜进主编:《都市文化中的现代中国》,华东师范大学出版社,2007。

苏滨:《艺术形象的社会改造》第5辑,广西师范大学出版社,2005。

吴昊:《中国妇女服饰与身体革命(1911-1935)》,东方出版中心,2008。

郁风:《漫画:中国现代美术的先锋》,山东画报出版社,2002。

R.卡尔:《现代与现代主义》,傅景川等译,吉林教育出版社,1995。

李欧梵:《中国现代文学与现代性十讲》,复旦大学出版社,2005。

吴福辉:《都市漩流中的海派小说》,湖南教育出版社,1995。

茅盾主编:《新文学大系·小说一集》,上海文艺出版社,2007。

《西滢闲话》,吴福辉编,海天出版社,1992。

阎纯德:《二十世纪中国女作家研究》,北京语言文化大学出版社,2002。

乔以钢:《低吟高歌——20世纪中国女性文学论》,南开大学出版社,1998。

李玲:《中国现代文学的性别意识》,人民文学出版社,2002。

张衍芸:《春花秋叶——中国五四女作家》,人民文学出版社,2002。

王增如、刘向东著:《丁玲年谱长编》(上),天津人民出版社,2006。

《茅盾论创作》,上海文艺出版社,1980。

陈明远:《文化人的经济生活》,文汇出版社,2005。

丁玲:《记胡也频》,福建人民出版社,1981。

冰心:《关于女人》(序),宁夏人民出版社,1980。

《杨绛文集》,人民文学出版社,2003。

李辉:《沈从文与丁玲》,湖北人民出版社,2005。

丁景唐:《关露同志与〈女声〉》,《关露啊关露》,人民文学出版社,
　　2001。
阿英:《谢冰心小品序》,《现代十六家小品》,光明书店,1934。
张晓春编:《天地:1943—1945》,上海社会科学院出版社,2004。
阿英:《晚清文学丛钞 说唱文学卷》(上),中华书局,1960。
袁祖志:《续沪北竹枝词》,顾炳权编:《上海洋场竹枝词》,上海书店
　　出版社,1996。
郑逸梅《逸梅闲话二种》,齐鲁书社,1987。
包天笑:《钏影楼回忆录》,龙文出版社,1990。
《徐铸成回忆录》,三联书店,1998。
郑君里:《现代中国电影史略》,上海良友图书印刷公司,1936。
程季华:《中国电影发展史》(初稿)第一卷,中国电影出版社,1980。
《柯灵电影文存》,中国电影出版社,1992。
陈播主编:《中国左翼电影运动》,中国电影出版社,1993。
陈播主编:《三十年代中国电影评论文选》,中国电影出版社,1993。
丁亚平:《1897—2001百年中国电影理论文选》(上册),文化艺术出
　　版社,2003。
杨远婴:《中国电影专业史研究》(电影文化卷),中国电影出版
　　社,2004。
沈芸:《中国电影产业史》,中国电影出版社,2005。
洪深:《电影戏剧的编剧方法》,正中书局,民国二十四年九月[1935.
　　9]出版印行。
《鲁迅全集》,人民文学出版社,2005。
欧阳哲生主编:《胡适文集》,北京大学出版社,1998。
《张闻天选集》,人民出版社,1985。
《田汉文集》第11卷,中国戏剧出版社,1984。
《斯诺文集》第1卷,新华出版社,1984。

顾廷龙、戴逸主编:《李鸿章全集》(6),安徽教育出版社,2008。

唐德刚:《晚清六十年》,远流出版事业股份有限公司,1998。

孙中山:《孙中山文集》,孟庆鹏编,团结出版社,1997。

梁启超:《清代学术概论》,中国书籍出版社,2006。

钱穆:《国史大纲》,商务印书馆,1994。

钱穆:《晚学盲言》,广西师范大学出版社,2004。

(清)李渔:《十二楼》,亚东图书馆,1947。

陈襄民等注译:《五经四书全译》,中州古籍出版社,1991。

余英时《:论士衡史》,上海文艺出版社,1999。

康有为:《不忍杂志汇编》(初集),华文图书公司,1987。

张秀章编著:《蒋介石日记揭秘》,团结出版社,2007。

蒋纬国口述,刘凤翰整理:《蒋纬国口述自传》,中国大百科全书出版社,2008。

蒋介石:《先总统蒋公对青年的训示》,正中书局,1986。

张宝明等主编:《回眸〈新青年〉》,河南文艺出版社,1997。

萧公权:《中国政治思想史》,辽宁教育出版社,2001。

温波:《重建合法性:南昌市新生活运动研究(1934－1935)》,学苑出版社,2006。

任达:《新政革命与日本:中国,1898－1912》,李仲贤译,江苏人民出版社,2006。

Victoria Sherrow. Encyclopedia of hair: a cultural history. Greenwood Press, 2006.

叶浅予:《细叙沧桑话流年》,群言出版社,1992。

《我的成名与不幸:王人美回忆录》,上海文艺出版社,1983。

王汉伦等:《感慨话当年》,中国电影出版社,1984。

黄飚:《海上新剧潮:中国话剧的绚丽起点》上海人民出版社,2003。

方光明编著:《海上旧梦录》,上海人民出版社,2003。

张伟:《纸上观影录》,百花文艺出版社,2005。

沈寂:《影星悲欢录》,上海书店出版社,2001。

朱剑:《电影皇后:胡蝶》,兰州大学出版社,1996。

龙应台:《我的不安》,南海出版公司,2001。

(二)论文

米卡·娜佳:《现代性拒不承认的:女性、城市和百货公司》,罗钢、王中忱主编:《消费文化读本》,中国社会科学出版社,2003。

斯科特:《性别:历史分析一个有效范畴》,李银河主编:《妇女:最漫长的革命》,中国妇女出版社,2007。

托马斯·班特尔:《当代都市与现代性问题》,《知识分子论丛》第4辑,江苏人民出版社2005。

叶文心:《从都市"奇观"到"辉煌"景象:1843—1945年的上海文化史》,《文汇报》2006年6月12日。

汪晖、李欧梵:《什么是文化研究?》,《读书》1994年第8期。

杨念群:《中国史学需要一种"感觉主义"!》,《读书》2007年第4期。

米莲姆·汉森:《堕落女性,冉升明星,新的视野:试论作为白话现代主义的上海无声电影》,《当代电影》2004年第1期。

张真:《〈银幕艳史〉——女明星作为中国早期电影文化的现代性体现》,《上海大学学报》2006年第1期。

熊月之:《历史上的上海形象散论》,《史林》,1996年第3期。

王德威:《海外中国现代文学研究的历史、现状与未来》,《当代作家评论》2006年第4期。

单世联:《想象的自由与限制》,《读书》,2005年7月。

张英进:《民国时期的上海电影与城市文化》,《二十一世纪》60期,2000年8月号。

张英进:《阅读早期电影理论:集体感官机制与白话现代主义》,《当代电影》2005年第1期。

郑培凯:《都市的体貌如女人一般难以索解》,《近代中国妇女史》第5期。

丁玲:《我所认识的瞿秋白同志》,《文汇月刊》1980年第2期。

施蛰存:《丁玲的"傲气"》,《新民晚报》1986年9月3日。

刘宪阁:《小报与阮玲玉之死》,《东方早报·上海书评》,2012年7月8日。

唐振常:《市民意识与上海社会》,《二十一世纪》第11辑,1992。

叶文心:《城市国家与中国现代化(1900—1950)》,http://www.confucius2000.com/poetry/csgjyzgxdh.htm

张小虹:《两种衣架子:上海时尚与张爱玲》,《当代中国女性文学文化批评文选》,广西师大出版社2007。

玛丽·安·多恩:《装扮问题再探讨:进一步思考女性观众》,范倍译,转引自Mtime.com。

赵乐山:《上海电影录音技术发展史稿》,《上海电影史料》第7期,上海市广播电影电视局史志办,1995。

劳拉·莫尔维著、周传基译:《视觉快感与叙事性电影》,《外国电影理论文选》,上海文艺出版社,1995。

连玲玲:《从零售革命到消费革命》,《历史研究》2008年第5期。

连玲玲:《女性消费与消费女性——以近代上海百货公司为中心》,《从城市看中国的现代性》,"中央研究院"近代史研究所,2010。

坂元弘子:《试论近代上海"摩登女郎"的形成过程》,《近代中国社会与民间文化》,社会科学文献出版社,2007。

夏松涛:《消费与民族主义的深度透视》,《二十一世纪》2009年12月号。

袁仄、区伟文:《服饰与社会变迁——读民国初年的服制法令》,《二十一世纪》1994年10月号。

汤惟杰:《上海公共租界电影检查制度的建立》,《上海文化》2009年秋季增刊。

玛丽·安·多恩:《跨语境下的女性面孔、城市风景和现代性》,《聚焦女性:性别与华语电影国际学术研讨会论文集》。

白鲁恂:《中国民族主义与现代化》,《二十一世纪》总第 9 期,1992 年 2 月。

许地山:《民国一世——三十年来我国礼俗之变迁底简略回观》,《许地山散文》,浙江文艺出版社 2007。

张勇:《"摩登"考辨——1930 年代上海文化关键词之一》,《中国现代文学研究丛刊》,2007 年第 6 期。

葛飞:《市场与政治:1930 年代的左翼电影运动》,《文艺理论与批评》,2005 年第 5 期。

王川:《西洋望远镜与阮元望月歌》,《学术研究》,2000 年第 4 期。

戴念祖:《明清之际望远镜在中国的传播及制造》,《燕京学报》,2000 年第 9 期。

谢贵安:《西器东传与前近代中国社会》,《学术月刊》,2003 年第 8 期。

罗岗、李欧梵:《视觉文化·历史经验·中国经验》,《天涯》,2004 年第 2 期。

张英进:《动感模拟凝视:都市消费与视觉文化》,《当代作家评论》,2004 年第 5 期。

余辉:《海派仕女画》,《紫禁城》,1994 年第 1 期。

方华:《审美意识与中国仕女形象的关系》,《安顺师范高等专科学校学报》,2003 年第 2 期。

熊月之:《照明与文化:从油灯、蜡烛到电灯》,《社会科学》,2003 年第 3 期。

郭振华:《中国最早的航天学校——南苑航空学校》,《北京档案》,2007 年第 6 期。

陈建华:《凝视与窥视:李渔〈夏宜楼〉与明清视觉文化》,《政大中文学报》,2008年第9期。

夏晓虹:《晚清两份〈女学报〉的前世今生》,《现代中文学刊》,2012年第1期。

姜思铄:《现代女性媒介视觉形象的转型——〈妇女时报〉的女性照片研究》,《济南大学学报(社会科学版)》,2010年第4期。

罗志田:《近代中国民族主义的研究取向与反思》,《四川大学学报》(哲学社会科学版),1998年第1期。

张法等:《从"现代性"到"中华性"——新知识型的探寻》,《文艺争鸣》,1994年第2期。

扫叶:《吴友如的〈视远惟明〉》,http://soja.blog.hexun.com/7885950_d.html。

汪贤俊:《影像的冲击——论早期摄影对绘画的影响》,南京艺术学院2005年硕士学位论文。

魏杰、艾庆平:《简论民国时期的新闻漫画》,《新闻爱好者》,2006年第7期。

陈瑞林:《城市文化与大众美术:1840—1937中国美术的现代转型》,《清华大学学报》,2009年第4期。

沈建中:《鲁少飞与〈时代漫画〉》,《文汇报》,2004年11月11日。

黄士英:《中国漫画发展史》,《漫画生活》,第13期。

汪子美:《中国漫画之演进及展望》,《漫画生活》,第13期。

叶浅予:《从漫画到国画(自我批判)》,《人民美术》,1950年创刊号。

谢其章:《〈时代漫画〉被重新定位》,《光明日报》,2005年5月12日。

许地山:《三百年来底中国女装》,《大公报》,1935年5月11日。

孙绍谊:《时装上海:性别政治与身体权力》,《上海文化》,2006年第3期。

乔玉钰:《一生几许伤心事,不向空门何处消——明清才女的皈依佛、道之风》,《古典文学知识》,2006年第2期。

张敏:《略论辛亥时期的上海报刊市场》,熊月之主编:《都市空间、社群与市民生活》,上海社会科学院出版社,2008。

张敏:《从稿费制度的实行看晚清上海文化市场的发育》,熊月之主编:《都市空间、社群与市民生活》,上海社会科学院出版社,2008。

周成荫:《城市制图:新闻,张恨水与二十年代的北京》,《书城》,2003年第12期。

郭浩帆:《〈新小说社征文启〉及其价值和意义》,《济南大学学报》,2001年第3期。

巴金:《致〈十月〉》,《十月》,1981年第6期。

《左联作家的稿酬和生活》,《文摘》,2003年第8期。

徐柏容:《姚名达与女子书店、〈女子月刊〉》,《中国编辑》,2005年第4期。

赵清阁:《女子书店与姚名达》,《文汇读书周报》,1994年12月3日。

赵家璧:《重见丁玲话当年——〈母亲〉出版的前前后后》,《编辑忆旧》,生活·读书·新知三联书店,1984。

张伟:《洪深和丁玲早年的一段交往》,《沪渎旧影》,上海辞书出版社,2002。

丁玲:《写给女青年作者》,《青春》,1980年11月。

尘无:《关于〈新女性〉的影片、批评及其他》,《中国左翼电影运动》,中国电影出版社,1993。

佩方:《新女性的两大训练》,《玲珑》,1932年第二卷,第76期。

姜进:《追寻现代性:民国上海言情文化的历史解读》,《史林》,2006年第4期。

罗岗:《左翼思潮与上海电影文化——以〈神女〉为例》,《江西社会科学》,2008年6期。

袁庆丰:《对市民电影传统模式的借用和新知识分子审美情趣的体

现——从〈体育皇后〉读解中国左翼电影在1934年的变化》,《浙江传媒学院学报》,2008年第5期。

袁庆丰:《左翼电影的道德激情、暴力意识和阶级意识的体现性与宣传性——以联华影业公司1933年出品的左翼电影〈天明〉为例》,《杭州师范学院学报》(社会科学版),2008年第2期。

夏衍:《答香港是中电影学会问》,香港《中国电影研究》第一辑,香港中国电影学会,1983。

崔永元:《行云流水——悼念黎莉莉老人》,《新京报》,2005年8月9日。

虞洁:《早期中国电影:主体性与好莱坞的影响》,《文艺研究》,2006年第10期。

R.科尔多瓦、肖模:《明星制的起源》,《世界电影》,1995年第2期。

张英进:《三部无声片中上海现代女性的形象》,《二十一世纪》第42期,1997年8月。

周慧玲:《"性感野猫"之革命造型:创作、行销、电影女演员与中国现代性的想象,1933－1935》,《文化研究月报》,2001年第8期。

二十八画生(毛泽东):《体育之研究》,《体育学刊》,1997年2期。

(三)史料、资料

《妇女时报》,1911～1916。

《今代妇女》,1928～1930。

《妇女》,1930年第8期。

《申报》,1876年2～3月;1919～1921。

《良友》1～150期(1926～1940)。

《玲珑》第76～114期(1932～1933)。

《上海漫画》第1～100期(1928年4月～1930年6月),上海书店出版社1996年影印本。

程德培编:《时代漫画》,上海社会科学院出版社,2004。

艾霞：《现代一女性》（电影小说），《时报·电影时报》354～389号，1933年5月22日～1933年6月27日。

艾霞：《现代一女性》（电影本事），《明星月报》第1卷第2期，1933年6月。

顾肯夫、程步高、朱瘦菊主编：《电影杂志》，晨社出版，1924～1925。

周剑云、宋痴萍：《明星特刊》，明星影片公司发行，1925～1926。

徐耻痕：《中国影戏大观》第1集，合作出版社，1927。

程树仁：《中华影业年鉴》，中华影业年鉴社，1927。

蔡楚生导演、孙师毅编剧：《新女性》，联华影业公司，1934。

孙瑜导演：《体育皇后》，联华影业公司，1934年，DVD，时代娱乐公司，2007。

《申报》"申报本埠增刊"，1933。

《时报》副刊"电影时报"，1933。

许地山：《近三百年来底中国女装》，《大公报》，1935年5～8月。

程德培、郜元宝、杨扬等编著：《1926－1945良友随笔》，上海社科院出版社，2004。

《中国摄影史料》（第二辑），1981。

《中国电影图志》，珠海出版社，1995。

《吴友如画宝》，上海书店出版社，2002。

《中华民国法令大全》，商务印书馆，民国四年[1915]印行。

李子云、陈惠芬主编：《百年中国女性形象》，珠海出版社，2003。

穆时英：《穆时英代表作》，华夏出版社，1998。

穆时英：《穆时英小说全集》，时代文艺出版社，1998。

刘呐鸥：《都市风景线》，浙江文艺出版社，2004。

陈子善编选：《脂粉的城市》，浙江文艺出版社，2004。

陈子善编：《摩登上海》，广西师范大学，2001。

后　记

性别视角与文化研究的结合是晚近海内外学界研究的重要趋向，乔以钢教授在这一领域的开拓既深且久。殊为难能的是，此次她组织、调动国内各高校、研究机构的学术力量，下大功夫，对包括中国古代文学、现当代文学和现代都市文化在内的"中国文学文化"中的性别因素或问题进行系统的梳理探讨，或者说以"性别"为视角，对上述领域中的相关问题进行了重新的观照和解读。相信此举不仅有助于提升性别视角/研究在国内学科建设方面的作用、地位，对中国文学文化的传播和影响力也将产生积极作用。

本书的前期基础是"上海社科院城市文化研究重点学科规划项目"，在加入以钢教授主持的这一项目成为其子课题时，对研究的范围、个案研究的选题包括全书的结构等等作了进一步的修改、调整和完善。一些研究成果也已先期在她主持的项目专栏（《南开学报》"性别视角下的中国文学与文化"）上刊出。本书由多人合著而成，故值此书稿出版之际，除了感谢以钢教授对本课题研究的支持外，也要感谢本书合作者所付出的努力。各位在承担其他教学和研究等工作的同时，尽力搜集资料，精心研究，反复多次地修改，力求有所发现，体现了良好的研究精神和素质。

本书的出版得到了南开大学出版社第二事业部主任、编审张彤女士的积极支持和妥善安排，责任编辑宋立君先生尤为本书付出了辛苦、细致的劳动，其负责而富有经验的工作不及一一细举。上海社会科学院图书馆的王立伟先生也为本书的图片工作提供了帮助。在此一并致以诚挚的感谢。

和以钢教授交往有年,很高兴再一次有机会合作并见证我们的友情。世事浇漓万变而友情如常,最是难得。是为记。

陈惠芬

2013 年 5 月末于上海西郊

各章作者说明及简介

引言、导论、上篇及下篇末章中"余言"的部分内容由陈惠芬所著,下篇各部分作者情况如下:

第一部分

"环球百货"、"摩登女郎"与上海外观现代性的生成　　　　陈惠芬
消费文化的勃兴与"新感觉派"的"摩登女郎"想象　　　　何雪英
1948年上海舞潮案与"社会学的想象力"及身体政治　　　　陈惠芬

第二部分

现代女性媒介视觉文化之始:《妇女时报》的封面女性形象

　　　　　　　　　　　　　　　　　　　　　　　　　姜思烁
望远镜与中国现代女性的世界观　　　　　　　　　　　姜思烁
焦虑中的性别与都市想象
　　——对《上海漫画》、《时代漫画》的一种解读　　　郑崇选
都市语境下的女性写作　　　　　　　　　　　张春依、潘　圳

第三部分

阶级意识与性别呈述:也谈左翼电影的政治性　　　　　陈惠芬
中国早期女电影人和中国电影的现代性　　　　　　　　何雪英
谁是"真正的新女性":《现代一女性》与《新女性》的比较阅读

　　　　　　　　　　　　　　　　　　　　　　　　　何雪英
《体育皇后》的都市、性别和阶级叙事　　　　　　　　陈惠芬

第四部分

女性形象与社会变迁　　　　　　　　　　　　　　　　陈惠芬

男性形象、气质与中国现代化 　　　　　　　　　　　陈占彪

陈惠芬统筹了全书,并对部分篇章进行了修改。

作者简介

陈惠芬　上海社科院文学所　研究员

何雪英　上海海事大学汉语言文化中心　副教授

郑崇选　上海社科院文学所　副研究员

陈占彪　上海社科院文学所　副研究员

姜思烁　浙江省委宣传部新闻处　新闻学硕士

张春依　上海社科院文学所　文学硕士

潘　圳　上海社科院文学所　文学硕士

南开大学出版社网址：http://www.nkup.com.cn

投稿电话及邮箱：022-23504636　　QQ：1760493289
　　　　　　　　　　　　　　　　QQ：2046170045(对外合作)
邮购部：　　　　022-23507092
发行部：　　　　022-23508339　　Fax：022-23508542

南开教育云：http://www.nkcloud.org

App：南开书店 app

　　南开教育云由南开大学出版社、国家数字出版基地、天津市多媒体教育技术研究会共同开发，主要包括数字出版、数字书店、数字图书馆、数字课堂及数字虚拟校园等内容平台。数字书店提供图书、电子音像产品的在线销售；虚拟校园提供 360 校园实景；数字课堂提供网络多媒体课程及课件、远程双向互动教室和网络会议系统。在线购书可免费使用学习平台，视频教室等扩展功能。